DR. CAROLINE LEAF

Beseitige

DEIN MENTALES CHAOS

5 einfache, wissenschaftlich erprobte Schritte

zum Abbau von Ängsten
Stress und toxischen Gedanken

Aus dem Amerikanischen von
Gabriele Kohlmann

Grace today
VERLAG

Die Deutsche Nationalbibliothek verzeichnet diese Publikation in der Deutschen Nationalbibliografie; detaillierte bibliografische Daten sind im Internet über https://dnb.de abrufbar.

Umschlaggestaltung: FACEOUT STUDIO
Umschlagbild: Alex SG, shutterstock.com
Corporate Design: spoon design, Olaf Johannson
Übersetzung: Gabriele Kohlmann
Korrektorat: Thilo Niepel
Satz: Grace today Verlag
Druck: CPI – Clausen & Bosse, Leck
Printed in Germany

1. Auflage 2021

Paperback: ISBN 978-3-95933-212-5, Bestellnummer 372212
E-Book: ISBN 978-3-95933-213-2, Bestellnummer 372213
Hörbuch MP3-CD: ISBN 978-3-95933-214-9, Bestellnummer 372214

www.gracetoday.de

Lesermeinungen

»*Beseitige dein mentales Chaos* ist ein beeindruckendes neues Buch, das lebensverändernd sein kann. Zu lernen, wie man mit seinen Gedanken umgeht, ist eine wichtige Fähigkeit, die eigentlich schon im Schulunterricht gelehrt werden sollte, was aber nur selten geschieht. Dieses Buch kann dazu beitragen, den Leidensdruck zu verringern und die Lebenseinstellung und Stimmung zu verbessern. Ich kann es nur empfehlen.«

Dr. med. Daniel G. Amen, Gründer der *Amen-Kliniken* und Autor von *The End of Mental Illness*

»Unsere psychische Gesundheit ist bedroht wie nie zuvor. Leider greifen die pharmazeutischen Mittel, die das zentrale Instrumentarium der modernen Medizin darstellen, zu kurz, wenn es um so weit verbreitete Probleme wie Angstzustände, Depressionen und andere Störungen der Psyche und des Wohlbefindens geht. Aber es gibt einen Lichtblick. In *Beseitige dein mentales Chaos* nutzt Dr. Caroline Leaf ihre über dreißigjährige klinische Erfahrung, um uns eine ermutigende, wirksame und praxiserprobte Anleitung zum Abbau von toxischem Stress und zur Wiedererlangung der Kontrolle über unseren geistigen Zustand zu geben, die uns den Weg zu Glück, Zufriedenheit und Erfüllung ebnet. Sowohl aus präventivmedizinischer als auch aus therapeutischer Sicht hält dieses Buch, was es verspricht.«

Dr. med. David Perlmutter, Autor der New-York-Times-Nr.-1-Bestseller *Grain Brain* und *Brain Wash*

»Meine gute Freundin und geschätzte Kollegin Dr. Caroline Leaf hat mit ihrem Buch *Beseitige dein mentales Chaos* einen Paradigmenwechsel geschaffen, der die Art und Weise, wie wir psychische Gesundheit betrachten und behandeln, neu definieren wird. So viele von uns sind ständig gestresst und angespannt, und das wirkt sich negativ auf alle Bereiche unseres Lebens aus, auch auf unsere Beziehungen und unsere körperliche Gesundheit. Mit ihrer über dreißigjährigen klinischen Erfahrung gibt uns Dr. Leaf einen umfassenden und dennoch praktisch gut umzusetzenden Leitfaden an die Hand, mit dem das Durcheinander in unseren Köpfen – mithilfe von wissenschaftlich fundierten und tatsächlich funktionierenden Werkzeugen – in den Griff zu bekommen ist. Ein Hoch auf die Beseitigung unseres mentalen Chaos!«

Dr. Will Cole, führender Experte für funktionelle Medizin und Bestsellerautor von *The Inflammation Spectrum and Ketotarian*

»Dr. Caroline Leaf hat mein Leben zutiefst beeinflusst und mir geholfen, mein Leben zu ändern – einen Gedanken nach dem anderen!«

Michelle Williams, Sängerin, Schauspielerin, Autorin

Dieses Buch widme ich **dir***, liebe Leserin, lieber Leser – es soll dir helfen, aus meiner Forschungsarbeit der vergangenen achtunddreißig Jahre, aus den klinischen Studien, die ich in jüngster Zeit mit meinem großartigen Team von Neurowissenschaftlern, Neurochirurgen und Neurologen durchgeführt habe, und aus dem, was ich in meiner privaten Praxis und überall auf der Welt beobachten konnte, den größtmöglichen Nutzen zu ziehen.*

Ich möchte dir zeigen, wie du das Beste aus deinem Verstand und deinem Gehirn machen kannst, indem du dein Denken auf ein neues Level hebst und die Landschaft deines Gehirns durch Gedankenmanagement umgestaltest. Dieses Buch wird dir nicht nur beibringen, wie du mit Ängsten, Depressionen, Stress und Sorgen umgehen kannst, sondern auch, wie du dein Leben am besten meisterst – nicht nur in glücklichen, sondern auch in traurigen oder gar traumatischen Momenten und in Zeiten, in denen du nicht mehr weißt, wer du eigentlich bist.

Seit mehr als drei Jahrzehnten sehe ich meine Aufgabe darin, Einzelpersonen, aber auch Unternehmen und Institutionen das Konzept des Gedankenmanagements nahezubringen und leicht anzuwendende, praxisnahe Methoden zu schaffen. Diese sollen den Menschen helfen, ihre Gedankenwelt und ihren Alltag auf eine Weise zu gestalten, die sie Frieden erfahren lässt und ihnen die Fähigkeit gibt, ihr Leben voll auszuschöpfen. Ich hoffe, dass du diese Methoden in deinem eigenen Leben als hilfreich empfinden wirst und erkennst, dass es in deiner Macht steht, die Kontrolle über deine geistige Gesundheit und dein Leben zurückzuerlangen!

Inhalt

Wir können drei Wochen ohne Nahrung,
drei Tage ohne Wasser, drei Minuten ohne Sauerstoff
auskommen – aber wir können nicht einmal
drei Sekunden lang nicht denken.

Vorwort

Hast du manchmal das Gefühl, als wäre dein Gehirn gerade »ausgeschaltet« worden?
Fühlst du dich manchmal entmutigt, unkonzentriert oder überfordert?
Gibt es ungesunde Muster in deinem Leben oder dem deiner Familie, die scheinbar nicht zu durchbrechen sind?
Beginnst du deinen Tag erschöpft und deprimiert?
Blickst du der Zukunft mit Besorgnis entgegen?
Wirst du von deiner Vergangenheit verfolgt?
Fühlst du dich verloren und unsicher?

Wenn du eine dieser Fragen mit Ja beantwortet hast, bist du damit nicht allein. Immer mehr von uns leiden unter Angstzuständen, Depressionen und Burnout.

Aber das bedeutet nicht, dass mit dir etwas nicht stimmt oder dass du psychisch krank bist. Angstzustände, Depressionen und posttraumatischer Stress sind allesamt Begriffe, die die natürlichen menschlichen Reaktionen auf Widrigkeiten und die Erfahrungen des Lebens beschreiben. Und wir alle sind auf viele verschiedene Arten mit Widrigkeiten konfrontiert: Herausfordernde Ereignisse und Umstände sind ebenso Teil der modernen Existenz, wie sie es in der Geschichte der Menschheit schon immer waren.

Diese mentalen und emotionalen Reaktionen als *Krankheiten* zu bezeichnen, verfehlt gänzlich den Punkt. Unruhe, Depression, Burnout, Frustration, Angst, Wut, Trauer und dergleichen sind emotionale und körperliche Warnsignale, die uns sagen, dass wir uns mit etwas auseinandersetzen müssen, das in unserem Leben geschehen ist oder gerade geschieht. Dieser Schmerz ist sehr real und ein Zeichen dafür, dass etwas nicht in Ordnung ist: Man befindet sich in einem Zustand des Ungleichgewichts. Es ist kein Zeichen für ein defektes Gehirn. Deine Erfahrung muss nicht durch eine medizinische Bezeichnung validiert werden. Probleme mit der psychischen Gesundheit sind nicht deine Identität. Sie sind normal und müssen angegangen und nicht unterdrückt werden, sonst wird alles noch schlimmer.

Doch genau das passiert oft. Moderne psychologische und psychiatrische Ansätze zur Förderung der psychischen Gesundheit, insbesondere durch den Einsatz von Medikamenten wie Antidepressiva und Antipsychotika, gehen nicht auf die Komplexität des menschlichen Geistes ein. Tatsächlich haben sie die Häufigkeit von psychischen Erkrankungen nicht verringert – schwere Depressionen zum Beispiel sind zwischen 1990 und 2010 konstant bei etwa 4 Prozent geblieben.

Bevölkerungsstudien zeigen, dass hier etwas furchtbar schiefläuft: Menschen im Alter von vierundzwanzig bis fünfundsechzig Jahren sterben acht bis fünfzehn Jahre früher als frühere Generationen, und zwar an vermeidbaren Zivilisationskrankheiten. Es besteht die dringende Notwendigkeit, unseren Ansatz im Gesundheitswesen zu ändern, auch im Bereich der psychischen Gesundheit. Wir müssen unseren Fokus von einer symptombezogenen Herangehensweise auf einen Ansatz verlagern, der sich auf die komplexe Geschichte des Einzelnen und dessen einzigartigen Erfahrungen konzentriert. Das ist der Ansatz, den ich in diesem Buch verfolge.

Du bist wunderbar und einzigartig – dein Streben nach bestmöglicher Gesundheit und optimalem Wohlbefinden sollte genauso einzigartig sein wie du selbst.

OOOO

Wenn es eine Sache gibt, die ich aus meiner Arbeit auf diesem Gebiet gelernt habe, dann die, dass wir alle lernen müssen, wie wir unsere Gedanken und Reaktionen unter Kontrolle bringen und verändern können, bevor sie zu toxischen neuronalen Netzen und Gewohnheiten werden. Aber wie? Genau das soll dir dieses Buch vermitteln. In *Beseitige dein mentales Chaos* zeige ich dir, *wie* du in fünf einfachen Schritten zum Innenarchitekten deines Verstandes und deines Gehirns wirst, indem du die Prinzipien der Neuroplastizität nutzt. In meiner klinischen Praxis und meiner Forschung habe ich das 5-Schritte-Lernverfahren »Schalte dein Gehirn an« entwickelt. In den vergangenen Jahren habe ich diese hochwirksamen Schritte hin zu einem gesunden Gedankenmanagement weiter erforscht und verfeinert und nenne dieses Verfahren nun den »Neurozyklus«.

In diesem Buch werden wir die einfachen, praxisorientierten sowie wissenschaftlich erforschten und klinisch erprobten 5 Schritte des Neurozyklus auf solche Themen wie Angst, Stress und toxisches Denken anwenden. Wir werden auch lernen, wie wir die Gesundheit und Widerstandsfähigkeit von Gehirn und Geist aufbauen können. Du wirst feststellen, dass diese fünf Schritte nachhaltig wirken, denn sie helfen dir zu lernen, wie du deinen Verstand und dein Gehirn auf eine Art und Weise nutzen kannst, die die Neuroplastizität deines Gehirns zu deinem Vorteil steuert und deine geistige und körperliche Gesundheit damit verbessert.

Mentales Chaos ist etwas, das wir alle ständig erleben, und es ist nichts, wofür wir uns schämen sollten. Mich damit zu befassen, gehört zu meinem Beruf, und trotzdem muss ich selbst täglich meinen Kopf aufräumen – Neurocycling ist ein Lebensstil! Die Ereignisse und Umstände des Lebens verschwinden nicht einfach irgendwohin; Menschen treffen jeden Tag eine Menge Entscheidungen, die sich auf uns alle auswirken. Leidvolle Erfahrungen sind unvermeidlich, auch für dich und deine Lieben. Dennoch glaube ich von ganzem Herzen, dass wir, obwohl Ereignisse und Umstände nicht kontrollierbar sind, unsere *Reaktionen* auf diese Ereignisse und Umstände sehr wohl kontrollieren können. Das ist gelebtes Gedankenmanagement.

Tatsächlich ist das Steuern des Verstandes mehr als ein Lebensstil – es ist eine Notwendigkeit, weil wir nicht einmal drei Sekunden ohne zu denken auskommen. Wenn wir unser mentales Chaos nicht bewältigen, wird sich unser ganzes Leben wie ein Chaos anfühlen. Wir können viel Geld und Zeit für Selbsthilfebücher und -seminare, die neuesten Wellnesstrends, tolle Vorträge und Podcasts ausgeben. Aber all das wird einfach nur nette Information sein, wenn wir sie nicht anwenden können – noch mehr angestautes Wissen, das nur Staub ansetzt.

Gedankenmanagement mithilfe der 5 Schritte des Neurozyklus hingegen kann all diese großartigen Informationen in angewandtes Wissen umwandeln. Wenn wir Gedankenmanagement praktizieren, lernen wir, wie wir die Ratschläge und Informationen, die wir auf unserem Weg durchs Leben sammeln, tatsächlich nutzen können. Und wenn wir gelernt haben, unseren Verstand zu steuern, können wir vom Posten inspirierender Zitate in den sozialen Medien dazu übergehen, andere durch die Art und Weise zu inspirieren, wie wir unser eigenes Leben *tatsächlich leben.*

○○○○

Teil 1 dieses Buches beschreibt, was der Verstand ist, was passiert, wenn wir unseren Verstand nicht richtig nutzen, und warum Gedankenmanagement mithilfe der 5 Schritte die Lösung ist, um unser mentales Chaos zu beseitigen. Enthalten sind außerdem die Ergebnisse meiner jüngsten Forschung. Teil 2 erläutert meinen wissenschaftlich untersuchten und klinisch erprobten Gedankenmanagement-Plan – den »Neurozyklus«.

Wenn unser Verstand chaotisch ist, bringt das auch unsere Lebensführung durcheinander. Und unter einem Leben im Chaos leidet unsere geistige und körperliche Gesundheit. Die 5 Schritte sind ein Weg, unsere Denkkraft nutzbar zu machen – jede Aufgabe, die Denken erfordert, profitiert von der Neurozyklus-Methode, was bedeutet, dass sie für alles von Nutzen ist, weil wir schließlich immer denken! Bist du also bereit, mit der Beseitigung deines mentalen Chaos zu beginnen?

Danksagungen

Ich möchte mich bei zwei ganz besonderen Menschen bedanken, die bei der Entstehung dieses Buches auf allen Ebenen eine große Rolle gespielt haben: meine Töchter Jessica und Dominique. Dominique ist meine Produzentin und kümmert sich um meine Social-Media-Kanäle und das Marketing; Jessica ist meine Recherche-Assistentin und Hausredakteurin und leitet den Kundenservice. Sie sind in dieses Projekt eingetaucht, von der Entstehungsphase bis hin zu den letzten Schritten – sie waren brillant, unterstützend und ehrlich, und ohne sie hätte ich es nicht geschafft.

Viele meiner Inspirationen, Anregungen und Einsichten für die Arbeit und die Forschung, die ich betreibe, stammen auch von meinen beiden anderen Kindern, Jeffrey und Alexandria, die viele Herausforderungen mit großer Widerstandskraft gemeistert haben.

Ich möchte mich auch bei meinem Mann Mac bedanken, dessen unendliche Liebe mein Anker ist.

Mein Forschungsteam war unglaublich, und ohne diese Menschen hätte diese Forschung nicht so ablaufen können, wie sie es tat, noch wäre sie so erfolgreich gewesen. Dr. Robert Turner, Neurologe und Neurowissenschaftler, trat vor ein paar Jahren an mich heran, weil er wissen wollte, welche Auswirkungen meine Arbeit auf seine Patienten haben würde. Wir führten die Untersuchung in seiner neurologischen Klinik durch und er beaufsichtigte die technischen und praktischen Details, zusammen mit Charlie

Wasserman, seinem qEEG-Techniker. Charlie kümmerte sich in hervorragender Weise um viele der praktischen Details, die bei einer Forschungsstudie dieser Art anfallen. Dr. Jason Littleton leistete als Allgemeinmediziner großartige Arbeit bei der Beratung zu den physiologischen Maßnahmen und den damit verbundenen praktischen Aspekten. Nick, der Phlebotomist ist, fuhr unermüdlich zwischen Florida und North Carolina hin und her und war bei jedem Testpunkt der Studie anwesend, um sicherzustellen, dass die Blutuntersuchungen korrekt durchgeführt wurden. Dr. Darlene Mayo assistierte als Neurochirurgin bei der Analyse der Ergebnisse, insbesondere bei der qEEG-Analyse und den grafischen Darstellungen, und sie war eine unglaubliche Hilfe in diesem komplizierten Prozess. Elite Research kümmerte sich um die technischen Seiten des Antrags und der Studie, lieferte statistische Analysen und half bei der Vorbereitung für die Veröffentlichung. Dr. Rene Paulson, der Inhaber von Elite, verbrachte Stunden damit, mich mit großer Einsicht und Weisheit durch die feineren Details der komplexen statistischen Analysen und deren Anwendungen in dieser Studie zu führen.

Und zu guter Letzt möchte ich dem wunderbaren Team von Baker Books danken, mit dem ich nun schon seit acht Jahren zusammenarbeite! Von meinem großartigen Lektor Brian Vos bis hin zu den Teams unter der Leitung von Mark Rice und Lindsey Spoolstra, die alles möglich machen – von ganzem Herzen Danke!

TEIL 1

DAS WIE UND DAS WARUM

Kapitel 1

Was passiert, wenn wir unseren Verstand nicht richtig gebrauchen

Was immer wir in unseren Geist pflanzen und durch Wiederholungen und Emotionen nähren, wird eines Tages Wirklichkeit werden.

EARL NIGHTINGALE

Übersicht

- Wenn unser Verstand chaotisch ist, ist auch unsere Lebensführung chaotisch, und wenn unsere Lebensführung chaotisch ist, leidet unsere geistige und körperliche Gesundheit.
- Gedankenmanagement ist eine Fähigkeit, die *erlernt und ständig verbessert werden* muss, während wir von der Lebensphase der Kindheit ins Erwachsenenalter hineinwachsen. Für jede neue Erfahrung brauchen wir einen neuen Satz von Gedankenmanagement-Werkzeugen.
- Es gibt kein geheimes Wundermittel und kein allgemeingültiges Patentrezept für Gesundheit und Zufriedenheit.
- Sich schuldig zu fühlen, weil man »nicht positiv genug gedacht hat«, »nicht genügend Vertrauen hatte« oder irgendein »Ideal« nicht erreicht hat, ist schädlich für Psyche und Körper.
- Zum ersten Mal seit Jahrzehnten hat sich der Trend, dass Menschen immer länger leben, aufgrund lebensstilbedingter Krankheiten *umgekehrt*. Welche Entscheidungen wir in Bezug auf unsere

Lebensweise treffen, liegt zwar in unserer Hand, aber es scheint nicht so, als wären wir besonders gut darin!

- Alles in unserer Gesellschaft scheint die Botschaft vom »Jetzt!« zu vermitteln. Man könnte fast meinen, wir seien in eine Ära eingetreten, in der wir die Verarbeitung von Wissen dem Sammeln von Daten geopfert haben.
- Psychische Störungen und Leiden sind nichts Neues. Menschen haben schon immer mit Problemen der psychischen Gesundheit gekämpft.
- Die psychische Gesundheit wurde in das biomedizinische Modell eingegliedert. Die damit verbundene Thematik ist zu etwas geworden, das wir fürchten und stigmatisieren, und Angst an sich ist schädlich für das Gehirn und den Körper. Unsere persönliche Geschichte ist kein »Es«, das diagnostiziert und klassifiziert werden muss. Depressionen und Angstzustände sind keine Charakteristika, sondern Warnsignale.
- Wir können die Ereignisse und Umstände des Lebens nicht kontrollieren, aber wir können lernen, unsere Reaktionen darauf zu kontrollieren. Das hilft uns, mit den vielen Herausforderungen, denen wir ausgesetzt sind, umzugehen und sie zu bewältigen.

Manchmal fühlt es sich an, als lebten wir in einer Welt, die von Angst geprägt ist. Die Menschen sind um ihre Gesundheit, ihren Arbeitsplatz, die Wirtschaft und die Zukunft besorgt; Korruption, Kriminalität und ihr Gefühl der Ohnmacht beunruhigt sie zutiefst. Der Preis dieser Ängste sind toxische Gedanken, toxischer Stress, Unruhe und Depression, die wiederum die Anfälligkeit für Krankheiten erhöhen. Das Endresultat dieses Kreislaufs aus Angst, Sorge und – wenn unser Verstand beides nicht mehr verarbeiten kann – Krankheit, ist eine Gesellschaft, die von externen Faktoren wie Schmerzmitteln, Medikamenten und ständig neuen Wellnesstrends abhängig ist und explodierende Gesundheitskosten verursacht.

Aber was wäre, wenn es einen anderen Weg gäbe? Was, wenn die Antwort in dir selbst läge? Wenn du den Schlüssel dazu in der Hand hieltest?

Die meisten Menschen erkennen die Notwendigkeit eines gesunden Lebensstils, auch wenn sie vielleicht die Auswirkungen der von ihnen gewählten Lebensweise auf diverse Krankheitsprozesse nicht vollumfänglich verstehen. Was viele Menschen nicht erkennen, ist die Notwendigkeit eines wirksamen Gedankenmanagements und wie dieses einen gesunden Lebensstil fördert und aufrechterhält.

Wenn unser Denken toxisch ist, kann es unsere Stressreaktion durcheinanderbringen, die dann anfängt, gegen und nicht für uns zu arbeiten. Das wiederum kann uns krankheitsanfälliger machen, weshalb viele Forscher heute glauben, dass toxischer Stress für bis zu 90 Prozent aller Krankheiten verantwortlich sein könnte, einschließlich solcher wie Herzerkrankungen, Krebs und Diabetes. Nur 5 bis 10 Prozent der Krankheiten sollen allein auf genetische Faktoren zurückzuführen sein.[1]

Doch was ist der Grund? Wenn sich eine Person in einem toxischen Denkzustand befindet, kann die Freisetzung von Stresshormonen wie Cortisol und Homocystein das Immunsystem, das Herz-Kreislauf-System und das Nervensystem erheblich beeinträchtigen. Überschüssige Stresshormone schwächen das Immunsystem sogar so massiv, dass Ärzte diesen Umstand nutzen und Empfängern von Organtransplantaten therapeutisch Stresshormone verabreichen, um zu verhindern, dass ihr Immunsystem das fremde Implantat abstößt.

Obwohl das Bewusstsein für die Wichtigkeit gesunder Lebensgewohnheiten zunimmt und es viele hervorragende Quellen gibt, die hierzu gute Hilfestellung leisten, mangelt es vielen Menschen an den nötigen Fähigkeiten zur Gedankenführung, die sie bräuchten, um dieses Wissen im Alltag umzusetzen. Es geht hier auch nicht um eine einmalige Sache. Gedankenmanagement ist eine Fähigkeit, die erlernt und ständig verbessert werden muss, während wir von der Lebensphase der Kindheit ins Erwachsenenalter hineinwachsen. Für jede neue Erfahrung brauchen wir einen neuen Satz Gedankenmanagement-Werkzeuge.

Was viele Menschen nicht erkennen, ist die Notwendigkeit eines wirksamen Gedankenmanagements und wie dieses einen gesunden Lebensstil fördert und aufrechterhält.

Bevor du jetzt aber in Panik gerätst und das Ganze für unmöglich hältst, halte kurz inne, atme tief durch und lies weiter. Ich möchte nicht, dass du bei dem Gedanken hängenbleibst, alles sei hoffnungslos, deine Probleme seien selbstverursacht und du könnest dich nicht ändern. Dadurch wirst du dich nur noch schlechter fühlen und das ist wirklich nicht nötig. Du kannst dir nicht die Schuld für etwas geben, das du nicht gewusst hast – aber du kannst dich selbst mental aufbauen und in den Veränderungsmodus wechseln, wenn du lernst, dein Denken zu steuern. Dies ist eine Fähigkeit, die man erlernen und ständig verbessern muss – ich tue dies täglich und werde es weiterhin tun, bis ich diese Welt verlasse.

Das meiste von dem, was ich in diesem Buch mitteile, wurde dir noch nie vermittelt, einfach deshalb, weil in diesem Bereich noch zu viel Unwissen herrscht. Wir fangen gerade erst an, den denkenden Geist und das Bewusstsein zu verstehen, was im Grunde eine spannende Sache ist. Aber wenn wir schon so weit gekommen sind, ohne im Gedankenmanagement geübt zu sein, stell dir nur vor, wohin wir gelangen können, wenn wir gelernt haben, unsere Gedanken zu kontrollieren.

Gedankenmanagement muss zur Priorität werden

Du und dein Verstand bilden eine Einheit, du benutzt deinen Verstand in jedem Moment, und dein Verstand ist immer bei dir. Du kannst drei Wochen ohne Nahrung, drei Tage ohne Wasser und drei Minuten ohne Luft auskommen, aber du kannst keine drei Sekunden ohne Denken auskommen. Deshalb sollte es deine oberste Priorität sein, zu verstehen, wie der Verstand funktioniert und was Gedankenmanagement überhaupt ist. Gedankenmanagement ist eine Fähigkeit, die erlernt und zur Gewohnheit gemacht werden muss. Oder um es wissenschaftlich genauer auszudrücken: Sie muss, ähnlich wie das Schwimmen oder Radfahren, *automatisiert* werden.

Das ist es, was du in diesem Buch lernen wirst. Gedankenmanagement ist der Schlüssel zu der Art von geistigem Frieden, der uns gleichermaßen durch schwierige und durch glückliche Zeiten geleitet. In diesem Zustand kannst du dein *eigenes* Maß an Erfolg finden, anstatt dich an unrealistischen »Normvorgaben« zu messen, wie sie von populären Vertretern der Wellness-Industrie und mancher Glaubensbewegung so oft präsentiert werden.

Mit was und wem vergleichst du dich? Wer definiert Erfolg und sagt, wie er für dich auszusehen hat? *Du selbst.* Niemand sonst hat das Recht, deine Rolle im Leben zu definieren. Wir stellen uns oft selbst ein Bein, wenn wir versuchen, die Heilungsreise eines anderen zu kopieren, oder wenn wir uns sagen lassen, dass der Heilungsprozess linear und standardisiert abläuft. Das ist einer der Gründe, warum die Wellness-Industrie so gefährlich sein kann: Sie behauptet, dass Heilung und Gesundheit nur dann eintreten, wenn bestimmte Regeln (die von jemand anderem geschaffen wurden) befolgt werden.

Unser Festhalten an einer Wettstreitmentalität – die von Influencern in den sozialen Medien und von Leuten, die ihr neuestes Wellnesstrendprodukt anpreisen, gefördert wird – bürdet unserer Psyche unmögliche Lasten auf und kann zerstörerisch wirken, weil es nicht nur die Art und Weise beeinträchtigt, wie wir unseren Körper sehen, sondern auch, wie wir unseren Selbstwert beurteilen. Wenn wir unser Wohlbefinden nicht in einem Rahmen definieren, in dem wir akzeptieren, dass manches im Leben rätselhaft bleibt, werden wir uns jedes Mal, wenn unser Körper streikt oder unser Verstand verrücktspielt, von Schuldgefühlen und Scham zermürben lassen. Wir werden ständig das Bedürfnis verspüren, irgendeinem Maßstab gerecht zu werden. Stattdessen müssen wir das, was wir durchmachen, mit Selbstmitgefühl bewerten, indem wir unseren denkenden Geist durch die Verarbeitung von Schuld, Scham und Krankheit *hindurch* steuern und diese Dinge zu Sprungbrettern machen, anstatt sie zu Totlasten werden zu lassen.

Natürlich gibt es in den Bereichen der positiven Psychologie, der Wellness-Bewegung und der integrativen Medizin zahlreiche großartige evidenzbasierte Informationen in Bezug auf die Verbindung von Geist und Gehirn, und es begeistert mich, dass diese inzwischen sehr viel stärker thematisiert wird als jemals zuvor in meiner langjährigen Erfahrung. Wir wissen mittlerweile viel besser Bescheid, wie sich das, was wir denken, fühlen und entscheiden, direkt und indirekt auf unser Gehirn und unseren Körper auswirkt.

Ich habe jedoch Bedenken in Bezug darauf, wie einige der Forschungsergebnisse interpretiert werden und welches Gefühl das bei dem Einen oder Anderen hervorrufen kann. Zum Beispiel behaupten manche Leute, dass »gute Menschen nicht krank werden«, andere kommen zu dem Schluss: »Wenn ich genügend gute

Gedanken habe oder positive Affirmationen benutze oder meine Einstellung ändere, wird alles Schlechte dadurch verschwinden.« Darauf folgen oft unweigerlich eine Reihe von toxischen Schuld- oder Schamgedanken, durch die wir uns noch schlechter fühlen, wenn unsere Probleme sich nicht einfach auflösen. *Das sollte doch funktionieren! Warum klappt es nicht? Was stimmt nicht mit mir? Warum kriegen* ***die*** *das hin und* ***ich*** *nicht?*

Sich schuldig zu fühlen oder sich zu schämen, weil man nicht sofort geheilt wurde, oder sich mies zu fühlen, weil man immer noch schlecht drauf ist oder deprimiert, ist nicht gesund und kann eine schlechte Situation noch verschlimmern. Es gibt kein geheimes Wundermittel und kein allgemeingültiges Patentrezept für Gesundheit und Zufriedenheit. Stellen wir uns der Realität: Das Leben ist chaotisch.

Die bessere und gesündere Denkweise beim Lesen von Gesundheits- und Wellnesstrends ist die, sich zu fragen: *Warum spricht mich gerade diese Idee so an?* oder *Warum lese ich das eigentlich und warum möchte ich mehr darüber wissen? Welches zugrunde liegende Problem möchte ich in Wirklichkeit angehen?* Dann nutze deine Antworten, indem du entsprechende Informationen und Erkenntnisse sammelst.

Damit will ich nicht sagen, dass es nicht gut für dich ist, die eine oder andere beliebte »gesunde« Sache zu tun. Ich zum Beispiel liebe Entspannungsübungen und Bio-Lebensmittel. Aber solche Dinge wie eine Zauberformel anzuwenden, führt garantiert zu Enttäuschungen. Sich schuldig zu fühlen, weil man nicht positiv genug denkt, nicht »genügend« Glauben hat oder ein bestimmtes »Ideal« nicht erreichen kann, schadet der Psyche und dem Körper, und die Scham und die Schuldgefühle, die mit dieser Denkweise einhergehen, können auf hässliche Weise außer Kontrolle geraten, wenn sie nicht gezielt abgebaut werden.

Diese toxische Vorstellung von »Wenn ich nur *x* tue, dann wird *y* passieren« entspringt dem verzerrten Bild unserer Leistungsgesellschaft und einem neurozentrischen Ansatz, der uns glauben lässt, dass *y* ganz natürlich passieren wird, wenn *x* getan wird; und *x* gilt als Standard für alle. Dieser Glaube ignoriert den Einfluss individueller äußerer Umstände (Umwelt, Kultur, Familie) und innerer Faktoren (Persönlichkeit, Identität) und ist von vornherein zum Scheitern verurteilt.

Wenn du dein Leben nicht gestaltest,
wird es von anderen gestaltet werden.

Diese Art des Denkens kann zudem dazu führen, dass du das Versagen verinnerlichst, so, als stimme etwas von Natur aus nicht mit dir. Du denkst dann vielleicht etwas wie: *Ich habe den Rat/den Weg/die Methode befolgt; warum hat mich das nicht in Ordnung gebracht?* Aber was bedeutet »in Ordnung gebracht« überhaupt? Ist es eine verzerrte Vorstellung von sofortiger und hundertprozentiger Heilung? Ist es eine bestimmte Art des Aussehens? Oder eine gewisse Menge Geld, die man haben muss? Oder vielleicht, sich immerzu glücklich zu fühlen? Welchen Maßstab legst du an, um dich an ihm zu messen?

Eines ist sicher: Wenn *du* dein Leben nicht gestaltest, wird es von anderen gestaltet werden. Und um dein Leben gestalten zu können, musst du wissen, wie du deinen Verstand gestalten kannst – du brauchst Gedankenmanagement.

Wir haben ein Problem

Wir können nicht einfach laufend schlechte Entscheidungen in Bezug auf unser Gedankenmanagement treffen und meinen, dass das keine Folgen hat. Wenn wir das tun, sind wir wie eine Motte, die immer wieder um die Kerzenflamme schwirrt, bis sie schließlich verbrennt. Manchmal sind wir uns nicht einmal bewusst, dass wir unsere Gedanken nicht gut im Griff haben, weil es sich so natürlich anfühlt oder wir einfach tun, »was auch andere Leute machen«.

Zum ersten Mal seit Jahrzehnten hat sich der Trend, dass Menschen länger leben, umgekehrt.

Ich glaube, wir leben in einer Zeit, in der fehlgesteuertes Denken den Zenit erreicht hat. Zum ersten Mal seit Jahrzehnten hat sich der Trend, dass Menschen immer länger leben, *umgekehrt.* Die Menschen sind kränker und sterben jünger, trotz aller Fortschritte, die wir in Medizin und Technik gemacht haben. Zum ersten Mal in der modernen Menschheitsgeschichte sterben die Menschen in geringerem Alter als frühere Generationen und zwar – und das ist das Verrückte – an *vermeidbaren* Zivilisationskrankheiten.[2] Wir erleben nicht nur Pandemien, Klimawandel und die Belastung durch Schadstoffe, sondern immer mehr Menschen sterben an Verzweiflung.[3]

Welche Entscheidungen wir in Bezug auf unsere Lebensweise treffen, liegt zwar in unserer Hand, aber es scheint nicht so, als wären wir besonders gut darin! Und warum ist das so? Weshalb fallen wir trotz all der guten Information und Technologie so stark zurück?

In den letzten gut sechzig Jahren haben wir bei der Behandlung von Gehirn und Körper so viel Zeit und Geld für den physischen Aspekt aufgewandt und den Geist dabei völlig vernachlässigt. In Anbetracht der komplexen und untrennbaren Beziehung zwischen unserem Geist und unserem Körper kann die Vernachlässigung eines so wichtigen Teilaspekts unseres Menschseins nicht ohne negative Auswirkungen bleiben.

Wir haben diese Auswirkungen erstmals in den 1980er Jahren bemerkt, aber 2014 wurde es überdeutlich, als Bundesdaten zeigten, dass sich der Trend der steigenden Lebenserwartung zum ersten Mal seit Jahrzehnten umkehrte, wobei die Menschen zwischen 25 und 64 Jahren am stärksten betroffen waren.[4] Ja, die Vereinigten Staaten sind in vielerlei Hinsicht ein ziemlich wohlhabendes Land. Dennoch *steigt* unsere Sterblichkeitsrate, anstatt zu sinken, was in Anbetracht der vielen Fortschritte, die wir gemacht haben, und der beispiellosen Menge an Wissen, zu der wir Zugang haben, scheinbar keinen Sinn ergibt. Hier liegt etwas ernsthaft im Argen.

Viele Menschen sind seelisch erschöpft und ohne Hoffnung. Es überrascht daher nicht, dass ein Bericht der Brookings Institution im Oktober 2019 feststellte, dass vom »Tod aus Verzweiflung« viele Bereiche der Gesellschaft betroffen seien, insbesondere im sogenannten Heartland, den zentralen Bundesstaaten der USA.[5] Carol Graham, Senior Fellow dieser Denkfabrik, machte folgende aufschlussreiche Beobachtung: »Die Kennzahlen, die wirklich hervorstechen, haben nicht viel mit Glücklich- oder Unglücklichsein zu tun. Gegenwärtige Zufriedenheit spielt keine allzu große Rolle. Es ist die *Hoffnung* auf die Zukunft oder vielmehr das Fehlen dieser Hoffnung, was im Zusammenhang mit vorzeitiger Sterblichkeit eine Rolle spielt.[6]

Immer mehr Untersuchungen zeigen, dass fehlende Hoffnung und der Mangel an Mitteln zur Erfüllung unserer grundlegendsten emotionalen und körperlichen Bedürfnisse einen hohen Preis haben. Angst, Isolation, Schmerz, Ziellosigkeit, Verzweiflung … das sind die Symptome einer gebrochenen und leidenden Gesellschaft, und sie können zu einem frühen Tod führen – nicht allein durch Suizid, sondern aufgrund sehr realer Schäden an Herz, Immunsystem, Magen-Darm-Trakt und Gehirn. Der gesamte Körper gerät in einen Zustand niedriggradiger Entzündung, der unsere Anfälligkeit für Krankheiten um 75 bis 95 Prozent erhöhen kann, wenn wir uns in einem ständigen Unruhezustand befinden.[7]

Sieh dir nur diese Aussage aus einer Forschungsstudie von 2019 an:

> *Eine neue Auswertung von Bundes-Sterblichkeitsdaten, die mehr als ein halbes Jahrhundert umfassen, hat ergeben, dass sich die erhöhten Sterberaten bei Menschen im Alter von 25 bis 64 Jahren auf alle rassischen und ethnischen Gruppen in Vororten und Städten ausgedehnt haben. Sei es durch Suizide, Alkohol, Drogenüberdosen und Zivilisationskrankheiten – Kinder verlieren ihre Eltern und die Erwerbsbevölkerung ist kränker geworden.*[8]

Das ist inakzeptabel.

Die Sterblichkeitsrate aufgrund chronischer Erkrankungen ist zwischen 2011 und 2017 um 20,7 Prozent gestiegen und wird wahrscheinlich weiter stark ansteigen.[9] Besonders schlimm ist der Trend bei Amerikanern mittleren Alters – bei ihnen ist die Wahrscheinlichkeit, an Herz-Kreislauf-Erkrankungen zu sterben, heute höher als 2011, womit sich eine jahrzehntelange Verbesserung umgekehrt hat.[10]

Als Gesellschaft können wir uns nicht länger auf unseren Lorbeeren ausruhen und uns sagen, dass die Dinge immer besser werden oder dass wir großartig sind. Das ist einfach nicht der Fall, weder in Amerika noch in der übrigen Welt. Die Lebenserwartung ist zum Beispiel auch in Großbritannien gesunken, und auch dort scheinen die häufigsten Todesursachen mit der Lebensweise zusammenzuhängen, unter anderem beeinflusst von Drogenkonsum, finanziellem Druck, Depression und Isolation.[11]

Wir können der Ironie, die uns direkt ins Gesicht starrt, nicht länger ausweichen. Unsere Social-Media-Feeds sind voll von guten Ratschlägen, wie man sich ernähren sollte, von tollen Zitaten und Tipps zur Stressbewältigung, von inspirierenden Geschichten, von Wellnesstrends für Langlebigkeit und verbesserte Lebensqualität – und trotzdem werden wir krank und sterben. Die Suizidraten steigen, toxische Abhängigkeiten nehmen zu, die Menschen sind depressiver und ängstlicher als je zuvor, und unsere Kinder sind die am stärksten medikamentös behandelte Generation der Geschichte.

Was ist hier los?

Ein großer Teil des Problems liegt darin, dass wir unsere Fähigkeit zu tiefgründigem Denken weitgehend verloren haben. Wir haben die Kunst des intensiven und konzentrierten Gedankenmanagements verlernt. Wir wollen, dass alles ruckzuck, schnell und vor allem *sofort* geschieht. Wir wollen oft nicht die Mühe aufwenden, die zu echter Veränderung führt, oder es wurde uns nie beigebracht, wie diese Art von Bemühung aussieht.

Der Übergang in ein Informationszeitalter mit einfachem Zugang zu endlosen Wissensströmen hat die Art und Weise verändert, wie Menschen denken, fühlen und Entscheidungen treffen. Es scheint fast so, als seien wir in eine Ära eingetreten, in der wir die Verarbeitung von Wissen dem Sammeln von Daten geopfert haben. Ohne es zu merken, trainieren wir uns darauf, nicht zu verarbeiten, sondern sofort zu einer schnellen Lösung und einem reaktiven Urteil zu springen. Wenn sich keine schnelle Lösung anbietet, wie es bei psychischen Problemen oft der Fall ist, werden wir energielos, fühlen uns schuldig und geben dann häufig auf, was unserer psychischen und physischen Gesundheit noch mehr Schaden zufügt.

Wir Menschen haben uns im Laufe der Zeit dahingehend entwickelt, *tief, differenziert* und *kollektivistisch* zu denken. Wenn unser Wissen nicht effektiv angewendet, sondern nur konsumiert wird, hungert unser Verstand aus und findet nicht mehr von Punkt A zu Punkt B. Wir schaffen den Sprung vom Sammeln des Wissens hin zu dessen Anwendung nicht mehr. Das Sammeln von Informationen, ohne sie zu verarbeiten und anzuwenden, widerspricht der Funktionsweise des menschlichen Verstandes und der Struktur des Gehirns; es wirkt sich nachteilig auf unser geistiges und körperliches Wohlbefinden aus, indem ein mentales Chaos im Geist und ein physisches Chaos im Körper verursacht wird. So wunderbar und notwendig die moderne Technologie und alle damit einhergehenden Fortschritte auch sind, wir müssen lernen, sie richtig zu nutzen, oder wir richten am Ende nur noch mehr mentales Chaos an – eines, das unsere Lebensqualität weiter einschränkt und unsere Lebenszeit verkürzt.

Das chaotische psychosoziale Gesundheitssystem

Es lässt sich beobachten, dass dieses Chaos sich auch auf die Art und Weise überträgt, wie wir psychische Gesundheit wahrnehmen. Der Umgang mit psychischer Gesundheit hat in den letzten fünfzig Jahren eine immer stärkere biomedizinische und neuroreduktionistische Ausrichtung erfahren. *Neuroreduktionistisch* bedeutet, dass wir alles auf das physische Gehirn zurückgeführt und reduziert haben. Die eigene Geschichte, einschließlich der eigenen Erfahrungen und des politischen und sozioökonomischen Umfelds, in dem jemand lebt, wurde völlig außer Acht gelassen und einer Philosophie untergeordnet, die zu dem Schluss kommt: »Mein Gehirn hat mich dazu gebracht.« Wenn sich jemand depressiv fühle, käme das von einem »Serotonin-Ungleichgewicht« oder einer »neuropsychiatrischen Hirnerkrankung«. Dieses neuroreduktionistische Modell berücksichtigt keine Sachverhalte wie beispielsweise den, dass du etwas so Schädliches wie Rassismus erfährst und aufgrund deiner Hautfarbe fast dein ganzes Leben lang in Angst und Schrecken lebst. Oder, um ein anderes Beispiel zu nennen, vielleicht hast du als Kind durch ein Familienmitglied sexuelle Gewalt erfahren und dir wurde das Gefühl vermittelt, dass es deine Schuld sei. Neuroreduktionismus in dieser Form ignoriert die Bedeutung unserer Lebenserfahrungen und hat die Welt der psychischen Gesundheitsfürsorge viel zu lange beherrscht.

Laut einem kürzlich veröffentlichten wissenschaftlichen Artikel von Bioanthropologen der Washington State University steckt die Forschung zur psychischen Gesundheit immer noch im Weltbild des 19. Jahrhunderts fest, das unglücklicherweise 1980 durch das Aufkommen des biomedizinischen Modells, alles nach Symptomen zu klassifizieren, neuen Auftrieb erhielt.[12] Dies geschah mit dem Ziel, zugrundeliegende neurobiologische Muster aufzudecken, die zu spezifischen Lösungen führen würden, aber das hat nicht funktioniert. Die weltweiten Depressionsraten liegen seit 1990 bei etwa 4 Prozent, während eine große Meta-Analyse von Antidepressiva-Studien im Jahr 2018 gezeigt hat, dass der starke Anstieg des Antidepressiva-Einsatzes keine messbaren positiven Veränderungen gebracht hat.[13] In Australien beispielsweise stieg der Einsatz von Antidepressiva zwischen 1990 und 2002 um 352 Prozent, doch es wurde kein Rückgang der Erkrankungsraten bei Angstzuständen, Depressionen oder Süchten beobachtet.

In konfliktträchtigen Ländern leidet einer von fünf Menschen an Depressionen, während es weltweit nur einer von vierzehn ist. Dies zeigt, dass sozioökonomische und politische Fragen wichtige Faktoren für die psychische Gesundheit sind und weitaus mehr Beachtung finden müssen, als sie derzeit erhalten.

Natürlich sind psychische Probleme und Krankheiten keineswegs neu. Menschen haben seit jeher damit gekämpft. Das Leben war schon immer hart und Leute haben schon immer Schweres durchgemacht. Ich glaube nicht, dass psychische Probleme auf dem Vormarsch sind, sondern nur, dass sie im einundzwanzigsten Jahrhundert anders aussehen und wir uns der allgegenwärtigen Auswirkungen psychischer Probleme viel stärker bewusst geworden sind.

Ich glaube jedoch, dass die *Fehlbehandlung* von psychischen Problemen auf dem Vormarsch ist. Es ist ein seltsames Paradoxon: Obwohl unser Verständnis über das Gehirn Fortschritte gemacht hat, scheinen wir in unserem Verständnis über den menschlichen Geist Rückschritte zu machen. Dies führt zu einer sehr engen und reduktionistischen Sicht auf menschliche Vorgänge. Wir sind von der Auffassung, dass der Geist bei der Steuerung unseres komplexen Lebens oberste Priorität hat, dazu übergegangen, den Geist als ein Produkt unserer neuronalen Netze zu sehen – und die Leiden des Lebens als Krankheitsbilder zu betrachten, was dem klassischen Neuroreduktionismus entspricht. Das kann nur Probleme mit sich bringen. Während Philosophen damit fortfahren, die Weiten des menschlichen Geistes zu erforschen, versuchen Biologen und Neurowissenschaftler, die Unermesslichkeit der menschlichen Existenz auf neuronale Wechselbeziehungen herunterzubrechen. Oft fühlt es sich an, als hätten wir zwei Schritte nach vorne gemacht und dann wieder zehn Schritte zurück, denn wir haben unser geistiges Leben und die Komplexität der menschlichen Erfahrung in eine Zwangsjacke gesteckt, indem wir uns nur auf unsere Biologie und nicht auf unsere persönlichen Geschichten konzentrieren.

Ich behaupte nicht, dass seit dem 19. Jahrhundert, als man sich mit dieser Thematik eingehend zu beschäftigen begann, alles schlecht war; genauso wenig betrachte ich die Vergangenheit durch eine rosarote Brille. In der Tat haben die Fortschritte in der modernen Gehirntechnologie auf dem Gebiet der Neurowissenschaften Wunder bewirkt und uns geholfen, das Gehirn besser zu verstehen. Wenn diese Daten jedoch ausschließlich dazu verwendet werden, nach den neurobiologischen Korrelaten zu suchen und die gesamte menschliche Erfahrung auf neuronale Aktivitäten und Zustände zu reduzieren, mit dem hochtrabenden Ziel, ein »normales Gehirn« abzubilden und alles, was davon abweicht, als abnormal und behandlungsbedürftig abzustempeln, dann glaube ich, dass wir die falschen Fragen stellen und an den falschen Stellen nach Antworten suchen.

Abwägung der Kosten

Das derzeitige psychosoziale Gesundheitssystem hat die Quelle menschlichen Schmerzes und Leidens weitgehend auf neuropsychiatrische Gehirnerkrankungen reduziert, mit Symptomen, die mit Medikamenten oder der Konditionierung unserer Gedanken und Verhaltensweisen unterdrückt werden müssen. Die damit verbundene Thematik ist zu etwas geworden, das wir fürchten und stigmatisieren, und Angst an sich ist schädlich für Geist, Gehirn und Körper.

Diese Auffassung von psychischer Gesundheit hat einen hohen Preis. Wenn wir unser seelisches Leid nur unterdrücken, betäuben und mit einem Label versehen, anstatt die Leiden des Lebens anzunehmen, zu verarbeiten und neu zu begreifen, kann der Schmerz zu toxischer Energie werden, die sich im Gehirn und in den Körperzellen festsetzt. Das wiederum kann die Wahrnehmung beeinträchtigen, das Gehirn schädigen und uns anfälliger machen. Jedes System des Körpers gerät dadurch in Gefahr. Mit der Zeit kann diese eingebettete toxische Energie Einfluss darauf nehmen, wie wir denken, fühlen und Entscheidungen treffen, was wiederum unsere Lebensspanne verkürzen kann.

Diese neuroreduktionistische Auffassung von psychischer Gesundheit hat einen hohen Preis.

Der Neuroreduktionismus trennt eine Person von ihren Lebenserfahrungen und macht sie zu einem »Es«, das zu diagnostizieren, zu klassifizieren und aller Wahrscheinlichkeit nach mit Psychopharmaka zu behandeln ist, die die Symptome der psychischen Beschwerden unterdrücken, aber nicht etwa heilen. Psychische Probleme werden behandelt, als wären sie eine Krankheit wie Krebs oder Diabetes, aber sie sind etwas vollkommen anderes. Das biomedizinische Modell funktioniert wunderbar für Letztere, ist aber nicht der richtige Ansatz bei psychischen Beschwerden wie Angstzuständen und Depressionen. Diese sind untrennbar mit unserer persönlichen Geschichte verbunden – unserem Platz in der Welt und damit, wie wir uns und unser Leben wahrnehmen. Unsere persönliche Geschichte ist kein »Es«, das diagnostiziert und klassifiziert werden muss. Depressionen und Angstzustände sind keine Wesensmerkmale, sondern Warnsignale, die uns sagen, dass etwas im Gange ist. Wenn wir diese Warnsignale annehmen, finden wir die eigentliche Botschaft hinter dem Boten.

Das bedeutet nicht, dass psychische Erkrankungen keine realen, physischen Auswirkungen auf das Gehirn und den Körper haben – natürlich werden diese beeinflusst, denn der Geist bewegt sich durch das Gehirn und den Körper und beeinflusst die Physiologie und Neurophysiologie bis hin zur DNA. Der Geist und das Gehirn sind getrennt, aber gleichzeitig untrennbar. Depressionen und Angstzustände sind ernst zu nehmen und können lähmend sein. Sie erfordern Aufmerksamkeit in Form von geeigneter Unterstützung, dem richtigen Verständnis und passendem Gedankenmanagement. Diese Warnsignale wirken sich sowohl auf unsere Psyche aus, die mit 99 Prozent den geistigen Anteil bildet, *als auch* auf das eine Prozent physischen Anteils – unser Gehirn und unseren Körper. Sie haben also eine 100-prozentige Auswirkung und es bedarf somit keiner zusätzlichen Krankheitsklassifizierung, denn diese Signale sind an sich ausreichend aussagefähig.

Es besteht ein signifikanter und gut belegter Zusammenhang zwischen hoher psychischer Belastung und frühem Tod durch Dinge wie Krebs und Herz-Kreislauf-Erkrankungen. Die Verbindung zwischen Geist und Körper ist sehr real, was wir auch in unserer jüngsten klinischen Studie beobachten konnten. Selbst leichte Depressionen und Ängste können unbehandelt zu einem geschätzten zwanzigprozentigen Anstieg des Sterberisikos führen, ungeachtet der Grunderkrankung; hiervon ausgenommen ist

Krebs, der allgemein schon mit einem hohen Maß an psychischem Stress verbunden ist.[14]

Jemand, der unter den emotionalen und körperlichen Warnsignalen von Depressionen und Angstzuständen leidet, muss wahrgenommen werden und man muss demjenigen zuhören. Der Schmerz von Betroffenen ist sehr real und muss anerkannt werden. Die Person braucht Hilfe, um zu lernen, wie sie ihre Probleme lösen und mit ihren Gedanken umgehen kann. Sie muss ihre Geschichte erzählen dürfen und wir müssen zuhören.

Unser derzeitiger, neuroreduktionistischer Ansatz zur psychischen Gesundheit *hat nicht funktioniert.*[15] Wir brauchen eine Revolution in der psychischen Gesundheitsfürsorge.

Tatsächlich ist die moderne Herangehensweise an die psychische Gesundheit mehr als nur chaotisch; sie kann ziemlich beängstigend sein. Es ist äußerst beunruhigend, dass die Psychiatrie – als einziger Zweig der Medizin – einem Patienten gewaltsam das Element der Wahlmöglichkeit nehmen kann. Wenn jemand Krebs oder Diabetes oder eine andere diagnostizierte Krankheit hat, kann er die Behandlung verweigern – das ist sein gutes Recht. Aber wenn bei jemandem eine psychische Krankheit diagnostiziert wird und er die Behandlung verweigert, wird ihm gesagt, dass seine Entscheidung Ausdruck seiner Krankheit sei. Man kann schnell die Handlungsfähigkeit und damit die Kontrolle über sein Leben verlieren. Das ist nicht nur unethisch, sondern auch entmenschlichend, und es behindert unser grundlegendes Recht als menschliche Wesen, unserem Schmerz Ausdruck zu verleihen und mit unserer persönlichen Geschichte gehört und gewürdigt zu werden. Und genau das ist auch der Grund, warum sich sogar die Weltgesundheitsorganisation (WHO) gegen diesen Ansatz ausspricht und sagt, es sei ein Angriff auf die Grundrechte einer Person.[16]

Die Klassifizierung und ihre Grenzen

Zweifellos können in einer aktiven, dynamischen Gesellschaft viele Dinge aus dem Ruder laufen. Menschen treffen Entscheidungen, und diese Entscheidungen wirken sich auf uns genauso aus wie unsere Entscheidungen auf andere. Wir dürfen und können die Komplexität der menschlichen Erfahrung nicht medikalisieren. So sehr wir Klassifizierungen, Kennzeichnungen und Systematisierungen auch mögen, müssen wir dennoch respektieren, dass sie ihre Grenzen haben – und sie haben ihren Preis, vor allem, wenn sie dich bei Bewerbungen, Versicherungsansprüchen und dergleichen verfolgen oder dazu führen, dass du zu viel Angst hast, über deinen Gefühlszustand zu sprechen, weil man dich womöglich als »verrückt« ansehen würde.

Wenn wir den Dingen einen Namen geben, mag uns das ein wenig Trost und Sicherheit spenden, aber wir müssen aufpassen, dass wir es uns damit nicht zu bequem machen. Denn am Ende gehen wir womöglich der schwierigen Aufgabe aus dem Weg, eine nachhaltige positive Veränderung zu schaffen, indem wir das Grundproblem behandeln. Benutze Labels nicht als Bewältigungsmechanismus, sondern dazu, deine Situation besser zu verstehen. Dann kannst du dich dem, womit du es zu tun hast, stellen und es überwinden.

Natürlich kann unsere Biologie unseren mentalen Zustand beeinflussen. So kann beispielsweise ein Schilddrüsenhormonmangel zur Entstehung einer Depression beitragen und Amphetamin-Missbrauch kann zu einer Psychose führen. Die vielfältigen Erfahrungen des Menschen können jedoch nicht als isolierte Ereignisse verstanden werden. Sie sind untrennbar mit der gesamten Lebensgeschichte und Erfahrung des Individuums und der Gesellschaft, in der es aufgewachsen ist, verbunden.[17]

Wie die Psychiaterin Joanna Moncrieff erklärt:

Während eine Schilddrüsenunterfunktion eine adäquate Erklärung für eine durch Hypothyreose ausgelöste depressive Episode liefern kann und Schilddrüsenhormone in der Regel eine adäquate Behandlung ermöglichen, muss eine »normale« depressive Episode ganz anders verstanden und »behandelt« werden, nämlich als eine menschliche Reaktion.[18]

Es ist an der Zeit, dass die Gesellschaft anfängt, die Geschichten der Menschen und das, was wir durchmachen, zu würdigen, und uns nicht das Gefühl gibt, dass etwas mit uns nicht stimmt, wenn wir traurig oder deprimiert oder ängstlich sind, oder dass wir abnormal sind und in irgendeiner Weise versagt haben, wenn wir nicht die ganze Zeit über glücklich sind.

Ja, ich sehe den Reiz, den ein Label oder eine Pille haben kann. Es ist verständlich, wenn Menschen etwas Unterstützung oder Orientierung brauchen, um an einen Punkt zu gelangen, an dem sie in der Lage sind, mit der Ursache ihrer Angst oder Depression umzugehen – sie haben vielleicht das Gefühl, dass sie durch ihren Schmerz zu sehr gelähmt sind, um auch nur damit anzufangen, ihr mentales Chaos zu beseitigen. Aber solche Dinge können nur eine vorübergehende Lösung sein und sind oft mit eigenen Nebenwirkungen und Risiken verbunden.

Harte Arbeit und Leiden formen uns; durch Widrigkeiten bauen wir Stärke auf. Verdrängung macht alles schlimmer und die negativen Folgen werden in unserem Leben irgendwann ihr hässliches Haupt erheben, sei es geistig oder körperlich oder sogar auf beiden Ebenen. Und wenn wir versuchen, den Prozess zu forcieren, können wir damit unser persönliches Wachstum und unsere Entwicklung als menschliche Wesen behindern. Sobald wir diese

Wahrheit akzeptiert haben, können wir uns damit beschäftigen, wie sich diese harte Arbeit auf effektivste Weise erledigen lässt. Wir werden dann weniger Energie auf die ständige Suche nach schnellen Lösungen aufwenden – ein anstrengendes und entmutigendes Unterfangen – und mehr darauf, das eigentliche toxische Problem anzugehen und es neu zu begreifen, indem wir es rekonzeptualisieren.

Natürlich ist es völlig in Ordnung, zu sagen: »Das ist furchtbar, ich will das nicht durchmachen«, wenn du inmitten von unerträglichen emotionalen bzw. körperlichen Schmerzen steckst. Ich ermutige dich sogar ausdrücklich dazu. Es ist absolut okay, um Hilfe zu bitten und sich Hilfe zu holen – das ist normal, und ich ermutige jeden Betroffenen noch einmal nachdrücklich, dies zu tun. Denn nur wenn wir unseren Schmerz annehmen und mit ihm umgehen, können wir lernen, ihn zu *bewältigen* und ihn *hinter uns* zu lassen. Das kann lange dauern, oder es kann in ein paar Stunden oder Tagen geschehen, aber durch den Prozess des Annehmens und des Rekonzeptualisierens deiner seelischen Not kannst du lernen, mithilfe von Gedankenmanagement durch die harten Zeiten zu kommen. Dies ist etwas, das wir alle lernen und ständig weiterentwickeln müssen.

Zusammen vorwärts gehen

Zu lernen, wie man mit seinem Verstand umgeht, bedeutet nicht, es alleine anzugehen. Wir alle brauchen jede Hilfe, die wir als Menschen in einer sich ständig weiterentwickelnden, enorm komplexen Welt bekommen können, dazu gehört auch eine große Dosis an Milde, Freundlichkeit und Mitgefühl für einander und auch für uns selbst. Wir brauchen eine neue Kultur, eine, in der wir den

Geschichten der anderen zuhören und die Probleme gemeinsam lösen.

Tatsächlich empfehle ich dir dringend, dir für deine Heilungsreise ein Unterstützernetzwerk zu suchen. Mithilfe der 5 Schritte der Neurozyklus-Methode lernst du, wie du durch den Tag, die Woche und durch den Rest deines Lebens kommst. Mit anderen darüber zu sprechen, wie diese Schritte deinen Weg begleiten, kann dir zu neuen Blickwinkeln und Anregungen verhelfen. Menschen brauchen das – denn wie wir noch besprechen werden, geht es nicht um dich, sondern um *dich in der Welt*. In meinen Jahren als Therapeutin, Wissenschaftlerin und Mutter von vier Kindern habe ich gesehen, dass diejenigen, die sich ein Unterstützernetzwerk gesucht oder geschaffen haben, die nachhaltigsten Erfolge hatten. Falle nicht auf die Lüge herein, dass um Hilfe zu bitten von Schwäche zeugt. Hilfe zu erbitten erfordert große Stärke und ist zudem eine Notwendigkeit.

Letztendlich sollte dein Fokus auf Heilung liegen und nicht darauf, dein Ego zu stärken, indem du zu beweisen versuchst, dass du es alleine schaffen kannst. Ein Unterstützernetzwerk kann aus einem einzelnen Familienmitglied, einem Partner, aus einer Selbsthilfegruppe, einem Therapeuten oder einer Kirchengemeinde bestehen. Wenn du offen bist und Unterstützung suchst, hat das vielleicht sogar den positiven Effekt, dass du damit andere ermutigst, ebenfalls offen und ehrlich zu sein. Hierdurch wird ein begrüßenswerter Kreislauf in Gang gesetzt, der den toxischen Kreislauf aus Scham, Schuldgefühlen und Stigmatisierung, der oft mit psychischen Problemen einhergeht, ablöst.

Das war nicht nur in den vergangenen drei Jahrzehnten Thema meiner Arbeit, sondern auch in meiner jüngsten klinischen Studie, die wir in den nächsten Kapiteln ausführlich besprechen werden. In der Tat zeigen viele neuere medizinische und integrativmedizinische Studien, dass Menschen, die an umfassenden Gedankenmanagement-Programmen teilnehmen und dies innerhalb einer starken Gemeinschaft tun, lernen können, ihr Denken in geordnete Bahnen zu lenken. Sie erfahren erhebliche und tiefgreifende körperliche und verhaltensbezogene Veränderungen, die mit einer ganzen Reihe von neurophysiologischen, physiologischen und psychosozialen Konsequenzen einhergehen.

Das bedeutet im Wesentlichen, dass wir zwar die Ereignisse und Umstände des Lebens nicht kontrollieren können, aber *wir können lernen*, unsere Reaktionen zu kontrollieren. Das hilft uns, mit den vielen Herausforderungen, denen wir ausgesetzt sind, umzugehen und sie zu bewältigen. Das geht über bloße Achtsamkeit, positive Psychologie und die Angebote der Selbsthilfe-Industrie hinaus und führt zu einer dauerhaft tragfähigen Lebensbewältigung. Und um dies effektiv umsetzen zu können, brauchen wir einander.

Ich bin derzeit bei Tag 5 in Ihrer App und empfinde sie als große Hilfe angesichts meines totalen Gefühlschaos. Ich bin froh, zum ersten Mal in meinem Leben zu erfahren und zu erkennen, dass ich lernen kann, mit Situationen umzugehen, anstatt nur ein Pflaster draufzukleben! Das 5-Schritte-Programm hat mir wieder Hoffnung gegeben (zum ersten Mal seit Jahren)!

MARTIE

Kapitel 2

Was ist Gedankenmanagement und warum brauchen wir es?

Jeder Mensch könnte, wenn er dazu geneigt wäre, der Skulpteur seines eigenen Gehirns sein.

SANTIAGO RAMÓN Y CAJAL

Übersicht

- Ob wir vom bloßen Hören guter Ratschläge zu einem gut gelingenden Leben gelangen, entscheidet sich durch die Art und Weise, wie wir unseren Verstand benutzen.
- Wir *alle* müssen lernen, wie wir unsere Gedanken und Reaktionen abfangen und überarbeiten können, bevor sie toxische Kettenreaktionen auslösen und zu tief verwurzelten neuronalen Netzen werden, auch bekannt als schlechte Gewohnheiten.
- Während wir denken, verändert sich das Gehirn auf buchstäblich hunderttausende verschiedene Weisen, sowohl auf zellulärer als auch auf molekularer, biochemischer, genetischer und struktureller Ebene – das Entscheidende daran ist, dass du diesen Prozess selbst steuern kannst!
- Jedes Gehirn, in jedem Alter und unabhängig von seiner Vorgeschichte, kann aufgrund der neuroplastischen Beschaffenheit dazu gebracht werden, auf einem höheren Level zu funktionieren.

Immer mehr Menschen haben mit Unruhe, Zwangsgedanken, Depressionen, Ängsten und toxischen Grübeleien zu kämpfen, die alle Arten von psychischen Problemen verursachen. Im Rahmen meiner Arbeit habe ich es mit allen möglichen Menschen zu tun, die sich nicht konzentrieren können, vergesslich sind, sich ausgebrannt fühlen, angespannte Beziehungen haben und mit vielen verschiedenen körperlichen Problemen kämpfen. Die Liste ist unendlich.

Doch wie sieht die Lösung aus? Sollten wir unsere Lebensweise ändern? Ja, natürlich – ein gesunder Lebensstil ist wichtig; wir alle sollten uns gesund ernähren, regelmäßig Sport treiben, ausreichend schlafen, Stress reduzieren, die Zeit vor dem Bildschirm begrenzen und uns mehr an der frischen Luft bewegen, soweit unsere individuellen Lebensumstände dies zulassen. Immer mehr Forschungen zeigen, dass viele Krankheiten mit der Lebensweise zusammenhängen (dazu gehört auch das, worüber wir nachdenken). Was wir also tun oder lassen, kann erhebliche Auswirkungen auf unser geistiges und körperliches Wohlbefinden haben.

Das ist inzwischen zu einer noch sehr viel dringlicheren Angelegenheit geworden, da sich der jahrzehntelange Trend zu einer immer längeren Lebenserwartung trotz der Fortschritte in Medizin und Technik umgekehrt hat. Wir müssen unseren Lebensstil ernsthaft ändern, und zum Glück gibt es hierzu eine Fülle von fantastischen Ratschlägen, die man online, in Büchern, bei Beratern und in Kursen finden kann.

Aber wie gelangen wir von den guten Ratschlägen zu einem gut gelingenden Leben? Wie kommen wir vom Lesen von Büchern, Blogs und Beiträgen in den sozialen Medien dazu, das Gelernte tatsächlich anzuwenden und es in nachhaltige und wirkungsreiche Lebensgewohnheiten zu verwandeln? Woran genau fehlt es noch?

Warum ertragen so viele Menschen Dinge, die sie gar nicht ertragen müssten, obwohl es so viele großartige Hilfsmittel gibt?

Die Art und Weise, wie wir unseren Verstand benutzen, entscheidet darüber, ob wir nur gute Ratschläge hören oder auch tatsächlich ein gutes Leben führen.

Veränderung erfordert aktives Handeln und konkrete Umsetzung, und beides wird von unserem Verstand gesteuert. Der Zustand unseres Verstandes wirkt sich auf seine Funktionsweise aus, die wiederum bestimmt, wie wir etwas aufnehmen, es anwenden und unser Denken in die Tat umsetzen.

Alles, was wir bewusst tun, beginnt mit einem Gedanken. Wenn wir etwas in unserem Leben ändern wollen, müssen wir zuerst unser Denken, unsere *Denkweise* verändern. Sobald wir wissen, wie sich das Denken verändern lässt, können wir neuronale Netze im Gehirn neu verknüpfen, die dann nützliche, nachhaltige und automatisierte Handlungen und Verhaltensweisen entstehen lassen – gute Gewohnheiten, die uns glücklicher und gesünder machen. Wir gelangen mit unseren Gedanken von guten Ratschlägen zu einem gut gelingenden Leben – daher auch der Begriff *Gedankenmanagement.*

Vom Neuroreduktionismus zur Neuroplastizität

Ich bin Wissenschaftlerin und klinisch ausgebildete Therapeutin; meine achtunddreißigjährige klinische Arbeit und Forschung haben mir immer wieder gezeigt, dass das Wissen um korrektes, einfaches und praxisorientiertes Gedankenmanagement der erste

Schritt hin zum Erfolg ist. Denken, Fühlen und Entscheiden (auch bekannt als unser *handelnder Geist*) geht jeder Kommunikation voraus; allem, was wir sagen und bewusst tun, geht immer ein Gedanke voraus.

Der Prozess ist so logisch, dass wir kaum darüber »nachdenken«, aber es lohnt sich, die Zeit dafür aufzuwenden. Alles ist dermaßen offensichtlich, dass wir es leicht übersehen, weil wir nach einem schwer fassbaren, komplexen Schlüssel suchen. Unser Verstand ist die Antwort, das liegt klar auf der Hand, und deshalb ist Gedankenmanagement eine Fähigkeit, die wir uns unbedingt aneignen müssen. Wie ich in diesem Buch aufzeigen werde, ist alles, was wir nicht im Griff haben, ein Chaos – ein mentales Chaos, aus dem sich ein chaotisches Leben ergibt.

In unserer Ära haben wir uns leider so sehr auf die Biologie des Gehirns konzentriert, dass wir den Geist ganz vergessen haben. Vielleicht wusstest du nicht einmal, dass es sich dabei um zwei verschiedene Dinge handelt. Wenn man eine Handvoll neurowissenschaftlicher Artikel einfach mal wahllos herauspickt und liest, könnte man tatsächlich meinen, wir seien vorprogrammierte mechanische Gehirne auf zwei Beinen mit gelegentlichen Fehlfunktionen.

Das ist natürlich eine Überspitzung, aber sie ist nicht weit von der Wahrheit entfernt. Viele Fachleute und Wissenschaftler achten nur auf die Symptome, wie sich jemand fühlt, und nicht darauf, *warum* er sich so fühlt, denn es ist viel einfacher, sich mit eindimensionalen Symptomen zu befassen als mit mehrdimensionalen Ursachen, vor allem, weil die dem Patienten gewidmete Zeit immer kürzer und die Verschreibung von Medikamenten immer einfacher wird. Selbst Angehörige des Gesundheitswesens beklagen, wie sehr die Situation sich verschlechtert hat. Trotz ihres enormen medizinischen Wissens leiden auch sie in hohen Raten unter psychischen Problemen, weil sie die Psyche nicht verstehen und nicht wissen, wie man sie heilen kann. Schätzungen zufolge begeht in den Vereinigten Staaten jeden Tag ein Arzt Suizid.[19] Dies ist einer der Hauptgründe, warum ich Ärzte in der Bedeutung des Geistes, im richtigen Umgang mit dem Geist und mit der eigenen geistigen Gesundheit schule und ihnen vermittle, wie sie ihre Patienten bei psychischen Problemen unterstützen können.

Glücklicherweise gibt es Anzeichen dafür, dass sich die Dinge ändern. Immer mehr Menschen erkennen, dass es zur Selbstveränderung mehr braucht als eine Pille oder ein Programm. Eine dauerhafte Veränderung lässt sich nur erreichen, indem *zuerst* das Denken in Ordnung gebracht wird, anstatt darauf zu bauen, dass sich die Dinge mit der erhofften Beförderung, dem erreichten Traumgewicht oder den vier Fitnessstudiobesuchen pro Woche schon ändern werden. Fakt ist: Es beginnt alles im Kopf.

Bei der Steuerung deines Denkens ist jeder Moment selektiv. Es ist genauso leicht, negative Veränderungen im Gehirn hervorzurufen wie positive – das nennt man das *plastische Paradoxon*. Die Fähigkeit des Gehirns, sich zu verändern, bekannt als *Neuroplastizität*, kann in eine gute oder in eine schlechte Richtung gehen – der Punkt ist, dass sich dein Gehirn ständig verändert. Der Geist ist die Kraft, die die Neuroplastizität antreibt, weshalb ich sage, dass der Geist das Gehirn verändert. Und diesen Vorgang müssen wir meistern wie ein Seemann den Wind meistert – oder wir werden in alle möglichen Richtungen getrieben.

In diesem Buch lernst du, wie du ein Neuroplastiker wirst – oder anders gesagt, wie du dein eigener Gehirnchirurg wirst (aber ohne das ganze Blut!). Ich erkläre den Unterschied zwischen Geist und Gehirn, was ein Gedanke ist und wie wir Gedanken mit unserem denkenden Geist bilden, wie wir unsere Gedanken mit unserem

Verstand kontrollieren und wie wir unseren Verstand und unser Gehirn *mithilfe unseres Geistes* entgiften.

Du kannst einen einfachen, aber höchst effektiven wissenschaftlichen Gedankenmanagement-Plan – den Neurozyklus – erlernen, um den »alltäglichen Wahnsinn« in deinem Leben in den Griff zu bekommen, denn seien wir ehrlich, das Leben ist manchmal ein bisschen verrückt. Wenn du die Fähigkeit des Gedankenmanagements erlernst, wirst du damit deinen Lebensstil ernsthaft ändern, deine Geschichte neu bestimmen, alle geistigen und körperlichen Hindernisse auf deinem Weg überwinden und den Menschen in deinem Umfeld bei ihren Problemen helfen können.

Der aktive Geist

Wie wir auf verschiedene Lebenssituationen und die Welt um uns herum reagieren oder ansprechen, ist auf die Entscheidungen unseres denkenden Geistes zurückzuführen. Unser Geist bestimmt aktiv und individuell, wie wir denken, fühlen und was wir wählen. Als Ergebnis verändert sich die Funktionsweise unseres Gehirns, unsere Biochemie und die Gene, die mit geistiger und körperlicher Gesundheit in Verbindung stehen. Deshalb ist Gedankenmanagement so wichtig und muss erlernt werden. Du mit deinem Geist, der immer in Aktion ist, bist der Verursacher von Veränderung. Effektives Gedankenmanagement bedeutet, auf eine Weise zu reagieren, die den Aufbau gesunder neuronaler Netze fördert, anstatt sich von seinen Emotionen hinreißen zu lassen und damit die Bildung toxischer neuronaler Netze zu begünstigen. Du kannst in jeder Situation ein »Ersthelfer« sein.

Wir *alle* müssen lernen, wie wir unsere Gedanken und Reaktionen abfangen und überarbeiten können, bevor sie toxische Kettenreaktionen auslösen und zu tief verwurzelten neuronalen Netzen werden, auch bekannt als schlechte Gewohnheiten. Wir müssen zudem lernen, Gedanken, die sich bereits als Trauma und negative Denkmuster in den Netzwerken unseres Verstandes eingewoben haben, anzunehmen, sie zu verarbeiten und zu rekonzeptualisieren. Dies ist ein lebenslanger Weg, ein Lebensstil, der die Mühe wert ist. Genau wie beim Hausputz, beim Autowaschen, beim Baden des Hundes oder beim Zähneputzen trägt ein wenig tägliche Arbeit dazu bei, dass du dich sauber, erfrischt und gesund fühlst.

*Wir **alle** müssen lernen, wie wir unsere Gedanken und Reaktionen abfangen und überarbeiten können.*

Und genau *jetzt* ist der richtige Zeitpunkt, die Sache anzugehen. Als ich in den 1980er Jahren mit meinen Forschungen begann, dachten viele, das Gehirn könne sich nicht verändern – wenn etwas nicht in Ordnung war, wurde einem einfach beigebracht, es zu kompensieren. Als ich zu untersuchen begann, wie bewusstes und zielgerichtetes Denken Verhaltensweisen verändern kann, nannten viele meiner Kollegen meine Ideen lächerlich, bis ich damit anfing, meine Ergebnisse zu veröffentlichen. In einem Bereich meiner Forschung fand ich heraus, dass jemand, der aufgrund eines Traumas oder eines Schädel-Hirn-Traumas (SHT) eine Beeinträchtigung in sprachlicher, kommunikativer, intellektueller oder sozialer Hinsicht hat, seine kognitiven, intellektuellen und sozialen Fähigkeiten durch bestimmte Techniken für gezieltes und bewusstes tiefgründiges Denken um 35 bis 75 Prozent verbessern kann.

Deshalb habe ich meine gesamte berufliche Laufbahn damit verbracht, den menschlichen Geist zu erforschen und verschiedene Möglichkeiten zu entwickeln, wie man ihn nutzen kann, um neue Informationen zu gewinnen, das Gedächtnis zu trainieren und den Umgang mit Emotionen und die geistige Gesundheit zu verbessern.

Widerstandskraft (Resilienz)

Die Widerstandskraft des menschlichen Geistes hat mich im Laufe der Jahre immer wieder überrascht. Durch Reisen in verschiedene Länder und die Arbeit und Forschung in unterschiedlichen Gesellschaftsgruppen und Umgebungen habe ich sehr viel gelernt – Dinge, die ich niemals in einem Forschungslabor hätte lernen können. Jeder Moment, jede Geschichte, jeder Mensch brachte mir stets eine weitere Offenbarung.

Ich habe erlebt, wie ehemals Süchtige zu Führungspersönlichkeiten in der Gesellschaft wurden und erfolgreich Veränderungsprozesse auf den Weg brachten, als sie erst einmal erkannt hatten, was sie mit ihrem Verstand alles zu leisten vermochten. Ich habe gesehen, wie Lehrer mit einem einzigen Lehrbuch Hunderte von Kindern unterrichteten und ihre Klassenzimmer mithilfe des 5-Schritte-Lernverfahrens und des von mir entwickelten Metakog-Schreibsystems (siehe Anhang B) in einen wandfüllenden Lehrplan verwandelten. Und es gab noch sehr viel mehr: Patienten, die durch schwere Schädel-Hirn-Traumata auf dem geistigen Niveau von Zweitklässlern waren und es bis zum Schulabschluss und einem Universitätsdiplom schafften. Menschen, die mit Autismus kämpfen und lernten, ihre Gefühle zu kontrollieren. Patienten mit Alzheimer, die den kognitiven Verfall bremsen konnten. Ich habe zahllose Kinder und Erwachsene mit Lernschwierigkeiten erlebt, die lernten, wie man lernt. Und ich habe gesehen, wie Eltern und Großeltern gemeinsam mit Kindern im Schulalter unter Bäumen sitzen und sich gegenseitig helfen, mit ihren Traumata und Ängsten umzugehen.

All diese Erfahrungen waren ehrfurchtgebietend und haben mich demütig gemacht. Sie haben mich motiviert und mein Verlangen geweckt, immer mehr über den menschlichen Geist zu erfahren und dabei herauszufinden, wie ich Menschen helfen kann, ihr eigenes großartiges Potential zu entdecken.

Meine Lebensaufgabe und der Grund, warum ich tue, was ich tue, ist es, den Menschen zu helfen, das Ausmaß der Kraft zu erkennen, die sie in sich tragen und die ihnen zur Heilung von Geist, Gehirn und Körper verhilft. Ich habe mein Leben der Aufgabe gewidmet, herauszufinden, wie man psychische Gesundheitsfürsorge und das damit verbundene Wissen leicht anwendbar, erschwinglich und für jeden zugänglich machen kann. Du magst vielleicht keinen Zugang zu einem Therapeuten haben, aber du hast etwas viel Mächtigeres: deinen Geist.

Du bestehst nicht aus einem geschädigten oder defekten Gehirn.

Du bestehst nicht aus einem geschädigten oder defekten Gehirn. Du musst dich niemals mit dem Istzustand abfinden oder lernen, das Fehlende irgendwie zu kompensieren. Es gibt viele Dinge, die du tun kannst und solltest, um den derzeitigen Zustand deines Gehirns und deines Körpers zu verändern und schädliche Prozesse zu verlangsamen oder sogar umzukehren. Diese Dinge sind geistgesteuert – sie sind das Ergebnis deiner Entscheidungen, die das Ergebnis deiner Gefühle sind, die wiederum das Ergebnis deines Denkens sind. Das ist der Geist in seinem aktiven Zustand.

Quantentheorie

Die Quantentheorie verdeutlicht die Bedeutung des aktiven Geistes. *Quantum* bedeutet »Energie«. Parallel zu den Neurowissenschaften und der Neuropsychologie lässt sich mit der Quantentheorie sehr wirkungsvoll die mit dem Geist, dem Lernen und dem Gedächtnis verbundene Energie erklären. Aus diesem Grund habe ich die Quantentheorie in die Entwicklung meiner eigenen »Theorie der geodätischen Informationsverarbeitung« (siehe Anhang A) einbezogen, um zu erklären, wie die Verbindung zwischen Geist und Gehirn funktioniert und wieso ein wirksames Gedankenmanagement unerlässlich ist.

Der britische Philosoph und Theologe Keith Ward bezeichnet die Quantenphysik als »das genaueste Modell, das je entwickelt wurde, um die tiefgründigsten Dinge zu verstehen«.[20] Zwei dieser »tiefgründigsten Dinge« sind die Fragen, wie wir als Menschen denken und was unser Daseinszweck auf dieser Erde ist.

Was ist menschliches Bewusstsein – oder der menschliche Geist – und warum besitzen wir es bzw. ihn? Warum und wie denken wir? Die Quantenphysik gibt uns eine Möglichkeit, die kraftvolle Energie des menschlichen Bewusstseins zu beschreiben, indem sie uns zeigt, wie fantastisch unser Geist ist. Sie liefert eine wissenschaftliche Theorie, die unsere Fähigkeit zur Entscheidung beschreibt und damit unsere Fähigkeit, unser Gehirn, unseren Körper und die Welt um uns herum zu verändern. Sie unterstreicht die Bedeutung des Denkens und hebt hervor, dass wir alle auf brillante und wunderbare Weise einzigartig sind. Die Quantenphysik weist auf etwas hin, das wir alle intuitiv spüren: dass unsere bewussten Gedanken die Macht haben, unser Handeln zu beeinflussen. Dieses Buch lehrt dich die mentale Präzision, die du brauchst, um dir diese Macht zunutze zu machen.

Das klingt alles ganz nett, aber was haben die Quantenphysik und das ganze Gerede über den menschlichen Geist mit deinem täglichen Leben zu tun? Hast du dich schon einmal gefragt: *Wer ist dieser Mensch, der ich geworden bin?* oder *Was kann ich tun, um mich zu ändern oder meine Probleme zu bewältigen? Bin ich eigentlich glücklich und zufrieden? Wie wirken sich meine Gedanken, Gefühle und Entscheidungen auf die Welt um mich herum aus?*

Bei der Suche nach Antworten geht es meist in eine von zwei Richtungen. Vielleicht glaubst du, dass du ein vorgefertigter, vorprogrammierter genetischer Avatar bist. Das Schicksal hat entschieden, was mit dir geschehen wird – du kannst dich nicht dagegen wehren. Oder du glaubst, dass du einen gewissen Einfluss auf deine Lebensqualität hast, vielleicht durch irgendein Wundermittel, dein Fitnesstraining, die neue Diät, durch Meditation oder die soeben gemachten Atemübungen. Oder vielleicht tust du all diese Dinge und hoffst einfach das Beste – schließlich sind sie gesund und gut für dich und irgendetwas müssen sie ja bewirken, oder?

Und tatsächlich fühlst du dich vielleicht ein paar Stunden lang gut, aber was passiert, wenn es mal nicht so gut läuft? Was tust du, wenn dein Ehepartner mit schlammigen Stiefeln über den neuen Teppich läuft? Wenn die Kollegin oder der Kollege, die du nicht ausstehen kannst, dir eine böse E-Mail schickt? Oder wenn dein bester Freund, deine beste Freundin völlig am Boden ist?

Der 5-Schritte-Neurozyklus

Gute Gedankenmanagement-Fähigkeiten können dich über gesunde, aber kurzlebige Achtsamkeitspraktiken wie Meditation hinausbringen, die zwar im Moment helfen, das Gehirn zu beruhigen und ein wenig zu wappnen, aber oft nicht die Hauptprobleme hinter deinem Denken angehen. Meditation bringt vielleicht Achtsamkeit, aber was macht man mit dieser Achtsamkeit? Achtsamkeit kann, wenn sie nicht richtig gemanagt wird, mehr Schaden anrichten als Nutzen bringen. Tatsächlich zeigen meine Forschungen, die ich in den nächsten Kapiteln beschreibe, dass Achtsamkeit ohne die Fähigkeit, damit umzugehen, sich negativ auf unsere geistige und körperliche Gesundheit auswirkt. Wenn du zu verstehen beginnst, wie dein Verstand funktioniert und wie du den Neurozyklus zur Bewusstseinssteuerung nutzen kannst, um mit dieser Achtsamkeit umzugehen und dein Gehirn zu verändern, schaffst du nachhaltige Veränderungen, weil du dann nämlich an der Wurzel deiner Probleme und nicht nur bei deren Symptomen ansetzt. Du siehst die Realität dann nicht länger als einen »Kampf zwischen dir und deinem Schicksal«. Du erkennst dann zwar an, dass das Leben hart sein kann und dass schlimme Dinge passieren, aber du hast auch die nötige Grundlage aufgebaut, um inmitten des Sturms deinen sicheren Stand zu bewahren.

Das bedeutet nicht, dass wir uns nicht aufregen, nicht wütend, unglücklich oder gereizt sein können. Uns allen bläst zuweilen der Wind ins Gesicht, aber wir wissen mit diesen Emotionen und Gefühlen umzugehen, wenn wir sie *auf eine analytische Art und Weise erleben, die unser Gehirn tatsächlich verändert und unsere Widerstandsfähigkeit erhöht*. So bringen uns diese Dinge nicht tagelang oder gar wochenlang aus dem Konzept und werden auch keinesfalls unser Leben beherrschen.

Ich möchte dir ein Beispiel geben. (In diesem Beispiel geht es um Beziehungen, aber die gleichen fünf Schritte können auf beliebige Situationen angewendet werden.) Angenommen, du wirst von jemandem, dem du vertraust, wirklich gemein behandelt. Dein altes Ich hätte sofort einige böse Textnachrichten verschickt, vielleicht ein paar »Gut, dass ich dich los bin«-Einzeiler, und dann geheult und alles beschimpft, was deinen Weg zu kreuzen wagt. Aber das neue, bewusstseinsgesteuerte Quanten-Superhelden-Ich geht stattdessen sofort durch die verschiedenen Phasen des Gedankenmanagements, durch die 5 Schritte der Neurozyklus-Methode, die wir in Teil 2 dieses Buches noch ausführlich besprechen werden.

Zuerst musst du dieses erstaunliche Gehirn, das du dein Eigen nennst, vorbereiten, und dafür sind Achtsamkeit, Meditation,

Atemübungen, Klopfmethoden und dergleichen wichtige Elemente. Du kannst ein paar Atemübungen machen (mein Favorit ist die Wim-Hof-Methode, weil sie wissenschaftlich fundiert und effektiv ist).[21] Es handelt sich dabei um eine einfache, bewusstseinsgesteuerte Maßnahme, die deinen Verstand bereit macht und dein Gehirn und deinen Körper in einen optimalen Zustand versetzt, sodass du dich ausreichend beruhigen kannst, um bestmöglich zu reagieren. Als Nächstes gehst du über die Achtsamkeit, die deine Vorbereitung erzeugt hat, *hinaus* und erreichst durch die folgenden fünf Schritte eine *selbstgesteuerte Neuroplastizität*:

1. **Sammeln.** *Lies, höre und achte darauf, was du denkst und wie du dich fühlst.* Mach dir bewusst, dass diese Person ihre Handlungen und Worte möglicherweise als Hilfeschrei benutzt. Sie sind vielleicht nur ein Zeichen dafür, dass sie zu verstehen versucht, was mit ihr geschieht, aber nicht weiß, wie sie ihre Bedürfnisse oder ihren Schmerz richtig verbalisieren kann. Es kann hilfreich sein, sich daran zu erinnern, dass die Art und Weise, wie andere Menschen einen behandeln, oft eine Projektion ihrer eigenen Aufgewühltheit und ihres Gemütszustands ist. Akzeptiere die Tatsache, dass du dich verletzt oder frustriert fühlst; unterdrücke deine Gefühle nicht und fühle dich ihretwegen nicht schuldig. Erkenne aber an, dass diese Gefühle auch wieder vergehen. Sie müssen deine weiteren Handlungen oder Gedanken nicht bestimmen.
2. **Fokussiert reflektieren.** *Diskutiere mit dir selbst darüber – stelle dir Fragen und beantworte sie.* Versuche, den tieferen Sinn hinter den Worten und Handlungen der Person zu finden. Was macht sie gerade durch? Wie sehr ist sie verletzt? Warum reagiert sie auf diese Weise? Absorbiere nicht ihre negative Energie und mache sie nicht zu einem Teil von dir und deinem

Gehirn. Halte inne, tritt einen Schritt zurück und entscheide dich dafür, die Situation objektiv zu betrachten.

3. **Aufschreiben.** *Führe Tagebuch, um deine Gedanken zu ordnen.* Halte das, was du durchmachst, in deinem Tagebuch fest; du kannst dafür auch eine App verwenden, wenn dir das lieber ist. Das wird dir helfen, Struktur in deine Gedanken zu bringen und den emotionalen Schmerz loszulassen – lass ihn aus deinem Körper hinaus, anstatt ihn in dir zu behalten. Schreib auf, was die betreffende Person gesagt hat und wie du darauf reagiert hast oder gerne reagieren möchtest.
4. **Erneut betrachten.** *Gehe deine Einträge erneut durch und analysiere sie.* Sprich mit jemandem darüber; das kann dir helfen, die Situation und deine beabsichtigte Reaktion aus einem breiteren Blickwinkel zu betrachten.
5. **Aktiv ergreifen.** *Wende das, was du dabei herausgefunden hast, auf konkrete Weise an.* Wenn du dich beruhigt hast, gehe in Liebe auf die Person zu und frage sie, was du tun kannst. Selbst wenn das nur bedeutet, dass du ihr zuhörst, während sie ihre Gefühle zum Ausdruck bringt.

Der menschliche Geist

Im Wesentlichen ist der menschliche Geist das, was du *denkst, fühlst und entscheidest.* Genau das haben wir im gerade angeführten Beispiel mithilfe der 5-Schritte-Neurozyklus-Methode getan. Der Geist arbeitet durch das Gehirn: Das Gehirn ist das physische Organ, das den Input des Geistes filtert und darauf reagiert.

Basierend auf meiner Forschung und meiner klinischen Erfahrung glaube ich, dass der Geist den größten Teil von uns ausmacht, nämlich 90 bis 99 Prozent dessen, wer wir sind. Es gibt überzeugende Belege dafür, dass der aktive Geist – unser Denken, Fühlen und Entscheiden, wodurch wir unsere Aufmerksamkeit auf Dinge richten, bewusst Erinnerungen aufbauen, Vorhersagen treffen und Ereignisse erwarten – unsere kortikale Plastizität (Neuroplastizität) beeinflusst. Das bedeutet, dass du beim Denken, Fühlen und Entscheiden auch immer etwas erwartest bzw. glaubst, und damit gestaltest du deine mentale Landschaft um – dein Gehirn reagiert auf deine Gedanken.

Unser Geist ist nicht bloß ein Nebenerzeugnis unseres Gehirns.

Diese Veränderungen finden im gesamten Gehirn statt. Die Neuroplastizität des Gehirns ist nicht auf ein einzelnes System beschränkt; das gezielte Gedankenmanagement mithilfe des Neurozyklus formt ganze Systeme und Netzwerke im Gehirn um. Es stärkt sogar funktionsschwache Gehirne, regt neurologisch beeinträchtigte Gehirne an und kann bei traumatisierten Gehirnen eine merklich korrigierende Wirkung haben. Das Gehirn ist nicht fest oder starr verdrahtet, sondern flexibel, was im Wesentlichen bedeutet, dass es auf das, was wir denken, fühlen und entscheiden – auch darüber, was wir essen, womit wir unseren Körper innerlich und äußerlich in Kontakt bringen und wie wir unseren Körper bewegen – mit Veränderung reagiert. Unser Geist ist nicht bloß ein Nebenerzeugnis unseres Gehirns.

Und nun stell dir vor, dass du deinen Verstand einsetzt und diese Neuroplastizität in einer Weise nutzt, die deine Gehirnfunktion so weit verbessert, dass du stets einen Plan parat hast, der dich mit den Herausforderungen des Lebens richtig umgehen lässt und verhindert, dass sie deine Zufriedenheit beeinträchtigen. Auf diese Weise wirst du weniger krankheitsanfällig. Wenn du verstehst, wie dein denkender Geist funktioniert und wie du die 5 Schritte des Neurozyklus anwenden kannst, nutzt du damit im Grunde die volle Kraft der Neuroplastizität zu deinem Vorteil, um dein mentales Chaos zu beseitigen!

Gedankenmanagement verändert nicht nur den Zustand deines Gehirns oder die Art und Weise, wie du dich im Moment fühlst. Es steigert im Laufe der Zeit auch deine kognitive Belastbarkeit, da du eine Umgebung schaffst, die für dein Gehirn gesund ist. Ein starker Geist bedeutet ein starkes Gehirn und umgekehrt – in einer Feedbackschleife, die dir die mentale Stärke gibt, Widrigkeiten zu begegnen, und dir hilft, den Alltag zu meistern. Es führt dich inmitten einer Krise und gibt dir die Entschlossenheit, Zeiten der Unsicherheit und des Leidens durchzustehen. Es lässt dich nach innen schauen und zwingt dich, zu prüfen, zu fragen und mit dem umzugehen, was dich zurückhält.

Selbstgesteuerte Neuroplastizität

Die 5 Schritte bieten eine Gedankenmanagement-Methode, die dich im übertragenen Sinn vom unbeteiligten Beobachter eines Autounfalls zum Ersthelfer macht und schließlich dazu führt, den Crash von vornherein zu verhindern. Genauso wie Erbrechen, Schwitzen und der Gang zur Toilette den Körper von giftigen Stoffen befreien, hilft uns das Annehmen unseres Seelenschmerzes durch Gedankenmanagement und das Akzeptieren der damit einhergehenden Ungewissheit dabei, uns von unseren toxischen Erfahrungen zu befreien, ganz gleich, ob es sich um eine schlechte Angewohnheit handelt, die wir im Laufe der Zeit entwickelt haben, oder um ein Trauma aus unserer Vergangenheit. Es mag anfangs etwas unangenehm sein, und wir werden vielleicht etwas Druck und Schmerz empfinden, aber wir werden uns danach millionenfach besser fühlen. Mit Gedankenmanagement können selbst die grundlegendsten Probleme angegangen werden – wie du in Teil 2 dieses Buches sehen wirst.

Während wir denken, verändert sich das Gehirn auf buchstäblich hunderttausende verschiedene Weisen, sowohl auf zellulärer als auch auf molekularer, biochemischer, genetischer und struktureller Ebene. Tagtäglich werden neue Forschungsergebnisse veröffentlicht, die zeigen, wie jedes funktionelle, chemische und physische Merkmal des Gehirns verändert werden kann und wird, wenn wir unseren Verstand einsetzen. *Das Entscheidende bei alldem ist, dass du diesen Prozess selbst steuern kannst!* Du musst dich nicht damit abfinden, dass das Leben das, was zwischen deinen Ohren ist, beliebig verändert und formt. Du musst nicht einfach alles, was du siehst und hörst, in dich aufnehmen.

Wenn wir uns im bewussten Gedankenmanagement üben, steuern wir viele der tausenden elementaren Prozesse, die den Funktionszustand unseres Gehirns bestimmen. Tatsächlich sind die Veränderungen im Gehirn schon beim Erlernen einer einzigen neuen Fähigkeit gewaltig; das Gehirn baut auf Anweisung des Geistes seine neuronale Kodierung in den Dendriten buchstäblich um. Die Dendriten sind die Verzweigungen an den Spitzen der Neuronen, die unsere Gedanken und Erinnerungen speichern.

Eines der ersten Dinge, die du tun musst, um deinen Verstand in den Griff zu bekommen, besteht darin, dein Gehirn darauf zu trainieren, *dass es lernt, auf organisierte und sinnvolle Weise zu lernen.* Das ist die Wissenschaft vom Aufbau des Gehirns, der schon im Babyalter beginnt und sich durch das ganze Leben zieht. Um jedoch die Vorteile dieses Prozesses voll auszuschöpfen, muss die Fähigkeit des Gedankenmanagements entwickelt und verbessert werden.

Das Aufbauen des Gehirns, vergleichbar körperlicher Betätigung, ist ein extrem wichtiger Faktor für die Entwicklung und den Erhalt der geistigen und zerebralen Gesundheit. Jeder von uns steckt voller Potential, das Fertigkeiten, Fähigkeiten, Informationen und Ideen umfasst, die darauf warten, ermessen und verwirklicht zu werden. Die 5 Schritte des Neurozyklus helfen dir herauszufinden, was du brauchst, um dieses Potential freizusetzen, dein neuroplastisches Gehirn zu stärken und zu entwickeln *und* dein gesamtes unerreichtes Potential nutzbar zu machen. So wirst du notwendige Änderungen in deiner Lebensweise vornehmen und deine Welt zum Besseren verändern können. Das ist nicht nur etwas für einige wenige Menschen – Gedankenmanagement ist für jeden machbar. Jeder kann lernen und sein Gehirn aufbauen. Die Entwicklung des Gehirns ist für die geistige und körperliche Gesundheit genauso wichtig wie Essen und Atmen, weshalb sie in Teil 2 als Erstes behandelt wird. Es ist viel einfacher, von Traumata und Gewohnheiten zu entgiften, wenn Gehirnaufbau zum Teil des Tagesablaufs gemacht wird!

Klinischer Versuch

Genau das ist die Aussage vieler wissenschaftlicher Schriften und auch das Ergebnis meiner eigenen jüngsten klinischen Studien. Von Januar bis Dezember 2019 habe ich zwei Forschungsstudien durchgeführt: zum einen eine Validierungsstudie zur »Leaf Mind-Management Scale (LMM)«, die zum Gegenstand hatte, die Genauigkeit meiner Gedankenmanagement-Bewertungsskala zu messen. Diese habe ich entwickelt und verwende sie seit vielen Jahren in meiner klinischen Praxis. Bei der zweiten handelte es sich um eine randomisierte, kontrollierte klinische Doppelblindstudie zur Bewertung der Relevanz des Gedankenmanagements unter Anwendung der aktualisierten, untersuchten und klinisch erprobten 5-Schritte-Methode des Neurozyklus.

Ich habe diese Forschungsstudie in einer US-amerikanischen neurologischen Praxis mit einem weltweit anerkannten Team von Ärzten und Wissenschaftlern durchgeführt. Die Idee zu dieser Studie entstand, als ein befreundeter Neurologe mit einem Problem an mich herantrat: Seine Patienten sprachen positiv auf die Neurofeedback-Therapie an, konnten diese Wirkung aber nicht immer auf ihr Alltagsleben übertragen. Neurofeedback-Therapie ist »auch unter dem Begriff EEG(Elektroenzephalogramm)-Biofeedback bekannt … eine therapeutische Maßnahme, die durch unmittelbares Feedback von einem computergestützten Programm die Gehirnwellenaktivität eines Patienten bewertet«.[22]

Etwas anderes war noch erforderlich. Wie gelang der Schritt von einer erfolgreichen Neurofeedback-Sitzung zu einem gut geführten Leben? Dieser Neurologe hatte damit begonnen, das in meinem Buch *Schalte dein Gehirn an* beschriebene 5-Schritte-Programm in seiner Praxis anzuwenden, und er stellte bei sich und seinen Patienten bemerkenswerte bleibende Veränderungen fest – Veränderungen, die sich nicht nur in den Gehirnströmen auf dem qEEG (der digitalen mathematischen Analyse von EEG-Messdaten) zeigten,[23] sondern auch konkret in der Lebensführung.

Ich hatte Vergleichbares schon seit Jahren in meiner Praxis und Forschung sowie bei meiner Arbeit beobachtet, und so beschlossen er und ich, zu prüfen, ob diese Veränderungen in einer kontrollierten Studie und einem Validierungsversuch mit der aktualisierten Version der 5 Schritte, dem Neurozyklus, repliziert werden könnten. Wir fanden heraus, dass Menschen lernen können, ihre Gedanken selbst zu regulieren und die Neuroplastizität ihres Gehirns zu nutzen, um ihre neuronalen Schaltkreise in 63-Tage-Zyklen in positiver Weise zu verändern – nicht in 21 Tagen, obwohl diese Zahl oft als Zeitspanne für die Entwicklung einer Gewohnheit angegeben wird. Wir haben dies erreicht, indem wir den Neurozyklus zur Steuerung verschiedener geistiger und körperlicher Zustände einsetzten, was den Probanden in der klinischen Studie geholfen hat, neue mentale Gewohnheiten zu entwickeln und ihre Reaktionen auf die Umstände des Lebens zu steuern.

Diese Validierungsstudie und der klinische Versuch sowie eine wachsende Zahl von veröffentlichten Studien zum Thema Neuroimaging unterstreichen die Bedeutung einer angemessenen Schulung bezüglich des Gedankenmanagements und der Selbstregulation. Die Quintessenz ist: Wir können unsere Lebensweise nicht verbessern, solange wir nicht lernen, unser Denken zu steuern.

Das ist unglaublich *ermutigend*. Die Probanden in unserer Versuchsgruppe wurden sich mithilfe unserer App ihrer toxischen Gedanken und ihres mangelnden Gedankenmanagements bewusst und konnten diese Denkmuster zu einer neuen Eigen- und Außenwahrnehmung umgestalten. Diese Veränderung zeigte sich nicht nur in ihren persönlichen Schilderungen, sondern auch anhand meiner neuropsychologischen LMM-Skala und verschiedener anderer klinisch-psychologischer Messverfahren, mit denen wir die Gehirnaktivität und Physiologie der Teilnehmer erfassten. Wir konnten sogar signifikante Veränderungen in der Gesundheit ihres Immunsystems, ihres Blutes, ihrer Zellen und ihrer DNA feststellen.

Wir können unsere Lebensweise nicht effektiv verbessern oder darauf hoffen, dass die Veränderungen nachhaltig sein werden, solange wir nicht lernen, unser Denken zu steuern.

Während dieser Versuche untersuchten wir die Interaktion zwischen Geist und Körper und wie sich diese veränderte, als unsere Probanden lernten, ihr mentales Chaos mithilfe der App zu bewältigen. In der Versuchsgruppe gab es im Vergleich zur Kontrollgruppe bei allen Messwerten einen Aufwärtstrend, da sich die Fähigkeit der Probanden, ihre Gedanken zu steuern, erheblich verbesserte, was dazu beitrug, Ängste, Depressionen und psychische Erkrankungen um bis zu 81 Prozent zu reduzieren. Die Teilnehmer der Versuchsgruppe nutzten ihren Verstand (ihre Fähigkeit, Gedanken, Gefühle und Entscheidungen zu steuern), um von der Neuroplastizität ihres Gehirns zu profitieren und ihre neuronalen Schaltkreise zu überarbeiten und zu regenerieren. Innerhalb von dreiundsechzig Tagen entwickelten sie gesunde neue Denkgewohnheiten und ihr allgemeines Wohlbefinden verbesserte sich – dies konnte auch noch sechs Monate später aufrechterhalten werden und übertrug sich positiv auf andere Bereiche ihres Lebens.

Während wir uns im weiteren Verlauf eingehender mit den Ergebnissen meiner Forschung befassen, wirst du feststellen, dass Gedankenmanagement nicht nur machbar, sondern auch wirklich nutzbringend ist und sich positiv auf die mentale Gesundheit, die Hirngesundheit, die Blutphysiologie und sogar auf die Gesundheit von Zellen und Herz auswirken kann. Wenn du lernst, deinen Geist mithilfe der 5 Schritte des Neurozyklus zu lenken, kannst du mentale Probleme wie Depressionen, Angstzustände, toxischen Stress und Zwangsgedanken in den Griff bekommen, deine Immunabwehr und Zellgesundheit verbessern und dich vor kognitivem Abbau und Demenzerkrankungen schützen.

In Kapitel 4, in dem wir dann so richtig in die wissenschaftlichen Grundlagen meiner Forschung eintauchen, findest du Abschnitte mit der Überschrift »Inwiefern ist das hilfreich für dich?«. Darin bekommst du einfache, wissenschaftlich erprobte Tipps für dein eigenes Gedankenmanagement, die dich motivieren werden. Wenn du dich durch dieses mit Wissenschaft gespickte Kapitel wirklich durchgräbst und versuchst, es zu verstehen, wird es als Bonus deinen Verstand herausfordern und so deine Intelligenz steigern, dein Gehirn aufbauen und deine Widerstandsfähigkeit stärken. Ich habe auch einige sehr interessante Abbildungen und Diagramme eingefügt, die dir zeigen, wie sich Angst, Depression und chaotisches Denken auf dein Gehirn auswirken und wie sich dein Gehirn positiv verändert, wenn du deine Gedanken steuerst.

In unserer klinischen Studie konnten wir beobachten, dass Menschen dysfunktionale Netzwerke, entstanden durch toxische Gedanken, neu verdrahten können, indem sie sie mithilfe ihres Geistes verändern, wodurch sich die Physiologie ihres Gehirns regeneriert. Der menschliche Geist ist unglaublich stark – den Weg zu wahrem und dauerhaftem Erfolg tragen wir in uns selbst.

Dieser Weg, der uns die Macht über unsere geistige Gesundheit und unser mentales Wohlbefinden gibt, besteht nicht in Medikamenten oder technischen Hilfsmitteln, sondern führt über unsere Fähigkeit, Veränderungen in unserem Gehirn selbst zu steuern und zu beeinflussen. Kannst du dir eine Welt vorstellen, in der auch die Art und Weise, wie wir unseren Verstand einsetzen, als »Anxiolytikum« und »Antidepressivum« betrachtet wird? Nun, dieser Tag ist gekommen.

Hier geht es nicht einfach nur um »Selbsthilfe«. Es handelt sich hierbei um ein wissenschaftlich untersuchtes und klinisch erprobtes *nachhaltiges* Gedankenmanagement-Programm, das seit über dreißig Jahren erfolgreich im Einsatz ist – und zu einer Denkweise führt, die das Beste aus Achtsamkeit und Selbsthilfe herausholt.

Wenn du lernst, *über die Achtsamkeit* hinauszugehen, werden die Erfahrungen, die du machst, durch ein besseres Verständnis begleitet und gewinnen dadurch an Sinnhaftigkeit. Du gehst über das Gewahrsein des *Moments* hinaus und fängst an, dein Gedankenleben bewusst *zu steuern*, wodurch du die Fähigkeit erlangst, Wissen aufzubauen, und dazu auch lernst, wie sich dieses Wissen anwenden lässt.

Hier geht es nicht einfach nur um »Selbsthilfe«. Es handelt sich hierbei um ein wissenschaftlich untersuchtes und klinisch erprobtes nachhaltiges Gedankenmanagement-Programm, das seit über dreißig Jahren erfolgreich im Einsatz ist.

Die in diesem Buch vorgestellten 5 Schritte des Gedankenmanagements mithilfe des Neurozyklus ermöglichen es dir, proaktiv die Gesundheit von Geist und Gehirn aufzubauen sowie gute Denkgewohnheiten und eine förderliche Lebensweise zu entwickeln und beizubehalten. Das hilft dir, deine Wissensspeicher so zu nutzen, dass sie deine Gehirn- und deine geistige Gesundheit fördern und schützen. Jeder dieser fünf Schritte wurde akribisch und neurowissenschaftlich erforscht und ist so konzipiert, dass er die höchste Stufe funktioneller Reaktionen im Gehirn auf effizienteste Weise stimuliert, sodass gesunde Gedanken, gesundes Hirngewebe und ein guter Energiefluss gewährleistet sind. Dies alles trägt zu dem tiefsitzenden Gefühl des Friedens bei, das sich einstellt, wenn man *seine Reaktionen auf das Leben unter Kontrolle hat.*

Wenn du lernst, mit deinem Verstand umzugehen, kannst du dein mentales Chaos beseitigen und das Beste aus deinem Leben machen, unabhängig von deinen Lebensumständen.

Als ich fünf Jahre alt war, erfuhr ich durch einen Verwandten sexuelle Gewalt, verdrängte aber alles, ohne dass ich mir dessen bewusst war, bis ich durch einen Auslöser kurz nach meiner Heirat schließlich einen Zusammenbruch erlitt. Ich bin bei Tag 14 Ihres 5-Schritte-Programms und erlebe Heilung in einer Weise, wie ich sie nie für möglich gehalten hätte. Dies hat mich dazu inspiriert, anderen zu helfen, die dasselbe durchgemacht haben, und ich denke darüber nach, wieder zur Schule zu gehen, um mich weiterzubilden und Kindertraumatherapeutin zu werden.

KRISTEN

Kapitel 3

Warum der Neurozyklus die Lösung ist, um dein mentales Chaos zu beseitigen

Nichts im Leben muss man fürchten, man muss es nur verstehen. Jetzt ist es an der Zeit, mehr zu verstehen, damit wir uns weniger fürchten müssen.

MARIE CURIE

Übersicht

- Einfach zu handhabende Gedankenmanagement-Tools für den persönlichen Gebrauch können unzähligen Menschen jeden Alters helfen, ihre geistige und körperliche Gesundheit und ihr Wohlbefinden zu verbessern – mit ihnen lassen sich Warnsignale wie Angst, Depression, toxisches Denken, Konzentrationsschwäche, Reizbarkeit, Erschöpfung und Burnout erkennen und bekämpfen, bevor sie die vollständige Kontrolle über den Verstand und das Leben eines Menschen übernehmen.
- Unsere Forschung trägt zu einer größeren Zahl von Untersuchungen bei, die zeigen, dass das Gefühl, sich selbst regulieren zu können und das Leben gut im Griff zu haben, zu einer besseren psychischen Gesundheit führen kann, weil man nicht mehr nur Beobachter ist. Wenn man lernt, das eigene mentale Chaos zu beseitigen, wird man zum »Ersthelfer« und Entscheidungsträger für das eigene Leben.
- Der Zustand der Selbstverantwortung und Selbstbestimmtheit – in der Psychologie auch als »Empowerment« bezeichnet – ist das

fehlende Glied, das dich von Punkt A, dem Hören oder Lesen guter Ratschläge, zu Punkt B bringt, nämlich der tatsächlichen Anwendung dieser Ratschläge auf eine sinnvolle und nachhaltige Weise.

Wir können die Zunahme von Ängsten, Depressionen, Wut, Frustration, toxischem Stress und Burnout bei Menschen aller Altersgruppen in unserer Gesellschaft nicht länger ignorieren. Wir müssen das Problem direkt angehen. Stressauslösende Faktoren und Veränderungen in der Lebenssituation verursachen Reaktionen und Veränderungen in unserer Biochemie, unserem Gehirn und in unserer DNA, die sich nicht nur auf unsere Gesundheit auswirken, sondern auch über Generationen hinweg weitergegeben werden können – ein Phänomen, mit dem sich die *Epigenetik* beschäftigt. Es geht also sowohl darum, wie wir heute leben wollen, als auch darum, wie es unseren Kindern in der Zukunft ergehen soll.

Wie schon im ersten Kapitel erwähnt, haben viele der derzeitigen Strategien für den Erhalt bzw. die Erlangung psychischer Gesundheit, wozu auch der Einsatz von Arzneimitteln und medizintechnischen Hilfsmitteln gehört, nicht dazu beigetragen, die verheerenden Zustände im Bereich der psychischen Gesundheit, die unsere Gesellschaft plagen, zu beseitigen oder auch nur in den Griff zu bekommen. Jedes Jahr sterben weltweit fast achthunderttausend Menschen durch Suizid, das bedeutet etwa alle vierzig Sekunden ein Todesfall. Die Selbsttötung ist bei den 15- bis 24-Jährigen auf der ganzen Welt die zweithäufigste Todesursache. Unbehandelte Depressionen stehen als Grund für Erwerbsunfähigkeit weltweit an erster Stelle.[24]

Einfach zu handhabende Gedankenmanagement-Tools für den persönlichen Gebrauch können unzähligen Menschen jeden Alters helfen, ihre geistige und körperliche Gesundheit und ihr Wohlbefinden zu verbessern – mit ihnen lassen sich Warnsignale wie Angst, Depression, toxisches Denken, Konzentrationsschwäche, Reizbarkeit, Erschöpfung und Burnout erkennen und bekämpfen, bevor sie die vollständige Kontrolle über den Verstand und das Leben eines Menschen übernehmen.

Zu diesem Zweck habe ich auf der Grundlage meiner Forschung der vergangenen drei Jahrzehnte und der neuesten Erkenntnisse aus der Hirnforschung diese unkomplizierte 5-Schritte-Methode entwickelt. Du kannst damit dein Gedankenmanagement steuern und Depressionen, Angstzustände und Burnout überwinden, die durch chronischen oder akuten Stress, Traumata, Identitätsprobleme, Isolation, gestörte Schlafgewohnheiten, Bewegungsmangel, schlechte Ernährung und andere Dinge entstehen. Zudem unterstützt es dich beim Aufbau eines gesunden Gehirns und mentaler Widerstandskraft.

Dieser fünfschrittige Prozess basiert auf der Wissenschaft des Denkens, insbesondere darauf, wie wir mit unserem Geist Gedanken formen. Er geht über reine Selbsthilfe- und Achtsamkeitsübungen hinaus und bringt beides auf eine ganz neue Ebene, indem er sie zu einer nachhaltigen Gedankenmanagement-Strategie ausbaut – dem Neurozyklus. Diese 5 Schritte wurden als Antwort auf das Bedürfnis meiner Patienten nach einer einfachen, aber nachhaltigen und wirksamen Methode zur Bewältigung ihrer chronischen und akuten psychischen Probleme sowie zum Aufbau ihrer Hirngesundheit und Resilienz entwickelt. Mir war dabei wichtig, diese Schritte hochwirksam aber dennoch so einfach wie möglich zu gestalten, denn wenn man bereits mit Chaos im Kopf zu kämpfen hat, braucht man nicht obendrein noch einen Haufen komplexer Techniken!

Echte persönliche Veränderung erfordert konsequentes Gedankenmanagement, um die neuronalen Leitungsbahnen neu zu verknüpfen und zu regenerieren und neue Gewohnheiten zu bilden. Wenn wir unser Denken in den Griff bekommen, werden sich schlussendlich der Gesamtzustand des Gehirns sowie die zellulären und biochemischen Strukturen verändern und ein neues, gesundes Gleichgewicht in Geist, Gehirn und Körper herstellen.

Ist der Neurozyklus eine Lösung, mit der sich das mentale Chaos beseitigen lässt?

In unserer klinischen Studie wurden zwei Gruppen von Probanden untersucht, um herauszufinden, ob die aktualisierte, jetzt Neurozyklus genannte Methode wirklich eine wirksame Lösung zur Beseitigung des mentalen Chaos ist. Die erste Gruppe, die sogenannte *Versuchsgruppe*, bestand aus sechs Probanden, die im Umgang mit der App »Neurocycle« (früher Switch-App) geschult wurden; diese beinhaltet die aktualisierten, untersuchten und klinisch angewandten 5 Schritte der Neurozyklus-Methode.[25] Die Versuchsgruppe wurde gebeten, einen bestimmten toxischen Gedanken auszuwählen, an dessen Überwindung sie während der klinischen Studie jeweils arbeiten sollte. Dabei sollten die Probanden die App 63 Tage lang täglich eigenständig als Hilfsmittel verwenden, um damit einen toxischen Gedanken oder eine für das geistige Wohlbefinden abträgliche Denkweise zu überwinden, indem durch Rekonzeptualisierung neue Verknüpfungen geschaffen würden.

Die Probanden der zweiten Gruppe, der sogenannten *Kontrollgruppe*, erhielten keine Anweisungen zur Auswahl eines toxischen Gedankens, an dem sie arbeiten sollten, und sie bekamen auch keine App zur Verfügung gestellt, die sie im Verlauf der Studie hätten verwenden können.

Bei allen Probanden untersuchten wir die neurowissenschaftlichen (qEEG), psychosozialen (Rating-Skalen und Erzählungen), neurophysiologischen (Blut) und zellulären (Telomere) Messwerte an Tag 1 vor Beginn der Studie, an Tag 21 und an Tag 63 der Studie. Anschließend verglichen wir die Ergebnisse zwischen der Kontroll- und der Versuchsgruppe. An den Tagen 7, 14 und 42 sowie nach sechs Monaten wurden zusätzliche psychosoziale Messungen durchgeführt. Dazu gehörten die Erzählungen der Probanden, die Leaf Mind-Management Scale (LMM) und alle auch schon zu den anderen Zeitpunkten genutzten Methoden. Nicht zusätzlich durchgeführt wurden die Blutuntersuchungen und qEEGs. Die Sechsmonatsmarke sah eine Nachuntersuchung vor, mit der die Nachhaltigkeit der Ergebnisse und somit die langfristige Wirksamkeit der angewendeten Gedankenmanagement-Techniken zu bewerten war.

Wenn wir unser Denken kontrollieren, verändert sich letztlich der gesamte Zustand des Gehirns und der Zellstruktur und stellt ein neues, gesundes Gleichgewicht in Geist, Gehirn und Körper her.

Was dabei herauskam, war sehr spannend, und ich freue mich, dass ich dich an den Ergebnissen teilhaben lassen kann. Ich glaube wirklich, dass das, was du erfahren wirst, dein Leben zum Besseren verändern kann, denn wenn du erst einmal begriffen hast, wie leistungsfähig dein Verstand ist und wie du ihn steuern kannst, wird für dich nichts mehr so sein, wie es war.

Während unseres Forschungsprojekts verzeichnete die Versuchsgruppe *signifikante positive* Veränderungen: auf zellulärer Ebene, basierend auf Veränderungen der Telomere (die Kappen auf den Chromosomen, die die Gesundheit der Zellen bestimmen); bei den Hirnströmen (basierend auf qEEG-gemessenen Veränderungen im Gehirn); im psychosozialen Profil (basierend auf veränderten Werten der Rating-Skalen und auf der Selbsteinschätzung der Probanden); bei den Bluttests (einschließlich veränderter Cortisol- und Homocysteinwerte, die zeigen, wie der Körper auf Stress und Entzündungen reagiert). Unsere Ergebnisse zeigen auch, dass es positive Veränderungen im nichtbewussten Teil des Verstandes (qEEG), im bewussten Teil des Verstandes (LMM), im Körper (Telomere und Blut) und in der gesamten Person (Erzählung) gab.

Das bedeutet, dass die Probanden der Versuchsgruppe durch die Anwendung der 5 Schritte in der App ihre mentale Gesundheit, die Gesundheit des Gehirns, die Blutphysiologie und die zelluläre Gesundheit *deutlich* verbessern konnten – und das Gleiche kannst auch du.

Empowerment ist das fehlende Bindeglied zur Beseitigung des mentalen Chaos

In dieser klinischen Studie wurde unter anderem die LMM (Leaf Mind-Management Scale) untersucht. Dieses Instrument misst Faktoren wie Selbstregulation, Bewusstsein, Autonomiegefühl, Anzahl der toxischen Gedanken und Ausmaß des toxischen Stresses, wahrgenommene Hindernisse und den gefühlten Grad von Selbstbestimmtheit (Empowerment). Die Probanden der Versuchsgruppe, die die App täglich nutzten, berichteten während der gesamten Studie über sich selbst, dass sie das Gefühl hätten, auf dem Weg zu mehr Selbst zu sein. Bei der Untersuchung der Studienergebnisse stellten wir fest, dass dies durch eine Steigerung ihrer Autonomie und ihres Kontrollgefühls erreicht wurde.

Diese Forschungsarbeit trägt zu einem größeren Spektrum von Untersuchungen bei, die allesamt zeigen, dass das Gefühl, sich selbst regulieren zu können und das Leben gut im Griff zu haben, zu einer besseren psychischen Gesundheit führen kann, weil man nicht mehr nur Beobachter, sondern nun ein »Ersthelfer« und Entscheidungsträger für das eigene Leben ist.

Die gewonnene Autonomie steigerte schließlich das Hoffnungsempfinden der Probanden, und die 5 Schritte verstärkten zudem ihr Gefühl, mehr Kontrolle über ihr Leben und ihre Gesundheit zu haben und weniger Unsicherheiten ausgesetzt zu sein. Dies wiederum führte dazu, dass sie sich ihrer toxischen Gedanken deutlicher bewusst wurden und besser mit ihnen umgehen konnten, was ihnen half, toxischen Stress unter Kontrolle zu bringen und ihre Sichtweise auf die Welt zu ändern. Sie begannen, Herausforderungen und Hindernisse als Chancen zu begreifen, und hatten insgesamt mehr Lebenszufriedenheit. Der Neurozyklus bot buchstäblich einen Weg zum Empowerment – hin zur Eigenbestimmung.

Dieser Weg ist entscheidend für die komplexen Veränderungen, die für die psychische und körperliche Gesundung unumgänglich sind. Der damit verbundene Prozess erhöht die Widerstandskraft des Gehirns und des Geistes sowie die Schmerztoleranz. Denk nur mal an ein hartes Trainingsprogramm, das du in der Vergangenheit vielleicht schon absolviert hast. Was hat dir geholfen, es trotz der mentalen und körperlichen Belastung durchzuziehen? Höchstwahrscheinlich war es ein motivierender Trainer oder Partner, der dir das Gefühl gab, dass du zu Veränderungen fähig bist. In dieser klinischen Studie konnten wir feststellen, dass der Gedankenmanagement-Prozess das Selbstbewusstsein der Probanden auf systematische Weise stärkte und damit ihre emotionale Belastbarkeit und Stressresistenz erhöhte.

Empowerment ist das fehlende Glied, das dich von Punkt A, dem Hören oder Lesen guter Ratschläge, zu Punkt B bringt, nämlich der tatsächlichen Anwendung dieser Ratschläge auf eine sinnvolle und nachhaltige Weise.

Der Weg zu Empowerment

Der Weg zu Empowerment: Wenn wir größere Autonomie erlangen, indem wir die Kontrolle über unsere psychische Gesundheit übernehmen, werden wir uns sowohl unserer Probleme als auch unserer Fähigkeit, mit toxischen Gedanken umzugehen und toxischen Stress zu kontrollieren, stärker bewusst. Wenn wir unsere Sichtweise ändern, sehen wir Chancen anstelle von Hindernissen. Dieser Prozess führt dazu, dass wir größere Handlungsfähigkeit erlangen, sodass wir unser Leben steuern können, indem wir unseren Verstand kontrollieren.

Depressionen und Angstzustände lassen sich mit dem Neurozyklus um 81 Prozent reduzieren

Vorläufige Ergebnisse unserer Studie zeigten auch eine deutliche Verringerung von Depressionen und Angstzuständen durch Anwendung der Neurozyklus-Methode für Gedankenmanagement. In der Versuchsgruppe nahmen diese im Vergleich zur Kontrollgruppe um bis zu 81 Prozent ab. Diese signifikanten Veränderungen konnten wir bei vielen der untersuchten Messgrößen feststellen, insbesondere bei der Analyse der qEEG-Ergebnisse. Bei der qEEG, der quantitativen Elektroenzephalografie, werden Elektroden auf der Kopfhaut angebracht, um die elektrische Aktivität im Gehirn zu messen. In der Regel werden die qEEG-Daten auf einer »Karte« des Kopfes, der sogenannten Brainmap dargestellt, sodass wir sehen können, welche Hirnregionen mehr oder weniger elektrische Aktivität aufweisen (präfrontaler Cortex [PFC], Amygdala, Hippocampus) und welche Hirnfrequenzen (Delta, Theta, Alpha, Beta und Gamma) in den verschiedenen Hirnregionen stärker ausgeprägt sind.

Die Muster, die auf den qEEG-Brainmaps zu sehen sind, geben Aufschluss darüber, ob sich jemand depressiv, ängstlich oder ausgebrannt fühlt, unbewältigten toxischen Stress oder das Gefühl hat, seine Identität sei beeinträchtigt usw. Sie können auch zeigen, wann eine Person wieder die Kontrolle über ihren Verstand erlangt, Probleme verarbeitet und neue Denkweisen erlernt. Die folgende Tabelle fasst diese Wellenfrequenzen und ihre Bedeutung für uns zusammen.

TABELLE 1: DIE FÜNF WELLENFREQUENZEN IM GEHIRN

Delta (0–4 Hz)	*Tiefer nREM-Schlaf, Reparatur, komplexe Problemlösung.* Hohe Delta-Amplituden finden sich auch bei Menschen, die mit dem nichtlokalen spirituellen Geist in Kontakt stehen, selbst wenn sie hellwach sind, z. B. in den Gehirnen von Meditierenden, von Heilern und von Menschen mit aktiver Intuition
Theta (4–8 Hz)	*Kreativität, Einsicht, Heilung, leichter Schlaf, lebhafte Träume (REM-Schlaf).* Die vorherrschende Frequenz bei Heilung, hochkreativen Zuständen, Erinnerung an emotionale Erfahrungen (gute und schlechte), Gedächtnisabruf und Codierung. Die Aktivität der Theta-Frequenz erhöht sich vor allem in den frontalen Bereichen bei Handlungen, die die Aufmerksamkeit oder das Kurzzeitgedächtnis beanspruchen, wie z. B. Kopfrechnen, und bei Aufgaben, die das Arbeitsgedächtnis auslasten. Auch der Austausch von Informationen kann mit höheren Theta-Amplituden verbunden sein, insbesondere in den frontalen Bereichen, da dieses Verhalten die Beteiligung von stärker kognitiven Prozessen erfordert. Theta wird während der Selbstregulation aktiviert.

Alpha (8–12 Hz)	*Ein optimaler Zustand der Entspannung und Aufmerksamkeit, der eine Brücke zwischen dem bewussten und dem nichtbewussten Teil des Verstandes schlägt, was Ruhe und Bereitschaft bewirkt und die Meditation unterstützt.* Alpha verbindet die höheren Frequenzen – den denkenden Geist (Beta) und den assoziativen Geist (Gamma) – mit den beiden niedrigstfrequenten Gehirnwellen.
Beta (12–15 Hz)	*Verarbeitung, Wachheit und Aufmerksamkeit, Beschäftigung mit konkreten Problemen, Konzentration, anhaltende Aufmerksamkeit.* Dies stellt unseren normalen Wachzustand dar, in dem sich unsere Aufmerksamkeit bewusst auf Dinge richtet. Dies ist der Zustand, in dem wir kognitive Aufgaben erledigen und uns in einem aktiven Lernzustand mit der äußeren Welt auseinandersetzen.
High Beta (15–40 Hz)	*High-Beta-Wellen sind typische Hirnströme von hoher Intensität und sie zeigen an, dass man aufmerksam ist und, sichtbar durch das Kollabieren der Welle im übertragenen und im Quantensinn, eine Entscheidung trifft.* Anhaltende Abstürze deuten auf Angst, Frustration oder Stress hin. Die Amplitude der High-Beta-Wellen nimmt bei Stress zu, und große Ausschläge treten auf, wenn wir Wut, Schuldgefühle, Scham empfinden oder Schuldzuweisung erleben. Dadurch werden die Gehirnregionen, die für rationales Denken, Entscheidungsfindung, Gedächtnis und objektive Bewertung zuständig sind, abgeschaltet. Die Durchblutung des präfrontalen Cortex, des »logisch-analytischen« Teils des Gehirns, kann um bis zu 80 Prozent reduziert sein. Durch die Unterversorgung mit Sauerstoff und Nährstoffen kann die Fähigkeit des Gehirns, klar zu denken, stark abnehmen.
Gamma (40–200 Hz)	*Diese Wellen fließen vierzigmal pro Sekunde von der Vorder- zur Rückseite des Gehirns und tragen zur subjektiven Erfahrung des Bewusstseins bei. Sie treten bei Introspektion, intensiver Lernaktivität, tiefgründiger intellektueller Leistung, assoziativem Denken und kreativer Inspiration auf. Zudem weisen sie auf die Integration von Informationen aus verschiedenen Gehirnarealen hin, die sich in einem mitfühlenden und fürsorglichen Zustand befinden.* Gamma wird auch mit dem Abrufen und Codieren in Verbindung gebracht.

Als die Probanden der Versuchsgruppe begannen, ihre Gedanken mithilfe des Neurozyklus zu steuern, konnten wir positive Veränderungen in den Energiemustern des Gehirns feststellen. Ein allgemeines Muster von erhöhten Amplituden der High-Beta- und Alpha-Wellen, die sich zwischen der linken und der rechten Hemisphäre ausbalancierten, begann sich herauszubilden. Dadurch wurde eine Brücke zwischen dem bewussten und dem nichtbewussten Teil des Verstandes über den präfrontalen Cortex geschaffen, als die Probanden sich entschieden, Empfindungen wie Depression oder Angst oder beides bewusst anzunehmen und sich darauf zu konzentrieren, die Ursachen für diese Signale herauszufinden und die entsprechenden Muster zu rekonzeptualisieren. Mit anderen Worten, sie lernten, wie sie die Angst und Depression für sich und nicht gegen sich arbeiten lassen konnten.

Diese Ergebnisse verwiesen auch auf eine höhere Beta- und Theta-Aktivität im Hippocampus (Gedächtnis) und in der Amygdala (emotionale Wahrnehmungen), wenn die Probanden sich an einen toxischen Gedanken erinnerten, indem sie auf die emotionalen und physischen Warnsignale achteten. Anschließend beobachteten wir eine Verschiebung der Beta- und Gamma-Aktivität zurück zum präfrontalen Cortex, als die Probanden bewusst über diese Informationen nachdachten. Dieses Muster verdeutlicht die Interaktion zwischen dem bewussten und dem nichtbewussten Teil des Verstandes, wenn wir tiefgründig denken. Es ist ein gutes Muster, eines, das wir in unserem Gehirn sehen wollen, denn es zeugt von der Entwicklung eines funktionierenden Gedankenmanagements.

Nachstehend eine tabellarische Übersicht über die Gehirnstrukturen, auf die wir uns in diesem Buch beziehen werden.

TABELLE 2: GEHIRNSTRUKTUREN

Gehirnstruktur	Beschreibung
Präfrontaler Cortex (PFC)	Aktiv, wenn wir wach sind und bewusst denken, fühlen und Entscheidungen treffen, und sehr aktiv, wenn wir dies gezielt und mit Bedacht tun.
Dorsolateraler präfrontaler Cortex (DLPFC)	Ein Bereich im PFC, der besonders aktiv ist, wenn es um die Verlagerung der Aufmerksamkeit, das Arbeitsgedächtnis, die Beibehaltung abstrakter Regeln und die Unterdrückung unangemessener Reaktionen geht.
Amygdala	Reagiert auf emotionale Wahrnehmungen – wie eine Bibliothek, welche die mit den Erinnerungen verbundenen emotionalen Gefühle enthält.
Hippocampus	Aktiv, wenn wir Kurzzeiterinnerungen in Langzeiterinnerungen umwandeln.

Neue Gedanken und neue Gewohnheiten – Beleg für Neuroplastizität

Unsere Versuchsgruppe zeigte zudem Anzeichen von Neuroplastizität. Wir beobachteten, dass sich im Zusammenhang mit ihren Erinnerungen neue Gedanken bildeten, die mit einer berichteten Verbesserung im Umgang mit den Symptomen von Depression und Angst einhergingen. Zudem waren eine Abnahme der toxischen Gedanken und des toxischen Stresses, sowie ein verbessertes Gefühl der Lebenszufriedenheit und des Wohlbefindens zu verzeichnen. Gemessen wurde dies anhand der Leaf Mind-Management Scale (LMM) und dem, was die Probanden berichteten. Die Probanden veränderten im Wesentlichen die Art der Informationsverarbeitung in ihrem Gehirn und formten dessen Strukturen zum Positiven um. Das ist *selbstgesteuerte Neuroplastizität*, mit der sich ein Anstieg der Gehirngesundheit erreichen lässt. Das Gehirn kann durch den Verstand, d. h. durch unser Denken, Fühlen und Entscheiden, gezielt verändert werden.

Tatsächlich konnten wir in den qEEG-Resultaten beobachten, dass sich an Tag 21 bereits neue neuronale Netze im Gehirn bildeten – zu sehen als Gamma-Spitzen, die wie die Spitzen von Meereswellen sind –, jedoch nur bei den Versuchspersonen, nicht aber in der Kontrollgruppe. Gamma-Spitzen und Gamma-Veränderungen deuten darauf hin, dass Lernen stattfindet, was bedeutet, dass sich neue Gedanken und eine neue Denkweise entwickeln. Wir konnten sogar eine Zunahme der Gamma-Aktivität insgesamt feststellen, was eine Verbesserung der Fähigkeit bedeutet, Verbindungen zwischen Erinnerungen in unterschiedlichen Teilen des Gehirns herzustellen und Informationen auf integrierte und sinnvolle Weise zu verarbeiten.

Neue Gedanken werden über einen Zeitraum von einundzwanzig Tagen gebildet, und diese neuen Gedanken werden nach dreiundsechzig Tagen zu Gewohnheiten.

Wir konnten feststellen, dass sich diese neuen Gedanken im Laufe der nächsten zweiundvierzig Tage automatisierten (zur Gewohnheit wurden). An Tag 63 hatten die Teilnehmer der Versuchsgruppe ihren Verstand und die Struktur ihres Gehirns tatsächlich derart *umgestaltet* (mithilfe der Neuroplastizität), dass sie diese neue Denkweise beibehielten. Dies unterstreicht etwas, das viele von uns eigentlich schon längst verstanden haben: Um neue Gewohnheiten zu erlernen und zu festigen, die sich auf unser Denken und Handeln auswirken, braucht es Zeit.

Neue Gedanken werden über einen Zeitraum von einundzwanzig Tagen gebildet, und diese neuen Gedanken werden nach dreiundsechzig Tagen zu Gewohnheiten. Dies ist für das Lernen und das Leben von großer Bedeutung, denn es gibt viele Mythen über die Bildung von Gewohnheiten innerhalb von nur einundzwanzig Tagen. Dieser Mythos scheint durch ein 1960 von einem Schönheitschirurgen verfasstes Selbsthilfebuch entstanden zu sein und wurde so oft wiederholt, dass er zu einem fest verankerten Konzept geworden ist, das jedoch nicht den Tatsachen entspricht.[26] Meine klinische Studie ergänzt eine britische Studie aus dem Jahr 2010 über die Bildung von Gewohnheiten, und beide weisen darauf hin, dass Gewohnheiten sich über mindestens dreiundsechzig Tage hinweg entwickeln und manche sogar noch länger brauchen – sie benötigen Zeit, um als nützliche Informationen automatisiert zu werden, die das Verhalten sowohl kurz- als auch langfristig beeinflussen.[27]

Unkontrollierter toxischer Stress wirkt sich auf unser Gehirn und unser Blut aus

Während dieser Studie untersuchten wir auch anhand verschiedener Blutwerte wie Homocystein, Cortisol, DHEA, ACTH und Prolaktin, die von unseren Entscheidungen im Rahmen unserer Lebensführung beeinflusst werden, welche Auswirkungen die eingesetzten Gedankenmanagement-Techniken des 5-Schritte-Programms auf das geistige und körperliche Wohlbefinden haben. Wir waren neugierig, ob sich die dramatischen Veränderungen, die wir im Gehirn anhand der psychosozialen Daten und auf zellulärer Ebene an Tag 21 und Tag 63 beobachten konnten, auch in den Blutwerten niederschlagen würden.

Oft hinken Veränderungen im Blut den Veränderungen in Gehirn und Bewusstsein hinterher, was nicht verwunderlich ist, da der nichtbewusste Teil des Verstandes dem bewussten Teil um mindestens zehn Sekunden vorauseilt.[28] Tatsächlich sehen wir Veränderungen im qEEG, *bevor wir bewusst wahrnehmen, was vor sich geht.* Wir waren gespannt, an welchem Punkt wir Veränderungen in den Blutbildern der Versuchsgruppe feststellen würden. Als wir uns die Daten ansahen, schien es zunächst, als seien die Blutwerte völlig durcheinandergeraten. Dieser Befund kam für uns nicht völlig überraschend, da Veränderungen im Blutbild oft als sekundäres und nicht als primäres Ergebnis betrachtet werden, wenn es um die psychische Gesundheit geht.

Die Homocystein- und Cortisolwerte der Probanden verbesserten sich erheblich, als diese ihren toxischen Stress mithilfe des Neurozyklus zu bewältigen begannen.

Was wir jedoch beim Vergleich der Blutwerte mit den Ergebnissen der LMM-Skala feststellten, war ein *signifikanter* Zusammenhang zwischen nicht bewältigtem toxischem Stress und erhöhten Cortisol- und Homocysteinwerten im Blut. Dieses Ergebnis ist bemerkenswert, weil es die Auswirkungen von unbewältigtem toxischem Stress auf unsere körperliche Gesundheit unterstreicht (die Verbindung zwischen Geist, Gehirn und Körper). Unbewältigter toxischer Stress korreliert mit erhöhten Cortisol- und Homocysteinspiegeln, was die Menschen einem erhöhten Risiko in Bezug auf Gesundheitsprobleme wie Herz-Kreislauf-Erkrankungen, Störungen des Immunsystems und neurologische Störungen, einschließlich Demenzerkrankungen, aussetzt.

Aber es gibt auch gute Nachrichten! In unserer Studie *verbesserten sich die Homocystein- und Cortisolwerte der Probanden erheblich*, als diese ihren toxischen Stress mithilfe des Neurozyklus zu bewältigen begannen. Die Versuchsgruppe verringerte also nicht nur ihr Risiko für psychische Probleme erheblich, sondern möglicherweise auch ihr Risiko für Herz-Kreislauf-Erkrankungen und andere gesundheitliche Probleme. Dies ist eine enorm wichtige Erkenntnis!

Je größer das mentale Chaos, desto stärker die Auswirkungen auf unsere DNA

Auch auf zellulärer Ebene haben wir einige faszinierende Veränderungen beobachtet. Die Telomerenlänge (TL) hat sich in jüngster Zeit als verlässliche Messgröße für die biologische Alterung und als Korrelat in Bezug auf schweren Stress erwiesen. Das bedeutet, dass sich die Telomere umso stärker verkürzen, je mehr unkontrollierten toxischen Stress man in seinem Leben hat, und das ist schlecht für die geistige und körperliche Gesundheit. Ein Telomer ist eine Struktur am Ende eines Chromosoms, so ähnlich wie das Plastik am Ende eines Schnürsenkels. Es ist sehr wichtig für die Zellgesundheit, denn wenn es sich abnutzt und »ausfranst«, altert die Zelle schneller und kann uns nicht mehr so effektiv gesund erhalten – ähnlich wie ein Schnürsenkel schwer einzufädeln ist, wenn er ausfranst. Bei jeder Zellteilung sind die Zellen neben vielen anderen Faktoren auf die Telomere angewiesen, um diese Teilung ordnungsgemäß durchführen

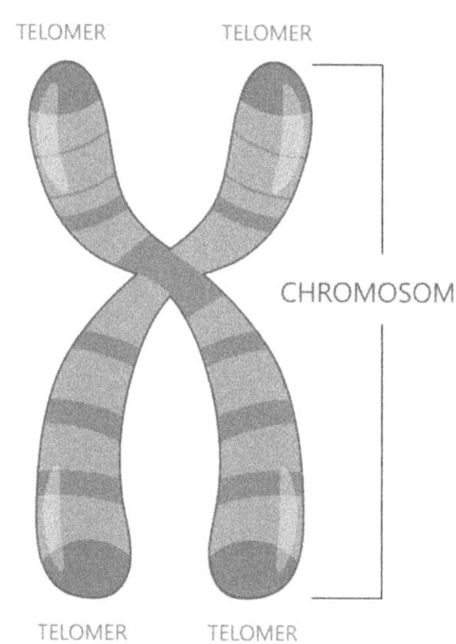

zu können, weshalb das Ziel darin besteht, eine gesunde TL zu erhalten.

Als wir die Telomerenlänge und die Perzentile in unserer klinischen Studie über einen Zeitraum von neun Wochen untersuchten, zeigte sich in der Versuchsgruppe ein Trend zur Längenzunahme und in der Kontrollgruppe ein Trend zur Längenabnahme. Es gibt neue Studien, die darauf hindeuten, dass sich Veränderungen an der Telomerenlänge bereits innerhalb kurzer Zeit zeigen können und dass Maßnahmen, die auf willentliche und bewusste Gedankenarbeit abzielen (wie die 5 Schritte), die Telomerenlänge erhöhen und die Zellgesundheit verbessern können.[29]

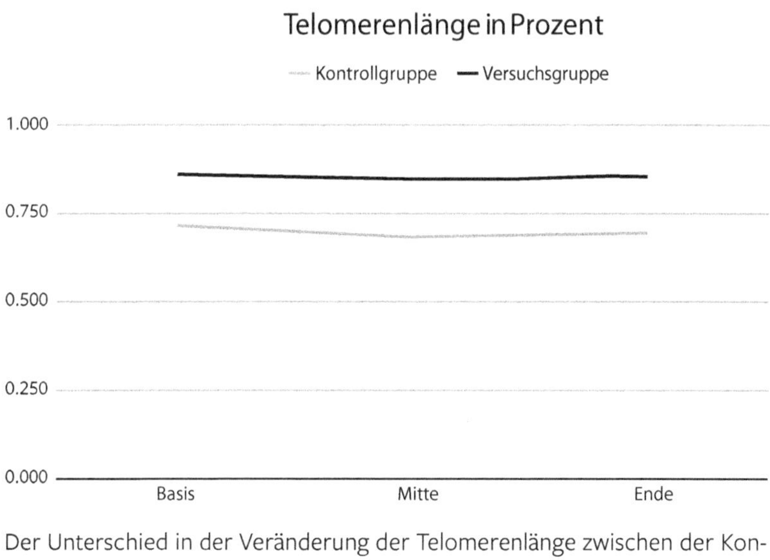

Der Unterschied in der Veränderung der Telomerenlänge zwischen der Kontrollgruppe und der Versuchsgruppe im Verlauf der Studie: Die Versuchsgruppe, die über eine Gedankenmanagement-Strategie verfügte und daher in der Lage war, ihren toxischen Stress zu bewältigen, behielt während der gesamten Studie eine stabile Telomerenlänge bei. Die Kontrollgruppe hingegen, die keine Gedankenmanagement-Strategie erhalten hatte, wies im Laufe der 63 Tage eine Abnahme der Telomerenlänge auf – eine Veränderung, die sich oft erst nach Jahren auch nach außen hin zeigt. Eine schnelle Abnahme der Telomerenlänge wird mit vorzeitiger Alterung in Verbindung gebracht.

Unsere Studie untersuchte auch den Zusammenhang zwischen der Telomerenlänge und der Umsetzung von Gedankenmanagement-Techniken, insbesondere der mithilfe des Neurozyklus. Im Verlauf der Studie nahm die TL der Versuchsgruppe zu, als sie die 5 Schritte der Neurozyklus-Methode anwandten, während die Kontrollgruppe, die keine klare Strategie für ein Gedankenmanagement hatte, eine Abnahme der TL verzeichnete. Diese Erkenntnis ist deshalb so wichtig, weil Telomere viel mit unserer Zellgesundheit zu tun haben. Je kürzer die Telomere sind, desto ungesünder ist man, sowohl geistig als auch körperlich, und die Krankheitsanfälligkeit nimmt ebenfalls drastisch zu.

Diese klinische Studie ergänzt zahlreiche andere Forschungsarbeiten, die zeigen, dass die Bewältigung von toxischem Stress für unsere Gesundheit unerlässlich ist. Die Telomerenlänge ist bei Erwachsenen sehr unterschiedlich, und diese Ergebnisse deuten darauf hin, dass der richtige Umgang mit der eigenen Gedankenwelt einige dieser Unterschiede erklären könnte. Das willentliche, bewusste, selbstregulierte Denken, das mit der 5-Schritte-Methode verbunden ist, scheint auf biochemischer Ebene ein gesundes Körpermilieu zu fördern, was wiederum die Langlebigkeit der Zellen begünstigen könnte.

Bei den Probanden beobachteten wir in Bezug auf die Telomere und das relative Altersperzentil ein ähnliches Muster. Das relative Altersperzentil der Kontrollgruppe nahm im Laufe der Studie ab, was bedeutet, dass sie biologisch älter wurden, während die Perzentile der Versuchsgruppe stabil blieben – *ihr biologisches Alter blieb gleich.* Das wiederum bedeutet, dass die Organe in unserem Körper stärker altern als es unserem tatsächlichen chronologischen Alter entspricht, wenn wir unseren Verstand nicht regulierend steuern. Zu Beginn der Studie hatten wir zum Beispiel eine Versuchsperson, deren biologisches Alter fast zwanzig Jahre über ihrem chronologischen Alter lag – sie war Mitte dreißig, hatte aber das Körperalter eines fünfzigjährigen Menschen.

Zahlreiche Forschungsergebnisse deuten darauf hin, dass die Unterdrückung von Gedanken, die psychischen Stress verursachen, mit der Verkürzung der Telomere und der biologischen Alterung zusammenhängt. Die Unterdrückung von Gedanken kann zu psychologischer Inflexibilität führen – man tut gewissermaßen so, als existierten diese Gedanken gar nicht. Diese Unterdrückung wirkt sich wiederum auf die Zellgesundheit und damit auf die Gesundheit der Organe aus; unter anderem sind Herz, Gehirn und Magen-Darm-Trakt davon betroffen.

In unserer Studie stellten wir fest, dass die Probanden, die sich nicht mit ihren unterdrückten Gedanken und Gefühlen auseinandersetzen wollten, auch negativere qEEG- und Telomeren-Werte aufwiesen. Die Veränderungen deuteten auf eine erhöhte High-Beta- und High-Delta-Aktivität hin, wenn sie mit Messungen verknüpft wurden, die die Gedankenunterdrückung bewerteten. Dies ist nicht überraschend, da andere Untersuchungen gezeigt haben, dass eine High-Beta-Aktivität mit Angst in Verbindung steht; viel High Delta während des Tages deutet im Allgemeinen auf unterdrückte toxische Gedanken hin, was sich unter anderem in einer schlechten Schlafqualität niederschlägt.

Lebenserfahrungen spiegeln sich in unserer Biologie wider

Was bedeuten all diese Daten? Wenn sich Körper und Gehirn in einem hochgradig angespannten Zustand befinden, der sich in unseren qEEG-Messwerten durch mehrere Bereiche mit hoher Beta- und niedriger Alpha-Aktivität sowie durch sprunghafte

Veränderungen in den Blutwerten und verkürzte Telomere zeigt, kann dies zu einer Zellalterung führen, die sich sowohl kurz- als auch langfristig auf unsere körperliche Gesundheit und unser geistiges Wohlbefinden auswirkt. Ein ruheloser Geist kann auch den Körper in einen chronisch gestressten Zustand versetzen, und dieser unkontrollierte toxische Stress unterdrückt die fortlaufenden Erhaltungs- und Wiederherstellungsfunktionen der Zellreparatur und versetzt den Körper in einen niedriggradigen Entzündungszustand, was ebenfalls den Alterungsprozess beschleunigen kann.

Kurz gesagt: *Unsere Lebenserfahrungen spiegeln sich in unserer Biologie wider*, auch in unseren Telomeren. Maßnahmen mit dem Ziel des Gedankenmanagements, wie das in unserer klinischen Studie eingesetzte Neurozyklus-Tool, scheinen jedoch wie ein Reset zu wirken, der uns in die Lage versetzt, unser System in einen gesünderen, jüngeren Zustand zu bringen, der durch längere Telomere, einen ausgewogeneren Energiefluss von Delta, Theta, Alpha, Beta und Gamma, einen deutlich reduzierten Homocystein- und Cortisolspiegel sowie ein verbessertes DHEA/Cortisol-Verhältnis gekennzeichnet ist. Als die Probanden die 5 Schritte praktizierten, hatten sie eine ausgeglichenere Gehirnfunktion und Neuroplastizität und fühlten sich insgesamt besser und leistungsfähiger.

Die LMM-Skala konnte diese Veränderung der Denkweise erfassen, da sie empfindlicher auf Veränderungen auf der nichtbewussten Ebene reagiert. Wir beobachteten diese Veränderungen auch eher in den qEEG-Messwerten als in den Ergebnissen anderer klinischer Skalen wie der Hospital Anxiety and Depression Scale (HADS – Fragebogen zur Selbstbeurteilung von depressiven Symptomen und Angstsymptomen) und dem Patient Health Questionnaire (PHQ – Fragebogen zur Patientengesundheit). Diese traditioneller gehaltenen Tests, bei denen es sich um Fragebögen handelt, die in Krankenhäusern und in der psychiatrischen

Versorgung eingesetzt werden, erfassen tendenziell nur das *aktuelle* Befinden des Befragten. Das liegt vielleicht daran, dass die gestellten Fragen sehr gezielt und suggestiv formuliert sind. Zum Beispiel spiegelt sich die Eigenwahrnehmung in der vorderen Hirnrinde wider, und als wir im Verlauf der Studie die entsprechenden qEEG-Daten untersuchten, zeigten sich weder bei der Versuchs- noch bei der Kontrollgruppe nennenswerte Veränderungen in diesem Bereich. Dies deutet darauf hin, dass die Probanden sich immer noch mit der Bezeichnung »depressiv« oder »ängstlich« *identifizierten*. Wenn ihnen also eine Suggestivfrage gestellt wurde, wie es bei HADS und PHQ geschieht, antworteten sie auf eine bestimmte Art und Weise, weil sie sich immer noch als »depressive« Person betrachteten. Sie hatten den Übergang zu einer Person, die nicht depressiv oder ängstlich ist, noch nicht bewusst vollzogen, auch wenn sie keine von Depression und Angst verursachten Symptome verspürten.

Menschen mit einer psychischen Krankheit zu etikettieren, kann ihre wahrgenommene Identität beeinträchtigen und ihnen möglicherweise ihre Autonomie nehmen und ein Gefühl der Hilflosigkeit vermitteln.

Sie zeigten jedoch eine Verbesserung bei den LMM-, qEEG- und Narrativ-Messungen, die die nichtbewusste Ebene des Denkens abbilden, d. h. die Ebene, auf der die tiefe Verarbeitung stattfindet und auf der sich das befindet, was man *wirklich* über sich selbst denkt und von sich glaubt. In dieser mangelnden Übereinstimmung liegt der Grund, weshalb es so gefährlich ist, Menschen das Label einer psychischen Erkrankung zu verpassen. Eine solche Klassifizierung scheint sich auf ihre Eigenwahrnehmung auszuwirken und hält sie möglicherweise in einer bestimmten Denkweise fest, selbst während sie den Prozess der Heilung durchlaufen.

Warum ist das so ein wichtiger Punkt? Eine Person, die sich weiterhin damit identifiziert, depressiv oder ängstlich zu sein, gibt möglicherweise eine Therapie oder eine Bewältigungsstrategie auf, weil sie sich nicht bewusst ist, dass es ihr besser geht, obwohl es im nichtbewussten Teil ihres Verstandes genau dafür eindeutige Belege gibt. Das ihr verpasste Label scheint ihr ihre Autonomie zu nehmen und ein Gefühl der Hilflosigkeit zu vermitteln. Sie fühlt sich nicht in der Lage, die mitunter mühsame Arbeit fortzusetzen, die der Heilungsprozess erfordert.

Andererseits kann das Wissen, dass unter der Oberfläche, auf einer nichtbewussten Ebene, Veränderungen stattfinden, ein starker Motivator sein, denn es bringt ein Gefühl der Autonomie mit sich. Es ermutigt die Person, mit der Therapie und den angewandten Methoden des Gedankenmanagements fortzufahren, auch wenn sich eine Zeit lang nichts verändert anfühlt. Das ist so ähnlich, wie wenn man zum ersten Mal versucht, fitter zu werden oder Gewicht zu verlieren, und man sieht oder spürt nicht sofort eine Veränderung, aber man fühlt sich ermutigt, weiterzumachen, weil man merkt, wie sich die Muskeln entwickeln und wie man innerlich Fett verliert, bevor man es äußerlich sieht. Wenn du trainierst, verändert sich zuerst dein Nervensystem, und dann erst sind deine Muskeln dran.

Echte Veränderung braucht Zeit und erfordert Mühe – man kommt nicht drum herum, es gibt keine Wunderpille, wenn es um unser Denken geht. Die Arbeit an so etwas wie der Aufdeckung toxischer Probleme darf nicht als einmaliges 63-Tage-Ereignis angegangen werden, sondern muss als kontinuierlicher Lebensstil verstanden werden. In unserer Gedankenwelt wird immer etwas zu korrigieren sein, es handelt sich also um eine lebenslange Aufgabe. Die wissenschaftliche Erkenntnis, dass es pro Fall dreiundsechzig Tage dauert (ein definierter Zeitraum), ist ermutigend, denn wir Menschen lieben definierte Zeiträume; sie verringern die Unsicherheit in einem ansonsten sehr unwägbaren Prozess.

Echte Veränderung braucht Zeit und erfordert Mühe – man kommt nicht drum herum, es gibt keine Wunderpille, wenn es um unser Denken geht.

Die Anwendung von Gedankenmanagement-Techniken wie der Neurozyklus-Methode hilft dir, ein *dauerhaftes Bewältigungssystem* zu entwickeln, mit dem du deine Gedanken, Gefühle und Entscheidungen immer im Griff hast.

Mein Sohn und ich wenden das 5-Schritte-Programm an. Er hat hochfunktionalen Autismus. Er befasste sich mit seiner Angst, Fehler zu machen, und war die ganze Zeit über engagiert und bestrebt, sein Problem zu bewältigen. An Tag 21 war er begeistert und tanzte mit einem breiten Lächeln im Gesicht umher. Ich habe noch nie erlebt, dass er sich bei etwas so Bedeutungsvollem so erfüllt und glücklich gefühlt hat. Er gewinnt an Klarheit und ist schon nach einundzwanzig Tagen weniger autoagressiv.

Kimberly

Kapitel 4

Die Forschung

Übersicht

- Dein toxischer Stress und deine Angst können durch die 5 Schritte des Neurozyklus um bis zu 81 Prozent reduziert werden.
- Größere Autonomie führt zu verstärktem Bewusstsein (weil du lernst, dich weniger darauf zu verlassen, dass andere für dich aufmerksam sind, was nicht immer realistisch oder möglich ist). Dir wird bewusst, dass du deine toxischen Gedanken jetzt selbst regulieren und rekonzeptualisieren kannst, was bedeutet, dass dein toxischer Stresslevel sinken wird.
- Wenn du die 5 Schritte täglich anwendest, werden dich Hindernisse und Herausforderungen, die unweigerlich im Leben auftauchen, nicht mehr so sehr aus der Bahn werfen – du wirst sie als Chancen und Möglichkeiten zu sehen beginnen!
- Die 5 Schritte können dein psychisches Allgemeinbefinden verbessern und dir eine positivere Einstellung zum Leben vermitteln.

Dies ist wahrscheinlich das schwierigste Kapitel in diesem Buch, aber es untermauert die wissenschaftliche Natur der Neurozyklus-Methode für wirksames Gedankenmanagement und darf deshalb nicht fehlen. Ich möchte, dass du verstehst, erlebst und verinnerlichst, dass bei der Anwendung dieser Methode erstaunliche und wunderbare Veränderungen in deinem Gehirn und deinem Körper stattfinden, auch wenn du sie nicht sofort spüren oder sehen kannst.

Aus meiner beruflichen Erfahrung weiß ich, dass die Herausforderung, schwieriges Material zu lesen, die Intelligenz steigert und die psychische Belastbarkeit erhöht – deshalb glaube ich, dass allein die Lektüre dieses Kapitels dich bereits klüger und geistig gesünder machen wird! Wenn du mehr über die wissenschaftlichen Grundlagen erfahren möchtest, lade ich dich ein, unser White Paper und die ersten einer Reihe von Journalbeiträgen zu lesen.[30]

Im Folgenden findest du eine Zusammenfassung der Studie, in der die verwendeten Messmethoden und die Gesamtergebnisse unserer klinischen Studie hervorgehoben werden. Ich habe die Informationen so geordnet, dass ich mit einer Erläuterung der *Messmethode* beginne, z. B. der Leaf Mind-Management Scale (LMM). An zweiter Stelle stehen die Ergebnisse der *Kontrollgruppe*, der die Neurozyklus-App im Rahmen der Studie nicht zur Verfügung stand. An dritter Stelle stehen die Ergebnisse der *Versuchsgruppe*, die sich mithilfe der App durch die 5 Schritte des Gedankenmanagements führen ließ – die Probanden nutzten diese App als tägliche Begleitung durch den Prozess. Jeder Abschnitt wird mit einer Antwort auf die Frage »Inwiefern ist das hilfreich für dich?« abgeschlossen. Ich habe zudem einige Grafiken und qEEG-Brainmaps mit Erklärungen beigefügt. So kannst du dir die beschriebenen Ergebnisse besser bildlich vorstellen und feststellen, wie sich das Gedankenmanagement mithilfe des Neurozyklus auf das Gehirn auswirkt. Bist du bereit? Dann lass uns loslegen.

Überblick über die Studie

1. Psychosoziale Messwerte
2. Leaf Mind Management Scale (LMM – Leaf Gedankenmanagement-Skala)
   a. Kategorie 1: Autonomie
   b. Kategorie 2: Bewusstsein
   c. Kategorie 3: Toxische Gedanken
   d. Kategorie 4: Toxischer Stress und Ängste
   e. Kategorie 5: Hindernisse und Herausforderungen
   f. Kategorie 6: Selbstbestimmtheit und Lebenszufriedenheit
3. BBC Well-Being Scale (Skala zur Messung des allgemeinen Wohlbefindens)
   a. Psychischer Zustand
   b. Körperlicher Zustand
   c. Beziehungszufriedenheit
4. Hospital Anxiety and Depression Scale (HADS – Fragebogen zur Selbstbeurteilung von depressiven Symptomen und Angstsymptomen)
   a. Ängste
   b. Depressionen
5. Patient Health Questionnaire (PHQ – Fragebogen zur Patientengesundheit)
   a. Depression
6. Erzählungen der Probanden
7. Neurophysiologisch-elektrische Aktivität im Gehirn
   a. Frontale Alpha-Asymmetrie
   b. Frontale Beta-Asymmetrie
   c. Frontale Gamma-Asymmetrie
8. Physiologie: Blutuntersuchung
   a. Homocystein und Cortisol
9. Zelluläre Ebene: Telomere

1. Psychosoziale Messwerte

Kontrollgruppe

Die Kontrollgruppe zeigte ein gesteigertes Bewusstsein für ihre Probleme, aber der allgemeine Trend über alle Messgrößen hinweg war negativ, was darauf hindeutet, dass die Probanden sich ihrer Probleme zwar bewusster wurden, aber nicht in der Lage waren, sie zu bewältigen, sodass sich ihre Selbstregulation im Laufe der Studie verschlechterte.

Versuchsgruppe

Die Versuchsgruppe zeigte ein gesteigertes Bewusstsein und verbesserte Selbstregulation. In den psychosozialen Profilen dieser Gruppe gab es positive Veränderungen. Die LMM zeigte diese Veränderungen, die mit dem qEEG korrelierten, am deutlichsten an. Dies spiegelt die von den Probanden geleistete Arbeit wider, d. h. die Veränderungen, die auf der nichtbewussten Ebene stattfanden.

2. Leaf Mind Management Scale (LMM)

Das LMM gibt Aufschluss darüber, was die Probanden im Laufe der Zeit auf der nichtbewussten Ebene wirklich gedacht haben. Alle LMM-Kategorien weisen an Tag 14 einen Einbruch auf, der mit den Veränderungen in den qEEG-Brainmaps an den Tagen 14 und 21 übereinstimmt. Dies ist wahrscheinlich darauf zurückzuführen, dass die Probanden während der Tage 1 bis 7 begannen, sich ihrer Gedanken bewusster zu werden (es kann ziemlich schockierend sein, das Chaos im eigenen Kopf zu sehen!), dann die Dinge sich bis Tag 14 aber so weit zusammengefügt hatten, dass die Probanden ein wenig übermütig wurden und dachten: *Mir geht's besser; ich habe die Sache im Griff und kann mich jetzt mit dem nächsten plagenden Gedanken beschäftigen!*

Kategorie 1: Autonomie

Kontrollgruppe

In der Kontrollgruppe gab es keinen Aufwärtstrend in Bezug auf Selbstbestimmtheit und Kontrollgefühl.

Versuchsgruppe

In der Versuchsgruppe hingegen zeigte sich bei der Autonomie ein deutlicher Aufwärtstrend. Es gab ausgeprägte Unterschiede zwischen der Versuchs- und der Kontrollgruppe in Bezug auf selbstregulierte Autonomie.

Inwiefern ist das hilfreich für dich?

Autonomie ist für eine gute Selbstregulation von entscheidender Bedeutung. Sie ist mit einem Gefühl der Kontrolle verbunden, was bedeutet, dass die Probanden in der Versuchsgruppe ihre eigenen Fähigkeiten wahrzunehmen begannen: Sie konnten besser mit Ungewissheit umgehen, und sie waren nicht ständig auf Therapeuten oder Coaches angewiesen, sondern konnten diese eher als Begleiter und Unterstützer sehen. In dem Maß, in dem sich unsere Fähigkeit zur Steuerung unserer Gedanken verbessert, nimmt unsere Autonomie zu, was zu Gefühlen wie »Ich habe das im Griff« oder »Ich schaffe das« führt. Es gibt viele Untersuchungen darüber, wie das Gefühl, das eigene Leben und die eigenen Emotionen unter Kontrolle zu haben, die Selbstregulation und die allgemeine geistige und körperliche Gesundheit verbessern kann.[31] Und die gute Nachricht ist: Man fühlt sich umso stärker und unabhängiger, je mehr man den Neurozyklus nutzt. Das haben wir in unserer Forschungsstudie gesehen – bei der Nachkontrolle zeigte sich, dass bei der Versuchsgruppe die Fähigkeit zu selbstreguliertem Gedankenmanagement weiter zugenommen hatte. Dank der regelmäßigen Anwendung des Neurozyklus wurden die Probanden mit der Zeit immer besser darin! Gleichlautende Ergebnisse wurden von Tausenden Lesern und Anwendern berichtet, die die 5 Schritte aus meinen Büchern und mithilfe der App erlernt haben.

Kategorie 2: Bewusstsein

Kontrollgruppe

Das gesteigerte Bewusstsein der Kontrollgruppe verstärkte ihre Ängste sogar noch, und die Probanden schienen ihre Gedanken zu unterdrücken, was sich in bestimmten Gehirnmustern zeigte. Dies scheint auf mangelnde Einsicht in ihre Probleme hinzuweisen, oder sogar auf die Entscheidung, sich den Problemen nicht zu stellen, was dazu führte, dass sie die toxischen Gedanken verdrängten. Dies spiegelte sich in den qEEG-Werten wider, die bei allen Probanden der Kontrollgruppe auf Ängste, Depressionen und toxischen Stress in unterschiedlicher Ausprägung hindeuteten.

Versuchsgruppe

Das Bewusstsein der Versuchsgruppe entwickelte sich von gut zu ausgezeichnet. Die Versuchsgruppe verfeinerte ihre Wahrnehmung und wurde einsichtsfähiger, was die Probanden in die Lage versetzte, die Situation, mit der sie sich gerade beschäftigten, gut zu verarbeiten. Ihre Selbstregulation verbesserte sich.

Inwiefern ist das hilfreich für dich?

Das ist jetzt besonders spannend, denn die 5 Schritte konzentrieren sich auf die Entwicklung eines selbstregulierten Bewusstseins, das laut Forschung etwa alle zehn Sekunden aktiv wird. Das bedeutet im Grunde nichts anderes, als dass du immer schlauer und reflektierter wirst, deine Reaktionen kontrollieren und im Wachzustand deine Gedanken bewusst festhalten kannst. Die neurowissenschaftliche Forschung zeigt, dass wir nur das ändern können, was wir bewusst wahrnehmen, weil das bewusste Gewahrsein die Denkstrukturen im Gehirn schwächt und sie dadurch leichter veränderbar macht. Auch wenn es schmerzhaft sein kann, sich den Dingen zu stellen, so ist es doch beruhigend zu wissen, dass dies festgefahrene Denkstrukturen und die mit ihnen verbundenen Emotionen schwächt.

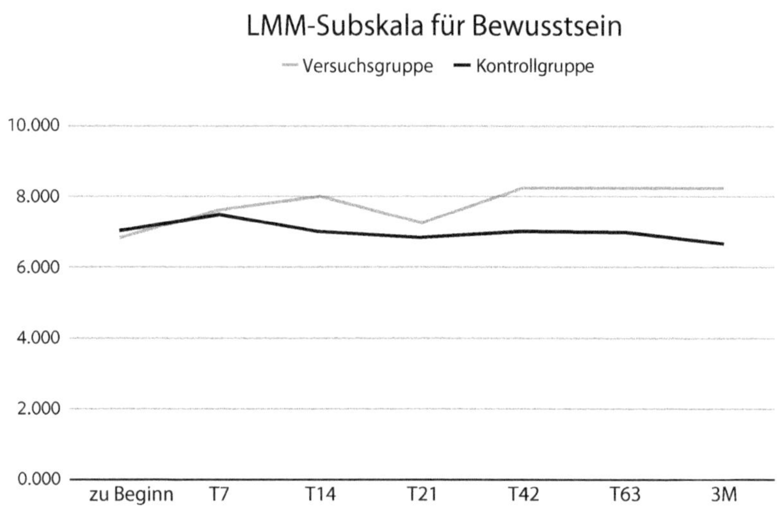

Veränderungen in der LMM-Subskala für Bewusstsein bei der Versuchs- und der Kontrollgruppe im Studienverlauf. In der Versuchsgruppe zeigt sich bei den Probanden im Verlauf der Studie ein zunehmendes Bewusstsein für ihre Gedanken, Emotionen und Reaktionen, während sich in der Kontrollgruppe die gegenteilige Wirkung zeigt, also eine Abnahme des Bewusstseins über den gesamten Studienverlauf hinweg.

Mit der Kombination aus gestärkter Autonomie (Kategorie 1) und erhöhtem Bewusstsein wird es einfacher, mit toxischen Gedanken umzugehen, und mit der Zeit werden sie abnehmen, weil sie ständig rekonzeptualisiert oder neu durchdacht werden. Im Grunde wird vorhandene Energie von den toxischen Gedanken auf gesunde Gedanken übertragen. Größere Autonomie führt zu dem Gefühl, das einem sagt: *Ich kann das, auch wenn es schwer ist.* Ein erhöhtes Bewusstsein wiederum gibt einem das Gefühl: *Ich sehe, was hier los ist, und deshalb kann ich mich mit diesem toxischen Gedanken (oder mit dem Gefühl der Isolation, Frustration, Irritation etc.) jetzt sinnvoll auseinandersetzen.*

Kategorie 3: Toxische Gedanken

Kontrollgruppe

Die toxischen Gedanken der Kontrollgruppe verschlimmerten sich insgesamt im Laufe der Zeit, wie aus den Erzählungen der Teilnehmer und aus dem qEEG zu jedem Testzeitpunkt der Studie hervorging, insbesondere an Tag 63, an dem die unbewältigten toxischen Gedanken, die im Laufe der Studie aufgetaucht und in den nichtbewussten Teil des Verstandes zurückgedrängt worden waren, noch toxischer waren als zuvor.

Versuchsgruppe

In der Versuchsgruppe nahmen die toxischen Gedanken bis Tag 14 deutlich ab, bis Tag 63 sogar noch stärker, und bis zur Sechsmonatsmarke waren sie nur noch schwach vorhanden, was auf eine Langzeitwirkung des Neurozyklus hindeutet und die Vorteile einer selbstgesteuerten Neuroplastizität belegt.

Inwiefern ist das hilfreich für dich?

Toxische Gedanken können durch alles Mögliche verursacht werden, von Traumata bis hin zu schlechten Gewohnheiten. Wenn du die 5 Schritte zu beherrschen lernst, wird sich deine Selbstregulation verbessern und du wirst lernen, wie du diese

Gedankenmuster unter Kontrolle bekommst, was dazu beitragen kann, dein Gefühl der Selbstbestimmtheit und dein allgemeines Wohlbefinden zu steigern. Teil 2 dieses Buches vermittelt das nötige »Know-how«, einschließlich einiger Life-Hacks in Bezug auf die 5 Schritte, die dir durch den Alltag helfen und dich auf den Weg zu selbstreguliertem Empowerment bringen, genau wie die Versuchsgruppe in unserer klinischen Studie!

Kategorie 4: Toxischer Stress und Ängste

Kontrollgruppe

Bei der Kontrollgruppe nahmen toxischer Stress und Angst zu, je mehr sie sich ihrer negativen Gedanken bewusst wurden. Sie verfügten jedoch über keine geeigneten Mittel, um diese Gedanken zu bewältigen, sodass diese sich weiter verschlimmerten.

Versuchsgruppe

Bei der Versuchsgruppe war der gegenteilige Effekt zu beobachten: Toxischer Stress und Angst nahmen im Laufe der Studie durch die Nutzung der App deutlich ab und es zeigte sich zudem ein nachhaltiger Effekt bei der Sechsmonatsmarke. Die Probanden wurden sich also zunehmend ihrer toxischen Gedanken und ihrer Fähigkeit, diese zu bewältigen, bewusst, was sich in einer deutlichen Verbesserung ihres Zustands zeigte (bis zu 81 Prozent!).

Inwiefern ist das hilfreich für dich?

Durch Nutzung des Neurozyklus kannst du deinen toxischen Stress und deine Ängste um bis zu 81 Prozent reduzieren – jawohl, du kannst lernen, wie das geht! Indem du die 5 Schritte durchläufst, führst du deine eigene »Gehirnoperation« durch. Durch diese Selbstregulation veränderst du den inneren Aufbau deines Gehirns mithilfe von Gedankenmanagement.

Kategorie 5: Hindernisse und Herausforderungen

Kontrollgruppe

In der Kontrollgruppe verschlechterte sich der Umgang mit Hindernissen und Herausforderungen im Laufe der Studie.

Versuchsgruppe

Die Fähigkeit, mit den Hürden und Herausforderungen des Lebens umzugehen, verbesserte sich in der Versuchsgruppe; dies zeigte sich am Ende der sechsmonatigen Studie noch einmal besonders deutlich.

Inwiefern ist das hilfreich für dich?

Wenn du den Neurozyklus täglich anwendest, werden dich Hindernisse und Herausforderungen, die im Leben unweigerlich auftauchen, nicht mehr so sehr aus der Bahn werfen – du wirst sie als Chancen und Möglichkeiten zu sehen beginnen und mit zunehmender Verbesserung deiner Selbstregulation immer besser darin werden. Dies bedeutet auch, dass die Fähigkeit zum Gedankenmanagement erlernbar ist.

Kategorie 6: Eigenkompetenz und Lebenszufriedenheit

Kontrollgruppe

Die Kontrollgruppe fühlte sich im Verlauf der Studie weniger selbstbestimmt und war insgesamt weniger zufrieden mit ihrem Leben. Dies ist möglicherweise darauf zurückzuführen, dass das gesteigerte Bewusstsein der Probanden für ihre toxischen Denkweisen auch ihren toxischen Stress erhöhte, während das Fehlen einer spezifischen Bewältigungsstrategie für das, was ihnen bewusst wurde, ihre Probleme verschlimmerte.

Versuchsgruppe

Die Versuchsgruppe zeigte einen Aufwärtstrend in Bezug auf ihre Selbstbestimmtheit und Lebenszufriedenheit, der sich im Laufe der Studie weiter verstärkte. Dies spiegelte sich auch im Gehirn wider, wie die Auswertung der qEEG-Daten zeigte.

Inwiefern ist das hilfreich für dich?

Größere Autonomie führt zu verstärktem Bewusstsein (weil du lernst, dich weniger darauf zu verlassen, dass andere für dich aufmerksam sind, was nicht immer realistisch oder möglich ist). Dir wird bewusst, dass du deine toxischen Gedanken jetzt selbst regulieren und rekonzeptualisieren kannst, was bedeutet, dass dein toxischer Stresslevel sinken wird. Du kannst dann daran arbeiten, deine Sicht auf die Welt zu ändern. Auf diese Weise wirst du die Situationen des Lebens nicht mehr als negative Hürden und Hindernisse sehen, sondern sie als Chancen begreifen, was dein Gefühl von Selbstbestimmtheit und Lebenszufriedenheit steigern wird.

3. BBC Well-Being Scale

Diese Skala wurde entwickelt, um das allgemeine Wohlbefinden einer Person zu messen und nicht, um spezifische Messungen in Bezug auf vorhandene Depressionen oder Angstzustände durchzuführen. Die BBC ist in drei Abschnitte unterteilt und bewertet das allgemeine psychische Wohlbefinden einer Person, ihr körperliches Wohlbefinden und ihr Beziehungsverhalten.

Psychischer Zustand

Kontrollgruppe

Bei der Kontrollgruppe ergaben sich keine messbaren Verbesserungen des Wohlbefindens.

Versuchsgruppe

Das psychische Wohlbefinden der Teilnehmer der Versuchsgruppe verbesserte sich signifikant.

Inwiefern ist das hilfreich für dich?

Die 5 Schritte können dein allgemeines psychisches Wohlbefinden verbessern und dir eine positivere Perspektive auf das Leben geben.

Körperlicher Zustand

Kontrollgruppe

In der Kontrollgruppe wurde keine Verbesserung des körperlichen Wohlbefindens festgestellt.

Versuchsgruppe

Das körperliche Wohlbefinden der Teilnehmer der Versuchsgruppe hat sich deutlich verbessert.

Inwiefern ist das hilfreich für dich?

Die Neurozyklus-Methode kann dein allgemeines körperliches Wohlbefinden verbessern, sodass du dich energiegeladener und leistungsbereiter fühlst.

Beziehungszufriedenheit

Kontrollgruppe

In der Kontrollgruppe gab es keine Veränderung hinsichtlich der Beziehungszufriedenheit.

Versuchsgruppe

In der Versuchsgruppe hat sich die Beziehungszufriedenheit der Probanden leicht verbessert.

Inwiefern ist das hilfreich für dich?

Die 5 Schritte können dazu beitragen, dass du dich in deinen Beziehungen allgemein wohler fühlst und deine Interaktionen mit anderen positiver ausfallen.

4. Hospital Anxiety and Depression Scale (HADS)

Die HADS ist ein Screeningverfahren, mit dem sich Ängste und Depressionen einer Person erfassen und in ihrer Ausprägung über einen kurzen Zeitraum hinweg messen lassen. Es handelt sich um eine Selbsteinschätzungsskala, die sowohl für den Einsatz im Krankenhaus als auch im ambulanten Bereich zugelassen ist.

Ängste

Kontrollgruppe

Die Angstpegel der Kontrollgruppe blieben während der gesamten Studie gleich und zeigten keine Verbesserung.

Versuchsgruppe

Die Versuchsgruppe meldete statistisch gesehen weniger Angstzustände im Vergleich zum Ausgangswert, und das war auch an

Tag 63 noch der Fall. Dies wurde durch den LMM und das qEEG sowie durch die in den Erzählungen besonders hervorgehobenen Themen bestätigt.

Inwiefern ist das hilfreich für dich?

Wenn du die 5 Schritte anwendest, verbessert sich deine Selbstregulation und du kannst anfangen, deine Angst in den Griff zu bekommen. Das bedeutet nicht, dass die Angst völlig verschwindet; das ist auch gar nicht wünschenswert, denn die Angst sagt dir Dinge über dein Leben, die du wissen musst. Es bedeutet jedoch, dass deine Ängste im Laufe der Zeit abnehmen werden und du lernen wirst, mit ihnen umzugehen – sie werden für und nicht gegen dich arbeiten. Angst ist keine Krankheit, sondern ein Warnsignal dafür, dass etwas in deinem Leben Aufmerksamkeit erfordert. Es ist normal, Phasen der Angst zu haben. Die Neurozyklus-Methode kann dir beim Aufspüren und Bewältigen der Dinge helfen, mit denen du dich auseinandersetzen musst.

Depressionen

Kontrollgruppe

In der Kontrollgruppe kam es zu keiner Veränderung in Bezug auf Depressionen.

Versuchsgruppe

Nach sechs Monaten waren die Depressionen in der Versuchsgruppe statistisch erheblich geringer als in der Kontrollgruppe. Dies wurde durch den LMM und das qEEG sowie durch die Themen der Erzählungen untermauert.

Inwiefern ist das hilfreich für dich?

Die Anwendung der 5 Schritte kann dir helfen, deine Depressionen zu bewältigen. Wie auch Angst sind Depressionen keine Krankheit, sondern ein Warnsignal, dass etwas deiner Aufmerksamkeit bedarf. Die 5 Schritte können dir dabei helfen, dieses Etwas zu erkennen, zu verarbeiten und zu rekonzeptualisieren – und dabei deine geistige und die Gesundheit deines Gehirns zu verbessern.

5. Patient Health Questionnaire (PHQ)

Der PHQ ist kein Screening-Test, sondern dient dazu, den Schweregrad der Depression einer Person und ihre Reaktion auf eine Behandlung zu beurteilen.

Depression

Kontrollgruppe

In der Kontrollgruppe kam es zu keiner Verbesserung der Depression.

Versuchsgruppe

In der Versuchsgruppe zeigte sich ein signifikanter Behandlungseffekt an den Tagen 1 bis 7 und an den Tagen 7 bis 14. Der Behandlungseffekt verflog, wenn die Probanden die 5 Schritte nicht länger anwendeten und somit die Selbstregulierung einstellten.

Inwiefern ist das hilfreich für dich?

Wie wir beim HADS-Test gesehen haben, kannst du bei konsequenter Anwendung der Neurozyklus-Methode deine Depression auf sinnvolle und nachhaltige Weise bewältigen. Und bereits nach einer Woche täglicher Anwendung der 5 Schritte wird sich eine entsprechende Wirkung in deinem Leben zeigen.

6. Erzählungen

Bei den Erzählungen handelt es sich um die individuellen Geschichten der Probanden – über ihr Leben und dessen Umstände. Die Teilnehmer der Versuchsgruppe wurden gebeten, Antworten auf eine Reihe offen formulierter Fragen zu verfassen, die es uns ermöglichen würden, insgesamt sechzehn verschiedene Themen zu analysieren. Wir haben dann die Häufigkeit gemessen und statistisch ausgewertet, mit der jedes dieser Themen in den Erzählungen an Tag 1, Tag 21, Tag 63 und bei der Nachuntersuchung nach sechs Monaten zur Sprache kam.

Folgende Themen wurden abgefragt: Annahme von Herausforderungen, Ängste, Krebs, Tod und Sterben, Entscheidungsfindung, Familie, Freunde, Jobzufriedenheit, Perspektivenübernahme, positive Eigenwahrnehmung, Schlafprobleme, Suizid, Unterstützungssysteme, traumatische Erfahrungen, Arbeitslosigkeit und Arbeit.

Versuchsgruppe

In der Versuchsgruppe ließ sich für die Mehrzahl der Themen ein allgemeiner Trend zur Verbesserung in den Erzählungen der Probanden verzeichnen. Bei den positiven Themen, wie z. B. der Annahme von Herausforderungen, flossen nach und nach mehr Beispiele in die Erzählungen ein. Bei den negativen Themen, wie Tod und Sterben, wurden im Verlauf der Studie immer weniger Beispiele genannt. Diese Verbesserungen stimmten mit den LMM-Ergebnissen überein und wurden von diesen bestätigt. Aus den Erzählungen und Selbsteinschätzungen ging hervor, dass die Probanden zwar immer noch mit einigen Problemen zu kämpfen hatten, dass sie jedoch in der Lage waren, diese effektiver zu bewältigen, was auf eine verbesserte Selbstregulation hindeutet. Die Abnahme von Angstgedanken war mit 81 Prozent am drastischsten. Aber auch in ihrer Entscheidungsfindung, dem Umgang mit toxischen Gedanken und der Bewältigung von Hindernissen und Herausforderungen zeigten sich deutliche Verbesserungen. Und ein Viertel der Probanden konnte zudem nach eigenen Angaben besser schlafen.

Inwiefern ist das hilfreich für dich?

Deine Erzählung ist deine ganz persönliche Geschichte, die es verdient, gehört zu werden; niemand außer dir ist ein Experte in Bezug auf deine Erfahrungen … Du bist deine eigene Fallstudie! Wenn Menschen lernen, ihre eigene Geschichte zu erzählen, verändert sich ihr Leben in einer Weise, die sie sich nie hätten vorstellen können. Wenn du das Gefühl hast, dass du deine Gedanken und dein Leben selbst kontrollieren kannst, findest du zu Frieden und Heilung, unabhängig von deiner Vergangenheit, Gegenwart oder Zukunft; das ließ sich in meinen klinischen Studien gut beobachten. Selbstbestimmtheit und Unabhängigkeit sind Vorboten der Heilung, während Menschen, die das Gefühl haben, dass sie über nichts die Kontrolle haben, empfindlicher auf die Höhen und Tiefendes Lebens reagieren.

Die 5 Schritte können dir helfen, deine Geschichte anzunehmen, sie zu verarbeiten und neu zu begreifen. Wenn deine Geschichte in dir verschlossen bleibt, d. h. wenn du deine Gefühle unterdrückst, kann dies Geist, Gehirn und Körper schaden, wie sich in unserer Studie zeigte. Aufgrund der Neuroplastizität des Gehirns kannst du allerdings eine Veränderung herbeiführen und diese selbst steuern – du musst nicht in einer bestimmten Denkweise verharren.

7. Neurophysiologisch-elektrische Aktivität im Gehirn

Kontrollgruppe

Die in der Kontrollgruppe beobachteten Veränderungen deuteten auf eine unregelmäßige Hirnaktivität auf der nichtbewussten Ebene hin, verbunden mit negativen Entwicklungen bei der elektrischen Aktivität und der Neuroplastizität des Gehirns. Dies führt zu Ungleichgewicht und Dekohärenz und beeinträchtigt die Gesundheit von Gehirn und Verstand.

Versuchsgruppe

In der Versuchsgruppe wiesen die im qEEG beobachteten Veränderungen auf ein verbessertes Gleichgewicht und eine gesteigerte Kohärenz der elektrischen Aktivität im Gehirn hin. Dies stimmte auch mit den psychosozialen Messwerten und den erzählerischen Veränderungen überein. Es deutet darauf hin, dass der Prozess der bewussten, willentlichen selbstgesteuerten Neuroplastizität durch Gedankenmanagement erhebliche Auswirkungen auf der nichtbewussten Ebene hatte, d. h. auf den Vorgang des Annehmens und Verarbeitens, um das Grundproblem zu finden und die neue Gewohnheit zu verinnerlichen.

Frontale Alpha-Asymmetrie (FAA) Z-Wert

Die frontale Alpha-Asymmetrie (FAA) dient der Messung des Unterschieds in der elektrischen Aktivität der Alpha-Frequenz zwischen den beiden Hirnhälften. FAA wird mit Depressionen, Schwermut, Gefühlsarmut und Identitätsproblemen in Verbindung gebracht. Das Gehirn liebt Kohärenz und Ausgeglichenheit, und deshalb wollen wir in den Diagrammen idealerweise eine Verschiebung zur Mittellinie sehen. Je mehr Asymmetrie (Unausgeglichenheit) zwischen der linken und der rechten Hemisphäre des Frontallappens besteht, desto mehr Depressionen und mentales Chaos treten auf.

Kontrollgruppe

In der Kontrollgruppe kam es zu keiner signifikanten Verbesserung. Es fand nur sehr wenig oder gar kein Umschalten zwischen den Hirnhälften statt, was zeigt, dass nur sehr wenig Verarbeitung stattfand. Tatsächlich blieb die Asymmetrie gleich oder verschlechterte sich sogar.

Versuchsgruppe

In Bezug auf das Gleichgewicht zwischen den beiden Gehirnhälften zeigte sich bei der Versuchsgruppe ein verbessertes Muster. Es fand aufgrund der Annahme, Verarbeitung und Rekonzeptualisierung der Gedanken mehr Kommunikation zwischen den Hemisphären statt, wie an Tag 21 zu sehen war; um Tag 63 herum pendelte sich das Ganze nahe der Mittellinie ein. Wir sahen dieses Muster in der vorderen Hirnhälfte: Dort verschob sich bis zu Tag 21 die ausgeprägte Alpha-Asymmetrie in der linken Hemisphäre, die mit den Warnsignalen von Depression und Schwermut in Verbindung gebracht wird, zu einer deutlichen Asymmetrie in der rechten Hemisphäre, als man sich den Problemen stellte und die Ursache der Depression fand. Diese starke Alpha-Asymmetrie an Tag 21 zeigt, dass Langzeiterinnerungen aufgebaut wurden und eine Menge Gefühle mit diesem Prozess verbunden waren. Aber an Tag 63 gab es nur noch eine sehr geringe Asymmetrie zwischen den beiden Hemisphären, was gut ist, da es auf Kohärenz und ein ausgeglichenes Gehirn hinweist. Es zeigt auch, wie wichtig es ist, dass die Gewohnheitsbildung mindestens dreiundsechzig Tage andauert. Ein solches Umschalten deutet darauf hin, dass ein wichtiger Prozess stattfindet, bei dem zwischen der

Detail-zu-Gesamtbild-Verarbeitung in der linken Hälfte und der Gesamtbild-zu-Detail-Verarbeitung in der rechten Hälfte hin und her geschaltet wird. Die Probanden, die ihre Gedanken unterdrückten oder nicht steuerten, zeigten nicht diese Art von tiefgreifender Verarbeitung.

Inwiefern ist das hilfreich für dich?

Die Anwendung des Neurozyklus verbessert deine Selbstregulation mithilfe von Gedankenmanagement. Dadurch verändert sich die Art und Weise, wie im Gehirn die Energie fließt, und – wichtig bei Depressionen – es verändert auch die Gehirnstruktur. Diese Art der selbstgesteuerten Neuroplastizität bedeutet, dass du dein Hirn physisch umgestaltest.

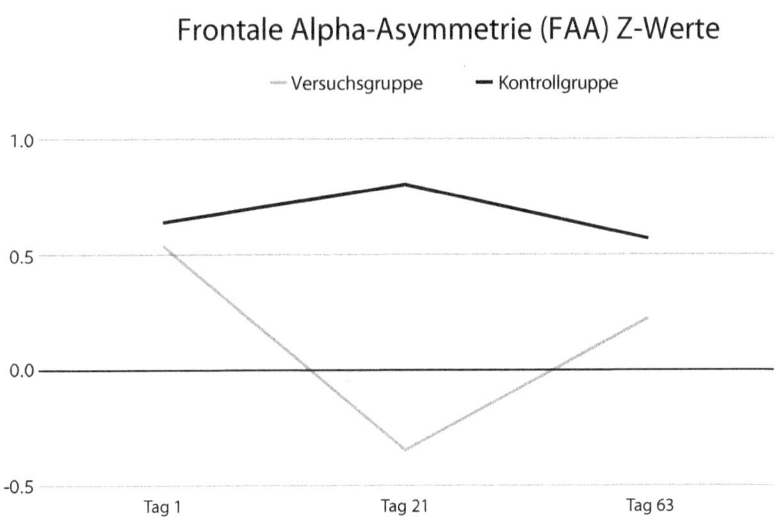

Veränderungen der frontalen Alpha-Asymmetrie in der Versuchs- und in der Kontrollgruppe im Verlauf der Studie: Negative Zahlen bedeuten mehr Alpha-Aktivität in der rechten Gehirnhälfte, was darauf hindeutet, dass die Probanden sich mehr auf das große Ganze als auf die Details konzentrieren, während positive Zahlen mehr Alpha-Aktivität in der linken Gehirnhälfte bedeuten, was wiederum nahelegt, dass die Probanden sich mehr auf die Details als auf das große Ganze konzentrierten. Ein »Z-Wert« von 0 zeigt ausgewogene Aktivität im Gehirn einer »Durchschnittsperson« an, basierend auf einer umfangreichen Datenbank von Einzelpersonen. Wie du siehst, war die Aktivität sowohl in der Versuchs- als auch in der Kontrollgruppe zu Beginn eher auf der linken Seite des Gehirns angesiedelt. Bei der Versuchsgruppe zeigte sich an Tag 21, dass sie eine Denkweise entwickelt hatte, die eher erst das Gesamtbild betrachtet und dann die Details; an Tag 63 war die elektrische Aktivität näher an der einer »Durchschnittsperson« ohne Depression. Im Gegensatz dazu hatte sich die Alpha-Aktivität der Kontrollgruppe kaum verändert, was auf übermäßiges Denken bzw. Grübeln hindeutet.

In einem depressiven Gehirn flacht die Energie ab; das ist Gift für die Gehirnzellen, die einen gesunden Energiefluss brauchen, um zu funktionieren. Die Energie steigt jedoch, wenn wir die Depression nicht mehr als Krankheit betrachten, sondern als Warnsignal mit einer zugrundeliegenden Ursache, die erkannt und korrigiert werden kann. Das Annehmen, Verarbeiten und Rekonzeptualisieren von Gedanken, um die Quelle oder Wurzel der Depression zu finden, kann dazu beitragen, den Energiefluss im Gehirn zu verändern. Du kannst dein Gehirn im wahrsten Sinne des Wortes durch deinen Geist heilen!

Frontale Beta-Asymmetrie

Die frontale Beta-Asymmetrie gibt Auskunft über den Unterschied der elektrischen Aktivität der Beta-Frequenz zwischen den beiden Hirnhälften. Eine übermäßig hohe Beta-Aktivität wird mit Ängsten und Identitätsproblemen in Verbindung gebracht. Wie bei der Alpha-Aktivität ist das Gehirn an Kohärenz und Ausgeglichenheit interessiert. Deshalb möchten wir in den Diagrammen eine Annäherung an die Mittellinie sehen, denn das bedeutet einen Rückgang der High-Beta-Aktivität. Je mehr Asymmetrie (Ungleichgewicht) zwischen den Hemisphären, desto mehr Angst, Identitätsprobleme und geistiges Chaos sind vorhanden.

Kontrollgruppe

Die Kontrollgruppe zeigte keine nennenswerte Verbesserung; vielmehr deuteten ihre Ergebnisse darauf hin, dass sich das Denken der Probanden in dem Maße verschlechterte, in dem sie sich ihrer Probleme durch die Auswertung der psychosozialen und anderer Messskalen bewusst wurden. Der High-Beta-Wert stieg entsprechend ihrer zunehmenden Anspannung. Im Verlauf der Studie stieg die Zahl der High-Beta-Foci (Punkte) kontinuierlich an, insbesondere im Bereich der Mittellinie, was auf Grübelei und mangelnde kognitive Flexibilität hindeutet, während Beta und Gamma im gesamten Gehirn zunahmen. Sich ihrer Gedanken bewusst zu werden, ohne einen nachhaltigen Plan zu deren Bewältigung zu haben, verschlechterte ihren Zustand anstatt ihn zu verbessern.

Versuchsgruppe

Die Probanden der Versuchsgruppe zeigten spannende und bemerkenswerte Veränderungen, die darauf hindeuteten, dass ihre Gehirne auf die 5 Schritte der Neurozyklus-Methode ansprachen und ausgeglichener wurden, als sie ihre Gedanken annahmen, verarbeiteten und rekonzeptualisierten. Dies wurde anfangs als zu viel High Beta gesehen, wie bei der Kontrollgruppe beschrieben und von mir als »rotes Gehirn« bezeichnet. Die Probanden zeigten sich an Tag 21 etwas angespannter, da sie sich mit Problemen konfrontiert sahen und neue Gedanken entwickelten, was herausfordernd und schwierig ist und die Angst verstärken kann – im Allgemeinen werden die Dinge schlechter, bevor sie besser werden. Dies spiegelte sich im Gehirn in Form von mehreren Foci mit High-Beta-Bursts wider, was gut ist, denn das deutet darauf hin, dass die Probanden sich ihren Problemen stellten und sie nicht verdrängten. An Tag 63 ließen die qEEG-Ergebnisse der Probanden auf eine Gewohnheitsbildung schließen. Ihr High Beta wurde zyklischer und zeigte eine größere Ausgeglichenheit zwischen dem linken und dem rechten Frontallappen.

An dieser Stelle beobachteten wir einen großen Unterschied zwischen der Versuchs- und der Kontrollgruppe. Die High Beta- und die Gamma-Werte der Kontrollgruppe stiegen »tsunamiartig« an, wohingegen die Versuchsgruppe mit ihren durch die Neurozyklus-App erworbenen Fähigkeiten zum Gedankenmanagement zyklische Anstiege und Abfälle und dann ein Gleichgewicht aufwies. Dies lässt den Schluss zu, dass die Probanden zunehmend kontrollierter wurden und fähiger, sich zu konzentrieren, aufmerksam zu sein und klarer zu denken.

Inwiefern ist das hilfreich für dich?

Wenn du die 5 Schritte anwendest, kannst du die Art und Weise ändern, wie die Energie in deinem Gehirn fließt – von zu viel High-Beta-Aktivität auf einer Seite des vorderen Teils des Gehirns zu zyklischer High-Beta-Aktivität, die sich in ausgeglichener Weise auf beide Gehirnhälften verteilt. Damit »reparierst« du den Schaden, der durch angstvolles Denken entstanden ist – du regenerierst dein Gehirn! Wenn die Energie zu lange zu hoch ist, wirkt sich das nachteilig auf deine Gehirnzellen aus, die gesunde Energie benötigen, um zu funktionieren. Du kannst z. B. an einem Zwangsgedanken oder in einem negativen Muster hängenbleiben, was als mehrere rote Herde auf der Oberseite des Gehirns in einem Bereich namens Corpus callosum zu sehen ist. Dies kann als Versuch der Kompensation zu OCD-ähnlichen Verhaltensweisen oder zu Inflexibilität und Widerstand gegen Veränderungen führen. Das Annehmen, Verarbeiten und Rekonzeptualisieren von Gedanken, um die Quelle oder Wurzel von Angst, Depression, Burnout oder festgefahrenen Denkmustern zu finden, führt hingegen zu positiven Veränderungen im Gehirn. Die Versuchsgruppe löste sich aus der Sackgasse und verwandelte ihr Grübeln in progressives, problemlösendes Denken, indem sie die 5 Schritte anwendete.

Frontale Beta-Asymmetrie Z-Werte

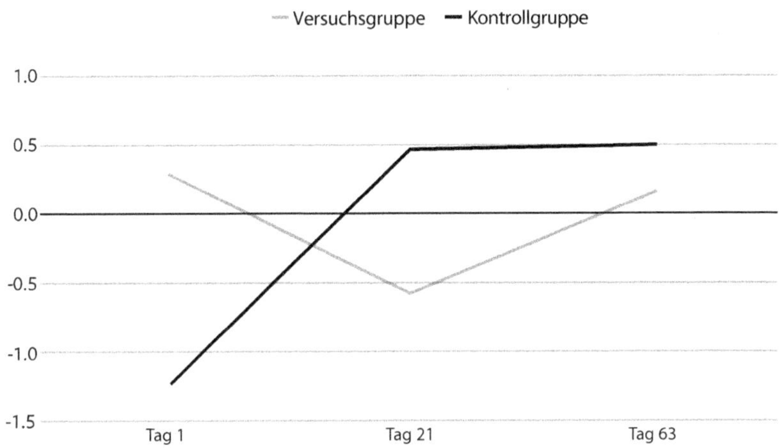

Veränderungen der frontalen Beta-Asymmetrie in der Versuchs- und in der Kontrollgruppe im Verlauf der Studie. Negative Zahlen bedeuten mehr Beta-Aktivität in der rechten Gehirnhälfte, was darauf hindeutet, dass die Probanden sich mehr auf das große Ganze als auf die Details konzentrierten, während positive Zahlen mehr Beta-Aktivität in der linken Gehirnhälfte bedeuten, was wiederum nahelegt, dass die Probanden sich mehr auf die Details als auf das große Ganze konzentrierten. Ein »Z-Wert« von 0 zeigt ausgewogene Aktivität im Gehirn einer »Durchschnittsperson« an, basierend auf einer umfangreichen Datenbank von Einzelpersonen. Interessanterweise wiesen die Versuchs- und die Kontrollgruppe zu Beginn der Studie Beta-Aktivitäten in unterschiedlichen Gehirnhälften auf – die Versuchsgruppe zeigte sich mit mehr Beta-Aktivität in der linken Gehirnhälfte und die Kontrollgruppe mit mehr Beta-Aktivität in der rechten Gehirnhälfte. Bei der Versuchsgruppe war an Tag 21 zu erkennen, dass sie eine Denkweise entwickelt hatte, die eher erst das Gesamtbild betrachtet und dann die Details; an Tag 63 war die elektrische Aktivität näher an der einer »Durchschnittsperson« ohne Angst. Es zeigte sich ein ausgewogeneres Verhältnis zwischen der Gesamtbild-zu-Detail-Verarbeitung und der Detail-zu-Gesamtbild-Verarbeitung. Die Kontrollgruppe, obwohl sie an Tag 21 von einer eher rechtsseitigen Beta-Aktivität zu einer linksseitigen Aktivität gewechselt hatte, zeigte keinen Trend, der sich den qEEG-Mustern des Gehirns einer »Durchschnittsperson« annäherte; vielmehr verlagerte sich die Aktivität so, dass ihr Denken in Details stecken blieb, wie die flache Linie belegt.

Frontale Gamma-Asymmetrie

Die frontale Gamma-Asymmetrie erfasst den Unterschied der elektrischen Aktivität der Gamma-Frequenz zwischen den beiden Hirnhälften. Die Gamma-Aktivität wird mit Lernen, integrativem Denken, dem Ausführen anspruchsvoller Tätigkeiten und Kreativität in Verbindung gebracht. Wenn wir sehen, dass die Gamma-Aktivität die Seiten wechselt und »Gamma-Spitzen« auftreten, bedeutet dies, dass Verarbeitung und Lernen auf organisierte Weise stattfinden und die Neuroplastizität in die richtige Richtung gelenkt wird. Wir werten das als Zeichen selbstgesteuerter Neuroplastizität. Wenn die Gamma-Aktivität in die rechte Hemisphäre zurückwandert, bedeutet dies, dass eine Automatisierung (Gewohnheitsbildung) stattfindet.

Kontrollgruppe

Die Daten der Kontrollgruppe deuteten an Tag 21 darauf hin, dass die Probanden sich festgefahren hatten und nur wenig dazulernten. Die Gedanken wurden ins Bewusstsein geholt, kehrten aber unverarbeitet in den nichtbewussten Teil des Verstandes zurück (wurden unterdrückt), sodass ihr Zustand in Wirklichkeit schlimmer war als zuvor und ihre negativen Auswirkungen zunahmen. Die Ergebnisse lassen den Schluss zu, dass in der Kontrollgruppe nur sehr wenig Lernen stattfand; eine verstärkte Aktivität mit erhöhtem Ausschlag, die anzeigt, dass echtes Lernen stattfindet und eine Rekonzeptualisierung geschieht, trat in der Kontrollgruppe nicht auf, stattdessen beobachteten wir eine abgeflachte Spitze. Darüber hinaus nahmen die Ängste zu. Unbewältigte Gedanken werden durch Unterdrückung verstärkt, was sich auf den Grad der Anspannung und die psychische Gesundheit auswirkt.

Versuchsgruppe

Die Daten der Versuchsgruppe zeigten, dass ein Lernprozess stattfand, wobei die Gamma-Aktivität an Tag 21 anstieg und »Gamma-Spitzen« bildete, während sich die Gamma-Aktivität an Tag 63 wieder dem Ausgangswert genähert hatte, was darauf schließen lässt, dass die Gedanken zu Gewohnheiten automatisiert wurden. Interessanterweise sahen wir diese »Gamma-Spitzen« nur bei den Probanden, die die App dreiundsechzig Tage lang nutzten, was darauf hindeutet, dass ein umfangreicher Lernprozess stattgefunden hat. Einige der Teilnehmer hörten nach einem oder zwei 21-Tage-Zyklen auf, die App zu nutzen, und die Gamma-Veränderungen bei diesen Teilnehmern entsprachen eher denen der Kontrollgruppe.

Inwiefern ist das hilfreich für dich?

Wenn du den Neurozyklus zur Bewältigung deiner Gedanken einsetzt, lernst du, wie du deine Neuroplastizität so steuern kannst, dass sich in deinem Gehirn die Art von Gedanken entwickelt, die dir helfen, dich gestärkt und insgesamt wohler zu fühlen. Wenn du tiefgründig denkst und neue Gedanken aufbaust (lernst), wirst du eine Verbesserung der Gehirnfunktion erfahren; du wirst die Struktur deines Gehirns tatsächlich in positiver Weise verändern. Das ist die harte Arbeit, die du leisten musst, um in den nichtbewussten Teil deines Verstandes vorzudringen und dich mit dem Unbequemen anzufreunden; zum Beispiel kannst du anfangen, deine Zusammenbrüche als etwas Gutes zu sehen, weil du sie dazu nutzen kannst, deine toxischen Gedanken und Traumata aufzuarbeiten und umzuwandeln. Du selbst brichst nicht zusammen; vielmehr wirst du durch das »Zusammenbrechen« gestärkt – solche Zusammenbrüche bedeuten, dass Fassaden niedergerissen werden!

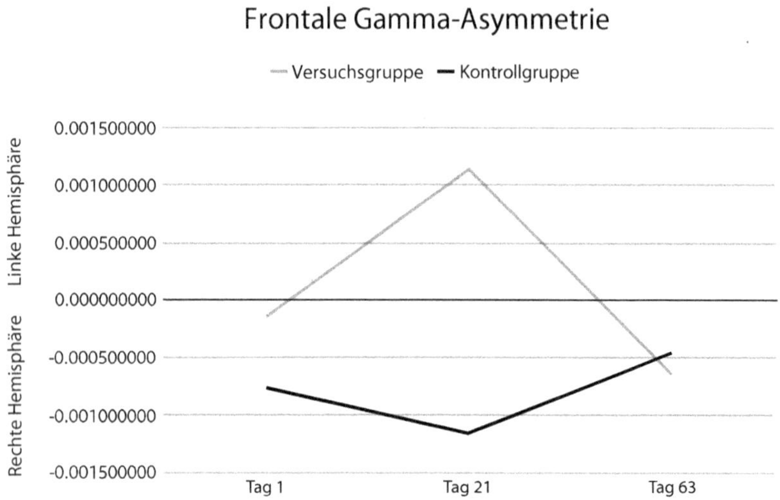

Veränderungen der frontalen Gamma-Asymmetrie bei einem Teilnehmer der Versuchsgruppe, der die SWITCH-App während der gesamten klinischen Studie nutzte, im Vergleich zu einem Teilnehmer der Kontrollgruppe. Negative Zahlen bedeuten mehr Gamma-Aktivität in der rechten Gehirnhälfte, was darauf hindeutet, dass die Probanden sich mehr auf das große Ganze als auf die Details konzentrierten, während positive Zahlen mehr Beta-Aktivität in der linken Gehirnhälfte bedeuten, was wiederum nahelegt, dass die Probanden sich mehr auf die Details als auf das große Ganze konzentrierten. Für die Gamma-Aktivität gibt es keine »Z-Werte«, da diese Frequenz zum Zeitpunkt der Erstellung der Z-Werte-Datenbank noch nicht untersucht wurde. Die hier aufgeführten Werte zeigen somit die Gamma-Aktivität in Millivolt. Bei der Versuchsperson ist eine deutliche »Gamma-Spitze« zu erkennen, mit steigender Gamma-Aktivität an Tag 21 und dann abnehmender Gamma-Aktivität an Tag 63, was darauf hindeutet, dass die Lernphase in eine Gewöhnungsphase übergegangen ist. Im Gegensatz dazu zeigte sich bei der Kontrollperson zu keinem der Zeitpunkte eine Veränderung der Gamma-Aktivität; die Person veränderte sich nicht und »wuchs« daher auch nicht durch die Erfahrung.

8. Physiologie: Blutuntersuchung

Die Blutwerte sind wegen ihrer vielen potentiellen Variablen kein zuverlässiges Maß für Angst und Depression und sollten daher nicht zur Bestimmung des Angst- oder Depressionsgrades einer Person verwendet werden. Sie sind eher ein Hinweis auf den Verschleiß, den Angst und Depression im Körper verursachen.

Kontrollgruppe

Als auffälligster Trend in den Blutanalysen der Kontrollgruppe zeigte sich die negative Entwicklung der Homocystein- und Cortisolwerte.

Versuchsgruppe

In dieser klinischen Studie haben wir eine Reihe von Blutwerten untersucht, darunter die Homocystein-, Cortisol-, Prolaktin-, ACTH- und DHEA-Spiegel. Die auffälligsten positiven Trends in der Versuchsgruppe betrafen die Homocystein- und Cortisolwerte.

Homocystein und Cortisol

Kontrollgruppe

In der Kontrollgruppe führte das fehlende Gedankenmanagement zu einem Anstieg der Homocystein- und Cortisolwerte.

Versuchsgruppe

In der Versuchsgruppe ließ sich eine ausgeprägte Korrelation zwischen toxischem Stress und den Homocystein- und Cortisolspiegeln feststellen; wie sich zeigte, wiesen Personen mit höheren Werten auf der LMM für toxischen Stress auch höhere Homocystein- und Cortisolwerte im Blut auf.

Es stellte sich auch ein signifikanter positiver Zusammenhang zwischen der Veränderung der toxischen Stressbelastung und der Veränderung des Homocysteinwertes heraus. Wie sich erkennen ließ, sanken mit der Anwendung der 5 Schritte im Laufe der Studie die Werte für toxischen Stress laut LMM und im Verhältnis dazu auch die Homocystein- und Cortisolwerte im Blut. Dies führte auch zu einem verbesserten DHEA/Cortisol-Verhältnis, das ein Indikator dafür ist, wie sich Stress auf die Hypothalamus-Hypophysen-Nebennierenrinden-Achse (HPA-Achse) auswirkt. Wenn also der Stress unreguliert und toxisch ist, sinkt das DHEA/Cortisol-Verhältnis, und umgekehrt.

Im Vergleich dazu wiesen Personen mit schlechteren Werten auf der LMM für toxischen Stress höhere Homocystein- und Cortisolwerte im Blut auf. Dies untermauert den Zusammenhang zwischen hoher Stressbelastung und hohem Homocystein- sowie hohem Cortisolspiegel und deutet darauf hin, dass der Abbau von toxischem Stress durch Gedankenmanagement nicht nur den Homocysteinwert senkt, sondern auch dazu beitragen kann, Herz-Kreislauf- und Autoimmunproblemen vorzubeugen und möglicherweise das Risiko einer neurologischen Erkrankung zu senken.

Inwiefern ist das hilfreich für dich?

Wir fanden einen auffallend starken Zusammenhang zwischen nicht bewältigtem toxischen Stress und erhöhten Cortisol- und Homocysteinwerten sowie dem DHEA/Cortisol-Verhältnis, was darauf hindeutet, dass du, wenn du deinen Umgang mit toxischem Stress mithilfe der 5 Schritte verbesserst, potentiell auch deine Homocystein- und Cortisolwerte sowie das DHEA/Cortisol-Verhältnis verbessern kannst. Dies senkt nicht nur dein Risiko in Bezug auf psychische Erkrankungen, sondern kann auch die Gefahr von

Herz-Kreislauf-Problemen, Autoimmunkrankheiten und neurologischen Störungen, einschließlich Demenzerkrankungen, verringern.

9. Zelluläre Ebene: Telomere

Telomere sind die Kappen an den Enden der Chromosomen und spielen eine wichtige Rolle für die Zellgesundheit und die biologische Alterung. Die Telomerenlänge (TL) hat sich in jüngster Zeit als stellvertretendes Maß für die biologische Alterung erwiesen und korreliert mit starker Stressbelastung. Kürzere Telomere sind eine Chromosomenkomponente, die mit zellulärer Alterung und toxischem Stress in Verbindung gebracht wird. Die TL ist mittlerweile als einer der verlässlichsten Vorhersagewerte für eine verkürzte Lebensspanne bekannt!

Kontrollgruppe

Die TL der Kontrollgruppe verringerte sich bis zum Ende der Studie gegenüber dem Ausgangswert. Dies deutet darauf hin, dass fehlendes Gedankenmanagement eine negative Wirkung auf die zelluläre Gesundheit und das biologische Alter der Kontrollpersonen hat.

Versuchsgruppe

Die Anwendung der Neurozyklus-Methode ging mit einer erhöhten TL in der Versuchsgruppe einher, was darauf hindeutet, dass sich die Zellgesundheit und das biologische Alter der Versuchspersonen im Laufe der Studie verbesserten.

Inwiefern ist das hilfreich für dich?

Die Anwendung der 5 Schritte kann deine zelluläre Gesundheit steigern und dein biologisches Alter senken. Konkret kannst du damit die Gesundheit von Herz, Gehirn, Magen-Darm-Trakt, Immunsystem und anderem verbessern. Unerfreuliche, toxische Gedanken zu unterdrücken oder vermeiden zu wollen, verursacht Stress bis hinunter auf die zelluläre Ebene. Das kann die Telomere verkürzen und gegebenenfalls das Verhältnis zwischen biologischem und chronologischem Alter ungünstig verschieben (dein Körper kann schneller altern, als es deinem tatsächlichen Alter entspricht), was die Anfälligkeit für körperliche Krankheiten erhöht.

Du magst vielleicht denken, du könntest es erfolgreich umgehen, dich mit deinen Problemen auseinanderzusetzen, aber dein Gehirn, dein Körper und deine Psyche werden letztendlich den Preis dafür zahlen. Psychische Inflexibilität, krampfhaft positives Denken und die Vermeidung negativer Situationen helfen dir vielleicht im Moment, unerwünschte Gedanken oder Gefühle zu unterdrücken, aber auf lange Sicht schaffen sie den Nährboden für immer häufiger wiederkehrende oder extremere Krisen. Hauptsächlich verändert sich die Genaktivität (nicht die Gensequenzen) als Reaktion auf unsere Lebenserfahrungen, und je nachdem, wie wir denken, kann diese Aktivität nützlich oder schädlich sein. Wenn das Denken toxisch ist, können die Dinge schlimmer erscheinen, als sie sind, und es kann schwierig sein, die richtige Perspektive zu finden.

Vermeidungsverhalten kann die Zellen unseres Körpers durch die Alterung unserer Telomere schädigen, was sich auf unsere psychische Gesundheit auswirken kann. Unsere Lebenserfahrungen spiegeln sich in der Länge der Telomere wider. Allerdings könnten Gedankenmanagement-Maßnahmen wie die 5 Schritte des

Neurozyklus, die auch in dieser klinischen Studie angewandt wurden, wie ein »Reset« wirken und eine achtsame Phase einleiten, in der wir unser System »aufrütteln« können, um in einen gesünderen, jüngeren Zustand zu gelangen.

Ich habe mehrere Zyklen des 5-Schritte-Programms durchlaufen und feiere heute, dass ich seit fünfzehn Monaten keine Angstlöser mehr nehme. Ich fühle mich dankbar, friedvoll, gestärkt und frei!

BONNIE

Kapitel 5

Wie kann dir all dieses Wissen helfen?

Übersicht

- Selbst wenn sich unsere Ängste oder die Niedergeschlagenheit noch nicht gelegt haben, wird durch das Erkennen, Annehmen und Verarbeiten unserer Probleme die Gehirnfunktion optimiert und eine Kohärenz geschaffen, die uns in die Lage versetzt, unsere Probleme klar zu sehen und sie zu bewältigen.
- Unkontrolliertes, toxisches Denken kann einen Zustand niedriggradiger Entzündung in Körper und Gehirn hervorrufen, der sich negativ auf den Cortisolspiegel, die Hormone, die Gehirnfunktion und sogar auf die Telomere auf den Chromosomen auswirkt.
- Menschen, denen beigebracht wurde, wie sie Zugang zum nichtbewussten Teil ihres Verstandes bekommen können, um ihr Gedankenleben zu regulieren und ihr Gehirn zu »entgiften« und »aufzubauen«, sind besser in der Lage, die Höhen und Tiefen des Lebens zu meistern, weil sie ein Gefühl der Kontrolle haben – und das gibt ihnen Hoffnung.

Die Ergebnisse unserer klinischen Studie sind in Verbindung mit den beobachteten Veränderungen in den Ergebnissen der Versuchsgruppe auf meiner validierten Leaf Mind-Management Scale (LMM) sehr spannend. Sie zeigen, dass die Probanden, die die 5 Schritte der Neurozyklus-App nutzten und sich ihrer toxischen Gedanken anfangs lediglich bewusst waren, *ohne* eine konkrete Bewältigungsstrategie zu haben, dazu übergingen, ihre toxischen Gedanken *mit* der vorgegebenen 5-Schritte-Gedankenmanagement-Methode selbstständig zu verarbeiten und zu rekonzeptualisieren. Kurz gesagt, sie waren sich ihres Problems nicht mehr nur bewusst, sondern konnten auch Wege zum Umgang mit dem Problem und dessen Bewältigung finden.

Diese Erkenntnisse bedeutet Folgendes für dich: Du kannst vom bloßen Gewahrsein deiner chaotischen und toxischen Gedanken zu der Fähigkeit gelangen, diese Gedanken in ihrem Frühstadium zu erfassen, sie zu bewältigen und so für mehr Ruhe und Wohlbefinden zu sorgen. Mit entsprechender Übung in Gedankenmanagement und Selbstregulierung – denn darum geht es letztendlich beim »Beseitigen des mentalen Chaos« mithilfe des Neurozyklus – können wir unseren Verstand systematisch einsetzen, um die Neuroplastizität unseres Gehirns zu nutzen und unsere Gedanken umzugestalten und neu zu verknüpfen. In Teil 2 dieses Buches zeige ich dir, wie das geht.

Unsere neuronalen Schaltkreise lassen sich von uns umgestalten. Auf diese Weise können wir eine Vielzahl geistiger und körperlicher Gegebenheiten steuern und verbessern. Das bedeutet, wir können dysfunktionale Netzwerke und die Physiologie unseres Gehirns durch unseren Geist buchstäblich verändern. Wir können unser Denken steuern und das mentale Chaos beseitigen, und zwar mithilfe gewohnheitsbildender 63-Tage-Zyklen, die einem neuen Denkmuster genügend Energie verleihen, um zu einer Gewohnheit zu werden, die sich auf unser Verhalten und unsere Kommunikation auswirkt. Und wenn wir dies zu einem Teil unserer Lebensführung machen, erhalten wir als Lohn mehr Ruhe, Weisheit und ein verbessertes Allgemeinbefinden.

Wenn du lernst, die in diesem Buch vorgestellten Informationen und den Neurozyklus zu nutzen, wird dich das befähigen, der

Entstehung toxischer Gedanken entgegenzuwirken, traumatische Gedanken zu rekonzeptualisieren und alle Bereiche deines Lebens zu verändern und besser zu machen. Dazu gehören auch Dinge wie die Bewältigung von Depressionen, Ängsten und Burnout, die durch chronischen und wiederkehrenden Stress, durch Traumata, Identitätsprobleme, Isolation, Schlafstörungen, Bewegungs- und Ernährungsprobleme und vieles mehr entstehen können. Die 5-Schritte-Methode nutzt alle Vorteile verschiedener Atem- und Achtsamkeitsübungen und überführt diese in ein dauerhaft tragfähiges Gedankenmanagement.

Sicher, es wird Zeit brauchen, es wird herausfordernd sein, und es ist ein lebenslanger Prozess, aber man denkt sowieso immer nach, also kann man genauso gut auch gleich lernen, diesen Prozess zu steuern – und die Auswirkungen werden es wert sein. Es war unglaublich interessant zu sehen, dass nach 21 Tagen der App-Nutzung die Depressionen und Angstzustände in der Versuchsgruppe unserer klinischen Studie gegenüber der Kontrollgruppe um bis zu 81 Prozent abgenommen hatten.

Das könnte auch zu *deiner* Geschichte werden.

qEEG und Hirnkohärenz

Mithilfe spezieller neurowissenschaftlicher Messmethoden (qEEG) fanden wir heraus, dass in der Versuchsgruppe der Energiefluss im Gehirn und die Hirnfunktionalität der Probanden ausgeglichener und kohärenter wurden, wodurch die Arbeitsweise des Gehirns optimiert und das Denken zusammenhängender wurde. Man kann sich Kohärenz so vorstellen, dass viele verschiedene Teile des Gehirns harmonisch zusammenarbeiten. Unser Gehirn erzeugt als Reaktion auf unser Denken, Fühlen und Entscheiden ständig

Energie, und je eingehender wir uns mit Dingen befassen, desto mehr Kohärenz wird sich in unserem Gehirn zeigen und desto klarer werden wir denken können und umso belastbarer werden wir. Wenn die Energie im Frontallappen des Gehirns zu stark absinkt und die Kohärenz zwischen den beiden Hälften verlorengeht, kann dies zu Depressionen und Impulsivität führen und zu dem Gefühl, einfach aufgeben zu wollen.

Selbst wenn sich unsere Ängste oder die Niedergeschlagenheit nicht gleich legen, wird durch das Erkennen, Annehmen und Verarbeiten unserer Probleme die Gehirnfunktion optimiert und eine Kohärenz geschaffen, die uns in die Lage versetzt, unsere Probleme klar zu sehen und sie zu bewältigen. Wenn wir unsere Probleme hingegen verdrängen und uns einzureden versuchen, dass wir sie bewältigt haben, oder wenn wir bestimmte Techniken oder positive Affirmationen lediglich als Pflaster verwenden, anstatt nach einer dauerhaften Lösung zu suchen, erzeugen wir eine *Inkohärenz* im Gehirn, die im Laufe der Zeit zu einer Vielzahl von mentalen und körperlichen Problemen führen kann.

Das haben wir in unserer Studie beobachtet. Ein qEEG (quantitatives Elektroenzephalogramm) liest keine einzelnen Gedanken aus – es gibt keine Gehirntechnologie, die deine Gedanken lesen kann. Du bist nicht dein Gehirn; du bist der »Benutzer« deines Gehirns. Das qEEG misst die energetische *Reaktion* des Gehirns auf das, was eine Person in einem bestimmten Moment denkt, fühlt und entscheidet. Es spiegelt die Energieverteilung im nichtbewussten Teil des Verstandes wider, wo unsere Intelligenz, unsere Erinnerungen (gute und schlechte) und unsere Weisheit liegen. Außerdem zeigt es jegliche *kognitive Dissonanz* auf, also die Unstimmigkeit zwischen dem, was wir wirklich fühlen, und dem, was wir zu fühlen vorgeben oder uns selbst weismachen wollen.

Nehmen wir zum Beispiel an, du lebst, handelst und kommunizierst im Einklang mit einem restriktiven religiösen, kulturellen, familiären oder beruflichen Umfeld. Vielleicht gibt es Dinge, die du beobachtest, die dir nicht gefallen, oder du hast das Gefühl, dass du eine Rolle spielst – dass du tust und sagst, was von dir erwartet wird, anstatt dem zu folgen, was du tatsächlich glaubst. In deinem Hinterkopf gibt es einen Raum, in dem die Wahrheit verborgen liegt, aber deine Angst lässt diese Wahrheit nicht aus diesem Raum heraus. Irgendwann merkst du aber, dass du diese Lüge nicht länger leben kannst; du spürst sie in deinem Körper und in deinem Geist. Die Lüge frisst dich auf: Du hast das Gefühl, dass du deine Integrität, deine Wahrhaftigkeit verloren hast. Im Gehirn sieht das wie Inkohärenz oder Unausgeglichenheit aus – eine chaotische Energie, ähnlich wie die Stromschnellen beim Wildwasser-Rafting. Wir können vor unserem Gehirn nicht verbergen, was wir denken – das Gehirn spiegelt jede Angst, Depression und Frustration wider. Das ist es, was ein qEEG, SPECT und andere Hirntechnologien aufzeichnen, und das ist die Art von mentalem Chaos, das wir loswerden wollen. (Um zu sehen, wie dies im Gehirn aussieht, sieh dir die Abbildung »Versuchsperson 2: quantitative Elektroenzephalografie (qEEG) Z-Werte« auf Seite 139 an.)

Welchen Stellenwert misst du dem Frieden und der Freiheit deines Geistes bei?

Es kommt der Zeitpunkt, an dem man sich einfach entscheiden muss, ob man lieber angekettet bleibt oder ob man sich befreit – koste es, was es wolle. Und die Kosten für Integrität können immens hoch sein, aber gleichermaßen gewaltig fallen die Belohnungen jenseits der Ketten aus! Deshalb frage ich dich an dieser Stelle:

Welchen Stellenwert misst du dem Frieden und der Freiheit deines Geistes bei?

In der Stille des Augenblicks, wenn wir intensiv über unser Denken nachdenken – das ist der Moment, in dem wir unseren Mut zusammennehmen und in die Tiefen des Nichtbewussten vordringen können, um das Chaos zu akzeptieren und die Botschaft der Wahrheit zu finden.

Dein Verstand findet so was toll. Auch deinem Gehirn gefällt es. Du wirst den Frieden lieben, den es dir letztendlich bringt.

Kohärente und inkohärente Gehirnströme

Um besser zu verstehen, was ich mit Kohärenz und Inkohärenz meine, wollen wir uns zwei EEG-Aufzeichnungen aus meiner klinischen Studie ansehen. Die erste zeigt einen Versuchsgruppenteilnehmer, der gerade eine schwere Zeit durchmachte und ein schwerwiegendes frühkindliches Trauma erlebt hatte, der aber die 5-Schritte-Methode nutzte, um seine Probleme zu bewältigen. Diese EEG-Messung zeigt Kohärenz und Ausgeglichenheit. Für den Probanden fühlte sich dies wie Frieden, Kontrolle und Widerstandskraft an, trotz der widrigen Erfahrungen. Dieser Teilnehmer lernte, mit dem Gefühl der Überforderung umzugehen. Die zweite Aufzeichnung stammt von einem Probanden aus der Kontrollgruppe und zeigt, wie es aussieht, wenn jemand seine Gedanken nicht im Griff hat: Es ist Inkohärenz und mentales Chaos im Gehirn zu erkennen. Bei dieser Person führte diese Inkohärenz zu einem hypervigilanten Stresszustand – sie befand sich in einem Zustand ständiger Anspannung und Unruhe.

Die Geschichte einer Versuchsperson: Den Umgang mit Depressionen erlernen

Werfen wir einen Blick auf die Geschichte einer Person aus der Versuchsgruppe, damit du dir einen Reim auf all die Daten machen kannst.

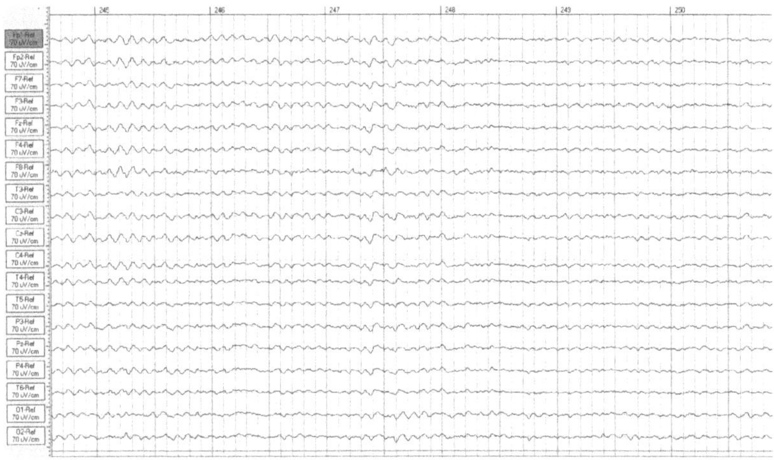

Ein Ausschnitt aus einer EEG-Aufzeichnung bei einer Versuchsperson, der Kohärenz in allen Bereichen des Gehirns zeigt. Man beachte, dass die Muster der Wellen elektrischer Aktivität über alle Elektroden, dargestellt durch Reihen, ziemlich einheitlich erscheinen.

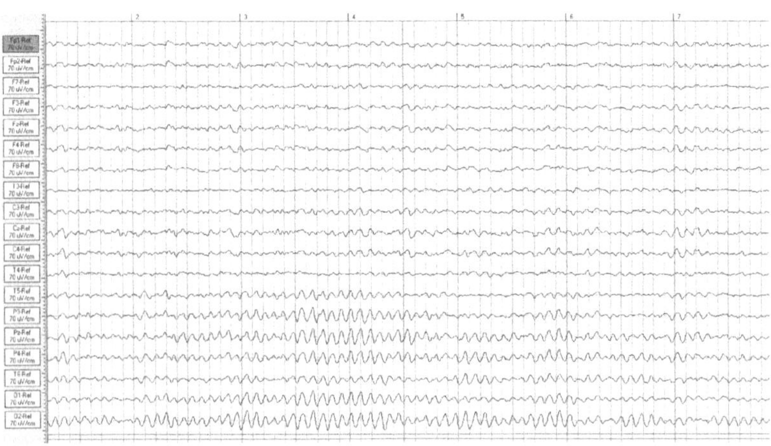

Ein Ausschnitt aus einer EEG-Aufzeichnung einer Versuchsperson aus der Kontrollgruppe. Er zeigt die Inkohärenz der elektrischen Aktivität des Gehirns auf. Die Muster der Wellenaktivität in den verschiedenen Reihen unterscheiden sich sehr stark, was für unterschiedliche Intensitäten der elektrischen Aktivität in vielen der Elektroden steht und somit eine Inkohärenz bzw. Disharmonie im Gehirn widerspiegelt.

Auf der folgenden Abbildung »Versuchsperson 1: quantitative Elektroenzephalografie (qEEG) Z-Werte« siehst du die qEEG-Brainmap dieser Person. (Die farbige qEEG-Brainmap ist als Download erhältlich. Infos unter: www.gracetoday.de/leaf.) Zu Beginn (an Tag 1 der klinischen Studie) gab die Versuchsperson an, sich deutlich deprimiert zu fühlen; sie schlief nicht, kämpfte mit Gedächtnisstörungen und mit Beziehungsproblemen zu Hause sowie am Arbeitsplatz und fühlte sich ausgebrannt, emotional erschöpft, unglücklich und zynisch.

Versuchsperson 1: quantitative Elektroenzephalografie (qEEG) Z-Werte

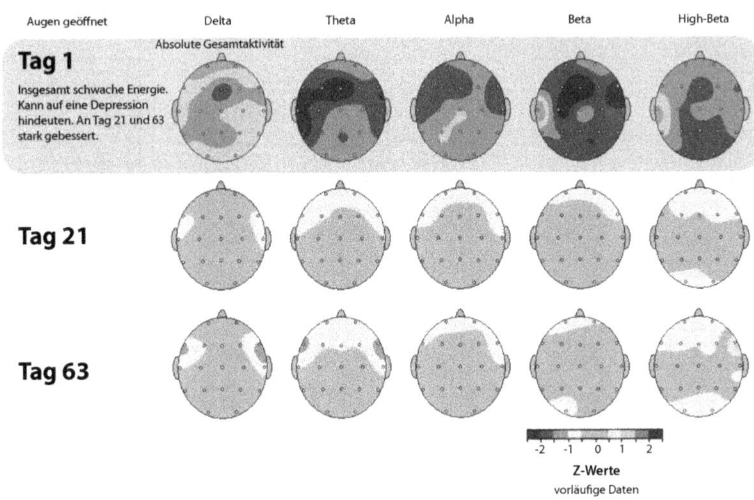

An Tag 1 zeigt die blaue Farbe (hier schwarz bzw. dunkelgrau) eine deutlich unterdurchschnittliche Energieaktivität im Gehirn über alle Frequenzen hinweg an. Besonders niedrig und unausgewogen ist sie im vorderen Teil des Gehirns. Dieses Muster passt zu einer Person, die schwer depressiv ist. Bis Tag 21 hat sich die Energie im Gehirn erhöht – wie die graue Farbe zeigt (hier mittelgrau), die die durchschnittliche oder erwartete Gehirnaktivität einer nicht depressiven Person darstellt. Die Vergleichswerte beruhen hierbei auf einer normativen Datenbank.

Das qEEG-Muster der Versuchsperson zeigte auch an Tag 63 noch weitere Verbesserungen, da sich ihre Gedankenmanagement-Fähigkeiten mithilfe der Neurozyklus-Methode weiter festigten. Neuropsychologische Messungen und narrative Daten belegten, dass die Verringerung der Depressions- und Angstsymptome auch bei der Nachuntersuchung nach sechs Monaten noch anhielt, was sich auch anhand neurowissenschaftlicher Daten und der Blutuntersuchung bestätigen ließ.

Konkret bedeutet dies, dass die Versuchsperson ihre Selbstregulierung steigerte und *lernte*, die Ursache ihrer Depression zu erkennen und damit umzugehen. Sie lernte, ihr Denken täglich, im Rahmen ihrer Lebensführung zu steuern – sie nutzte die Technik des Neurocyclings, um ihre Neuroplastizität zu lenken. Diese Daten wurden durch die neuropsychologischen Selbsteinschätzungsskalen und ihre Erzählungen bestätigt, in denen sie beschrieb, dass sie sich nicht mehr so schwer deprimiert fühlte und weniger mit Angstzuständen, Zynismus, Burnout und emotionaler Erschöpfung zu kämpfen hatte. Sie schlief besser und hatte das Gefühl, dass sie über die nötigen Fähigkeiten verfügte, um mit der Situation fertigzuwerden. Sie hatte auch das Gefühl, dass ihre psychische Belastbarkeit zugenommen hatte und sie sich besser in der

Lage fühlte, mit den Hindernissen und Herausforderungen in ihrem Leben umzugehen.

> *Die Versuchsperson lernte über 63 Tage hinweg, die Ursache ihrer Depression zu erkennen und ihr Denken zu in den Griff zu bekommen.*

Das wirklich Interessante bei dieser Versuchsperson ist, dass sie an Tag 1 sehr einsichtig und sich ihrer Probleme bewusst war und bereits alles versucht hatte, um mit ihrer Depression fertigzuwerden. Diese Einsicht wird in vorgenannter Abbildung durch die grün (hier hellgrau) aufleuchtenden Regionen im Alpha-Frequenzbereich angezeigt, zusammen mit den grünen (hellgrauen) Lichtsignalen im Frontallappen im Delta-Frequenzbereich. Die Blautöne, insbesondere die dunkleren Blautöne (hier dunkelgrau und schwarz gefärbte Bereiche), deuten jedoch darauf hin, *dass sie nicht so recht wusste, was sie mit ihren Empfindungen anfangen sollte – mit diesem tiefen Gefühl von »Es ist einfach alles zu viel«*. Dieser Befund wurde durch die Erzählung der Versuchsperson, mit der sie ihre Erfahrungen schilderte, bestätigt. Demnach fühlte sie sich festgefahren, hilflos und hoffnungslos, was sich auch mit den psychosozialen Testergebnissen, insbesondere den Ergebnissen der LMM und der narrativen Auswertung, sowie ihren Telomerdaten (DNA-Gesundheit) deckt. Ihre Cortisol- und Homocysteinwerte waren zu Beginn der Studie ebenfalls problematisch, was auf eine geringgradige Entzündung in ihrem Gehirn und ihrem Körper hinweist und ein weiterer Indikator für eine schlechte Gehirngesundheit ist.

An Tag 21 jedoch hatte sich dieses Gefühl, planlos zu sein, in eine Art handlungsfähige Einsicht, in ein Gefühl der Aktivierung und Befähigung, verwandelt. Die Versuchsperson hatte von sich den

Eindruck, sie fange an, die Auslöser ihrer depressiven Gefühlslage zu verarbeiten und zu rekonzeptualisieren, und entwickle den Mut, sich ihren Gedanken zu stellen und sie anzunehmen. Das bereitete ihr sowohl Hoffnung als auch Unbehagen. Sie fühlte sich hoffnungsvoll, weil sie allmählich Einblick in ihre Probleme bekam, aber auch unwohl, weil es schmerzhaft war, sich den Problemen zu stellen und sie zu bewältigen. Wie es so schön heißt: Die Nacht ist vor der Dämmerung immer am dunkelsten, und oft werden die Dinge schlimmer, bevor sie besser werden. Wir konnten dies im qEEG an der erhöhten Aktivität in der Alpha-Frequenz erkennen, die durch die graue Farbe (hier mittelgrau) angezeigt wird.

Inwiefern ist das hilfreich für dich?

Wenn es darum geht, den Geist zu heilen und das mentale Chaos zu beseitigen, gibt es keine Sofortlösung, die wie von Zauberhand funktioniert. Wenn tiefe, verborgene Wunden aufgedeckt werden, kommt vor der Heilung immer der Schmerz – sowohl körperlich als auch mental. Es ist wichtig, dass wir uns hierauf vorbereiten, damit es uns nicht aus der Bahn wirft, wenn wir uns anfangs erst mal schlechter fühlen, obwohl es uns doch eigentlich besser gehen sollte. Es ist eine gute Idee, sich ein Unterstützersystem zu schaffen: eine Vertrauensperson, einen Therapeuten oder Berater, mit dem man in schwierigen Momenten reden kann. Und vergiss nicht, dir selbst Pausen zu gönnen, um dich psychisch nicht zu überlasten.

Wenn tiefe, verborgene Wunden aufgedeckt werden, kommt vor der Heilung immer der Schmerz – sowohl körperlich als auch mental.

Es ist auch wichtig, sich selbst immer wieder daran zu erinnern, dass »auch dies vorübergehen wird«. Wenn du beim Gedankenmanagement konsequent am Ball bleibst, veränderst du dein Gehirn zum Besseren. Das kann schmerzhaft sein, aber am Ende wirst du dich frei fühlen. Du wirst lernen, emotional belastende Momente besser auszuhalten und nicht daran zu zerbrechen. Und du wirst lernen, schwierige Situationen zu meistern, ohne Schuld- oder Schamgefühle zu entwickeln. Dies wird dir helfen, dich selbst besser wahrzunehmen und auch deinen Lieben gegenüber präsenter zu sein. Nichts von alldem ist ein Grund, sich zu schämen. Tatsächlich sind die Gefühle, die du erfährst, wichtig – sie wecken dein Bewusstsein dafür, dass du menschlich bist.

Werfen wir einen Blick zurück auf die Person aus der Versuchsgruppe. An Tag 63 gelang es ihr bereits, sich selbst zu regulieren und ihre Gedanken, die sie depressiv gemacht hatten, zu steuern. Wir beobachteten grün (hier hellgrau) aufleuchtende Areale im Beta-Frequenzbereich hinten links auf der Brainmap, was darauf hinweist, dass ihr Gehirn »online« war und der bewusste Teil ihres Verstandes mit dem nichtbewussten zusammenarbeitete, um eine neue Art der Erwartungshaltung zu schaffen, die ihr helfen würde, die Situation zu bewältigen. Tatsächlich begann sie daran zu glauben, dass sich die Dinge bessern würden, weil sie *sah*, dass sie besser wurden.

Versuchsperson 1: Frontale Alpha- und Beta-Asymmetrie bei geöffneten Augen

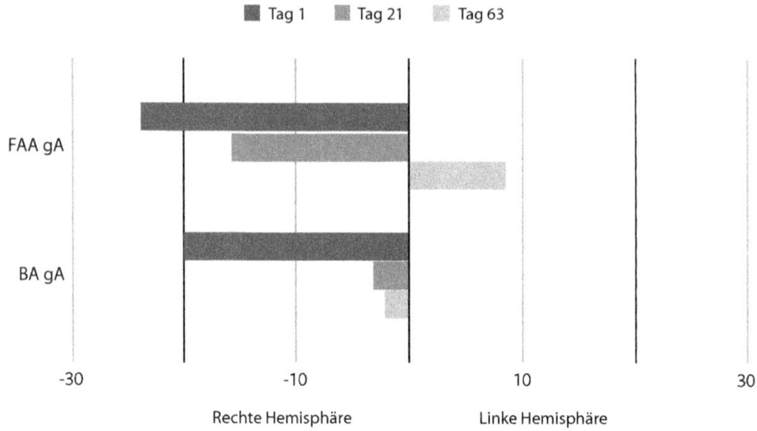

Veränderungen der Alpha- und Beta-Aktivität, basierend auf qEEG-Daten, im Verlauf der Studie bei dieser Versuchsperson. Die Alpha-Aktivität ist an Tag 21 auf der rechten Seite rückläufig, was auf eine ausgeglichenere Alpha-Aktivität hinweist, die auf eine verminderte Depression schließen lässt. An Tag 63 zeigt sich, dass die Alpha-Aktivität inzwischen auf die linke Gehirnhälfte übergegangen ist und jetzt wesentlich ausgeglichener ist als zu Beginn der Studie. Ebenso zeigt sich, dass die Beta-Aktivität an Tag 21 im Vergleich zum Ausgangswert deutlich abgenommen hat, was darauf hindeutet, dass die Versuchsperson sehr viel weniger Angst verspürt. Dieser Effekt hält auch an Tag 63 noch an.

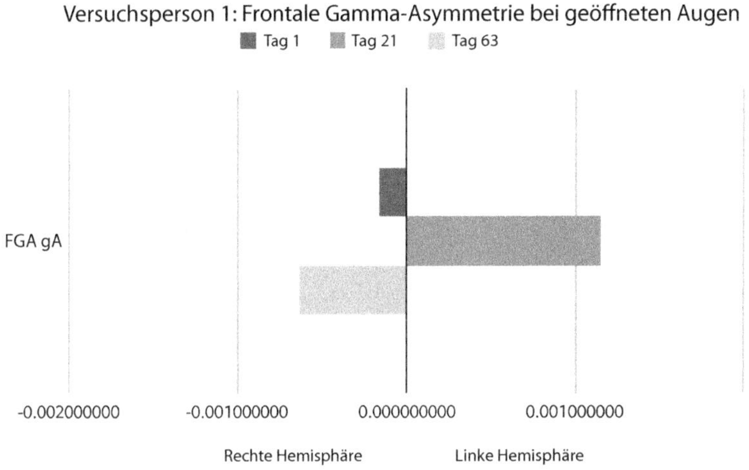

Veränderungen der Gamma-Aktivität, basierend auf qEEG-Daten, im Verlauf der Studie bei dieser Versuchsperson. Die Gamma-Aktivität nimmt an Tag 21 zu und wechselt von der rechten zur linken Hemisphäre, was auf Lernen hindeutet. Dies ist eine »Gamma-Spitze«, was eine gute Sache ist, denn es zeigt, dass im Geist der Versuchsperson eine Veränderung stattfindet, die sich in ihrem Gehirn widerspiegelt. Bis zu Tag 63 hat die Gamma-Aktivität abgenommen und sich wieder auf die rechte Gehirnhälfte verlagert, was ebenfalls ein gutes Zeichen ist, da es darauf hindeutet, dass ebendieses Lernen zur Gewohnheit geworden ist und die positiven Veränderungen der Versuchsperson nachhaltig sein werden.

Wenn wir uns das Liniendiagramm der Gamma-Aktivität dieser Versuchsperson in der Abbildung unten ansehen, erkennen wir eine »Gamma-Spitze«, die ebenfalls auf den bereits erwähnten stattfindenden Lernprozess schließen lässt.

Versuchsperson 1: Frontale Gamma-Asymmetrie bei geöffneten Augen

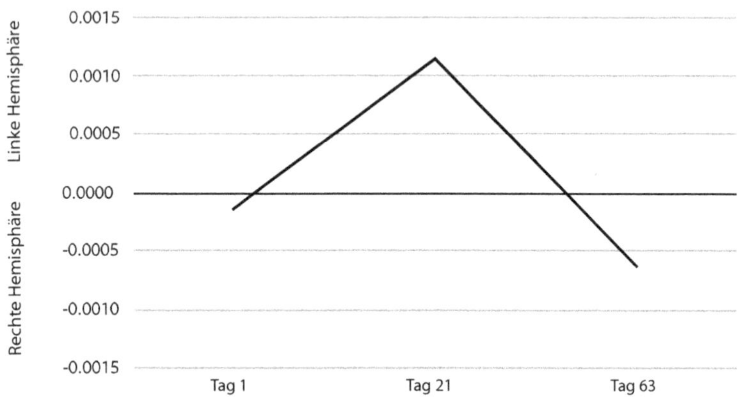

Eine andere Möglichkeit, die Gamma-Aktivität auf der Grundlage von qEEG-Daten im Verlauf der Studie für dieselbe Versuchsperson zu betrachten. Wir sehen, dass die Gamma-Aktivität von der rechten zur linken Hemisphäre wechselt (von negativen zu positiven Werten) und dann wieder zur rechten Hemisphäre zurückkehrt – es bildet sich eine »Gamma-Spitze«, die beim Lernen auftritt und beim Verfestigen des Erlernten zu einer Gewohnheit.

Inwiefern ist das hilfreich für dich?

Wenn Menschen in toxische Denkgewohnheiten verfallen, kann das die Stressreaktion durcheinanderbringen. Die Stressreaktion ist eigentlich gut für uns, wenn sie Teil einer ausgewogenen Lebensweise ist, so wie Bewegung eine gute Art von Stress für den Körper ist. Nimm zum Beispiel eine Prüfung: Eine gesunde Stressreaktion hilft uns, energiegeladen, konzentriert und wach zu bleiben, was unsere geistige Leistungsfähigkeit steigert. Wenn wir jedoch mitten in der Prüfung in Panik geraten, erleben wir das, was man »Brain-Fog« nennt: Unser Gehirn ist wie vernebelt und wir können nicht mehr klar denken – das ist toxischer Stress, und er entsteht, wenn wir zulassen, dass unsere Gedanken verrücktspielen.

Toxischer Stress ist kein Scherz. Die psychoneuroimmunologische Forschung hat gezeigt, wie bewusstes Denken die Funktion des Immunsystems steuert – wenn wir Stress haben, beeinträchtigen wir damit die Fähigkeit des Körpers, sich selbst zu schützen. Tatsächlich haben Untersuchungen bewiesen, dass gesundes und konstruktives Denken zum *Placebo-Effekt* führen kann, der es dem Verstand ermöglicht, Krankheiten zu bekämpfen, während toxisches Denken den *Nocebo-Effekt* hervorrufen kann, der uns unter Umständen anfälliger für Krankheiten macht.

Toxischer Stress kann als Grundursache für viele Krankheiten gesehen werden, darunter Herzkrankheiten, Krebs und Diabetes.[32] Wenn sich eine Person in einem toxischen Denkzustand befindet, wird durch die Ausschüttung von Stresshormonen wie Cortisol, ACTH und sogar Prolaktin das Immunsystem heruntergefahren, um die Energie des Körpers für die Flucht-oder-Kampf-Reaktion aufzusparen. Das ist gut, wenn man vor einer Bedrohung davonläuft, sich auf den Tag vorbereitet, bei einer Verkaufspräsentation konzentriert sein muss oder eine Beziehungskrise zu bewältigen hat. Stress funktioniert jedoch in Zyklen von Anspannung und Entspannung, und wenn die Entspannung ausbleibt – wenn dieser Zustand der Stressreaktion chronisch wird –, nehmen wir die körperlichen Empfindungen von Stress zunehmend als etwas Schlechtes wahr, anstatt seine positive Wirkung zu erleben.[33] Wir reagieren dann langanhaltend negativ auf alltägliche Stressfaktoren, wodurch das Immunsystem nicht gestärkt, sondern geschwächt wird.

Bei dieser Versuchsperson sahen wir diese Art von erhöhten Cortisol- und Homocysteinwerten an Tag 1, die dann im Verlauf der Studie zurückgingen. Als die Versuchsperson lernte, ihre Gedanken zu steuern, kamen Cortisol und Homocystein im Körper wieder ins Gleichgewicht; dieser Umstand verdeutlicht die Verzahnung von Geist und Körper. Außerdem konnten wir beobachten, dass sich die Telomere der Versuchsperson verlängerten und deren biologisches Alter im Laufe der sechsmonatigen klinischen Studie sank, weil sie lernte, den Stress für sich und nicht gegen sich arbeiten zu lassen.

Indem du Gedankenmanagement-Techniken wie die 5 Schritte des Neurozyklus einsetzt, kannst du lernen, wie du deine Stressreaktion zu deinem Vorteil nutzt und sie sich nicht gegen dich richtet.

Wenn du also lernst, dein Denken mithilfe von Gedankenmanagement-Techniken wie den in diesem Buch vorgestellten fünf Schritten zu steuern, erfährst du auch, wie du deine Stressreaktion zu deinem Vorteil nutzt und sie sich nicht gegen dich richtet. Dies wiederum kann sowohl deine mentale als auch deine körperliche Gesundheit fördern und die Kommunikation zwischen deinem Geist und deinem Körper verbessern.

Die Geschichte einer Kontrollgruppenperson: Von Angst zu mehr Angst

Sieh dir nun die folgende Abbildung »Versuchsperson 2: quantitative Elektroenzephalografie (qEEG) Z-Werte« an, sie zeigt die qEEG-Brainmap dieser Person. (Die farbige qEEG-Brainmap ist als Download erhältlich. Infos unter: www.gracetoday.de/leaf.)

Versuchsperson 2: quantitative Elektroenzephalografie (qEEG) Z-Werte

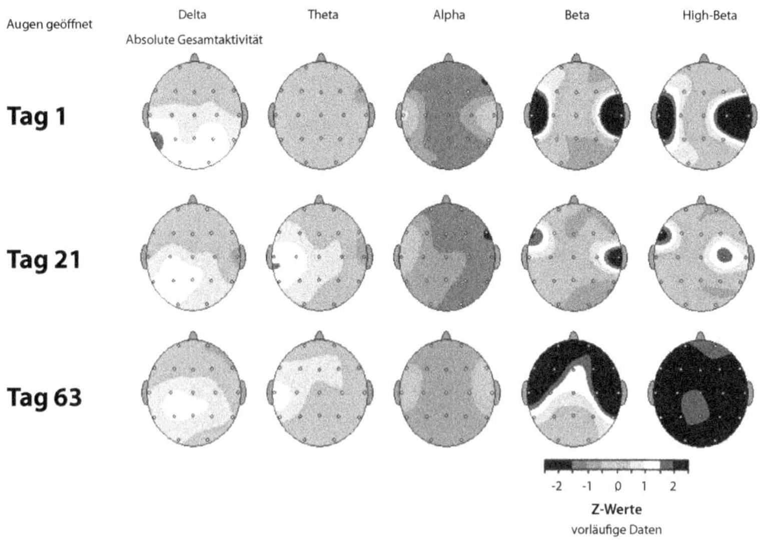

Diese Person, die altersmäßig zu den Millennials zählt, war Teil der Kontrollgruppe, was bedeutet, dass sie keine Unterstützung durch das 5-Schritte-Gedankenmanagement-Programm über die Neurozyklus-App erhielt. Sie unterzog sich jedoch allen Evaluierungsmaßnahmen, dazu gehörten auch die LMM-Bewertungsskala, Blutuntersuchungen, Telomerenbestimmung und qEEG-Messungen zu den verschiedenen Zeitpunkten der Studie.

Im Verlauf unserer Studie berichtete diese Person, dass sie sich vom Leben erdrückt und überfordert fühle. Alles war zu viel: Arbeit, Beziehungen, finanzieller Druck und anderes mehr. Dies wurde durch ihre Erzählungen und ihre Selbsteinschätzungen in Bezug auf ihr Wohlbefinden bestätigt sowie durch die Auswertung der psychologischen Fragebögen, die sie in den sechs Monaten der Studie siebenmal ausfüllte und in denen sie Angaben zu Ängsten, Depression und Selbstregulierung machte. Diese Bewertungsinstrumente sind dazu gedacht, die Selbstwahrnehmung der Probanden in Bezug auf ihre Emotionen und ihre mentale Verfassung zu schärfen, einschließlich der Art, wie sie wichtige Entscheidungen treffen und wie diese sich auf ihr Leben und ihren Alltag auswirken.

Das qEEG dieser Kontrollgruppenperson offenbarte Muster, die auf extreme Angstzustände, häufige Panikattacken und Schlafstörungen hindeuteten, verursacht durch den Druck, den sie in ihrem Leben verspürte, was heutzutage keine Seltenheit mehr ist. Sie grübelte viel, kämpfte mit Zwangsgedanken und fühlte sich sehr festgefahren. Diese Gefühle beeinträchtigten ihre Gehirnenergie und ihre Blutphysiologie.

An Tag 1 wies ihr Gehirn eine starke High-Beta-Aktivität über der Amygdala-Region auf, einem Areal, mit dem wir auf emotionale Wahrnehmungen reagieren und diese verarbeiten – auch als »rotes Gehirn« bekannt. Das zeigt an, dass sie hochgradig angespannt und verzweifelt war, und spiegelt ein Muster von Zwangsgedanken und Grübeleien wider. Die Amygdala ist wie eine Wahrnehmungsbibliothek, die mit Büchern gefüllt ist, die unsere mit unseren Gedanken verbundenen emotionalen Empfindungen enthalten. Zu viel Aktivität in diesem Bereich ist so, als würde man zu viele Bücher über all die schlimmen Dinge lesen, die passieren können, und dann zwanghaft über das Gelesene nachdenken.

Wenn wir in diesen Zustand geraten, neigen wir zu Überreaktionen, übermäßiger Verallgemeinerung und sogar zu einer Katastrophisierung von Situationen. Wir können leicht in Denkmuster verfallen, die die Probleme von gestern überbewerten, während wir die von morgen überbetonen und die Bedeutung dessen, was heute geschieht und wie wir die Dinge ändern können, unterschätzen. Das arme Gehirn, das die Aufgaben des Verstandes übernimmt, lässt die falsche Energie durch die internen Netzwerke fließen. Als Folge davon verursachen die Erinnerungen, die als

Energieschwingungen in den Proteinzweigen der Neuronen gespeichert sind, erdbebenartige Erschütterungen. Wenn man in diesem Muster bleibt, kann das Erdbeben leider viel Schaden anrichten, was wir bei der Kontrollgruppenperson in der klinischen Studie beobachtet haben. Mit Gedankenmanagement und angemessener Unterstützung können wir jedoch aus dieser Art von Negativspirale herauskommen. Deshalb erhielten alle Teilnehmer der Kontrollgruppe nach Abschluss der Studie Zugang zum Neurozyklus-Programm.

Inwiefern ist das hilfreich für dich?

Wir müssen verstehen, dass unser Denken real ist und reale Auswirkungen auf unser Gehirn hat. Wenn wir unsere Gedanken nicht in den Griff bekommen, können wir in die Falle tappen, in einer »Schattenwelt« zu leben, in der sich alles schrecklich und hoffnungslos anfühlt und ein Gefühl der Angst ständig über uns schwebt. Diese Beziehung, diese Arbeitssituation, diese politische Lage, dieser Verkehrsstau, diese Familienmitglieder – es fühlt sich dann an, als hätten sich alle gegen uns verschworen. Es ist dieses »*Wenn es regnet, dann schüttet es gleich richtig*«-Denken.

Wir wissen, dass Negativspiralen nirgendwo hinführen, und wenn wir lernen, unsere Gedanken zu steuern, können wir mit der Heilung von Gehirn und Körper beginnen! Diese Art von Hirnschäden ist umkehrbar, denn das Gehirn ist neuroplastisch: Es kann sich verändern und tut es auch ständig, und es ist nie zu spät, etwas dazu beizutragen. Du kannst dein Gehirn regenerieren.

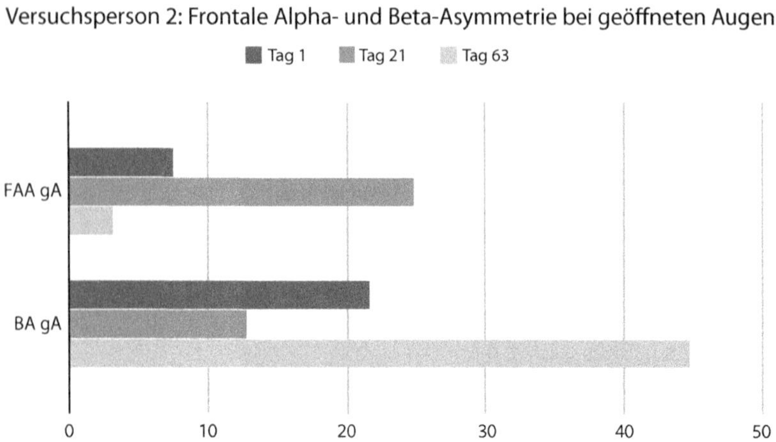

Veränderungen der Alpha- und Beta-Aktivität, basierend auf qEEG-Daten, im Verlauf der Studie bei dieser Kontrollgruppenperson. An Tag 21 zeigt sich ein Anstieg der Alpha-Aktivität auf der linken Seite des Gehirns. Dies deutet darauf hin, dass die Versuchsperson in einem Denkmuster verhaftet ist, bei dem es um Details und nicht um das große Ganze geht. An Tag 63 zeigt sich, dass diese Art des Denkens zu einem starken Anstieg der Beta-Aktivität in der linken Gehirnhälfte geführt hat, was mit dem »roten Gehirn« auf der qEEG-Brainmap übereinstimmt.

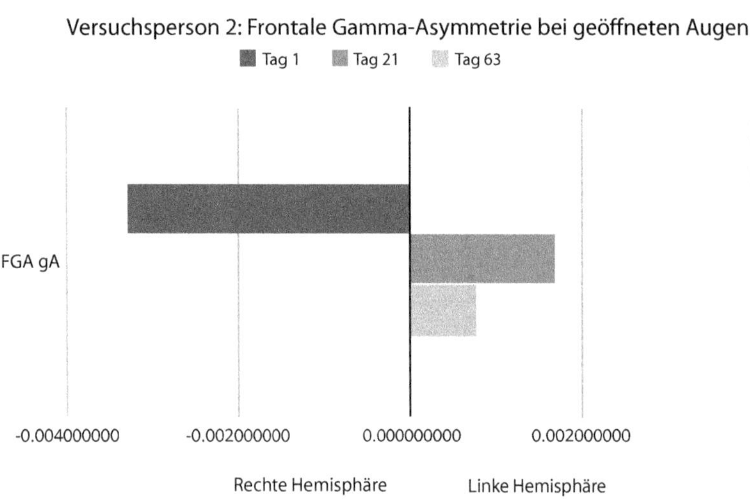

Veränderungen der Gamma-Aktivität, basierend auf qEEG-Daten, im Verlauf der Studie bei dieser Kontrollgruppenperson. Die Gamma-Aktivität wechselt von der rechten zur linken Hemisphäre, was wiederum darauf hindeutet, dass diese Person beim Denken im Detail gegenüber dem großen Ganzen stecken bleibt. Wir sehen auch viel weniger Gamma-Aktivität an Tag 21 und 63 im Vergleich zu Tag 1, was darauf hindeutet, dass diese Person nicht lernt und sich nicht verändert.

Betrachtet man das Liniendiagramm der Gamma-Aktivität dieser Person in der nachstehenden Abbildung, so sieht man, dass es eine stark abgeflachte »Gamma-Spitze« gibt, was darauf hinweist, dass kein Lernen stattfindet und dass die Person ihre Gedanken unterdrückt und sich nicht verändert.

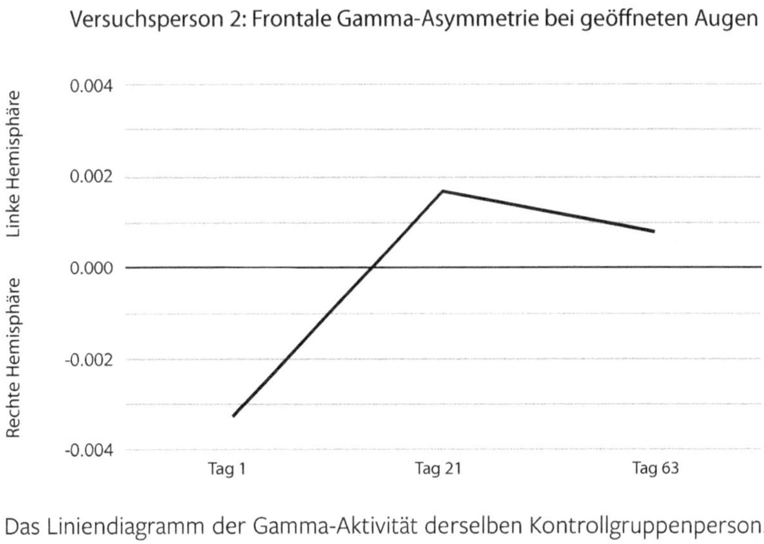

Das Liniendiagramm der Gamma-Aktivität derselben Kontrollgruppenperson. Wie im Balkendiagramm sehen wir, dass die Gamma-Aktivität von der rechten zur linken Hemisphäre wechselt (von negativen zu positiven Werten), aber wir sehen nicht die »Gamma-Spitze«, die beim Lernen und beim Verfestigen des Erlernten zu einer Gewohnheit hin auftritt.

Im Gehirn dieser Kontrollgruppenperson beobachteten wir ein Muster von hoher Beta-Aktivität im dorsolateralen präfrontalen

Cortex (DLPFC), die im Verlauf der Studie zunahm. Der DLPFC ist ein Bereich, der aktiv wird, wenn wir Entscheidungen treffen, Urteile fällen, emotional reagieren und reflektieren. Eine zu hohe Aktivität in diesem Bereich bedeutet, dass man eine dieser Aufgaben nicht gut bewältigt und die Impulsivität zunimmt; dies entspricht genau dem, was die Person berichtete. Sie hatte das Gefühl, sie urteile schlecht, reagiere übermäßig emotional und reflektiere auf destruktive Weise. Ihr kam es auch so vor, als sei sie zunehmend negativ und könne sich über nichts mehr freuen.

Diese Überaktivität über diese beiden Bereiche hinweg spiegelt auch eine Entkopplung zwischen der Amygdala (die Bibliothek der Emotionen) und dem DLPFC (Entscheidungsfindung und Beurteilung) wider. Das bedeutet, dass die korrekten Wahrnehmungen in der Wahrnehmungsbibliothek der Amygdala nicht vom DLPFC abgerufen werden konnten, dem dieser kluge Input somit entging, weil die toxischen Denkweisen das Denken der Person dominierten. Dies wirkte sich negativ auf die Entscheidungsfindung, das Umschalten der Aufmerksamkeit, das Arbeitsgedächtnis, die Beibehaltung abstrakter Regeln und die Hemmung unangemessener Reaktionen aus. Stell es dir wie einen ganzen Stapel Bücher vor, der aus den Regalen einer Bibliothek auf dich hinunterstürzt, weil du versucht hast, zu viele Bücher auf einmal herauszuziehen – genau das ist es, was im Gehirn der betroffenen Person passierte. Es vergrößerte ihre Anspannung noch und beeinträchtigte ihre Fähigkeit, klar und kognitiv flexibel zu denken.

Die Telomerenlänge (DNA-Gesundheit) der Kontrollgruppenperson, die sich im Laufe der Studie verkürzte, sagt uns auch mehr über die Geschichte, die sich in ihrem Gehirn und ihrem Körper abspielte – und zwar, dass sie immer ungesünder wurde und sich dadurch einem höheren Erkrankungsrisiko aussetzte.

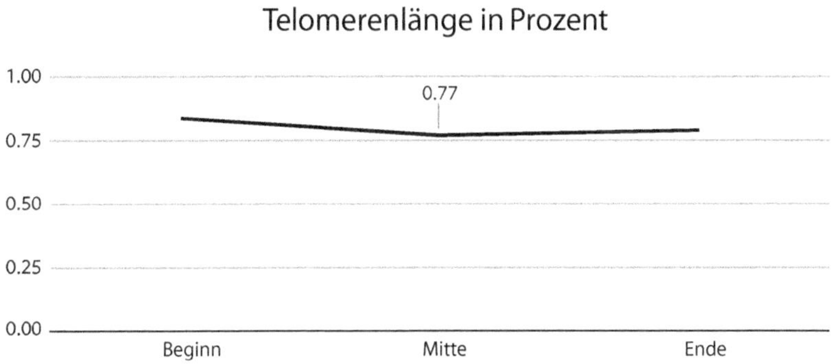

Telomerenlänge bei der Kontrollgruppenperson zu drei verschiedenen Messzeitpunkten der Studie. Hier zeigt sich eine Veränderung der Telomerenlänge von 84 Prozent zu Beginn der Studie auf 79 Prozent an Tag 63. Normalerweise verändert sich die Telomerenlänge eher über Jahre als über Wochen. Das legt den Schluss nahe, dass das Fehlen einer Gedankenmanagement-Strategie sich bei dieser Kontrollgruppenperson in alarmierendem Maße verkürzend auf ihre Lebensspanne auswirken könnte.

Diese Person kämpfte mit unterschwelligen Ängsten, mit dem nagenden Gefühl, etwas stimme nicht. Dies beeinträchtigte ihren tiefen Non-REM-Schlaf, was wiederum ihre Ängste verstärkte. Aus den von uns beobachteten Daten geht hervor, dass sich diese Schlafprobleme auch auf ihre Telomere auswirkten, die kürzer waren, als sie hätten sein sollen, was darauf hindeutet, dass ihr biologisches Alter deutlich höher lag als ihr chronologisches Alter.

Wenn wir in einen tiefen, regenerativen Schlaf fallen, sind im Gehirn viele Deltawellen zu beobachten, und an einem bestimmten Frequenzpunkt während des Schlafs werden das Enzym Telomerase und ein Wachstumshormon freigesetzt, die mit den Telomeren zusammenarbeiten, um unsere Zellen gesund zu erhalten. Dies ist ein äußerst wichtiger Prozess, da wir jede Sekunde etwa 810.000 Zellen ausbilden und dafür eine starke, gesunde Telomer-Aktivität benötigen.[34] Das Wachstumshormon trägt neben vielen anderen Dingen zur Neuroplastizität bei. Die Deltawellen sollten im Laufe des Tages abnehmen, blieben aber sehr hoch bei dieser Person, was auf unbewältigte und unterdrückte Gedanken hinweist, die zu einem Gefühl schwebender Angst führen.

Mehr über die Generation der Millenials

In den letzten Jahrzehnten habe ich sowohl in meiner klinischen Praxis als auch in meiner Forschung einen alarmierend starken Anstieg der psychischen Belastung bei Millennials beobachtet, insbesondere wenn sie ins Berufsleben eintreten und versuchen, ihren Weg durchs Leben zu finden. Im Rahmen des klinischen Versuchs stellten wir fest, dass die Millennials in der Studie im Vergleich zu anderen Generationen offenbar schlechter mit Stress umgehen konnten.[35] Unsere Analyse der Daten zeigte, dass diese Altersgruppe besonders anfällig für die Auswirkungen von unbewältigtem toxischen Stress ist; das betrifft sowohl chronischen als auch akuten Stress. Es scheint in allen demografischen Gruppen eine Verbindung zwischen den negativen Auswirkungen von toxischem Stress und fehlenden Gedankenmanagement-Möglichkeiten zu geben, aber Millennials waren besonders betroffen.

Doch wie kommt das? Weil unkontrolliertes, toxisches Denken das Potential hat, einen Zustand niedriggradiger Entzündung in Körper und Gehirn zu schaffen, der sich, wie bereits erläutert, auf den Cortisolspiegel, die Hormone, die Gehirnfunktionalität und sogar auf die Telomere an den Chromosomenenden auswirkt. Dadurch entsteht eine toxische Rückkopplungsschleife zwischen Geist, Gehirn und Körper, die das »Hamsterrad« des toxischen Denkens, Fühlens und Entscheidens in Gang setzt.

Das gilt für alle Altersgruppen, aber warum haben gerade Millennials so sehr darunter zu leiden? Viele von ihnen sind schon in jungen Jahren und in alarmierendem Maße von körperlichem und mentalem Burnout betroffen. Es gibt eine Vielzahl von Faktoren, die problemverschärfend wirken können. Dazu gehören ein stark konkurrenzbetontes Arbeits- und Lebensumfeld (ohne die Möglichkeiten, die frühere Generationen hatten, und mit wenig Hoffnung für die Zukunft), extreme Lebenshaltungskosten und eine Ungleichverteilung von Vermögen, zunehmende Isolation und ein enger Fokus auf das, was sie nicht haben, zusammen mit dem Wunsch nach sofortiger Befriedigung was zum großen Teil auf die sozialen Medien zurückzuführen ist, die möglicherweise auch für mehr Probleme mit dem Selbstwertgefühl und einer zunehmenden Selbstverachtung verantwortlich sind. Tatsächlich hat die von den sozialen Medien geschaffene Instant-Welt, die es uns ermöglicht, Informationen in Windeseile auszutauschen, ohne dass wir die Mittel und das Wissen, die diese Informationen mit sich bringen, unbedingt nutzen müssen, auch zu vielen unrealistischen Erwartungen bei Menschen aller Altersgruppen geführt und könnte daher Millennials unglücklicher und ängstlicher machen. Dies sind nur einige der Probleme, mit denen sich Millennials täglich auseinandersetzen müssen, und sie haben dramatische Auswirkungen: Verzweiflung und ein vermindertes Wohlbefinden spielen eine Schlüsselrolle bei der Zunahme vorzeitiger Todesfälle in dieser Altersgruppe.

Ein weiterer Grund, warum Millennials stärker betroffen sind, könnte die zunehmende Sensibilisierung für psychische Probleme und die Gespräche darüber sein, die in den Medien und in anderen an diese Altersgruppe gerichteten Kommunikationskanälen vorherrschen. Dabei werden jedoch nur wenige oder gar keine wirksamen und nachhaltigen Hilfsmittel oder Techniken vorgestellt, mit denen sich die Ursachen bekämpfen ließen. Panikmache mag zwar gute Einschaltquoten erzielen, kann aber dazu führen, dass sich viele Menschen hoffnungslos und allein fühlen.

Tatsächlich wurde nur den wenigsten Millennials beigebracht, wie man Stress zum Vorteil nutzt, die psychische Gesundheit aufrechterhält und grundlegende Fähigkeiten im Umgang mit den eigenen Gedanken entwickelt. Unsere Gesellschaft legt übermäßig viel Betonung auf die körperliche Selbstfürsorge, auf Dinge wie Ernährung, Bewegung und Schlaf (die zwar wichtig sind, aber nicht das Ganze ausmachen), und vernachlässigt dabei ein sinnvolles Gedankenmanagement. Was unser Glücksgefühl angeht – dafür haben wir doch Pillen, nicht wahr?

Erfolg und Zufriedenheit

Es besteht der dringende Bedarf, Menschen aller Altersgruppen beizubringen, wie sie ihren persönlichen Erfolg und ihre Zufriedenheit selbst bestimmen können, indem sie ihren *Lebensalltag tragfähig gestalten*. Wir müssen über Motivationssprüche, Achtsamkeit, Medikamente und das individualistische Streben nach Glück hinausgehen und zu einem tieferen, solideren Verständnis von sinnvollem Gedankenmanagement gelangen. Wir müssen ein Gefühl für unseren Geist entwickeln – eine belastbare Eigenwahrnehmung, die unser Wahrheitsempfinden, unsere Überzeugungen, Werte, Leidenschaften und unsere Sinnhaftigkeit widerspiegelt.

Ich will hier keinen Motivationsvortrag halten. Das, worum es geht, ist mehr als machbar. Ich habe immer wieder beobachtet, dass Menschen, denen beigebracht wurde, mithilfe des nichtbewussten Teils ihres Verstandes ihr Gedankenleben zu regulieren und durch tagtägliche Steuerung der Neuroplastizität ihr Gehirn zu entgiften und aufzubauen, besser mit den Höhen und Tiefen des Lebens zurechtkommen, weil sie ein Gefühl der Kontrolle entwickeln, das ihnen Hoffnung gibt – das ist, wie bereits erwähnt, der Weg zu Empowerment, zur Stärkung von Selbstbestimmung und Eigenkompetenz. Sie nehmen Situationen an und verarbeiten sie – sie sehen durch die Tränen und den Schmerz hindurch das Licht am anderen Ende. Sie empfangen einen Vorwärtsimpuls. Sie bestimmen ihren eigenen Weg zum Erfolg, ungeachtet gesellschaftlicher Zwänge, körperlicher Hindernisse oder früherer Traumata.

In unserer klinischen Studie konnte ich dies beobachten. Der allgemeine Trend in der Versuchsgruppe, deren Teilnehmer im Gedankenmanagement geschult wurden, bestand in einer fortschreitenden Verbesserung, zunehmendem Frieden und wachsendem Wohlbefinden. Sie lernten, ihre Gedanken mithilfe der 5 Schritte in einer konstruktiven, selbstregulierten Weise zu bewältigen. Dies spiegelte sich im Gehirn beobachtbar wider – in dessen Energie, Konnektivität, Kohärenz und Ausgeglichenheit sowie in der verbesserten Ausschüttung von Stresshormonen und in der DNA, insbesondere den Telomeren. Es zeigte sich auch in ihren Erzählungen, in denen sie beschrieben, dass sie sich besser in der Lage fühlten, mit Hindernissen, Herausforderungen und toxischem Alltagsstress umzugehen.

Wir müssen ein Bewusstsein ***und*** *die Fähigkeit entwickeln, mit dem, was uns bewusst wird, richtig umzugehen.*

Anders war es bei der Kontrollgruppe, deren Teilnehmer die Neurozyklus-App nicht erhalten hatten. Bei ihnen verschlechterte sich das selbstregulierte Wohlbefinden, was sich im Gehirn in gestörten Energiepegeln, schlechter Konnektivität, Inkohärenz und Unausgeglichenheit zwischen den Hemisphären sowie in einem

Anstieg der Stresshormone, des Homocysteinwertes und in einer Verschlechterung der DNA, insbesondere der Telomere, widerspiegelte. Bei der Kontrollgruppe führte die gesteigerte Achtsamkeit, die sich aus den in der Studie angewandten Maßnahmen ergab, zu einer Verschlimmerung, da die Probanden für das, was ihnen bewusst wurde, keine Bewältigungsmittel hatten.

Das Wichtigste an dieser Stelle ist die Erkenntnis, dass wir ein Bewusstsein entwickeln müssen *und* die Fähigkeit, mit dem, was uns bewusst wird, richtig umzugehen. Befähigung entsteht durch Kompetenz, und die wiederum entsteht, wenn man über eine Strategie mit selbstregulierten, systematischen Schritten verfügt und dem Know-how, wie das erworbene Wissen anzuwenden ist.

Inwiefern ist das hilfreich für dich?

Das Gehirn und der Körper lügen nicht. Sie spiegeln wider, was wir denken, tun und erleben. Die Interaktion zwischen Bauch und Gehirn ist eines der offensichtlichsten Beispiele dafür – die meisten von uns haben schon erlebt, welche Auswirkungen schockierende Nachrichten auf unseren Magen haben oder wie sie Herzschmerz auslösen. Aus diesem Grund muss jede Art von erfolgreichem Handeln auf das Annehmen der Ungewissheit gestützt sein, mit der man sich konfrontiert sieht, und zwar in all ihrer beängstigenden Vieldeutigkeit. Denn darin liegt die Lösung, der Weg nach vorn – du kannst nicht weiterkommen, solange du dir nicht eingestehst, an welchem Punkt du gerade bist. Du denkst vielleicht, du könntest deine Gedanken ohne Konsequenzen unterdrücken, aber das ist leider nicht der Fall.

Dein Gehirn kann sich erst dann verändern, wenn du die Angst oder Depression als ein Signal akzeptierst, das dir Informationen über die Ursache oder den Ursprung deiner Empfindungen gibt. Auf diese Weise lässt du die Angst oder Depression für dich arbeiten und nicht gegen dich. Das heißt nicht, dass immer alles eindeutig ist; dein Weg wird so einzigartig sein wie du selbst. Die Teilnehmer der Versuchsgruppe erkannten dies und begannen, durch die Anwendung der 5 Schritte eine stärkere Selbstregulierung zu entwickeln, indem sie lernten, mit ihrem neuen Wissen umzugehen und es zu verarbeiten. Die Teilnehmer der Kontrollgruppe hingegen verdrängten ihre Probleme, weil sie sich entmachtet und überwältigt fühlten, als sie sich ihrer Probleme bewusst wurden – es war einfach zu viel. Wir müssen das, was wir erfahren, verstehen *und verarbeiten.*

Ungewissheit

Ungewissheit spornt uns an, uns der Herausforderung zu stellen. Sie zwingt uns, in unser Inneres zu blicken, unser Unbehagen zu akzeptieren und anzunehmen, auch wenn wir nicht wissen, was damit verbunden ist – wir beleuchten, stellen Fragen, suchen Antworten und setzen uns damit auseinander. Wir haben dies in der Versuchsgruppe beobachtet, weshalb ich vorhin das Beispiel des »blauen« depressiven Gehirns verwendet habe (s. Abb. »Versuchsperson 1: quantitative Elektroenzephalografie (qEEG) Z-Werte« – dunkelgrau bzw. schwarz dargestellt).

Die 5 Schritte des Neurozyklus geben dir eine Möglichkeit an die Hand, Ungewissheit und Unbekanntes mit Zuversicht zu bewältigen. Das kann dir helfen, dich deinen Problemen zu stellen und mit ihnen auf konstruktive und nachhaltige Weise umzugehen. Wenn du diese Schritte in deinem Leben anwendest, um so dein Denken zu steuern, wirst du feststellen, dass sich in sehr schwierigen Zeiten verborgene Dimensionen zeigen können, die du vielleicht übersiehst, wenn du nicht alle bestehenden Ungewissheiten annimmst! Oft kommt es dann zu Durchbrüchen – wenn du etwas nicht verstehst, arbeitet dein Verstand besonders intensiv an einer Lösung, die dich auf eine neue Ebene des Denkens bringt.

Dazu gehört die harte Arbeit, in den nichtbewussten Teil deines Verstandes vorzudringen und dich mit dem Unbequemen anzufreunden, damit du anfängst, deine Krisen als etwas Gutes zu sehen. Du kannst sie dazu nutzen, deine toxischen Gedanken und Traumata zu rekonzeptualisieren.

Hier noch einige zusätzliche Tipps, wie du mit dem Schmerz der Ungewissheit umgehen kannst:

- Sprich mit jemandem, dem du vertraust. Einen Freund an deiner Seite zu haben, lässt die Dinge etwas weniger beängstigend erscheinen.
- Gleiche die Ungewissheit aus, indem du dich auf das konzentrierst, was sicher ist.
- Mach Folgendes zu deiner Maxime: »Die Dinge sind ungewiss, aber ich kann damit umgehen. Ich habe das noch nie erlebt, aber ich kann damit umgehen. Es sind unsichere Zeiten, aber ich kann damit umgehen. Ich habe keine Ahnung, was passieren wird, aber ich kann damit umgehen.«

Wenn wir uns weigern, uns unseren Problemen direkt zu stellen, können wir in einen gefährlichen Kreislauf des Grübelns und Sorgens geraten (das bereits erwähnte »rote Gehirn«), und das lässt uns nicht vorankommen. Wenn wir uns immer wieder im Kreis drehen und keine Fortschritte machen, führt das zu einer Menge Angst. Wenn wir unseren Schmerz nicht durch Rekonzeptualisierung umwandeln, übertragen wir ihn auf andere Bereiche, und er kann dann unser Denken und unsere Beziehungen beherrschen. Wir müssen über die Erfahrungen, die wir machen, in einer Weise nachdenken, die uns akzeptieren lässt, dass wir, auch wenn wir nicht in der Lage sind, sie zu verstehen, dennoch mit ihnen umgehen und sie hinter uns lassen können.

Gerade im Zusammenbruch können wir toxische Gedanken, Gewohnheiten und Traumata abbauen.

Viel zu oft bleiben wir an der Frage hängen, warum jemand etwas getan hat, weil wir meinen, nur durch eine Antwort Frieden finden zu können. Wir denken: *Wenn ich doch nur wüsste, warum er oder sie so gehandelt hat.* Leider können wir die Handlungen anderer oft nicht verstehen und auch nicht, warum so viele Dinge auf einmal schieflaufen – wir sind keine Experten für die Motive oder Erfahrungen anderer Menschen, sondern nur für unsere eigenen. Bei dem Versuch, sie zu verstehen, sehen wir die Handlungen und Worte anderer oft durch die Linse unserer eigenen Erfahrungen, aber wir können nie wirklich wissen, was eine andere Person denkt; und wir werden vielleicht nie in der Lage sein, den Schmerz, den sie uns zugefügt hat, in einer Weise zu verstehen, die für uns Sinn ergibt. All diese Überlegungen werden uns nur in unserem Schmerz gefangen halten.

Indem du die Ungewissheit akzeptierst, findest du vielleicht endlich Frieden über eine bestehende Situation. Das kann deine Anspannung verringern und erlaubt es dir, nach vorn zu blicken. In unserer klinischen Studie konnten wir beobachten, dass sich die Veränderungen im Nichtbewussten auch im Gehirn abbildeten, als die Teilnehmer der Versuchsgruppe begannen, sich mit ihren Problemen auseinanderzusetzen. Während der gesamten Studie konnten wir eine Zunahme der Alphawellenaktivität beobachten, die oft als *Alphabrücke* bezeichnet wird, weil sie die Verbindung zwischen dem nichtbewussten und dem bewussten

Teil des Verstandes widerspiegelt. Die Alphawellen nehmen zu, wenn wir uns auf unsere Gedanken einlassen und uns unseren Problemen stellen, und das bedeutet, dass sich auch das Gehirn beruhigt.

Wenn wir mental gestärkt sind, nehmen wir unseren Frieden und unser Glück selbst in die Hand. Das erlebe ich immer wieder in meiner Forschung, in meiner klinischen Praxis und anhand der Reaktionen, die ich von meinen Zuhörern erhalte. Wie ich bereits zu Beginn dieses Buches gesagt habe, erfordert echte Veränderung wirksame Gedankenmanagement-Strategien, mit denen sich die neuronalen Bahnen neu verknüpfen lassen. Indem du bestimmst, in welche Richtung sich dein Gehirn verändert – durch Steuerung der Neuroplastizität mithilfe von Gedankenmanagement –, veränderst du die Energiemuster im Gehirn, veränderst du die Blutwerte und schaffst schließlich ein neues und gesundes Gleichgewicht in Gehirn und Körper.

Die vorläufigen Ergebnisse dieser Studie deuten darauf hin, dass die Probanden, die die Neurozyklus-App täglich als Teil ihrer Gedankenmanagement-Strategie nutzten, lernten, die Signale zu deuten, sie anzunehmen, die Ursache von Depressionen, Ängsten und Burnout zu erkennen und die Steuerung ihrer Gedanken zu einem täglich ausgeführten, festen Bestandteil ihres Lebens zu machen. Anstatt sich von ihren Depressionen und Ängsten nachteilig beeinflussen zu lassen, nutzen sie sie zu ihrem Vorteil. Sie lernten, mit dem *bewussten* Teil ihres Verstandes die Warnsignale des *nichtbewussten* Teils wahrzunehmen und mit diesem in Verbindung zu treten. Dadurch war es ihnen möglich, dort die Gedankenmuster zu finden, mit denen sie sich auseinandersetzen wollten. Sie verarbeiteten ihre Gedanken und lernten, sie zu rekonzeptualisieren. Durch diesen einfachen, proaktiven Ansatz des Neurozyklus waren sie in der Lage, die Neuroplastizität ihres Gehirns auf therapeutische Weise zu steuern. Sie waren auf dem Weg, ihre Eigenkompetenz zu stärken!

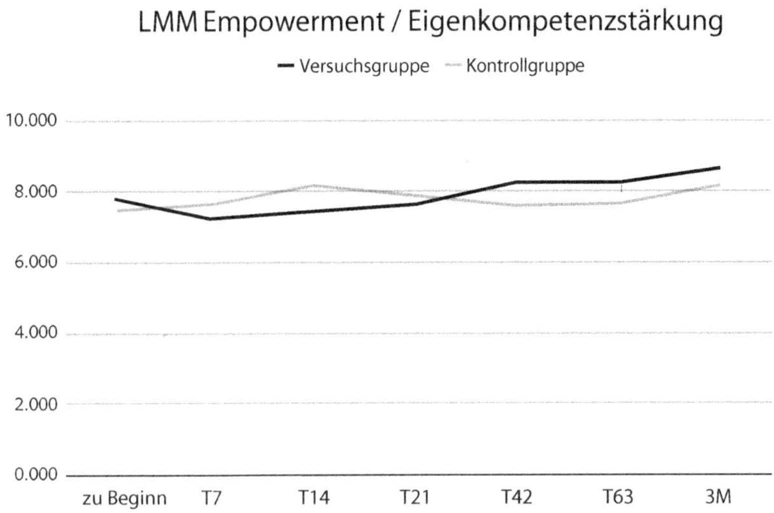

Veränderung des Kompetenzniveaus im Laufe der Studie zwischen der Kontrollgruppe und der Versuchsgruppe. In der Versuchsgruppe ist ein Trend zu mehr Eigenkompetenz zu erkennen, der auch sechs Monate nach Abschluss der Studie anhielt. Dies deutet darauf hin, dass die neuen Gewohnheiten, die sich in der Versuchsgruppe herausgebildet hatten, über einen längeren Zeitraum Bestand hatten, was die Dauerhaftigkeit der neuroplastischen Veränderungen bestätigt. Die Kontrollgruppe hingegen zeigte am Ende der Studie eine geringere Eigenkompetenz im Vergleich zur Versuchsgruppe.

Depressionen und Ängste stehen in engem Zusammenhang mit Burnout, sodass wir eine Verringerung des Auftretens von Burnout erwarteten, wenn die dazu führenden Ängste und Depressionen bewältigt würden. Die Probanden der Versuchsgruppe berichteten in ihren Erzählungen von dieser erwarteten Entwicklung, und wir beobachteten diesen Trend auch in den Auswertungen der psychologischen Skalen. Diese positiven Trends korrelierten auch mit Veränderungen im Zusammenhang mit den neuroendokrinen

Hormonen, der HPA-Achse und den Genen, insbesondere den Telomeren, die allesamt starke Indikatoren dafür sind, wie gut toxischer Stress bewältigt wird.

Inwiefern ist das hilfreich für dich?

Um es noch einmal zu betonen: Echte Veränderung erfordert wirksame Gedankenmanagement-Strategien, um Neuronenbahnen neu zu verknüpfen. Wenn du selbst steuerst, wie sich dein Gehirn aufgrund der Neuroplastizität verändert, wandelst du damit die Energiemuster im Gehirn um, veränderst die Blutwerte und schaffst schließlich ein neues und gesundes Gleichgewicht in Gehirn und Körper. Wie die Studienteilnehmer kannst auch du mithilfe des Neurozyklus deinen Verstand methodisch einsetzen und von der Neuroplastizität profitieren. Du kannst deine neuronalen Schaltkreise überarbeiten und so eine Vielzahl geistiger und körperlicher Zustände steuern und verbessern, selbst wenn du aufgrund toxischer Gedanken und Traumata hoch dysfunktionale Gehirnnetzwerke und eine beeinträchtigte Physiologie hast.

Echte Veränderung erfordert wirksame Gedankenmanagement-Strategien, um Neuronenbahnen neu zu verknüpfen.

Der Weg zu einer gestärkten Eigenkompetenz ist nicht nur gangbar, sondern liegt in dir selbst! Du kannst die Veränderungen in deinem Gehirn steuern und lenken. Die 5 Schritte werden dich nicht nur in die Lage versetzen, den Schmerz, den die Heilungsarbeit mit sich bringen kann, zu überwinden, sondern sie geben dir auch eine strukturierte, wissenschaftlich erforschte und effektive Methode an die Hand, die tatsächlich umsetzbar ist. Dazu ist der Prozess zeitlich klar umrissen, was den Schmerz und die

Unsicherheit abmildert und das Ganze wirkungsvoller und nachhaltiger macht.

Wenn diese fünf Schritte dazu beitragen, dass mentale Gesundheitsfürsorge leichter zugänglich und für jeden durchführbar wird, unabhängig von den jeweiligen Umständen, dann weiß ich, dass ich meine Lebensaufgabe erfüllt habe.

Diese 5 Schritte haben mir geholfen, mein Leben umzukrempeln, nachdem ich wegen eines Selbstmordversuchs in einer psychiatrischen Klinik war. Ich habe mich dem Trauma gestellt, das mich dorthin gebracht hat, und mich selbst als Person schätzen gelernt. Ich habe gelernt, dass ich die Kontrolle über mich haben kann und kein Opfer meiner eigenen Gedanken sein muss.

HALEY

Kapitel 6

Was ist der Geist?

Der Mensch kann sein Leben ändern,
indem er sein Denken ändert.

WILLIAM JAMES

Übersicht

- Dein Geist ist nicht dein Gehirn, so wie du nicht dein Gehirn bist.
- Wenn du denkst, wirst du auch fühlen, und wenn du denkst und fühlst, triffst du auch Entscheidungen. Diese drei Aspekte wirken immer zusammen. Das ist der denkende Geist in Aktion.
- Ein Gedanke selbst ist das Konzept, die große Idee. Gedanken tragen Erinnerungen in sich, so wie Bäume Äste haben. Es gibt drei Arten von Erinnerungen in einem Gedanken: Informationen, Gefühle und körperliche Empfindungen.
- Die Gedanken befinden sich an drei verschiedenen Orten: in deinem Gehirn, in den Zellen deines Körpers und in deinem denkenden Geist.
- Im Laufe des Tages denkst und fühlst du und entscheidest dich, neue Gedanken in Verstand und Gehirn *aufzubauen*; in der Nacht denkst und fühlst du und entscheidest, welche Gedanken, die du tagsüber aufgebaut hast, *aussortiert* werden – ein Prozess, der die Inhalte für Träume liefert.
- Selbstregulation ist der übergreifende Katalysator für erfolgreiches Gedankenmanagement – und die Lieblingsübung unseres Gehirns! Wenn wir uns nicht selbst regulieren, werden wir geistig und körperlich leiden.

Was ist der Geist? Das ist als Begriff nicht ganz leicht zu erklären, deshalb sollten wir zunächst einmal festhalten, was der Geist nicht ist. Dein Geist ist *nicht* dein Gehirn, so wie du nicht dein Gehirn bist. Der Geist ist vom Gehirn getrennt und doch untrennbar mit ihm verbunden. Der Geist benutzt das Gehirn, und das Gehirn reagiert auf den Geist. Das Gehirn erzeugt den Geist nicht. Der Geist verändert das Gehirn. Es ist der Mensch, der Dinge tut; unser Gehirn zwingt uns nicht, Dinge zu tun. Sicher, ohne das Gehirn gäbe es keine bewusste Erfahrung, aber Erfahrungen lassen sich nicht auf die Aktivitäten des Gehirns reduzieren.

Der Geist ist Energie, und er erzeugt Energie durch Denken, Fühlen und Entscheiden. Das bedeutet, dass wir rund um die Uhr mit unserem aktiven, denkenden Geist Energie erzeugen. Dieser Vorgang ist Teil der Aktivität, die wir mithilfe der Gehirntechnologie erfassen. Wenn wir diese Geistesenergie durch Denken, Fühlen und Entscheiden erzeugen, bilden wir Gedanken, die zu physischen Strukturen in unserem Gehirn werden. Dieser Aufbau von Gedanken wird als *Neuroplastizität* bezeichnet.

In unseren klinischen Versuchen sahen wir, wie sich die Energie im Gehirn veränderte, während die Probanden dachten, und wie dies die Neuroplastizität stimulierte; das Gehirn reagierte auf das Denken, Fühlen und Entscheiden der jeweiligen Person mit einem Strom von bewusster und nichtbewusster Aktivität. Der Geist ist ein Strom von *nichtbewusster* und *bewusster* Aktivität, wenn wir wach sind, und ein Strom von *nichtbewusster* Aktivität, wenn wir schlafen. Er ist gekennzeichnet durch eine Trias aus Denken, Fühlen und Entscheiden. Wenn du denkst, wirst du auch fühlen, und wenn du denkst und fühlst, triffst du auch Entscheidungen. Diese drei Aspekte wirken immer zusammen.

Der bewusste Teil des denkenden Geistes ist wach, wenn du wach bist, und er ist in dem, worauf er seine Aufmerksamkeit richten kann, begrenzt. Der nichtbewusste Teil ist wach und arbeitet rund um die Uhr; er ist unerschöpflich und unendlich. Das Unterbewusstsein liegt zwischen den beiden und ist vergleichbar mit etwas, das einem auf der Zunge liegt – man weiß, dass man es weiß, aber es ist doch nicht greifbar. Und der Zustand der Bewusstlosigkeit liegt vor, wenn man ausgeknockt wurde oder unter Narkose steht.

Du hast deine ganz eigene Art zu denken, zu fühlen und zu entscheiden, was deine *Identität* ausmacht. Wenn dein Denken, Fühlen und Entscheiden aus irgendeinem Grund gestört sind, wirkt sich das auf deine Identität aus.

Wenn du denkst, fühlst und entscheidest, bist du schöpferisch tätig, und das Erschaffene besteht in einem *Gedanken*. Du denkst, fühlst und entscheidest immerzu. Wenn du wach bist, denkst und fühlst du und entscheidest dich, Gedanken zu erschaffen. Während du schläfst, sortierst du die Gedanken, die du während des Tages erschaffen hast.

Was hat das Gehirn mit alldem zu tun? Das Gehirn ist ein äußerst komplexes neuroplastisches Reaktionssystem. Das bedeutet im Wesentlichen, dass es jedes Mal, wenn es von deinem Geist stimuliert wird, auf viele verschiedene Arten reagiert, einschließlich in Form neurochemischer, genetischer und elektromagnetischer Veränderungen. Dadurch wachsen die Strukturen des Gehirns und verändern sich, und es werden neue physische Gedanken gebildet oder verknüpft. Das Gehirn bleibt nie gleich, denn es verändert sich mit jeder Erfahrung, die du machst, jeden Moment eines jeden Tages – und du steuerst dies mit deinem einzigartigen Denken, Fühlen und Entscheiden. Du benutzt deinen Geist zur Nutzung deines Gehirns. Du bist der Architekt deines Gehirns.

Was ist ein Gedanke?

Der Geist besteht aus Billionen und Aberbillionen von Gedanken. Ein Gedanke ist ein *reales, physisches Gebilde*, das in Gehirn und Geist einen festen Platz einnimmt. Ein Gedanke wird in das Gehirn eingefügt, indem du deinen Verstand benutzt, wenn du denkst, fühlst und entscheidest. Gedanken sehen aus wie Bäume. In der Neurowissenschaft sagen wir, dass ein Gedanke eine laubbaumartige Struktur hat. Sieh dir die folgenden drei Abbildungen an, auf denen die baumartige Struktur von Gedanken zu erkennen ist.

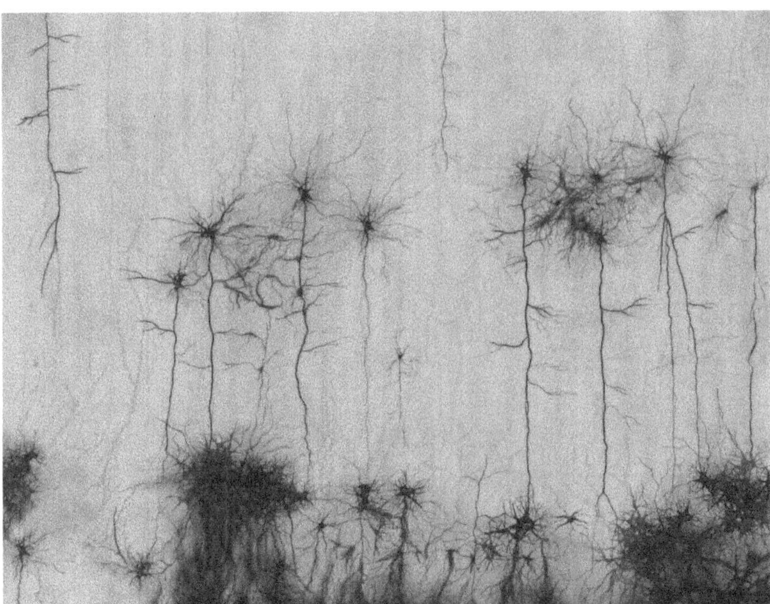

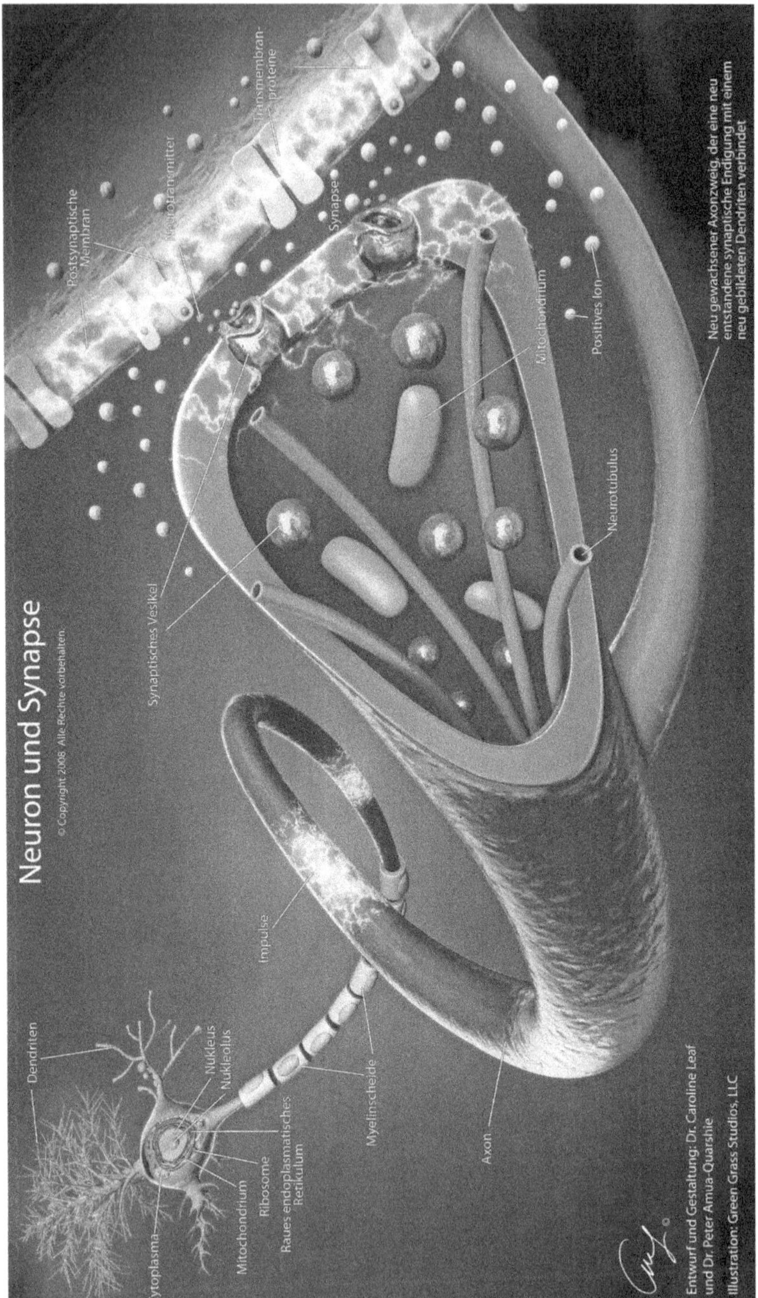

Neuron und Synapse
© Copyright 2008. Alle Rechte vorbehalten.
Dendriten
Nukleus
Nukleolus
Cytoplasma
Mitochondrium
Ribosome
Raues endoplasmatisches Retikulum
Myelinscheide
Axon
Impulse
Synaptisches Vesikel
Postsynaptische Membran
Transmembran-proteine
Synapse
Mitochondrium
Positives Ion
Neurotubulus
Neu gewachsener Axonzweig, der eine neu entstandene synaptische Endigung mit einem neu gebildeten Dendriten verbindet
Entwurf und Gestaltung: Dr. Caroline Leaf und Dr. Peter Amua-Quarshie
Illustration: Green Grass Studios, LLC

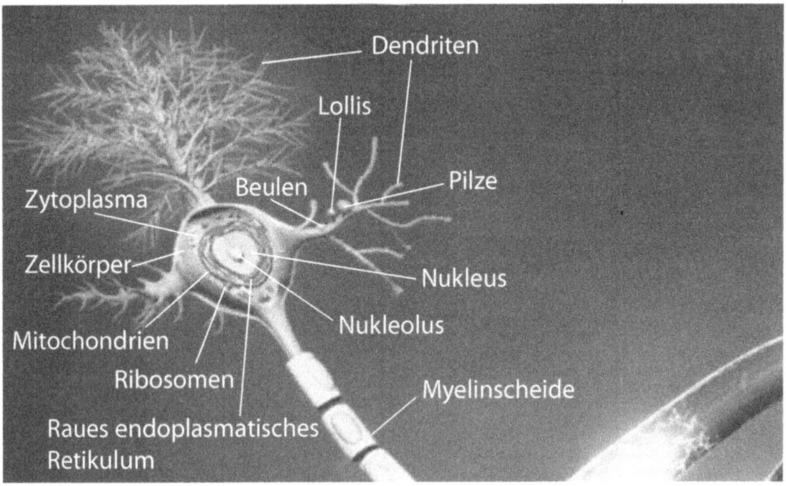

Der Gedanke an sich ist das Konzept, die große Idee. Im Inneren des Gedankens befinden sich die eingebetteten Erinnerungen – ein Gedanke besteht also aus Erinnerungen, und es können beliebig viele Erinnerungen, sogar Tausende, in einem Gedanken enthalten sein, so wie es Hunderte oder gar Tausende von Ästen an einem Baum gibt. Der Gedanke könnte zum Beispiel lauten: *Diese Person ist mir wichtig, sie gehört zu mir und ich mache mir Sorgen um sie.* Innerhalb dieses Gedankens wird es Hunderte oder mehr Erinnerungen geben, die mit dieser Sorge zusammenhängen. Der Gedanke ist also das große Bild, und die Details des Gedankens sind die Erinnerungen.

In einem Gedanken sind drei Arten von Erinnerungen enthalten:

1. **Informatorische Erinnerungen** umfassen alle Details: Einzelheiten, Fakten, Daten, Assoziationen, Verknüpfungen usw., die mit diesem Gedanken verbunden sind. Sie sind wie die Äste eines Gedankenbaums.

2. **Emotionale Erinnerungen** sind die Gefühle, die mit den informatorischen Erinnerungen verbunden sind. Sie sind wie die Blätter an den Ästen eines Gedankenbaums.
3. **Physische Erinnerungen** sind die physische Verkörperung der Empfindungen, die zum Entstehungszeitpunkt des Gedankens erlebt wurden und wiederum mit den emotionalen Erinnerungen und den informatorischen Erinnerungen gekoppelt sind. Sie sind in jede Zelle unseres Körpers eingebettet und werden jedes Mal von neuem durchlebt, wenn wir die informatorische und die emotionale Erinnerung abrufen, denn diese drei Teile des Gedankens sind untrennbar miteinander verbunden.

Das Bild unten, der Gedankenbaum, veranschaulicht die Anatomie eines Gedankens. Wie schon gesagt, ist ein Gedanke das große Ganze: der komplette Baum mit Ästen, Blättern und Wurzeln. Die Äste und Blätter sind der *Ausdruck* deiner Erinnerungen in Form deines *bewussten* Denkens, Fühlens und Entscheidens, die dein Verhalten und deine Kommunikation (das, was du tust und sagst) hervorbringen und sich in allen deinen Entscheidungen in Bezug auf deine Lebensführung zeigen. Der Baumstamm verkörpert die *unterbewusste* Ebene und deine Wahrnehmung, zu der auch die körperlichen und emotionalen Signale gehören, die du erfährst, wie beispielsweise die Vorfreude, wenn du eine tolle Neuigkeit erfährst, das Glücksgefühl oder die Lebenslust, die dich aus dem Bett springen lässt, oder das nagende Gefühl von Bedrückung oder die Angst, dass etwas nicht in Ordnung ist. Das Unterbewusstsein verbindet das Nichtbewusste mit dem Bewussten, so wie der Stamm die Wurzeln mit den Blättern und Zweigen verbindet. Die Wurzeln stellen die *nichtbewussten* Wurzeln deiner Erinnerungen dar. Sie sind der Ursprung der informatorischen, emotionalen und psychischen Erinnerungen und zugleich die Ebene, die uns sagt, was in unserem Leben vor sich geht und warum wir tun, was wir tun. Dies ist die Ebene, die wir anzapfen müssen, um die notwendigen Veränderungen in unserer Lebensführung vorzunehmen, und genau das soll mit den 5 Schritten des Neurozyklus erreicht werden.

Ein Gedanke

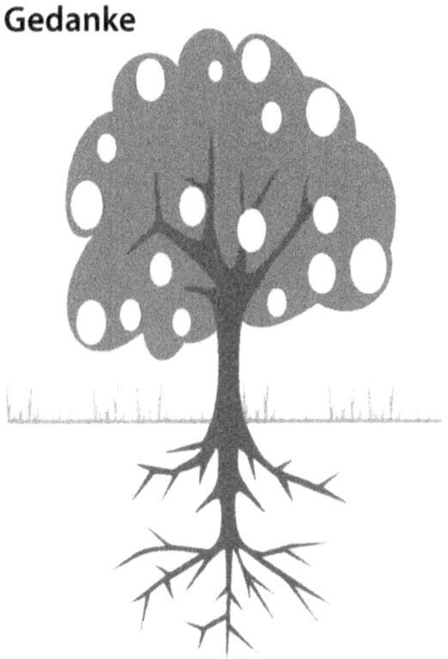

Die Zweige und Blätter verkörpern unser bewusstes Denken

Der Baumstamm steht für die Ebene des Unterbewussten – die emotionalen, informatorischen und körperlichen Warnsignale

Ein Gedanke enthält drei Arten von Erinnerungen:
- Informatorische Erinnerungen
- Emotionale/gefühlsmäßige Erinnerungen
- Physische Erinnerungen

So wie ein gesätes Samenkorn Wurzeln bildet, aus der Erde sprießt, wächst und sich verändert, so wachsen und verändern sich auch deine Gedanken mit der Zeit. Sobald ein Gedanke gesät ist – sei es durch ein geführtes Gespräch oder durch etwas Gehörtes, Gelesenes usw. –, beginnen seine Wurzeln zu wachsen. Wird er durch Denken »bewässert«, wächst er zu einer kleinen Gedankenpflanze heran. Wird diese ignoriert, stirbt der junge Gedankenbaum ab. Wenn er jedoch viel Denkenergie erhält, wird er schließlich größer und stärker. Das, woran wir am meisten denken, wird wachsen. Am Anfang ist es also ein kleines Pflänzchen, wie eine nagende Sorge oder etwas, das im Hinterkopf bleibt. Mit der Zeit, wenn es durch Denken weiter bewässert wird, wird es zu einem »großen Baum« und kann unser Verhalten beeinflussen und sogar dominieren.

Um einen toxischen Gedanken zu entgiften, beobachten wir zunächst unser Verhalten und unsere Gefühle, die uns die Äste und Blätter des Gedankenbaums zeigen. Dann schauen wir uns unsere Sicht, unsere geistigen Wahrnehmungen an. Dazu müssen wir auf die emotionalen und körperlichen Warnsignale achten, die sich beispielsweise in Form von Angst, Bedrückung, Bauch- oder Muskelschmerzen zeigen. Die unterbewussten Warnsignale (der Baumstamm) führen uns tiefer in das Nichtbewusste, wo sich die informatorischen und die emotionalen Erinnerungen (die Ursache oder der Ursprung) erkennen und an der Wurzel umgestalten lassen.

Das Spannende daran ist, dass *du* der Verwalter und Gestalter dieses Prozesses bist! Du gestaltest, was du aufgebaut hast, und du kannst ändern, was nicht funktioniert oder was sich in deinem Leben negativ auswirkt. Toxische Gedankenbäume wie Traumata und schlechte Gewohnheiten lassen sich aufbauen, aber auch abbauen und umgestalten – toxische Bäume sind nicht dein Schicksal.

Dies ist selbstreguliertes Gedankenmanagement. Dein Denken, Fühlen und Entscheiden formt, beschneidet und bildet Neues. Und je selbstregulierter du bist, desto effektiver ist dieser Prozess und desto mehr Frieden und Sinn wirst du im Leben finden.

Wie viele Gedanken denken wir an einem Tag?

Gedanken sind im Grunde unerschöpflich. Jeder Gedanke ist ein buchstäbliches Universum, denn jeder Gedanke besteht aus grenzenlosen Erinnerungen. Gedanken werden auch immer wieder aktualisiert und mit anderen verwandten Gedanken verwoben, gleich dem endlosen Wurzelsystem eines ausgedehnten Waldes. Und dein Geist ist immer aktiv, was bedeutet, dass du laufend Gedanken aufbaust. Dabei holst du immer wieder bereits bestehende Gedanken hervor, die deine nächste Entscheidung leiten und beeinflussen.

Stell dir nur mal vor, wie vielen Informationen du jeden Moment, jede Stunde, jeden Tag, jede Woche, jeden Monat und jedes Jahr deines Lebens ausgesetzt bist! Von dem Moment an, in dem du aufwachst, erhältst du laufend neue Informationen über deine Umgebung, deine Beziehungen, deine Arbeit, dein Umfeld und die Welt im Allgemeinen. Du betrachtest diese Informationen durch deine eigene Art des Denkens, Fühlens und Entscheidens – deine einzigartige Linse, durch die du die Welt siehst und mit ihr interagierst. Das bedeutet, dass du ständig dabei bist, neue Erinnerungen zu deinen bestehenden Gedanken hinzuzufügen.

Wie viele Gedanken denken wir also *tatsächlich* am Tag? Die Antwort ist kompliziert, weil wir ständig neue Erinnerungen in unsere bestehenden Gedanken einbauen, völlig neue Gedanken mit ihren eingebetteten informatorischen, emotionalen und physischen Erinnerungen als Reaktion auf Informationen von außen (von Menschen, von dem, was wir lesen, was wir sehen und so weiter) bilden und bestehende Gedanken abrufen. Selbst wenn wir tagträumen oder unseren Geist frei schweifen lassen, bauen wir neue Gedanken auf.

Laut dem Anästhesisten und Wissenschaftler Professor Stuart Hamerhoff haben wir etwa vierzig Mal pro Sekunde bewusste Aktivitätsschübe, die unser Denken, Fühlen und Entscheiden oder unseren aktiven Geist darstellen.[36] Wir erleben diese Schübe wie einen Zeichentrickstreifen, bei dem die Einzelbilder etwa alle zehn Sekunden als bewusstes Ereignis erlebt werden, ähnlich wie beim Betrachten eines Animationsfilms.

Jedes Einzelbild ist ein Gedanke mit Tausenden von eingebetteten Erinnerungen. Wir sind uns jedoch nicht aller detaillierten Erinnerungen in diesen Einzelbildern zu den jeweiligen Zeitpunkten bewusst, sondern nur des übergeordneten Konzepts des Gedankens. In der Zeit, die ich brauchte, um diesen Satz zu tippen, hatte ich zum Beispiel vierzig bewusste Aktivitätsausbrüche. Während ich weiter tippe und dieses Konzept erkläre, habe ich die Zehn-Sekunden-Marke erreicht und hatte gerade ein bewusstes Ereignis, bei dem ich feststellte, dass mir fünf andere zufällige Gedanken in den Sinn kamen. Ich habe mich auf keinen von ihnen konzentriert, weil ich dieses Buch schreibe, also sind sie in mein Nichtbewusstsein zurückgesunken, während die nächsten Gedanken auftauchten. Und so geht der Kreislauf weiter. Wir haben schätzungsweise sechs dieser bewussten Ausbrüche pro Minute, etwa 360 pro Stunde (6 x 60) und 8460 innerhalb vierundzwanzig Stunden (360 x 24).

Auf der nichtbewussten Ebene sieht es ganz anders aus: Intelligentes Denken erfolgt mit etwa einer *Million* Operationen pro Sekunde, und die allgemeine Gehirnaktivität erfolgt mit etwa 1027 Operationen pro Sekunde.[37] Gedanken mit ihren eingebetteten Erinnerungen, die über genügend Energie verfügen, gelangen etwa alle fünf bis zehn Sekunden, manchmal auch schneller, in das Bewusstsein. Das entspricht etwa achttausend Gedanken pro vierundzwanzig Stunden.[38] Wenn man die Gedanken aus externen Signalquellen und die internen Gedanken zusammenzählt, haben wir schätzungsweise sechzehn- bis achtzehntausend Gedanken pro Tag.

Es ist interessant, über solche Zahlen zu spekulieren, denn sie lassen uns verstehen, wie sorgfältig man darauf achten sollte, was man in den Kopf hineinlässt, und wie wichtig es ist, das bereits Vorhandene gut im Griff zu haben. Dennoch sollten wir uns nicht zu sehr an Zahlen aufhängen. Stattdessen sollten wir uns auf *die enorme Macht des nichtbewussten Teils unseres Verstandes* konzentrieren und lernen, wie wir diese Macht durch Gedankenmanagement effektiver nutzen können.

Wichtig ist auch, sich immer daran zu erinnern: Unser Gedankenleben ist zwar ein Bewusstseinsstrom, in dem sich Tausende von einzelnen Gedanken vermischen, aber indem wir kontrollieren, was Zugang zu Geist und Gehirn erhält, und das, was bereits in unserem Geist und unserem Gehirn ist, laufend überprüfen, können wir dennoch eine gewisse Ordnung in unser Denken bringen. Wir sind in der Lage, die einzelnen Gedankengänge zu bewerten, indem wir unseren Bewusstseinsstrom selbst regulieren. Wir können die Macht unseres Denkens auf greifbare, nachhaltige Weise nutzbar machen.

Wo sind die Gedanken »abgespeichert«?

Unsere Gedanken befinden sich an drei verschiedenen Orten: in unserem Gehirn, in unserem Geist und in den Zellen unseres Körpers.

Das Gehirn

Gedanken mit ihren eingebetteten Erinnerungen werden physisch im Gehirn als Energieschwingungen in Protein-Supercomputern, *Tubulin* genannt, in den Dendriten der Neuronen gespeichert.[39] Wenn wir denken, fühlen und entscheiden, wachsen im Gehirn weitere Dendriten für die neuen Erinnerungen, die auf rekonzeptualisierende, umgestaltende Weise zu den bestehenden Gedanken hinzugefügt werden. Jede Aktualisierung rekonfiguriert den gesamten Gedanken, indem er ihn mit einer neuen

Sichtweise versieht. Es handelt sich hierbei um ein organisches, dynamisches System, weshalb sich die gesamte Perspektive des Gedankens ändert.

Gedanken befinden sich an drei verschiedenen Orten: in unserem Gehirn, in unserem Geist und in den Zellen unseres Körpers.

Der Geist

Gedanken mit ihren eingebetteten Erinnerungen werden auch im nichtbewussten Teil des denkenden Geistes als Energiefeld gespeichert. Dies ist die tiefe, spirituelle Ebene eines Gedankens, die über das Physische hinausgeht, aber eng mit ihm verbunden ist.

Auf dieser spirituellen Ebene der Gedankenspeicherung geht es um dich und deine Wahrheitswerte, d. h. um deine persönliche Wahrnehmung und Art, die Welt zu erleben.

Die Zellen

Der dritte Ort, an dem Gedanken mit ihren eingebetteten Erinnerungen gespeichert werden, sind die Zellen des Körpers. Schätzungen über die Anzahl der Zellen in unserem Körper reichen von fünfzig bis hundert Billionen, während neuere Studien darauf hindeuten, dass es etwa siebenunddreißig Billionen Zellen in unserem Körper gibt.[40] Gedanken, die in unseren Zellen gespeichert sind, werden als *zelluläres Gedächtnis* bezeichnet.

Ein einfaches Beispiel, um diese drei Orte der Gedankenspeicherung zu verstehen, ist die Ansteckung mit einem Virus. Wenn du dir ein Virus einfängst, bildet dein Immunsystem Antikörper, sodass sich die Zellen deines Immunsystems daran erinnern und Immunfaktoren aussenden, um den Erreger zu bekämpfen, sobald du ihm wieder ausgesetzt bist. Diese Zellen speichern sogar, wie du dich zu einem bestimmten Zeitpunkt körperlich gefühlt hast. Wenn du zum Beispiel während deines Erlebens einen Anflug von Grippe oder starke Magenschmerzen hattest, baust du diese Erfahrung in deine Gedanken ein. Wenn der Gedanke als Erinnerung abgerufen wird, kommen die eingebetteten Informationen (was passiert ist oder die Fakten), Emotionen (Gefühle) und körperlichen Empfindungen (grippeähnliche Symptome, Magenschmerzen usw.) wieder hoch. Jetzt verstehst du, warum das Wachrufen von Gedanken, insbesondere von traumatischen, dich buchstäblich krank machen kann.

Epigenetik

Die Schwingungsfrequenz der Energie von Gedanken im Gehirn kann mithilfe verschiedener Gehirntechnologien wie EEG und qEEG aufgefangen werden, wie wir es auch in unserer jüngsten klinischen Studie getan haben. Diese Energie wird von den Gedanken mit Quantengeschwindigkeit (schneller als 1027) an alle Zellen des Körpers übertragen und überflutet diese regelrecht mit einer Energie, die entweder toxisch, gesund oder neutral ist und eine Reaktion in Gehirn und Körper hervorruft, die alle möglichen Botenstoffe und Hormone freisetzt und wiederum elektromagnetische Reaktionen auslöst. In unserer klinischen Studie stiegen beispielsweise die Cortisol- und Homocysteinwerte als Reaktion auf die toxischen Gedanken und den Stress einiger Probanden stärker an, als sie sollten, und normalisierten sich, als die toxischen Gedanken und der Stress mithilfe der Neurozyklus-Methode bewältigt wurden.[41] Unser Denken, Fühlen und Entscheiden verändert die Gedanken und *die Auswirkungen, die diese Gedanken auf den Körper haben.* Dies wird als *Epigenetik* bezeichnet.

Epigenetik ist das, was die Gene an- und abschaltet. Epi bedeutet »darüber« oder »über«, also steht die Epigenetik über den

Genen und geht darüber hinaus. Solange wir leben, werden die Gene ständig an- und abgeschaltet, und zwar durch den denkenden Geist und durch das, was wir unserem Körper innerlich und äußerlich zuführen, sowie dem, was als Veranlagung über die Generationen hinweg weitergegeben werden kann. Dies geschieht durch chemische Marker (das Hinzufügen einer Methyl- oder Acetylgruppe oder einer »chemischen Kappe« zu einem Teil des DNA-Moleküls), die, verpackt in den Chromosomen, die Gene an- oder abschalten, so wie man ein Licht durch Drücken des Schalters ein- oder ausschaltet.

Unsere Gedanken wirken sich sogar bis auf die Ebene der DNA und der Chromosomen in unseren Zellen aus. Unsere Erfahrungen verändern die Genstruktur und die Genaktivität, nicht aber die Gensequenz. In unserer Forschungsstudie wirkten sich die Gedanken der Probanden verändernd auf ihre Telomerenlänge (TL) und ihr biologisches Alter aus.[42] Die TL verkürzte sich, wenn toxische Gedanken die Zellgesundheit beeinträchtigten, nahm jedoch zu, wenn toxische Gedanken und toxischer Stress bewusst bewältigt wurden. Das ständige Abrufen negativer Gedanken mit ihren eingebetteten Erinnerungen kann unsere DNA schädigen (die TL verkürzen), was unseren Körper anfällig für Krankheiten machen kann.[43] Das Annehmen, Verarbeiten und Rekonzeptualisieren von Gedanken mitsamt ihren eingebetteten Erinnerungen kann geschädigte DNA hingegen heilen (die TL verlängern) und folglich die Anfälligkeit für Krankheiten verringern.

Ich bin dreiundzwanzig Jahre alt und Armenierin, geboren in Aleppo, Syrien. Wie Sie vielleicht wissen, brach in Syrien der Krieg aus, und im August 2012 zogen meine Familie und ich in den Libanon. Zu dieser Zeit versuchten viele Menschen, mit Booten über die Türkei nach Deutschland bzw. Europa zu gelangen. Am 29. November waren wir an der Reihe, die Reise in einem winzigen Boot mitten in der Nacht anzutreten. Wir, das waren mein Vater, meine Mutter, meine Großmutter, mein kleiner Bruder, der gerade zehn Jahre alt geworden war, und ich. Auf der Fahrt, mitten auf dem Meer, fiel der Bootsmotor aus und ein paar Minuten später sank das Boot. Meine Familie war in dem kleinen Raum unter Deck gefangen. Mein Vater und ich waren auf dem Deck gewesen und versuchten nun durch Schwimmen irgendwie am Leben zu bleiben. Es war eiskalt und so dunkel, dass ich kaum etwas sehen konnte. Ein paar Minuten später sah ich dann den Körper meines Vaters neben mir treiben. Er hatte der Kälte und den Fluten nicht standhalten können. Ein paar Stunden lang war ich dort mitten im Meer völlig allein. Das Leben ist in den vergangenen Jahren nicht einfach gewesen. Ich habe meine Familie so sehr geliebt, und ich fühlte mich total verloren und war tagelang völlig entkräftet. Diese 5 Schritte und Ihre Forschung halfen mir durch meinen Alltag und meine Herausforderungen. Ich kämpfe immer noch, aber zumindest habe ich jetzt einen Plan, wie ich mit meiner Psyche umgehen kann und was mir bei der Heilung hilft.

Arina

Kapitel 7

Der vernetzte Geist

Überblick

- Das, woran wir am meisten denken, wächst, weil wir es mit Energie versorgen.
- Unser denkender Geist ist in drei Bereiche gegliedert: das Bewusstsein (voll bewusst, wenn wach), die nichtbewusste Ebene (arbeitet rund um die Uhr) und das Unterbewusstsein (latent-bewusste Ebene).
- Wir müssen uns nicht von unseren Gedanken gefangen halten lassen; stattdessen können wir unsere Gedanken »gefangen nehmen«.
- Alles, was im Geist erlebt wird, wird auch in Gehirn und Körper erfahren. Die toxische Energie toxischer Gedanken sammelt sich an, wenn nicht dagegen vorgegangen wird. Irgendwann entlädt sie sich und wirkt sich auf vulkanartige und unkontrollierte Weise auf das Denken, Fühlen und Entscheiden aus.
- Bei der Bewältigung toxischer Gedanken und Traumata geht es darum, all diese wirbelnde, chaotische, toxische Energie von dem negativen Gedanken auf den rekonzeptualisierten, gesunden Gedanken zu übertragen, um das mentale Gleichgewicht und die geistige Harmonie wiederherzustellen.

Um zu lernen, wie wir unseren Geist nutzen können, um unser Denken zu steuern, ist es hilfreich, die verschiedenen Bereiche des Geistes zu kennen und zu verstehen, wie sie mit der dynamischen Natur der Gedanken zusammenhängen. Es gibt grundsätzlich zwei Möglichkeiten, unser Denken zu steuern: *reaktiv*, was in der Regel im Chaos endet, oder *proaktiv*, womit wir unser mentales Chaos beseitigen. Die Entwicklung eines Plans, der dir lebenslang dabei hilft, deine Gedanken und deren Auswirkungen immer im Griff zu behalten, ist Teil eines proaktiven und strategischen Ansatzes. Man könnte sogar sagen, dass es sich hierbei um »Präventivmedizin« für das Gehirn handelt. Mit den 5 Schritten lernst du, wie du die Initiative ergreifen und deine Gedanken strategisch steuern kannst, um die Gehirnfunktion zu optimieren und auf diese Weise das Beste aus deinem Gehirn herauszuholen, indem du dein mentales Chaos beseitigst.

Während du lernst, deinen Geist zu steuern, setzt du einige wirklich erstaunliche Dinge in Gang. Zum Beispiel lenkst du den Energiefluss in deinem Gehirn und bestimmst dadurch, wie diese Energie deinen Körper beeinflusst, einschließlich der Gene, die an- und abgeschaltet werden, die Länge deiner Telomere, die chemischen Stoffe, die durch deinen Blutkreislauf fließen, und die Ausschüttung von Cortisol.

In diesem Abschnitt werden wir einen etwas tieferen Einblick in die verschiedenen Bereiche des Geistes nehmen. Das wird dir helfen, deinen Geist besser zu verstehen, und versetzt dich in die Lage, ihn auf bestmögliche Weise zu beherrschen. Wenn man das *Warum* versteht, wird das *Wie* sehr viel einfacher.

Der Geist ist in drei Bereiche gegliedert: das Bewusstsein, die nichtbewusste Ebene und das Unterbewusstsein.

Es folgt eine Tabelle, die diese Bereiche kurz erläutert und Aufschluss darüber gibt, inwiefern sie für das Erlernen eines guten Gedankenmanagements relevant sind.

TABELLE 3: DIE GLIEDERUNG DES GEISTES

Bewusstsein	Voll bewusst, wach, wenn wir wach sind, und funktioniert am besten, wenn wir überlegt, gewollt, aktiv selbstreguliert und proaktiv handeln.
Unterbewusstsein	Die Ebene des latent Bewussten, über die unsere Gedanken aus dem Nichtbewussten ins Bewusstsein gelangen.
nichtbewusste Ebene	Das wirbelnde, hochenergetische Kraftwerk, das rund um die Uhr arbeitet und in dem alle Erinnerungen gespeichert sind. Diese Ebene ist der Sitz unserer Weisheit und Intelligenz. Dort findet ein dynamischer, selbstregulierter Prozess statt, der die starke und wirksame treibende Kraft hinter unserer Kommunikation und unserem Verhalten ist. Diese Ebene ist immer in Betrieb und arbeitet mit dem Bewusstsein zusammen, wenn der Geist im Wachzustand ist. Sie steht in ständigem Austausch mit dem Unterbewusstsein und arbeitet daran, unser mentales Chaos auszugleichen und zu beseitigen.
Bewusstlosigkeit	Hierbei handelt es sich nicht wirklich um einen Bereich des Geistes, sondern vielmehr um einen Bewusstseinszustand, der *herbeigeführt* werden kann. Wenn man sozusagen ausgeknockt wird, zum Beispiel durch eine Gehirnerschütterung, zu viel Alkohol oder die Narkose vor einer Operation, ist man bewusstlos.

Betrachten wir nun ein weiteres Bild eines Gedankenbaums als Analogie zu den verschiedenen Bereichen des Geistes, damit wir uns diese besser vorstellen können. Die Krone des Baumes ist das Bewusstsein, das unsere Kommunikation und unser Verhalten darstellt, also das, was wir sagen und tun. Der Baumstamm und die Grasnarbe sind das Unterbewusstsein, also die Impulse der nichtbewussten Ebene, die sich knapp am Rande unserer bewussten Wahrnehmung befinden. Es handelt sich dabei um jene Reize, die uns das Gefühl geben, es läge uns etwas auf der Zunge, etwas, das wir nicht so recht zuordnen können, das aber unsere Aufmerksamkeit fordert und von uns angegangen werden muss. Die nichtbewusste Ebene ist diese tiefgeistige und phänomenal schnelle Quantenwelt, in der unser Wahrheitsempfinden, unsere Intelligenz, Weisheit, Bedeutung und die Gedanken mit ihren eingebetteten Erinnerungen in einer wirbelnden Masse von Energie gespeichert sind.

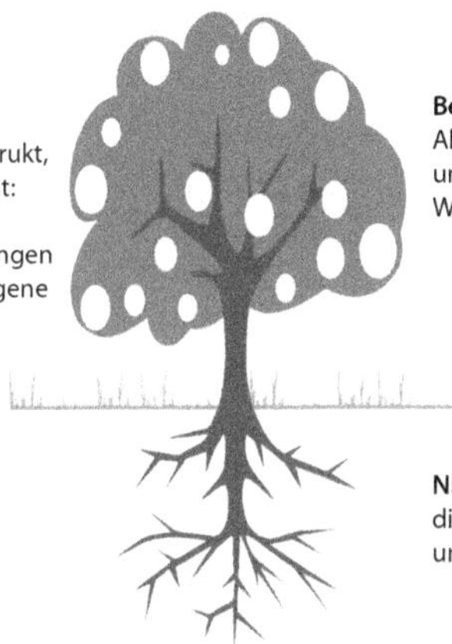

Diese drei Teile des Geistes, von denen der nichtbewusste Teil der größte ist, machen etwa 90 bis 99 Prozent dessen aus, wer du bist. Dein Gehirn und dein Körper machen nur etwa 1 Prozent deiner Identität aus. Diese Aussage gründet sich auf meine Forschung und meine Theorie der geodätischen Informationsverarbeitung, die in Anhang A zusammengefasst ist.

Wenn du durch willentliches, strategisches und proaktives tiefgründiges Denken gezielt die nichtbewusste Ebene ansprichst, ziehst du deine Gedanken mit ihren eingebetteten Erinnerungen über das Unterbewusstsein in dein Bewusstsein. Wenn diese Gedanken im Bewusstsein ankommen, sind sie formbar, das heißt, du kannst sie verändern und rekonzeptualisieren. Du achtest dabei auch auf die körperlichen Warnsignale, die mit deinen Gefühlen verbunden sind, wie beispielsweise ein erhöhter Herzschlag, ein Adrenalinstoß, Kopf- oder Magenschmerzen. Als Nächstes nimmst du solche Gefühle wie Angst oder Depression als emotionale Warnsignale an, die dir zeigen, dass in deinem Leben etwas vor sich geht.

Anstatt sie als etwas Negatives zu betrachten, siehst du sie als nützliche Hinweisgeber: Du lässt sie für dich arbeiten und nicht gegen dich. Betrachte diesen Prozess als etwas Freudiges, jedoch nicht etwa, weil du die schmerzhaften Erinnerungen feierst, sondern weil *du dir ihrer jetzt bewusst bist* – denn das bedeutet, du kannst sie jetzt ändern. Denk daran: Du kannst nur Dinge ändern, von denen du weißt.

Im bewussten Zustand verfügen wir über eine Selbstregulierungskraft, die vergleichbar mit dem ist, was Benjamin Libet bekanntermaßen als »Vetomacht« über unsere Gedanken bezeichnete.[44] Diese Macht erlaubt es dir, deine Gedanken zu kontrollieren. Du kannst sie buchstäblich einfangen und sie mithilfe deiner selbstregulierenden Vetomacht verändern. Dabei setzt du die treibende Wirkung außer Kraft, die von der Energie des toxischen Gedankens ausgeht, und entscheidest, ob du gemäß diesem Gedanken sprichst bzw. handelst oder auch nicht. Du kannst den Gedanken sogar bewerten und entscheiden, ob du ihn ändern willst, wann du ihn ändern willst und wie du ihn ändern willst. Du musst dich nicht von toxischen Grübeleien und Reaktionen auf bestehende negative Gedankenmuster oder Traumata treiben lassen, denn du hast die Macht, ein Veto gegen sie einzulegen. Dies ist ein proaktiver Ansatz im Umgang mit der eigenen Gedankenwelt und er kann dir eine Menge Kummer und Anspannung ersparen.

Ich bin sicher, du hast folgende Situation schon oft erlebt: Du bist kurz davor, etwas zu sagen oder zu tun, hältst dich aber aus irgendeinem Grund zurück. Vielleicht spürst du, dass es der falsche Zeitpunkt ist oder dass die Person bereits verärgert ist und es die Sache nur verschlimmern würde. Das ist angewandtes Gedankenmanagement und eine der vielen Möglichkeiten, wie wir unser mentales Chaos beseitigen können.

Wir müssen uns nicht von unseren Gedanken gefangen halten lassen; stattdessen können wir unsere Gedanken gefangen nehmen.

Um unsere Gedanken und die daraus resultierende Kommunikation zu verändern, müssen wir strategisch und proaktiv vorgehen und unser Denken bewusst einsetzen. Wir müssen bestrebt sein, uns der Dinge bewusst zu werden, an die wir jeden Tag denken. So sieht Selbstregulation aus, und sie geht Hand in Hand mit unserer Vetomacht. Das ist eine fantastische Sache! Wir müssen uns nicht von unseren Gedanken gefangen halten lassen; stattdessen können wir unsere Gedanken gefangen nehmen.

Bewusstes, gezieltes, selbstreguliertes Denken ist der Schlüssel zu gutem Gedankenmanagement, weil es den Fluss über das Unterbewusstsein hinunter auf die nichtbewusste Ebene in Gang setzt. Leider hat diese Art des Denkens keine hohe Priorität in unserer überhetzten, konsumorientierten und von Technik bestimmten Welt, in der wir uns einfach nicht die Zeit dafür nehmen. Wir Menschen dieser Ära haben für tiefgründiges Denken nicht viel übrig, und dafür zahlen wir den Preis.

Warum ist die nichtbewusste Ebene des Geistes so wichtig?

Der nichtbewusste Teil des Geistes ist phänomenal, wird aber oft missverstanden. Sogar das Wort »nichtbewusst« wird häufig falsch verwendet. Dennoch lohnt sich die Mühe, diesen Teil genauer zu betrachten und ihn zu verstehen, denn er spielt eine Schlüsselrolle beim Gedankenmanagement. Er ist *definitiv nicht* als vorprogrammiertes Band in Dauerschleife zu sehen, das uns wie eine Art Avatar agieren lässt, auch wenn er oft so dargestellt wird.

Meine Doktorarbeit, die Theorie der geodätischen Informationsverarbeitung, entstand aus der Erforschung des nichtbewussten Teil des Geistes, und alle meine Forschungen seither zielen darauf ab, diese Theorie noch besser zu verstehen, sie zu erweitern und weiterzuentwickeln, um die von mir entwickelten Methoden des Gedankenmanagements weiter zu verfeinern. Meine jüngsten klinischen Studien zeigen, wie nichtbewusste Aktivitäten durch qEEG-Aufzeichnungen und meine psychologische Skala, die Leaf Mind-Management Scale (LMM), erfasst werden können. Zwar können wir auf bewusster Ebene »täuschen«, doch unsere nichtbewusste Ebene sagt immer die Wahrheit über das, was tatsächlich in unserem Kopf vor sich geht. Du glaubst vielleicht, du könntest dich selbst erfolgreich austricksen, aber das kannst du nicht, denn dein Gehirn und dein Körper bekommen die Auswirkungen deines Selbstbetrugs zu spüren.

Wir erhalten etwa alle zehn Sekunden wertvolle kleine Informationspakete in Form von emotionalen und körperlichen Warnsignalen.

Wenn du lernen willst, dein Gedankenleben zu steuern, musst du dir eine Denkweise antrainieren, die deine Intelligenz auf der nichtbewussten Ebene anzapft. Dein Bewusstsein hinkt der nichtbewussten Ebene um mindestens zehn Sekunden hinterher. Es dauert also etwa zehn Sekunden, bis du bewusst wahrnimmst, was vor sich geht – und während dieser rund zehn Sekunden wird das, was dieser Situation als Wahrheit zugrunde liegt, versuchen, deine Aufmerksamkeit durch emotionale und körperliche Warnsignale zu gewinnen.[45]

Wir erhalten also etwa alle zehn Sekunden wertvolle kleine Informationspakete in Form von emotionalen und körperlichen Warnsignalen, und je mehr wir uns auf diese Signale einstellen, desto besser können wir sie erkennen und nutzen, um unsere Reaktionen zu steuern. Du wirst vielleicht nicht alle Details sofort verstehen, doch wenn du dich durch den 63-Tage-Zyklus durcharbeitest, den wir in Teil 2 behandeln, werden diese Signale nach und nach für dich erkennbar, da sich die Information ständig aktualisiert. Die 5 Schritte werden dir helfen, die Signale der nichtbewussten Ebene deines Geistes besser wahrzunehmen.

Wie bereits erwähnt, haben wir in den einzelnen Phasen unserer klinischen Studie verschiedene Arten von psychologischen Daten analysiert und dabei eine Reihe von Skalen verwendet, die klassischerweise zur Diagnose und Einstufung von Personen als klinisch depressiv oder angstgestört dienen. Diese Skalen zeigen die momentane Reaktion einer Person, nicht aber ihre psychische Verfassung über längere Zeit hinweg. Wenn man zum Beispiel wegen einer Operation ins Krankenhaus muss, spürt man sicherlich eine Kombination aus Angst und Beklemmung, aber das bedeutet nicht unbedingt, dass eine klinische Angststörung oder Depression vorliegt. Vielmehr handelt es sich um eine ganz normale Reaktion auf einen widrigen Umstand. Da muss keiner kommen und deinen Kummer und Schmerz zu einem Krankheitsbild erklären. Dir muss einfach nur zugehört werden. Dennoch werden diese Skalen verwendet, um den psychischen Zustand einer Person zu bestimmen. Das kann beängstigend sein, wenn man bedenkt, wie sich viele der Standardbehandlungen auswirken können, denn sie sind überwiegend medikamentenbasiert und haben eine Reihe von Langzeitnebenwirkungen. Dazu kommt häufig noch die Stigmatisierung, die mit einer Klassifizierung der psychischen Gesundheit verbunden ist.

Mit Gedankenmanagement können wir erkennen, dass Depressionen und Angstzustände von normalen Reaktionen auf die Erfahrungen des Lebens herrühren.

Mithilfe der von mir entwickelten, wissenschaftlich validierten Gedankenmanagement-Skala, der LMM, sowie der Erzählungen der Probanden und ihrer qEEG-Messwerte, konnten wir uns im Gegensatz dazu ein viel klareres und realistischeres Bild davon machen, was in ihren Köpfen vor sich ging. Anstatt als klinisch depressiv oder angstgestört abgestempelt zu werden, erfuhren die Probanden in der Studie, dass das mentale Chaos auf der nichtbewussten Ebene des Geistes wie ein Fahrer auf Autopilot funktioniert, der sich über die unbewusste Ebene auf die bewusste Ebene schlängelt. Sie lernten, diese Impulse von der nichtbewussten Ebene als emotionale und körperliche Warnsignale zu verstehen, die ihnen sagten, dass etwas nicht in Ordnung war und ihre Aufmerksamkeit erforderte.

Bei diesen Impulsen handelte es sich um Dinge wie Niedergeschlagenheit, Angst, Furcht, Frustration, Nervosität, Reizbarkeit und dergleichen, also um normale Reaktionen auf das, was sie gerade durchmachten. Sobald die Probanden begannen, daran zu arbeiten, wurde ihnen bewusst, dass es sich um normale Reaktionen auf die Erfahrungen des Lebens handelte, auch auf traumatische, verdrängte Lebensereignisse wie etwa Missbrauch in der Kindheit. An Tag 21 waren Depressionen, Ängste und anderes mehr in der Versuchsgruppe, die die 5 Schritte des Gedankenmanagements anwandte, bereits erheblich zurückgegangen. Die Teilnehmer hatten das Gefühl, wieder voll da zu sein, bei der Arbeit und in ihren Beziehungen besser zu funktionieren und auch wieder erholsamer zu schlafen, um nur einige Dinge zu nennen. Diese Verbesserung hielt an und steigerte sich bis Tag 63 sogar noch, was darauf hindeutet, dass die fünf Schritte den Probanden halfen, ihr mentales Chaos zu beseitigen.

Je besser du die nichtbewusste Ebene deines Geistes verstehst, desto deutlicher wird dir bewusst, dass du die Fähigkeit hast, diese auch zu *verändern*. Die nichtbewusste Ebene des Geistes wird oft mit dem Unterbewusstsein oder dem Unbewussten verwechselt und zu einer Art verschachteltem Speicherschrank für mechanistische Programme degradiert, die unsere bewussten Handlungen steuern. Diese nichtbewusste Ebene ist jedoch weit mehr als das. Sie ist eine wirbelnde, organisierte Ansammlung von Energie, die nach Veränderung, Wachstum, Lernen und Ordnung giert und mit Weisheit gefüllt ist. Wenn du darüber nachdenkst, weißt du, was du bewältigen kannst, und das ist die Weisheit, die auf der nichtbewussten Ebene deines Geistes vorhanden ist. In deinem Kern bist du *Weisheit*. Dieser Teil deines Geistes hasst es, unter chaotischen und unausgeglichenen Bedingungen aktiv zu sein. Dieses energiereiche Kraftwerk arbeitet rund um die Uhr, und dort sind alle unsere Gedanken als lebendige, vibrierende Energiemassen gespeichert, die nur darauf warten, ins Bewusstsein überführt zu werden, um uns dort zum Handeln anzutreiben.

Je besser du die nichtbewusste Ebene deines Geistes verstehst, desto deutlicher wird dir bewusst, dass du die Fähigkeit hast, diese auch zu ***verändern****.*

Intelligentes Denken auf der nichtbewussten Ebene spielt sich mit etwa einer Million Aktionen pro Sekunde ab. Die allgemeine Aktivität, die 24 Stunden am Tag, 7 Tage die Woche stattfindet und Teil unseres Lebens ist, läuft mit einer Geschwindigkeit von 1027 ab. Das ist ein atemberaubendes Tempo, das weit über Lichtgeschwindigkeit liegt. Und es leuchtet auch ein, denn die Geschwindigkeit, mit der die elektrische Aktivität in den Neuronen des Gehirns abläuft, ist zu langsam, um das Tempo zu erklären, mit dem sich Gedanken auf das Gehirn und den Körper auswirken. Es bleibt daher nur, sich der Quantenphysik zuzuwenden, mit der die Geschwindigkeit der Energie auf der nichtbewussten Ebene des Geistes erklärt werden kann, um zu verstehen, wie wir von A nach B kommen. Daraus folgt der logische Schluss, dass alles, was du in deinem Geist erlebst, auch von deinem Gehirn und deinem Körper erfahren wird. Es gibt bezüglich der Verbindung zwischen Geist und Körper eine Fülle von Forschungsergebnissen, die viele Jahre zurückreichen; sogar in antiken Schriften wird sie erwähnt. Die nichtbewusste Ebene unseres Geistes drückt sich durch das Gehirn und den Körper aus, was sich mit qEEG-Messungen erfassen lässt.

Diese nichtbewusste Ebene des Geistes zeichnet sich durch einen dynamischen, selbstregulierten Prozess aus, der als hochleistungsfähige, potente und wirksam treibende Kraft hinter unserer Kommunikation und unserem Verhalten steht, also hinter allem, was wir sagen und tun, indem er unsere Überzeugungen, Ansichten und bestehenden Erfahrungen (Erinnerungen innerhalb der

Gedanken) mit unseren neu eingehenden Erfahrungen kombiniert und abgleicht, um so dem Geschehen um uns herum einen Sinn zu geben. Diese Ebene ist immer aktiv und arbeitet, wenn wir wach sind, mit dem Bewusstsein zusammen. Von ihr kommen unsere Wahrnehmungen, unsere Annahmen, unsere unbewussten Vorlieben und Vorurteile, die ganze Art und Weise, wie wir die Welt sehen; sie ist an der Bereitstellung von Informationen beteiligt, die wir benötigen, wenn wir Entscheidungen treffen; sie wirkt an allem überall und jederzeit mit. Sie steht in ständigem Austausch mit dem Unterbewusstsein und dem Bewusstsein und ist damit beschäftigt, unser mentales Chaos auszugleichen und zu beseitigen.

Diese Kommunikation zeigt sich dann in unseren Träumen, drückt sich in diffusen Gefühlen der Beklemmung oder Existenzangst aus oder durch Signale wie Niedergeschlagenheit, Fröhlichkeit und empfundene Wut. Und es ist nicht nur das Negative, das diese nichtbewusste Ebene in unser Bewusstsein schieben will, damit es dort sortiert und so das Gleichgewicht wiederhergestellt werden kann. Die nichtbewusste Ebene unseres Geistes ist sehr viel stärker auf die guten Dinge fokussiert, wie unser Glück, unsere Begeisterung, Freude und Leidenschaft. Wenn wir diese Gefühle unterbewusst wahrnehmen, sollten wir sie einfangen und uns auf sie konzentrieren, denn sie versetzen das Gehirn in einen belastbaren Zustand, der ein höheres Lernniveau zulässt und uns vernünftig handeln lässt. Humor, Einfühlungsvermögen und Dankbarkeit helfen uns ebenfalls dabei – all diese guten Werte wirken auf der nichtbewussten Ebene unseres Geistes wie Zutaten für Weisheit und Widerstandsfähigkeit und warten nur darauf, genutzt zu werden, denn sie helfen uns, besser zu funktionieren.

Aus diesem Grund wird die nichtbewusste Ebene des Geistes oft als unsere »spirituelle« Ebene angesehen. Sie ist der ausgedehnteste und einflussreichste Teil des Geistes. Sie ist ganz darauf eingestellt, uns mental und körperlich gesund zu halten. Sobald wir also toxische Gedanken haben, die mit einer Menge toxischer Energie einhergehen, die das Gleichgewicht in diesem nichtbewussten Bereich stört, erhalten wir von dort Warnsignale wie Niedergeschlagenheit, Angstgefühle oder das nagende Gefühl, dass etwas nicht stimmt.

Ähnlich wie bei kleinen Kindern, die zu lange im Haus bleiben mussten und die dann, wenn sie nach draußen gelassen werden, ihre Energie wie ein wild hüpfender Ball freisetzen, können sich diese aufgestauten Signale oft in körperlichen Symptomen wie Muskelverspannungen, Adrenalinausschüttungen, Kopfschmerzen und Magen-Darm-Beschwerden äußern. Wenn solche körperlichen und emotionalen Warnsignale in unserem Unterbewusstsein auftauchen, drängen sie sogleich auf Beachtung und melden uns: *Hier gibt es ein gedankliches Problem, das bewusste Aufmerksamkeit erfordert!* Wir müssen lernen, auf diese Signale zu achten und sie zu verstehen, indem wir mit der nichtbewussten Ebene unseres Geistes in Kontakt treten, denn dort liegt die Macht, mit der sich unser Kopf aufräumen lässt.

Wenn wir zu bewussten, absichtsvollen, selbstregulierten Denkern werden, richten wir unsere Aufmerksamkeit auf das Unterbewusstsein, das uns tiefer auf die nichtbewusste Ebene vordringen lässt.

Die nichtbewusste Ebene überwacht zudem das emotionale Gleichgewicht im mentalen und im physischen Raum und strebt stets nach Kohärenz zwischen den verschiedenen Bereichen des Geistes. Wie schon gesagt, tut sie dies durch Aufforderungen an die bewusste Ebene in Form der energiereichen gesunden bzw. der toxischen Gedanken, die sie an das Unterbewusstsein sendet.

Wenn wir zu bewussten, absichtsvollen, selbstregulierten Denkern werden, richten wir unsere Aufmerksamkeit auf das Unterbewusstsein, das uns tiefer auf die nichtbewusste Ebene vordringen lässt. Auf diese Weise holen wir problematische toxische Gewohnheiten oder Traumata hervor, die unsere geistige und körperliche Energie aufzehren. Dies ist der erste Schritt zu ihrer Bewältigung. Wir gleichen die toxische Energie mit der positiven Energie aus, indem wir unsere Gedanken annehmen, verarbeiten und rekonzeptualisieren.

Man darf dabei nicht vergessen, dass bei diesem Prozess niemals Energie verloren geht, sondern immer übertragen wird – ein grundlegendes Gesetz der Physik. Toxische Energie erzeugt eine chaotische Störung im Gehirn, die zu einem Ungleichgewicht auf der nichtbewussten Ebene führt. Dies wiederum erzeugt Unausgewogenheit im Gehirn, die von einem qEEG erfasst werden kann (erinnerst du dich an die roten und blauen bzw. dunklen Bereiche der Brainmaps?). Diese toxische Energie sammelt sich an, wenn man sich nicht um sie kümmert. Und irgendwann wird sie sich vulkanartig entladen und unseren Geist auf unkontrollierte Weise in seiner Tätigkeit beeinträchtigen.

Diese toxische Energie muss von der nichtbewussten in die unterbewusste und dann in die bewusste Ebene übertragen werden. Ich bin sicher, dass du das in irgendeiner Weise schon einmal selbst erlebt hast. Du bist zum Beispiel über das Verhalten einer Person total verärgert und hast es derart satt, dass du sehr hässliche Dinge sagst oder tust; deine Nerven machen nicht mehr mit und du hältst es einfach nicht mehr aus. Vulkanartige Entladungen können in Form von Zusammenbrüchen, extremen Ängsten, Depressionen, Zwangsstörungen, PTBS, psychotischen Schüben, zunehmender Frustration, einem Gefühl der Traurigkeit, das nie zu verschwinden scheint, sowie als körperliche Krankheit oder als eine Mischung aus alldem, der sogenannten *Komorbidität*, erlebt werden. Jeder Mensch erlebt diese Entladungen auf unterschiedliche Weise und über unterschiedlich lange Zeiträume hinweg, denn unsere Erfahrungen und die Art und Weise, wie wir diese Erfahrungen erleben, sind bei jedem anders. Die gute Nachricht ist, dass wir auf diese Signale der nichtbewussten Ebene eingehen und Maßnahmen ergreifen können, bevor es zu weiteren körperlichen und psychischen Problemen kommt.

Bei der Bewältigung toxischer Gedanken und Traumata geht es darum, all diese wirbelnde, chaotische, toxische Energie von dem negativen Gedanken auf den rekonzeptualisierten, gesunden Gedanken zu übertragen, um das mentale Gleichgewicht und die geistige Harmonie wiederherzustellen. Im Grunde genommen ist die nichtbewusste Ebene unseres Geistes wie eine erstklassige Haushälterin: Sie hält ständig Ausschau nach toxischen Störungen, spürt sie auf und sendet durch emotionale und körperliche Warnsignale Hinweise an das Unterbewusstsein.

Der toxische Gedanke wird dann in die bewusste Ebene verlagert, wo wir uns seiner gewahr werden. Das bedeutet, der Sammler (du) muss den toxischen Gedanken in sein Bewusstsein ziehen. Sobald er sich im Bewusstsein befindet, setzt die selbstgesteuerte Neuroplastizität ein, und die Proteinverzweigungen, die die Erinnerungsinformationen in einer bestimmten Frequenz in Schwingung halten, werden schwächer. Das ist der Zeitpunkt, an dem der Gedanke am schwächsten ist und rekonzeptualisiert werden kann. Deshalb spreche ich immer wieder über *das Annehmen unserer Probleme*: Wir müssen uns ihnen stellen und sie erkennen – uns ihrer bewusst werden –, indem wir ein Bewusstsein für die Signale in unserem Unterbewusstsein entwickeln. Sobald wir das tun, können wir das toxische Zeug aus der nichtbewussten Ebene herausholen und es auf die bewusste Ebene bringen, wo es geschwächt wird und formbar ist. Erst dann können wir dieses Gedankengut verarbeiten und rekonzeptualisieren und Fortschritte machen. Das ist anstrengend und manchmal sehr schmerzhaft, aber in unserer Schwäche können wir zu Stärke finden.

Wir sollten auch immer daran denken, dass wir aus der nichtbewussten Ebene unseres Geistes nicht nur toxische Gedanken herausziehen können. Wir finden dort genauso intelligente Einsichten (diese typischen *Aha*-Momente), beziehen daraus unser Unterscheidungsvermögen und ebenso die Fähigkeit, jede beliebige Situation vernünftig und logisch zu betrachten. Sie ist die Quelle unserer Vernunft, unserer Voraussicht und unserer Rückschau. Wenn wir also eine Antenne für die nichtbewusste Ebene unseres Geistes entwickeln, können wir in den Genuss all dieser guten Dinge kommen.

Über die nichtbewusste Ebene können wir sowohl auf gute Gedanken als auch auf schädliche Gedanken zugreifen.

Unser Verhältnis zur nichtbewussten Ebene unseres Geistes umfasst noch einen weiteren Aspekt. Über sie können wir auf unsere guten Gedanken zugreifen und diese auf vielfältige Weise nutzen, etwa indem wir uns an eine schöne Zeit mit einem geliebten Menschen erinnern, um zur Ruhe zu kommen oder mit Trauer umzugehen. Oder indem wir uns an eine Zeit erinnern, in der wir eine Herausforderung gemeistert haben, und uns dadurch zum Weitermachen ermutigen. Oder auch, um wichtige Informationen abzurufen, die wir für eine Prüfung gebüffelt haben. Alle Gedanken mit ihren informatorischen und emotionalen Erinnerungen können rekonsolidiert werden, wenn wir uns ihrer bewusst werden, indem wir sie aus der nichtbewussten Ebene abrufen. Und wenn die Erinnerungen anschließend dorthin zurückkehren, sind sie stets komplexer als zuvor – wie ein Anstrich, dem man eine weitere Farbschicht hinzugefügt hat. Man ergänzt den Gedanken nicht einfach um weitere Informationen und versucht auch nicht, ihn durch einen anderen Gedanken zu neutralisieren. Vielmehr gestaltet man die Erinnerungen in dem Gedanken so um, dass sie weniger schmerzhaft und besser zu bewältigen sind. Deine Geschichte ist in der neuen Erinnerung enthalten, aber in einer »Kintsugi-Version«.

> ***Kintsugi*** *bedeutet »Goldflicken« und bezieht sich auf die japanische Kunst, zerbrochene Keramik zu reparieren, indem man die Bruchstellen mit Lack ausbessert, der mit pulverisiertem Gold, Silber oder Platin bestäubt oder vermischt ist. Als Philosophie behandelt sie Bruch und Reparatur als Teil der Geschichte eines Objekts und nicht als etwas, das es zu verbergen gilt.*[46]

Das heißt, man sieht die Bruchstellen deiner Geschichte in der Erinnerung noch, aber sie sind mit Gold zusammengefügt.

In meiner Forschung bezeichne ich dies als »kreative Rekonzeptualisierung«.[47] Wenn du dir die Kraft der nichtbewussten Ebene deines Geistes zunutze machst, befähigt sie dich dazu, in deinem Leben mentale und emotionale Fortschritte zu machen. Durch dein Denken kannst du aktiv Gedanken neu erschaffen und die Ausstattung deines Gedankenlebens umgestalten.

Ich finde es toll, dass wir ungeachtet dessen, was passiert, unseren Geist zur Veränderung unseres Gedankenlebens nutzen können. Die Fähigkeit, etwas neu zu erschaffen, bedeutet Macht. Es zeigt uns, dass wir stets die Möglichkeit eines neuen Anlaufs haben. Ich finde es auch großartig, dass wir die Fähigkeit besitzen, uns mit anderen über unseren Geist zu verbinden. Das geht jedoch mit großer Verantwortung einher, denn wir spiegeln buchstäblich die Gefühle und Erfahrungen anderer Menschen wider, wenn wir ihnen Aufmerksamkeit schenken. Wenn andere Menschen zum Beispiel deprimiert sind und wir uns auf sie konzentrieren, spiegelt unser Gehirn ihre Niedergeschlagenheit wider. Und wenn wir genügend Zeit mit ihnen verbringen, besteht eine gute Chance, dass wir ebenfalls deprimiert werden, sofern wir nicht unseren Geist schützen, indem wir uns bewusst dafür entscheiden, die Depressivität zu verarbeiten und umzulenken.

Das bedeutet nicht, dass wir kein Mitgefühl haben sollten. Tatsächlich verstärkt sich unser Empathievermögen dadurch noch – denn die Wirkung zu bemerken, die die Stimmung eines anderen Menschen auf uns hat, bedeutet, wir gehen auf ihn ein. Und indem wir unser Gedankenleben schützen, bleiben wir stark genug, um dem Betroffenen zu helfen – wir können niemandem helfen, wenn wir selbst überfordert sind. Gleicherweise spiegelt unser Gehirn Verhalten und Körpersprache glücklicher Menschen wider, wenn wir Zeit mit ihnen verbringen, wodurch sich unsere Stimmung hebt!

Das, woran du am meisten denkst, wächst

An dem, was auf der nichtbewussten Ebene die meiste Energie aufweist, lässt sich ablesen, worüber wir vorwiegend nachgedacht haben. *Das, woran wir am meisten denken, wächst, weil wir ihm Energie zuführen.* So wie eine Pflanze Wasser braucht, um zu wachsen, braucht ein Gedanke Energie, um sich zu entwickeln.

Gedanken sind reale Gebilde. Und wie alle realen Gebilde erzeugen sie Energie: kleine Energiepakete, *Photonen* genannt, die die Elementarteilchen des Lichts ausmachen. Albert Einstein entdeckte dieses Gesetz (photoelektrischer Effekt) und erhielt für seine Arbeit 1921 den Nobelpreis für Physik.

Das, woran wir am meisten denken, wächst, weil wir ihm Energie zuführen.

Wir alle sind schon auf vielfältige Weise mit Photonen in Berührung gekommen, aber vermutlich hast du noch nie darüber nachgedacht, was sie mit deinen Gedanken zu tun haben könnten. Deshalb möchte ich dir ein Beispiel geben: Du beobachtest jemanden, der andere schikaniert, und plötzlich merkst du, wie du einen Schritt zurückweichen willst, und du fühlst dich verstört. Es ist beinahe so, als würde die Person etwas nach dir werfen. Was du wahrnimmst, ist die toxische Energie der Gedanken dieser Person – und die ist tatsächlich existent.

Geistige Energie erzeugt eine Sogwirkung auf andere. Stell dir vor, wie du dich fühlst, wenn du mit jemandem viel Zeit verbringst, der ständig depressiv oder negativ ist. Furcht erzeugt Furcht. Der angstvolle Geist erzeugt beängstigende Wahrscheinlichkeiten. Ein deprimierter Geist erzeugt düstere Erwartungen. Das Gleiche gilt aber auch für das Positive. Ein beschwingter Geist erzeugt spannende Möglichkeiten. Der hochgestimmte Geist erzeugt freudige Erwartungen. Diese Liste lässt sich beliebig fortsetzen. Wir sind, was wir denken, und das, worüber wir am meisten nachdenken, wird wachsen.

Deshalb müssen wir uns genau überlegen, mit wem wir Umgang pflegen und wem wir zuhören. Wir können uns im wahrsten Sinne des Wortes gegenseitig bereichern oder schaden. Wenn wir anderen unbeabsichtigt erlauben, unseren Geist mit ihren Gedanken zu füllen, sind wir ihnen ausgeliefert. Die Energie der Gedanken anderer ist real, und wir müssen uns vor ihr schützen, wenn sie negativ ist – und sie uns mit beiden Händen schnappen, wenn sie positiv ist. Die Gedanken und Ideen anderer Menschen, einschließlich der Dinge, die wir hören, lesen und sehen, haben das Potential, einen beherrschenden Einfluss auf unser Denken und Fühlen und unsere Entscheidungen auszuüben – wenn wir es zulassen.

Interessant ist jedoch, dass Erinnerungen an geteilte Erfahrungen innerhalb von vierundzwanzig bis achtundvierzig Stunden verschwinden, weil die Proteine, aus denen sie bestehen, denaturieren; sie werden in Wärmeenergie umgewandelt. Im Hinblick auf negative Erfahrungen ist das großartig. Es bedeutet aber auch, dass wir uns mit positiven Begegnungen länger beschäftigen müssen, um deren Wirkung aufrechtzuerhalten und dauerhaft Nutzen daraus zu ziehen.

Umgekehrt gilt das Gleiche: Was wir mit unseren Gedanken, Worten, Einstellungen und Überzeugungen tun, wirkt sich auf die Menschen um uns herum aus. Wurde dir schon einmal gesagt, es hänge eine schwarze Wolke über dir und die wirke sich auf andere aus? Oder dass du ein toxisches Arbeitsklima schaffst, indem du deinen Stress auf deine Kollegen überträgst? Deine Gedanken verströmen eine spürbare Energie, die sich auf andere auswirkt.

Dr. Leaf, ich musste Ihnen das einfach erzählen: Ich bin heute richtig wütend geworden. Auslöser war eine Bagatelle, die mich aber ziemlich getroffen hat. Zuerst ließ ich meiner Wut freien Lauf, aber dann habe ich mich hingesetzt und anhand Ihrer fünf Schritte analysiert, warum ich so wütend war. Ich beruhigte mich und war in der Lage, die Situation neu zu begreifen und aufzulösen, bevor sie eskalierte. Ich habe meinen Ärger nicht einfach mitgeschleppt!

Sandra

Du kannst die Dunkelheit nicht besiegen, indem du vor ihr wegläufst, noch kannst du deine inneren Dämonen besiegen, indem du sie vor der Welt versteckst. Um die Dunkelheit zu besiegen, musst du sie ins Licht bringen.

Seth Adam Smith

TEIL 2

DIE PRAKTISCHE ANWENDUNG DES NEUROZYKLUS

Kapitel 8

Die 5 Schritte des Neurozyklus

Das technologische Zeitalter bietet uns den ständigen Zugang zu Unmengen von Informationen. Der Kopf quillt über; die Menschen fühlen sich überfordert. Die Diskussion dreht sich nicht so sehr um das, was in der Welt vor sich geht, sondern um die Verwirrung darüber, wie man über all das denken und was man davon halten soll und wie man es verdauen und darauf reagieren kann.

CRISS JAMI

Überblick

- Gedankenmanagement erleichtert, sofern es korrekt durchgeführt wird, das »Gespräch« zwischen der bewussten, der unterbewussten und der nichtbewussten Ebene des Geistes.
- Wir sind keine Gefangenen unserer Gedanken, ob sie nun in Form von Angstvorstellungen, depressiven Verstimmungen oder schmerzhaften Erinnerungen auftreten.
- Der Neurozyklus baut das Gedächtnis auf effektive und integrative Weise auf und hilft uns, die Inhalte aller Bereiche unseres Geistes zu verwalten.
- Zuverlässig wie ein Zustelldienst, für den Inhalt, Herkunftsort und Zielort eines Pakets keine Rolle spielen, funktionieren auch die 5 Schritte des Gedankenmanagements – egal, was dein Problem ist, woher es kommt und wo es landet.

Gesundheitsprobleme, Geldsorgen, Beziehungsschwierigkeiten, Selbstzweifel, Überlastung durch moderne Technik, ein hohes Arbeitspensum, Pflegeaufgaben, kranke Familienmitglieder, Pandemien … es gibt so viele Dinge, die uns verunsichern, deprimieren und belasten können. Obwohl wir als Spezies viele Fortschritte gemacht haben, hat das moderne Leben auch seine ganz eigenen Belastungen und Probleme mit sich gebracht. Dies hat Auswirkungen auf unsere Lebensweise und die Lebenserwartung.

Aber das muss nicht deine Geschichte sein. Mithilfe von wissenschaftlichen, klinisch erforschten und praxisgerechten Lösungen für präventives, proaktives und strategisches Gedankenmanagement wirst du lernen, wie du die Kraft deines Denkens fördern und kultivieren und dein Gehirn selbstgesteuert verändern kannst. Gedankenmanagement erleichtert, sofern es korrekt durchgeführt wird, die Kommunikation zwischen der bewussten, der unterbewussten und der nichtbewussten Ebene des Geistes. Dies wiederum bringt die Gehirnströme dazu, in gesunder Weise zu fließen und so die Gehirnfunktion zu optimieren. Du schaffst die Voraussetzungen für eine Längenzunahme deiner Telomere, wodurch die Zellalterung positiv beeinflusst wird. Du lernst, wie du die Physiologie deines Körpers und die Neurophysiologie deines Gehirns steuern kannst. Und du erlangst die Kontrolle über deine mentale Gesundheit.

Wir können lernen, unsere Reaktionen bewusst zu gestalten und unser mentales Chaos zu beseitigen. Wenn wir uns der Macht unseres Geistes bewusst sind, können wir lästige Gedanken, die in unserem Kopf Chaos verursachen, einfangen und in den Griff bekommen – diese grüblerischen Hamsterrad-Gedanken, die ins Leere laufen und dafür sorgen, dass wir uns nur noch schlechter fühlen. Wir können lernen, wirklich in uns hineinzuhören und wahrzunehmen, wie wir denken, fühlen und entscheiden, und auch, wie andere denken, fühlen und entscheiden. So können wir in der Tat selbst bestimmen und individuell festlegen, wie wir auf Menschen und Ereignisse reagieren.

Wirklich jeder Moment eines jeden Tages erfordert Gedankenmanagement, denn jeder Moment setzt den nächsten in Gang, mit erheblichen psychischen und körperlichen Auswirkungen. Du kannst mit deinem Geist das Gehirn sowohl in Richtung eines organisierten als auch eines unorganisierten Zustands lenken. Du kannst deinen Geist in einer Weise benutzen, die dein Gehirn neu aufbaut und stärkt, selbst wenn du viel Traumatisches durchlebt hast. Du kannst dein Gehirn unter deine Kontrolle bringen, unabhängig von deiner Vergangenheit und deiner gegenwärtigen Situation. Du kannst Gedanken einfangen und bändigen und dein Denken rekonzeptualisieren.

Die Whirlpool-Krise

Wir haben einen Whirlpool, und ich benutze ihn am liebsten, wenn ich mir eine mentale Auszeit gönnen will. Nach einem langen Tag, einem anstrengenden Workout oder einem Saunabesuch nehme ich gern ein langes, heißes Bad. Eines Abends, während ich die Blubberbläschen um mich herum genoss, stellte ich plötzlich fest, dass einer der wunderschönen Diamantohrringe, die mir meine Kinder zum Geburtstag geschenkt hatten, von meinem Ohr ins Wasser gefallen war! Ich musste ihn finden, bevor er in den Abfluss gesogen würde, denn ich hatte in meiner Panik, als ich merkte, dass der Ohrring fehlte, versehentlich den Wannenverschluss mit dem Fuß geöffnet. Das Geräusch des ablaufenden Wassers trug nicht gerade dazu bei, mich zu beruhigen. In Gedanken sah ich den Ohrring bereits verschwinden und mich, wie ich meinen

Kindern beichten musste, was passiert war. Hektisch schaltete ich den Whirlpool aus und tastete mich durch den Schaum bis zum Ablauf vor, um ihn wieder zu verschließen, bevor noch mehr Wasser abfließen konnte. Dann musste ich warten, bis das Wasser ausreichend schaumfrei war, damit ich sehen könnte, ob der Ohrring schon im Abfluss verschwunden war.

Inmitten des seifigen Chaos und meines eigenen mentalen Durcheinanders stieg ich aus der Wanne und schrie nach meinem Mann Mac, er solle kommen und »diese blöden Seifenblasen vernichten«, wobei ich furchtbar frustriert war, während ich auf freie Sicht wartete. Ich rutschte auf dem Schaum aus, der nun überall auf dem Badezimmerboden verteilt war, und verletzte mich am Knie. Am Ende habe ich Mac angeschrien, als wäre diese ganze Geschichte seine Schuld. *Warum hatte er mich nicht daran erinnert, meine Ohrringe vor dem Baden abzunehmen?*

Als wir den Schaum endlich unter Kontrolle hatten, hielten wir beide den Atem an, während wir ins Wasser spähten, um den Ohrring zu finden. Mac entdeckte ihn zuerst und schnappte ihn sich. Wir seufzten beide vor Erleichterung – ich, weil ich das kostbare Geschenk meiner Kinder gefunden hatte, und Mac, weil mein Wutanfall nun ein Ende hatte und er sich zum dreißigsten Mal das Ende von *Braveheart* ansehen konnte.

Mir sind bei dieser »Seifenoper« eine Reihe von Dingen klar geworden. Erstens hätte der Ohrring leicht verloren gehen können, denn ich war mir nicht sofort bewusst, dass er abgefallen war, und musste erst einmal die entsprechenden Informationen **sammeln**. Zweitens war meine Panik **rückblickend** eine normale Reaktion unter den gegebenen Umständen – der Grund für die Panik war meine Angst, etwas Besonderes zu verlieren. Um das Problem zu lösen, brauchte ich einen Plan, etwas, das ich tun konnte – ich brauchte klare, logische Schritte. Ich ging dann in meinem Kopf in eine Art **Schreibmodus** über und erstellte einen Aktionsplan, der mich weiterbrachte und aus meiner Angststarre herausführte. Dabei musste ich mich immer wieder **vergewissern**, dass mein Plan funktionieren würde, denn es kostete mich mehr Zeit und Mühe als erwartet, den Berg von Schaumblasen im Alleingang abzutragen. Ich beschloss daher, meinen Mann **aktiv um Hilfe** zu bitten (auch wenn ich anfangs etwas frustriert war!).

Als ich meinen verlorenen Ohrring suchte, durchlief ich also fünf Schritte:

1. Sammeln
2. Reflektieren
3. Aufschreiben
4. Erneutes Betrachten
5. Aktives Ergreifen

Das ist ein ziemlich albernes Beispiel, ich weiß. Aber es hilft dir zu verstehen, wie die 5 Schritte funktionieren. *Die* sind nämlich keineswegs albern, und ich erzähle diese kleine Episode, um dir zu verdeutlichen, wie unsere Neuroplastizität von uns selbst gesteuert werden kann.

Wir sind keine Gefangenen unserer Gedanken, ob sie nun in Form von Angstvorstellungen, depressiven Verstimmungen oder schmerzhaften Erinnerungen auftreten. Gedankenmanagement macht uns frei. Auch wenn diese 5 Schritte etwas Zeit und Mühe erfordern, sind sie im Grunde recht einfach; sie sind lohnend und lassen sich mit der Zeit gut beherrschen. Je öfter du sie anwendest, desto leichter fallen sie dir und umso anpassungsfähiger wirst du in Bezug auf dein Gedankenmanagement und etwaige Umstellungen in deiner Lebensführung.

Die meisten von uns kennen die Grundlagen für eine gute Lebensweise. Um gesund zu sein, brauchen wir gute Gewohnheiten: tiefgehende und sinnvolle Beziehungen zu anderen Menschen, eine bewusste und ausgewogene Ernährung, regelmäßige sportliche Betätigung und eine gute Stressbewältigung. Wie passen also die 5 Schritte zu einer positiven Lebensweise? Nun, wie du sicher weißt, ist es eine Sache, darüber Bescheid zu wissen, was zu tun ist, und eine ganz andere, es auch zu tun. Die 5 Schritte sind in erster Linie ein *Liefersystem*. Sie beliefern dein Gehirn und deinen Körper mit den nötigen Wissenspaketen, damit du nicht mehr nur weißt, wie gut etwas für dich wäre, sondern es auch tatsächlich zu deinem Nutzen ausleben kannst. Das bedeutet nichts anderes, als dass du lernen kannst, deinen Geist zu benutzen, um deine Gedankenwelt (dein Denken, Fühlen und Entscheiden) zu disziplinieren, sodass du vom bloßen *Bescheidwissen* über gute Entscheidungen in Bezug auf die Lebensführung dazu übergehen kannst, solche Entscheidungen auch wirklich zu *treffen*!

Der Neurozyklus bietet eine Möglichkeit, *auf den Geist hinter der Geisteshaltung zuzugreifen und ihn zu lenken*. Das bedeutet, wir können lernen, den Geist mit seiner Gedankenwelt zu beherrschen, der hinter unseren täglichen Kämpfen steht, hinter den Dingen, die uns unvorbereitet treffen, unseren Traumata, unseren Ernährungsentscheidungen, unserem Bewegungsverhalten und anderem mehr. Wenn dein Geist nicht richtig funktioniert, wird auch nichts anderes richtig funktionieren, weil er hinter allem steht, was du tust. Vergiss nicht: Du kannst nicht einmal drei Sekunden ohne zu denken auskommen!

Die Grundprinzipien des Neurozyklus

Wie schon gesagt, sind die 5 Schritte eine Art Operation am eigenen Gehirn. Indem du deinen Geist in seinem aktiven Zustand steuerst, veränderst du dein Gehirn und deinen geistigen Raum zum Besseren, indem du toxische Gedanken loswirst und gute, gesunde Gedanken und Gewohnheiten aufbaust.

Die grundlegenden Prinzipien dieses Gedankenmanagement-Tools, des Neurozyklus, bestehen in der Annahme, der Verarbeitung und der Rekonzeptualisierung, und die 5 Schritte sind dein »chirurgisches Besteck«, mit dem du dies durchführst.

- Schritt 1 – Sammeln – beinhaltet das **Annehmen** des toxischen Gedankens oder der Gewohnheit oder des Traumas *(das Aufschneiden mit dem Skalpell).*
- Die Schritte 2 und 3 – Reflektieren und Aufschreiben – sind die Schritte der **Verarbeitung** *(die Durchführung der Operation).*
- Die Schritte 4 und 5 – das erneute Betrachten und aktive Ergreifen – sind die Schritte der **Rekonzeptualisierung** *(Wundschließung und Heilphase).*

Annehmen bedeutet, die emotionalen und körperlichen Warnsignale, die dein Gehirn und dein Körper dir senden, wahrzunehmen, dich ihnen zu stellen, sie zu akzeptieren und willentlich und bewusst Erkenntnisse zu sammeln.

Verarbeitung ist der Teil der mentalen Operation, bei dem es um die »geistige Inaugenscheinnahme« geht. Sie geht mit tiefgründigem, willentlichem und konzentriertem Denken einher, das die bewusste und die nichtbewusste Ebene des Geistes zwingt, sich miteinander zu verbinden.

Rekonzeptualisierung bedeutet, das Denken, Fühlen und die Entscheidungen, die hinter einem Gedanken stehen, neu zu gestalten, indem man aus den Lektionen der Vergangenheit lernt. Wenn du einen Gedanken rekonzeptualisierst, untersuchst du die Informationen, Gefühle und Entscheidungen, die zu diesem Gedanken geführt haben. Auf diese Weise betrachtest du das, was passiert ist oder was du gedacht hast, aus einem neuen Blickwinkel, aus einer anderen Perspektive, die das Geschehene oder Gedachte verkraftbar macht, sodass du dich nicht mehr durch den Schmerz gelähmt fühlst – der Grad deiner emotionalen Belastung ändert sich.

Die Rekonzeptualisierung hilft dir, einen Ersatzgedanken zu entwickeln, der die Lektionen aus dem toxischen Gedanken zur Grundlage hat. Dadurch werden dein Denken und dein Gehirn im wahrsten Sinne des Wortes umgestaltet; dies ermöglicht es dir, Fortschritte zu machen. Ich bin mir sicher, dass du dies schon viele Male erlebt hast, du kanntest vielleicht nur nicht die konkreten Schritte oder die Wissenschaft dahinter. Denk nur an eine Zeit, in der du etwas sehr Herausforderndes durchgemacht hast und dann, als du es überstanden hattest, fast instinktiv das Bedürfnis verspürtest, deine Geschichte anderen zu erzählen, um ihnen zu helfen, weil dein eigener Rekonzeptualisierungsprozess so lebensverändernd war.

Wenn ich an Rekonzeptualisierung denke, kommt mir oft eine junge Frau in den Sinn, die ihren Mann während eines Hurrikans verloren hat; sie musste mitansehen, wie sein Kopf durch umherfliegende Trümmerteile von seinem Körper abgetrennt wurde. Dies ist ein unvorstellbares Trauma, über das man nie wirklich hinwegkommt. Inmitten ihrer Trauer und ihres Schmerzes beschloss sie jedoch, beides neu zu begreifen, indem sie akzeptierte, dass sie über ihre Trauer und ihren Schmerz nie hinwegkommen würde, weil es einfach zu schrecklich war. Aber sie wusste, dass sie einen Weg finden musste, dem Ereignis einen Sinn zu geben, um damit fertig zu werden. Sie tat dies, indem sie ihre Energie darauf verwendete, anderen bei der Verarbeitung ihrer Trauer zu helfen.

Die Rekonzeptualisierung findet sowohl bei schweren Traumata wie diesem als auch bei Alltagsproblemen Anwendung. Ich gebe mal ein Beispiel für etwas, das nicht so extrem ist. Mein Mann Mac und ich arbeiten zusammen, das heißt, wir sind rund um die Uhr zusammen. Ich musste mich selbst regulieren und die 5 Schritte anwenden, um den Prozess der Rekonzeptualisierung zu durchlaufen, denn Mac hat bei Besprechungen eine Art, mich immer wieder zu unterbrechen. Früher reagierte ich sehr gereizt und bissig, aber ich habe die Situation umgedeutet von *Er hört nicht zu und unterbricht mich laufend* zu *Ich werde genau hinhören, was er sagt, und versuchen, den tieferen Sinn zu verstehen, und ich werde ihn freundlich bitten, mich nicht einfach zu unterbrechen.* Ich habe meine Sichtweise auf das, was er tut, verändert, indem ich ihm anders zugehört habe, und das hat unsere Besprechungen zum Positiven verändert. Mac ist jetzt sehr rücksichtsvoll und lässt mich meinen Gedankengang zu Ende führen, bevor er Fragen stellt. Und ich antworte ihm geduldig und mit Freundlichkeit. Es ist eine kleine Veränderung, die sich sehr gelohnt hat. Aber ich habe volle dreiundsechzig Tage die Neurozyklus-Methode anwenden müssen, um wirklich einen Erfolg zu sehen. Jetzt ist es zur Gewohnheit geworden.

In jedem Kapitel findest du Erfahrungsberichte von Menschen, deren Leben sich durch die Anwendung der 5 Schritte auf unterschiedliche Weise verändert hat. Lies sie, um dich selbst zu ermutigen, vor allem, wenn es mal schwierig wird. Wie sie wirst auch du den Schmerz überwinden! Wann immer du gute Ratschläge oder Tipps von einem Freund, Ratgeber oder Familienmitglied erhältst, packe sie in die 5 Schritte mit hinein, damit du sie in deinem Leben umzusetzen lernst, und sie nicht nur vernimmst und sagst: »Oh, das ist ja toll! Das muss ich auch machen.« Ich praktiziere das andauernd!

Annehmen, Verarbeiten und Rekonzeptualisieren

Wenn du also Schritt 1, das Sammeln, anwendest, **nimmst** du das Gefühl von Angst oder Bedrückung als emotionales Warnsignal dafür **an**, dass etwas nicht stimmt. Du nimmst auch die körperlichen Warnsignale deines Stresses wahr, wie beispielsweise eine erhöhte Herzfrequenz, Kopf- oder Magenschmerzen. Du nimmst die mit den Emotionen verbundenen Informationen an. Sieh den Prozess als etwas Positives – die Erinnerungen sind schmerzhaft, aber du bist dir ihrer jetzt bewusst, und das bedeutet, du kannst sie verändern. Der Grund zur Freude liegt in der Veränderung!

Das Annehmen ist eine der schwierigsten Aufgaben, denn es verlangt von uns, zuzugeben, dass wir Probleme haben, und uns dem Problem, dem Gedanken oder dem Gefühl direkt zu stellen. Unser Ego wird in Frage gestellt, und unser Gefühl von Wohlbehagen und Sicherheit ist bedroht. An diesem Punkt laufen viele Menschen in die entgegengesetzte Richtung, entweder aus Angst oder aus Schuld- oder Schamgefühlen, weil sie Emotionen fälschlicherweise zu einem Teil ihrer Identität gemacht haben. Es ist jedoch genau diese Bewusstheit, die den Körper anweist, bestimmte Botenstoffe freizusetzen und Gene an- und abzuschalten, um den Fluss der verschiedenen Energiefrequenzen des Gehirns optimal zu steuern. Sie sorgt sogar für eine bessere Durchblutung und eine erhöhte Sauerstoffzufuhr im vorderen Teil des Gehirns und hilft so, die Schäden zu reparieren, die durch die emotionale Intensität von Traumata und chronischem, nicht bewältigtem Stress entstanden sind. Hier sind einige einfache Tipps, wie sich dieses Annehmen ein wenig erträglicher machen lässt.

1. Werde dir bewusst, dass Gefühle, Gedanken, Traumata und frühere Erfahrungen nicht deine Identität ausmachen. Du stellst dich zum Beispiel den *Gefühlen* der Scham, ohne dabei zu sagen, dass du eine Schande *bist*.
2. Akzeptiere, dass der Schmerz unumgänglich ist, wenn du an deiner Heilung arbeitest. Sage dir, dass er irgendwann aufhören wird, auch wenn es sich im Moment nicht so anfühlt.
3. Denke immer daran, dass du auf diesem Weg nie alleine bist und dass du die Liebe und Unterstützung verdienst, die dir deine Bezugspersonen geben, wenn du dich an sie wendest und sie um Hilfe bittest.
4. Erinnere dich an vergangene schwierige Erfahrungen, die du trotz Angst oder Unsicherheit gemeistert hast.
5. Sei dir immer bewusst, dass diese schmerzhafte Phase nicht ewig andauern wird, und je eher du lernst, sie anzunehmen, desto schneller wirst du sie hinter dir lassen.
6. Und das Tollste ist: In dem Moment, in dem du den Gedanken annimmst, ist er geschwächt und befindet sich im Prozess der Veränderung – auch wenn es sich nicht so anfühlt. Unser Nervensystem und die nichtbewusste Ebene unseres Geistes verändern sich, bevor wir uns dieser Veränderung bewusst sind und sie in unserem Leben tatsächlich bemerken.

Deine Gefühle nicht anzunehmen, lässt sie nicht verschwinden. Wenn sie nicht an die Oberfläche kommen, dringen sie in deinen Körper, deine Zellen, deine DNA und in dein Denken ein und werden sich irgendwann vulkanartig entladen – daran führt kein Weg vorbei. Die Existenz der Emotionen oder Gedanken zu leugnen, ist ein Abwehrmechanismus, der dir vielleicht für kurze Zeit hilft, Unbehagen zu vermeiden, aber er fördert nicht die Heilung und wird dich letztendlich an die Belastungsgrenze bringen.

Nach dem Annehmen trittst du in die Phase der **Verarbeitung** ein, kommst also zu Schritt 2 und 3, dem Reflektieren und Aufschreiben. Hier geht es um tiefgehendes Nachdenken unter Verwendung der klassischen »W«-Fragen – wer, was, wann, wo, warum und wie. Das Aufschreiben dieser Gedanken spielt eine große Rolle beim Ordnen deines Denkens. Es hilft dir, deine Sichtweise zu erkennen und deren Wurzel zu finden: den Ursprung des dahinterstehenden Denkens, Fühlens und Entscheidens. Diese Schritte des intensiven Reflektierens und des Aufschreibens sind gut geeignet, um viele der Techniken der selbstgesteuerten Neuroplastizität anzuwenden, die wir in Kapitel 9 besprechen werden.

Die Verarbeitungsphase bedeutet ebenfalls harte emotionale Arbeit, vor allem, wenn es um Traumata geht. Achte also darauf, dass du deinen Aufarbeitungsprozess nicht mit dem einer anderen Person vergleichst oder dir einen Zeitrahmen dafür setzt. Es kann zum Beispiel sein, dass du mehrere Durchläufe des 63-Tage-Zyklus brauchst, um die tiefen seelischen Narben aufzulösen, die du schon eine Weile verdrängt hast. Geh daher nicht davon aus, dass du die betreffende Angelegenheit innerhalb eines 63-Tage-Zyklus oder einer anderen Zeitspanne, die du dir selbst auferlegst, bewältigen musst, denn das würde dich von vornherein zum Scheitern verurteilen.

Nach der Verarbeitung **rekonzeptualisierst** du diesen Gedanken, das sind Schritt 4, erneutes Betrachten, und Schritt 5, aktives Ergreifen. Dazu wertest du aus, was du aufgeschrieben hast. Auf diese Weise kannst du dir deine Verhaltens- und Kommunikationsmuster genauer ansehen: welche Wirkung sie auf dein Leben haben, wie sie zustande gekommen sind und wie du sie anders wahrnehmen kannst, damit sich ihr Einfluss auf dein Leben neutralisiert.

Halte dir immer vor Augen, dass *du* in diesem Prozess bestimmend bist. Du gibst sogar die Richtung vor, denn schließlich geht es um deine Lebenserfahrung. Nutze auch hier die Techniken der selbstgesteuerten Neuroplastizität, denn sie erleichtern den Prozess. Das Ziel der Rekonzeptualisierung ist, die Veränderung verstehbar zu machen und die mit dem Menschsein und dem Leben verbundene Entwicklung zu würdigen. Dieser Prozess ist *nicht* wie das Verpflastern einer tiefen Wunde oder wie die stückweise Entfernung eines Tattoos, es geht auch nicht darum, einen widerstreitenden »richtigen« Gedanken zu erzeugen, der, wenn er oft genug gedacht wird, den toxischen Gedanken in den Hintergrund treten lässt. Rekonzeptualisierung ist das Erkennen und Entfernen der Ketten, die dich an die Vergangenheit gefesselt halten – sie lässt die erlebte Not zu einem Zeugnis werden. Es geht darum, die eigene Geschichte zu integrieren, die jetzt umgestaltet ist (wobei der Schmerz akzeptiert und neutralisiert wurde); es geht nicht darum, das Durchlebte zu ignorieren oder zu verdrängen, sondern die Vergangenheit für das Wachstum zu schätzen, das sie in dein Leben gebracht hat, und diesen Wandel in dein tägliches Leben einfließen zu lassen. Dieser Prozess verwandelt deine Schwächen, Fehler und Schmerzen in eine Geheimwaffe – in etwas Wertvolles, aus dem du gelernt hast, sodass du weiter wachsen und deine persönliche Geschichte lieben lernen kannst.

Die Japaner haben ein geniales Konzept, das die Bedeutung der Rekonzeptualisierung auf den Punkt bringt: das bereits erwähnte *Kintsugi*. Dabei handelt es sich um die Kunst, zerbrochene Keramik mit Lack zu reparieren, der mit Gold-, Silber- oder Platinpulver bestäubt oder vermischt wurde. Eine zerbrochene Keramikvase wird repariert, anstatt weggeworfen zu werden, und wird so in etwas einzigartig Schönes verwandelt – die zusammengefügten Bruchstücke bilden durch die Veredelung erstaunliche Muster, die die Bruchlinien hervorheben, anstatt sie zu verbergen.

Ein Therapeut, Pastor, Berater oder Coach kann nicht wissen, was das Beste für dich ist, auch wenn sie dir durchaus helfen können, es selbst herauszufinden. Denn nur du kennst deine eigenen Erfahrungen wirklich. Du bist der Experte für dein Leben. Am effektivsten lässt sich so etwas wie eine Therapie nutzen, wenn man es als Möglichkeit sieht, Probleme gemeinsam mit einem Partner zu lösen – um die Brüche in der Keramikvase gemeinsam zu vergolden, wie ich es mit meinen Patienten in meiner fünfundzwanzigjährigen klinischen Praxis getan habe. Mithilfe der 5-Schritte-Methode kannst du jetzt allerdings *selbst* dafür sorgen, dass du deine Gedanken den ganzen Tag über gut im Griff hast – auch dann, wenn du gerade niemanden zum Reden hast, kannst du so deinen Alltag bewältigen.

Um möglichst effektiv das Beste aus deinem Verstand herauszuholen, solltest du den Neurozyklus täglich anwenden. In meiner klinischen Praxis und während der klinischen Studien haben diejenigen Personen am meisten profitiert, **die diese 5 Schritte über einen Zeitraum von 63 Tagen konsequent angewandt haben**. Sie konnten ihre Ängste und Depressionen, Lernprobleme und dergleichen spürbar reduzieren, wodurch sich bei ihnen das Gefühl einstellte, besser für Herausforderungen und die Bewältigung ihrer Probleme gerüstet zu sein.

Die 5 Schritte des Neurozyklus im Detail

Der Neurozyklus ist eine wissenschaftlich erprobte 5-Schritte-Methode, die dir hilft, deinen Geist und dein Gehirn so zu nutzen, dass die Neuroplastizität deines Gehirns zu deinem Vorteil gelenkt wird und sich dadurch deine geistige und körperliche sowie die Gesundheit deines Gehirns verbessert.

Diese 5 Schritte steuern die Neuroplastizität des Gehirns. Es sind die Schritte, die der menschliche Geist durchläuft, wenn er Gedanken bildet und Gedanken entgiftet und so die Struktur des Gehirns verändert. Sie stellen also die Wissenschaft des Denkens in einem sehr vereinfachten Prozess dar. Jeder dieser Schritte basiert auf neurowissenschaftlichen Forschungen darüber, wie wir Gedanken und Erinnerungen, die reale Dinge sind, im Gehirn aufbauen. Das sequentielle Durchlaufen dieser Schritte ist ein Prozess, den ich den *Neurozyklus* nenne.

Wann solltest du ihn anwenden? Die ganze Zeit über, weil dein Geist ja permanent aktiv ist! Du kannst nicht einmal drei Sekunden lang nicht denken; der Neurozyklus hilft dir, die Aktivitäten deines Geistes zu meistern und Herr über dein Gehirn zu werden. Auf diese Weise machst du deine Denkkraft nutzbar.

Am einfachsten lassen sich die 5 Schritte für dich verstehen, wenn du dir das nachfolgende Bild und dazu noch einmal den Gedankenbaum in Kapitel 7 anschaust. Sieh ihn dir von den Ästen über den Stamm bis zu den Wurzeln an. Schritt 1 besteht darin, dir der Äste und Blätter bewusst zu werden, die deine Verhaltensweisen und die damit verbundenen Emotionen darstellen. Schritt 2 besteht darin, dich auf den gesamten Baum zu konzentrieren und zu versuchen, ihn zu verstehen – die Äste, den Stamm und die Wurzeln, also alle Einzelheiten deiner Verhaltensweisen und Emotionen, zu welcher Sichtweise sie führen und woher sie kommen. Schritt 3 ist das Aufschreiben, ein aufschlussreicher Prozess, der die Erinnerungen der Gedanken ans Licht und in dein Bewusstsein bringt. Schritt 4 ist ein Beschneidungs- und Veredelungsprozess auf Grundlage der Entdeckungen, die du in den Schritten 1 und 2 gemacht hast; es ist wie der bereits erwähnte Kintsugi-Prozess. Schritt 5 ist ein Stabilisierungs- und Konsolidierungsprozess, bei dem man die neue Pflanze sich ein wenig setzen lässt, bevor man weiter an ihr arbeitet, und bei dem du wartest, bis die Risse getrocknet sind, bevor du weiteren Goldlack aufträgst.

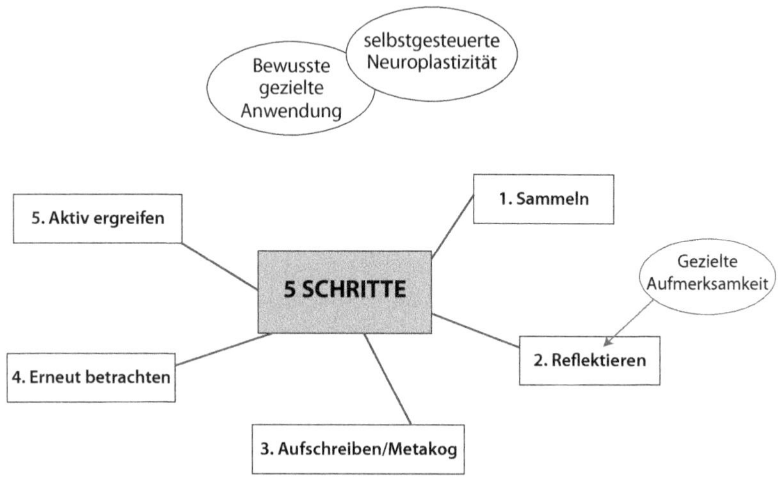

Schauen wir uns diese 5 Schritte nun etwas genauer an. Der erste Schritt besteht im **Sammeln**. Das bedeutet, du entscheidest dich, auf dein Verhalten zu achten (auf das, was du sagst und tust) und deine bewusste Wahrnehmung zu verstärken. Diese Aufmerksamkeit wird zu einer steuernden Kraft, die das Gehirn anweist, wie es auf chemischer, energetischer und genetischer Ebene reagieren soll. Du ziehst den Gedankenbaum buchstäblich in dein Bewusstsein, um dich mit ihm auseinanderzusetzen, indem du Erkenntnisse über ihn sammelst. Du kannst etwas nur dann ändern, wenn du dir der Sache bewusst bist – deshalb versucht die nichtbewusste Ebene deines Geistes, deine Aufmerksamkeit zu erregen, indem sie dir über das Unterbewusstsein emotionale und körperliche Warnsignale sendet. Ignoriere solche Signale niemals, so sehr sie dich oder jemand anderen auch beunruhigen mögen. Sie enthalten eine Menge Informationen.

Mit dem Schritt »Sammeln« nimmst du die physischen, emotionalen und informatorischen Erinnerungen an, die mit deinen Gedanken verflochten sind – du beginnst, die Äste, Blätter, den Baumstamm und die Wurzeln »herauszuziehen«. Dieser Schritt zwingt dich dazu, dich wirklich auf die Impulse der nichtbewussten Ebene deines Geistes einzulassen. Es geht darum, dass du bewusst auf deine Verhaltensweisen achtest und dich auf die damit verbundenen Signale konzentrierst, die von dieser Ebene kommen. Hier ein paar Fragen, die man sich bei diesem Schritt stellen kann:

1. *Was nimmst du mit deinen fünf Sinnen wahr?* Sammle Erkenntnisse über diese physischen Warnsignale, die von deinem Körper ausgehen.
2. *Welche Informationen sind in den Gedanken enthalten, die in diesem Moment aus der nichtbewussten Ebene in dein Bewusstsein aufsteigen?* Nimm diese Informationen bewusst wahr und notiere, wie viele Gedanken es sind und worum es dabei geht.
3. *Welche Gefühle sind mit den Informationen verbunden, die der jeweilige Gedanke enthält?* Jeder Gedanke enthält Emotionen als Teil seiner Struktur – sie sind auf der nichtbewussten Ebene gespeichert. Wenn die Gedanken ins Bewusstsein gelangen, fühlen wir die mit ihnen verbundenen Emotionen. Werde dir dieser Emotionen, die mit jedem Gedanken auftreten, zunächst einfach nur bewusst.

Der zweite Schritt des Neurozyklus ist die **Reflexion**. Hierbei stellst du dir *Fragen*, findest *Antworten* und *setzt* dich mit dem *auseinander*, was du in Schritt 1 durch die »W«-Fragen erfahren hast. Dieser Vorgang hilft dir, deine Verhaltensweisen und deine

Kommunikationsmuster zu verstehen und herauszufinden, wie sie mit deinem Denken, Fühlen, Entscheiden und Erleben zusammenhängen, um den Ursprung oder die Grundursache dessen zu finden, was du erlebst.

Ziel dieses Schrittes ist es, den Fokus von den Verhaltensweisen auf die Gedanken zu verlagern, die diese Verhaltensweisen ausgelöst haben, dann weiter auf die zugrundeliegende Sichtweise und schließlich auf die eigentliche Ursache. Hierdurch wird das Gehirn angeregt, einen Gang hochzuschalten und das zu tun, wofür es ausgelegt ist: tiefgründiges und hochgeistiges Denken. Dieser Schritt der prüfenden Betrachtung macht einen Gedanken empfänglich für Veränderungen, indem Theta-, Delta- und Gamma-Wellen in Form von Energieströmen aktiviert werden, die seine neuronalen Verbindungen schwächen. Mit zunehmender Einsicht in die Geschehnisse wirst du allmählich den Energiefluss im Gehirn lenken können, der Gehirn und Körper mitteilt, welche Botenstoffe freigesetzt werden sollen, welche Gene aktiviert und deaktiviert werden sollen, wohin die chemischen Stoffe fließen sollen und welche neuroplastischen strukturellen, chemischen und energetischen Veränderungen im Gehirn letztendlich eintreten sollen.

Eine andere Möglichkeit, den Schritt der Reflexion durchzuführen, ist die »5-Why-Methode«, die von Sakichi Toyoda, dem japanischen Industriellen, Erfinder und Gründer von Toyota Industries, entwickelt wurde. Die Methode ist einfach: Man fragt sich einfach fünfmal *Warum?*, um sich bis zum eigentlichen Problem vorzuarbeiten. Falls du das Bedürfnis haben solltest, diese und auch alle anderen »W«-Fragen mehr als fünfmal zu stellen, kannst du das selbstverständlich tun – ganz wie es für dich am besten passt.

Außerdem hinterfragst du in diesem Schritt den Gedanken oder das Gefühl, indem du dir selbst die Frage stellst: *Beruht das auf einer Tatsache oder einer Annahme? Ist das, was ich denke, wahr oder falsch?* Allzu oft verursachen wir uns unnötig viel seelischen Kummer, weil wir nicht innehalten, um unsere Gedanken zu hinterfragen. Dieses Hinterfragen wirkt im Gehirn lockernd auf die Gedanken und erleichtert ihre Rekonzeptualisierung. Hier noch ein paar Fragen, die an diesem Punkt hilfreich sein können:

1. *Was erlebe ich körperlich, während ich über diesen Gedanken reflektiere?* Beschreibe deine Empfindungen so detailliert wie möglich.
2. *Welche Informationen enthält der Gedanke?* Erfasse sie so ausführlich wie möglich, indem du die »W«-Fragen beantwortest: wer, was, wann, wo, warum und wie.
3. *Welche Gefühle sind mit den Informationen in dem Gedanken verbunden?* Versuche, sie möglichst ausführlich und konkret zu beschreiben.

Schritt 3 ist das **Aufschreiben**. Das Gehirn erzeugt bzw. »schreibt« Proteine, wenn die Gene durch dein Denken, Fühlen und Entscheiden angeschaltet oder aktiviert werden. Wenn du aufschreibst, worüber du in Schritt 2 nachgedacht hast, festigt das die Erinnerung und sorgt für mehr Klarheit in deinem Denken, sodass du den Bereich, der entgiftet werden muss, oder den Gedanken, der aufgebaut werden muss, besser erkennen kannst. Es ermöglicht dir im Grunde, deine Gedanken zu visualisieren und unterdrückte Gedanken aus der nichtbewussten Ebene herauszuholen, um sie zu rekonzeptualisieren.

Schreiben bringt Ordnung ins Chaos, denn dadurch wird das Gehirn zu Papier gebracht. Wenn wir unsere unterdrückten Gedanken nicht hervorholen, bleiben sie in unserem Kopf verwurzelt und verursachen psychische und körperliche Schäden. Toxische

Gedanken weisen falsch gefaltete Proteine auf und einen unausgewogenen elektromagnetischen und chemischen Fluss, dazu weniger Sauerstoff und einen schlechteren Blutfluss. Sie sind ungesund und führen unter Umständen zu Entzündungen im Gehirn, die alle möglichen Probleme verursachen können.

Die Forschung zeigt, dass Schreiben sogar die Funktion des Immunsystems verbessern kann![48] Das haben wir in unserer klinischen Studie bei der Versuchsgruppe festgestellt, deren Teilnehmer alle fünf Schritte anwandten. Bei Schritt 3 kam es zu einem statistisch signifikanten Rückgang der Cortisol- und Homocysteinwerte, die die Gesundheit des Immunsystems prognostizieren. Wenn du schreibst, regst du den Fluss von Neurotransmittern in deinem Gehirn an, die dir helfen, klar zu denken. Sie aktivieren einen Bereich in deinem Gehirn, die sogenannten Basalganglien, die für kognitive Flüssigkeit sorgen. Dadurch wird dein Denken ausgeglichener und einsichtiger, und du kannst beginnen, Dinge zu sehen und zu verstehen, die du vorher nicht gesehen hast. Du kannst auf Papier, auf deinem Handy oder sogar in Form von aufgezeichneten Sprachnotizen schreiben. Das Schreiben kann auch mithilfe einer von mir entwickelten Methode erfolgen, die ich Metakog nenne und die ein äußerst effektives Mittel ist, um auf die nichtbewusste Ebene vorzudringen und das eigentliche Problem zu finden. In Anhang B findest du eine Anleitung zur Erstellung eines Metakogs sowie ein Beispiel.

Schritt 4 ist das **erneute Betrachten** des Geschriebenen. Dabei handelt es sich um einen Bearbeitungsprozess (sozusagen der Beschnitt und die Veredelung des Baumes), bei dem die Richtigkeit des Geschriebenen überprüft und Denkmuster aufgedeckt werden – eine Art mentale Autopsie. Hierbei bewegst du dich von den Fragen nach dem »Warum« und dem »Was« zu den Fragen nach dem »Wie« und dem »Wann«. Dieser Prozess ermöglicht es dir, den toxischen Gedanken zu rekonzeptualisieren und ihn im Sinne der Kintsugi-Philosophie in eine neue, gesunde Denkgewohnheit umzuwandeln. Bei diesem Schritt bewertest du das in Schritt 3 Aufgeschriebene und überlegst dir, welche neuen gesunden Gedanken du entwickeln möchtest. Du hast außerdem die Möglichkeit, deine Reaktion auf die Informationen zu überdenken und dabei zu prüfen, wie sich der toxische Gedanke, an dem du arbeitest, verändert, und kannst ihn dann neu konzipieren – Stück für Stück, Tag für Tag.

Folgende Fragen können dir bei diesem Schritt zusätzliche Orientierung geben:

1. *Was erlebe ich körperlich? Gibt es ein Muster? Wie hängen diese Empfindungen mit den Informationen und Gefühlen in dem Gedanken zusammen?*
2. *Welches Muster zeigt sich bei den in meinen Gedanken enthaltenen Informationen? Wie kann ich diese Informationen rekonzeptualisieren?*
3. *Welche Gefühle sind mit den Informationen in den Gedanken verbunden? Welche Muster erkenne ich? Wie kann ich diese Gefühle rekonzeptualisieren?*

Schritt 5 bezeichne ich als **aktives Ergreifen**. Hier wird das, woran du gearbeitet hast, *geübt*, *angewendet* und von dir *verinnerlicht*. Beim aktiven Ergreifen geht es darum, den rekonzeptualisierten Gedanken, der bei dem Schritt der erneuten Betrachtung zustande gekommen ist, im Alltag umzusetzen. Wie du das tust, entscheidest du selbst während der täglichen Durchführung der 5 Schritte. Es sollte einfach, schnell und wirksam sein und sich gut umsetzen lassen. Es könnte in einer Atemübung bestehen oder in einem einfachen Satz, den du dir sagst, um dich daran zu erinnern, was du in den ersten vier Schritten an diesem Tag gelernt hast. Du könntest beispielsweise sagen: »Ich werde heute darauf achten, nicht *Wenn doch nur …* zu sagen.«

Ob du diesen Schritt tags darauf auf die gleiche Weise durchführst wie am Tag zuvor oder ob du dir etwas Neues vornimmst, ist ganz dir überlassen. Wichtig ist nur, diesen Schritt nicht auszulassen, denn Veränderung erfordert Handeln, nicht bloß Information. Ohne Anwendung gibt es kein Wachstum – es ist die Übung, die den Meister macht.

Hier noch ein paar Fragen, die dich durch diesen Schritt begleiten können:

1. *Worin besteht mein körperlicher Auslöser?*
2. *Wie lauten meine rekonzeptualisierten Informationen?*
3. *Wie sehen meine rekonzeptualisierten Gefühle aus?*

Erstelle nun anhand deiner Antworten ein Konzept für das aktive Ergreifen. Zum Beispiel: »Wenn ich den körperlichen Auslöser _____________ erlebe, werde ich mir sagen: _____________ und mich dafür entscheiden, _____________ zu fühlen.«

Beschließen wir diesen Abschnitt, indem wir all diese Informationen in einer anderen Form betrachten: in einer Tabelle mit den 5 Schritten des Neurozyklus und den entsprechenden Reaktionen von Gehirn, Körper und Geist.

TABELLE 4: DIE 5 SCHRITTE DES NEUROZYKLUS

Schritt	Beschreibung	Gehirnreaktion	Körperreaktion (physische Signale)	Mentalreaktion (emotionale und informatorische Signale)
1. **Sammeln** der physischen, emotionalen und informatorischen Warnsignale	Du wirst dir aller physischen, informatorischen und emotionalen Warnsignale bewusst, die von außen über die fünf Sinne in den Verstand gelangen, und machst dir ein Bild von deiner mentalen Verfassung. Durch diese selbstregulierende Wahrnehmung übst du dich darin, dir der Informationen in deinen Gedanken bewusst zu werden.	Verstärkte Alpha-Brücke und erhöhte Aktivität in Amygdala und Hippocampus. Die Schaltkreise und Säulen um die Basalganglien (tief in der Mitte des Gehirns) versetzen das Gehirn in einen Zustand der Erwartung und bereiten es darauf vor, die neu eingehenden Informationen zu verarbeiten.	Gesteigerte Aktivität der HPA-Achse; Veränderungen im neuroendokrinen, Immun- und kardiovaskulären System. Erlebt als Adrenalinstoß, Herzklopfen, Muskelverspannungen, Mundtrockenheit, Kopfschmerzen, gastrointestinale Symptome und anderes mehr.	Die nichtbewusste Ebene sendet über das Unterbewusstsein Aufforderungen an das Bewusstsein in Form von physischen, informatorischen und emotionalen Warnsignalen, die als schwebendes Gefühl der Bewusstheit, als Beunruhigung, Angst oder als unterschwelliges Unbehagen erlebt werden, dessen Grund man noch nicht benennen kann.

Schritt	Beschreibung	Gehirnreaktion	Körperreaktion (physische Signale)	Mentalreaktion (emotionale und informatorische Signale)
2. **Reflektieren** der physischen, emotionalen und informatorischen Warnsignale (Die Schritte 2 und 3 können gleichzeitig oder nacheinander ausgeführt werden.)	Du denkst tiefgründig nach, um zu verstehen. Du gehst über das bloße Ablegen von Fakten und Antworten hinaus und speicherst wichtige umgestaltete Konzepte und strategische Gedanken ab. Beim Nachdenken konzentrierst du dich gezielt auf einen Gedanken und die darin enthaltenen Informationen, Gefühle und körperlichen Warnsignale. Es handelt sich hierbei um einen gesteuerten, tiefgehenden und selbstregulierten hochgeistigen Prozess und ist eine disziplinierte Art des Denkens, bei dem die Aufmerksamkeit reguliert, die Wut kontrolliert und verhindert wird, dass chaotische Gedanken ungezügelt durch den Kopf wandern.	Zunahme von Beta-Wellen und Ausbrüche von High-Beta- und Gamma-Energie, vor allem im Zentrum und an der Vorderseite des Gehirns, die auftreten, wenn wir unser Denken fokussieren. Es kommt auch zu einem Anstieg der Alpha- und Theta-Energie, da die nichtbewusste und die bewusste Ebene zur Zusammenarbeit angeregt werden, um die nichtbewusste Aktivität – die Gedanken, die dich antreiben – ins Bewusstsein zu ziehen. Die Neuroplastizität ist jetzt der beherrschende Faktor, denn durch bewusstes, gezielt fokussiertes Denken beginnst du, deine Gehirnstruktur umzugestalten.	Erhöhte Aktivität der HPA-Achse, der Stressreaktion.	Die bewusste und die nichtbewusste Ebene des Geistes arbeiten sehr eng zusammen, wenn du eine mentale Autopsie des Gedankens durchführst, indem du die damit verbundenen Emotionen, Informationen und physischen Auswirkungen sezierst. Je intensiver du nachdenkst, desto effektiver geschieht dies.

Schritt	Beschreibung	Gehirnreaktion	Körperreaktion (physische Signale)	Mentalreaktion (emotionale und informatorische Signale)
3. **Aufschreiben**	Das Aufschreiben (auf Papier oder auf dem Handy bzw. Computer) führt zu mehr Klarheit, weil du dein Gehirn quasi auf dem Papier entleerst. Dadurch wird in deinem Gehirn ein Fluss von Neurotransmittern in Gang gesetzt, der effektiv dazu beiträgt, dein Denken zu ordnen. Du aktivierst die Basalganglien des Gehirns, was zu kognitiver Flüssigkeit, also klarem Denken, führt.	Verstärkung der Alpha-Brücke, damit eine erkenntnisreiche Verbindung zwischen der bewussten und der nichtbewussten Ebene des Geistes entstehen kann.	Durch das Aufschreiben wird viel Stressenergie von Körper und Gehirn auf den Stift übertragen.	Das Schreiben steigert das Gefühl von Autonomie und Klarheit, und diese Wirkung ist kumulativ – jeden Tag gewinnst du an Klarheit und Ordnung hinzu, was dir hilft, das mentale Chaos zu beseitigen.

Schritt	Beschreibung	Gehirnreaktion	Körperreaktion (physische Signale)	Mentalreaktion (emotionale und informatorische Signale)
4. **Erneutes Betrachten** der physischen, emotionalen und informatorischen Warnsignale	Ein aufschlussreicher, spannender Prozess und ein progressiver Schritt nach vorn: Du schaust dir an, wo du stehst, überlegst dir, wie du Veränderungen herbeiführen kannst, und fügst diese Veränderungen fest ein. Du kannst deinen neuen gesunden Gedanken gestalten, der den toxischen Gedanken ablöst. Du siehst die toxischen Gedanken, die solch starke Konflikte in deinem Inneren erzeugen und tiefgreifende elektrochemische Ungleichgewichte verursachen können, auf eine andere Weise.	Eine »Gehirnoperation«, die als massiver Eingriff alle Energiefrequenzen des Gehirns optimiert. Sie aktiviert speziell die heilenden Theta-Wellen. Durch Absolvieren der ersten drei Schritte wird erhebliche neuroplastische Aktivität ausgelöst, die dein Gehirn in einen hochaktiven und dynamischen Zustand der Veränderung versetzt. Dies ist der perfekte Zustand, um sich mit der Neuverknüpfung zu beschäftigen. Indem du dir deines Gedankenlebens bewusst wirst, veränderst du die zugrundeliegenden neuronalen Netze; du schreibst sie um und rekonzeptualisierst sie.	Ein positiver, lösungsorientierter Schritt. Er vermittelt ein sicheres Gefühl, weil er auf das Nervensystem und das Gehirn ausgleichend wirkt und dafür sorgt, dass Stress für dich und nicht gegen dich arbeitet.	Wenn Gedanken aktiviert und ins Bewusstsein gedrängt werden, treten sie in einen labilen Zustand ein – das heißt, sie können verändert werden. Wenn sich eine Erinnerung in diesem plastischen Zustand befindet, kann sie verändert, abgeschwächt oder umgeschrieben und rekonzeptualisiert werden, indem in die Proteinsynthese eingegriffen wird – ein wichtiger molekularer Prozess bei der Gedankenbildung.

Schritt	Beschreibung	Gehirnreaktion	Körperreaktion (physische Signale)	Mentalreaktion (emotionale und informatorische Signale)
	Bei der erneuten Betrachtung geht es nicht nur darum, dir anzuschauen, wie du mit deinen Umständen umgehen kannst, sondern du denkst auch noch einmal über deine Reaktionen nach, bewertest den Grad ihrer Toxizität und schreibst sie erneut auf. Während »Sammeln«, »Reflektieren« und »Aufschreiben« in diesem Prozess eine große Rolle spielen, ist »erneutes Betrachten« ein selbstreflexiver Prozess, der darauf abzielt, sich von inneren Konflikten zu befreien und ein positives Konzept für den Weg hinaus zu entwickeln. Es ist ein konstruktiver und kumulativer Schritt, der dich durch das Problem hindurchführt.			

Schritt	Beschreibung	Gehirnreaktion	Körperreaktion (physische Signale)	Mentalreaktion (emotionale und informatorische Signale)
5. **Aktives Ergreifen**	Wende deinen frisch rekonzeptualisierten Gedanken an und schalte in den Modus des mentalen Einübens von Dingen – ein wichtiger Bestandteil des täglichen Gedankenmanagements. Jedes Mal, wenn du dies tust, veränderst du die Stärke der Erinnerung, indem du ihr Energie hinzufügst; und je mehr Energie, desto mehr Einfluss wird die Erinnerung in deinem Leben in Bezug auf deine Kommunikation und dein Verhalten haben.	Die Tätigkeit des aktiven Ergreifens führt dazu, dass die Äste deiner Gedankenbäume entwirrt und neue Äste eingefügt werden. Der Aufbau neuer Netzwerke und das damit verbundene Lernen werden von viel Beta- und Gamma-Aktivität begleitet sein. Die Schritte 1 bis 4 haben die Äste gelockert und geschwächt, aber Schritt 5 zerstört sie buchstäblich. Die dendritischen Äste mit all den Informationen und Emotionen sind mit einem klebstoffähnlichen Protein an einem Zellkörper befestigt – wie Äste, die auf einen Baumstamm aufgepfropft sind.	Es fließen neurochemische Stoffe wie Oxytocin, das neu aufbaut, Dopamin, das die Motivation und Konzentration steigert, und Serotonin, das für ein gutes Gefühl sorgt. Diese Botenstoffe schwächen auch die toxischen Äste. Der »Klebstoff« beginnt, sich vom toxischen Baum weg und hin zum gesunden, rekonzeptualisierten »Gedanken-Baum« zu bewegen.	Das Bewusstsein arbeitet sehr aktiv mit der nichtbewussten Ebene bei der Gestaltung der neuen Gedankenbäume zusammen.

Schritt	Beschreibung	Gehirnreaktion	**Körperreaktion** (physische Signale)	**Mentalreaktion** (emotionale und informatorische Signale)
		Wenn du also deine Aufmerksamkeit von dem negativen, toxischen Gedanken auf den positiven, gesunden neuen Ersatzgedanken lenkst, geschehen drei Dinge: Die elektromagnetischen Signale und die Quantensignale deiner Entscheidung in Bezug auf Veränderung (1) greifen die Äste der toxischen Gedanken an, (2) schwächen sie und (3) übertragen die Energie auf den neuen Gedanken, denn gesunde Signale sind stärker als negative Gedanken.		

Ich liebe all Ihre Analogien, wie zum Beispiel die Dynamik von Meereswellen im Vergleich mit erlebtem Trauma. All das hat mir geholfen zu verstehen, dass ich ein Opfer war und es in Ordnung ist, so zu empfinden – dass ich viele Jahre lang wirklich mit Selbstmordgedanken und einem sehr geringen Selbstwertgefühl zu kämpfen hatte. Ich hatte auch eine Menge Schmerz in mir durch meine Erziehung. Diese Sicht zu bekommen, hat mir ins Leben zurückgeholfen und mich zutiefst heil werden lassen. Mein Innerstes wurde geheilt. Ich danke Ihnen von ganzem Herzen.

Abi

Kapitel 9

Steuere dein Gehirn in die Veränderung

Überblick

- Wir besitzen die Fähigkeit, in einen Zustand der Selbstwahrnehmung zu gelangen, durch den wir ein beruhigendes Gefühl der Kontrolle entwickeln können. Es ist der mentale Raum, den wir zur Bewältigung und Überwindung brauchen.
- Wenn du deine Fähigkeit nutzt, außerhalb deiner selbst zu stehen und dein eigenes Denken zu beobachten (den MPV), dann können sich deine Sinne auf die Details des gegenwärtigen Moments einstellen – eine bereichernde Erfahrung, die dir helfen wird, dich glücklicher und gelassener zu fühlen.
- Die physischen, emotionalen und informatorischen Erinnerungen in einem Gedanken senden physische, emotionale und informatorische Warnsignale aus, die uns Unbehagen schaffen. Diese Warnsignale sind eine Einladung, nach innen zu schauen. Wenn du dich mit diesen Signalen nicht auseinandersetzt und nicht auf sie hörst, läufst du Gefahr, dir unschätzbar wichtige Informationen entgehen zu lassen, die für deine Heilung hilfreich sein könnten.
- Wir können unser Gehirn nicht nur neu vernetzen, sondern auch regenerieren! Veränderungen in unserem Geist und unserem Gehirn sind zudem viel einfacher zu erreichen und geschehen weitaus häufiger, als wir denken – tatsächlich verändert sich unser Gehirn ständig, und wir bestimmen, in welche Richtung die Veränderung geht.

Um ein optimales Energiegleichgewicht im Gehirn zu erreichen, das auch einen optimalen Blut- und Sauerstofffluss fördert, kannst du einige konkrete und gezielte Übungen anwenden, die dir beim Durchlaufen der 5 Schritte helfen, die Dinge klarer zu durchdenken.

Übungen für selbstgesteuerte Neuroplastizität

Diese Übungen für selbstgesteuerte Neuroplastizität aktivieren die Alphabrücke, die unser Bewusstsein mit der nichtbewussten Ebene unseres Geistes verbindet – die wichtigste Voraussetzung beim Gedankenmanagement.

1. Selbstregulation

Das übergreifende Ziel von Gedankenmanagement mithilfe des Neurozyklus ist die Stärkung der Selbstregulation. Die Selbstregulation verbessert sich mit zunehmender Nutzung. Sie ist keine Technik, die man nur gelegentlich anwendet, sondern die allumfassende Philosophie hinter den 5 Schritten. Unser Verstand ist von Natur aus selbstregulatorisch, denn wir sind in der Lage, uns alle zehn Sekunden selbst zu regulieren. Unser neuroplastisches Gehirn braucht Selbstregulierung, damit es ihm gut geht.

Wie es das Wort schon nahelegt, ist Selbstregulation die bewusste Wahrnehmung und Steuerung

- dessen, was du zu jedem gegebenen Zeitpunkt denkst, fühlst und entscheidest;
- deiner dauerhaft verankerten Gedanken mit den darin eingebetteten körperlichen, emotionalen und informatorischen Erinnerungen;

- deiner Kommunikation mit anderen (was du sagst und tust) und ihrer Auswirkungen auf dich und andere.

Alles, was wir sagen und tun, ist zunächst ein Gedanke. Dieser Gedanke ist ein reales Gebilde, das mentalen Raum einnimmt. Umgekehrt führt uns die Betrachtung dessen, was wir sagen und tun, zu dem Gedanken; der wiederum führt uns zu den Aktivitäten in unserem Geist, die hinter diesem Gedanken stehen. *Selbstregulation bedeutet, sich dieses Prozesses bewusst zu sein und ihn bedarfsgemäß anzupassen.*

Das übergreifende Ziel von Gedankenmanagement ist Selbstregulation.

Nehmen wir einmal an, du sagst oder denkst ständig negative Dinge über dich – zur Selbstregulierung dieses Verhaltens gehört, dass du die Auswirkungen, die deine Gedanken und Worte auf dich haben, und den Ton, den du dir gegenüber anschlägst, bewusst wahrnimmst und dich fragst, warum du überhaupt so mit dir umgehst. Das hilft dir, den Gedanken hinter deinem Verhalten zu ergründen.

Die Selbstregulation, die auf der bewussten Ebene stattfindet, wird als *aktive Selbstregulation* bezeichnet, während die Selbstregulierung, die auf der nichtbewussten Ebene stattfindet, *dynamische Selbstregulation* genannt wird. Die aktive Selbstregulation geschieht nur im Wachzustand; die dynamische Selbstregulation findet rund um die Uhr statt. Wenn wir unseren Geist durch Tagträumen, Lesen und tiefes Nachdenken zur Ruhe bringen, geben wir der aktiven (bewussten) und der dynamischen (nichtbewussten) Selbstregulation die Möglichkeit, zusammenzuarbeiten, und das führt zu Ausgeglichenheit und Kohärenz im Gehirn.

Und so funktioniert es: Etwa zehn Sekunden, bevor du dir des Gedankens und der möglichen Reaktionen auf diesen Gedanken voll bewusst bist, arbeitet die nichtbewusste Ebene deines Geistes unglaublich schnell und intelligent, mit etwa einer Million Operationen pro Sekunde, um Ungleichgewichte und Unausgewogenheiten auszugleichen. Das ist dynamische Selbstregulation. Die allgemeine nichtbewusste Aktivität läuft rund um die Uhr mit 1027 Operationen pro Sekunde ab. Die nichtbewusste Ebene greift praktisch auf dein Gehirn zu und scannt es mit Quantengeschwindigkeit, um alle assoziierten Gedanken und ihre verknüpften Erinnerungen und Anschauungen zu finden, damit du auf bestmögliche Weise reagieren kannst. Dies ist ein integrierter, assoziativer und kreativer Prozess mit dem Ziel, dir zur richtigen Entscheidung zu verhelfen.

Dann, etwa eine halbe Sekunde, bevor du dir der Situation voll bewusst wirst, beginnt das Unterbewusstsein, Signale an dich zu senden. Vergiss nicht, dass wir etwa vierzig Mal pro Sekunde bewusste Aktivitätsschübe haben.

Das Spannende daran ist, dass wir uns dazu erziehen können, zunehmend selbstwahrnehmend und selbstregulierend zu sein, sodass wir uns etwa alle zehn Sekunden, also etwa sechsmal pro Minute auf diese Impulse *einschwingen* können. Mit etwas Übung kannst du dir beibringen, die Gedanken, die dir im Wachzustand ständig in den Sinn kommen, selbst zu regulieren: Du lebst dann in einem Zustand der bewussten Wahrnehmung. Das ist eine ziemliche Herausforderung, aber etwas, das du dir mithilfe der 5 Schritte antrainieren kannst.

Hypervigilanz

Es ist jedoch wichtig zu wissen, dass die Aufmerksamkeit, die mit dem Prozess der Selbstregulierung verbunden ist, in

Hypervigilanz übergehen kann – das ist der Modus erhöhter Wachsamkeit, in den wir normalerweise wechseln, wenn wir nach Bedrohungen Ausschau halten. Natürlich gibt es Phasen in unserem Leben, in denen wir hypervigilant sein müssen, um zu überleben, aber wir können nicht permanent so auf der Hut sein.

Genauso wenig wollen wir in einen Zustand der *Hypo*vigilanz geraten, in dem wir zu viel unterdrücken oder zu reaktiv werden. Beides geschieht, wenn wir unser Gedankenmanagement nicht auf unsere Situation abstimmen. Im Folgenden findest du einige Symptome, die typisch für einen hyper- oder hypovigilanten Zustand sind. Wenn du gewisse Anzeichen kennst, kannst du dich selbst besser bremsen, bevor es zu spät ist.

Anzeichen von Hypervigilanz:

- ein diffuses Gefühl der Angst
- unfähig, sich zu entspannen, selbst wenn entspannende Dinge getan werden
- Schwierigkeiten, tagzuträumen oder auch nur zu denken
- genaues, ständiges Beobachten von Menschen, auf der Suche nach Anzeichen, dass sie etwas Falsches tun oder sagen werden
- ständige Unruhe
- erhöhte Schreckhaftigkeit
- Misstrauen gegenüber allem und jedem
- immer das Negative in Menschen und Situationen sehen und unfähig, gute Dinge zu akzeptieren oder zu genießen
- nur schwer in der Lage, sich auf Gespräche zu konzentrieren
- sich durch Ablenkung Problemen nicht stellen
- Albträume und lebhafte Träume, die sich sehr real anfühlen

Anzeichen von Hypovigilanz:

- Unterdrückung von Gefühlen, oft und über lange Zeiträume hinweg, dann Überreaktion und Ausrasten bei scheinbar nichtigen Anlässen
- keine Filter in Gesprächen haben
- fehlendes Gespür für die Auswirkungen der eigenen Worte und Handlungen auf andere
- nicht aus Fehlern lernen

Wir können ein gesundes Maß an Wachsamkeit aufrechterhalten, wenn wir den Neurozyklus anwenden. Es gibt keine schnelle Lösung, denn wir müssen die 5 Schritte immer wieder üben, damit dieses selbstregulierte Verhalten zur Gewohnheit wird.

Das beruhigende Gefühl von Kontrolle

Wir besitzen die Fähigkeit, in einen Zustand der Selbstwahrnehmung zu gelangen, durch den wir ein beruhigendes Gefühl der Kontrolle entwickeln können, trotz allem, was um uns herum geschieht. Es ist der mentale Raum, den wir zur Bewältigung und Überwindung brauchen. Dort arbeitet unsere aktive Selbstregulation mit unserer dynamischen Selbstregulation zusammen. Das ist der Bereich, in dem man weinen, seine Gefühle ausdrücken und sogar ausflippen kann, wenn es nötig ist – man verarbeitet, was vor sich geht, befindet sich aber immer noch in einem selbstregulierten Zustand. Man hat also ein Gefühl des Friedens, selbst wenn die Dinge ungelöst sind.

Der Neurozyklus hilft uns, diesen Zustand zu erreichen, indem er uns eine Möglichkeit gibt, die ungeordneten Gedanken, die Chaos und mentales Durcheinander verursachen, einzufangen und in den Griff zu bekommen. Wir *können lernen*, wirklich zuzuhören und uns auf uns selbst und andere einzustellen, indem wir unsere Reaktionen konkret gestalten und anpassen.

2. Die 30/90-Sekunden-Regel – die »Reuezone«

Die 30/90-Sekunden-Regel ist eine Methode zur selbstgesteuerten Neuroplastizität, die du jederzeit anwenden kannst. Wenn du etwas erlebst, sei es ein bestimmtes Ereignis, eine Situation, ein gesprochenes Wort oder etwas anderes, gehen dein Gehirn und die nichtbewusste Ebene deines Geistes in den ersten Sekunden dynamisch selbstregulierend mit den ankommenden Informationen um. Sie stellen sich auf sie ein und ordnen sie in Anpassung an dein Energieniveau und deine Physiologie.[49] Diese erste biochemische und elektrische Aufwallung eines beliebigen Gedankens oder Gefühls hält zwischen dreißig und neunzig Sekunden an. Diese Zeit dient der Anpassung und sie ist nicht der beste Moment, um auf das, was du gerade erlebst, zu reagieren.

Im Allgemeinen ist dies die Spanne, in der wir impulsiv reagieren und Dinge sagen und tun, die wir später lieber ungesagt und ungeschehen machen würden – die »Reuezone«, wie ich sie gern nenne. Ich bin mir sicher, dass du genau wie ich diese Erfahrung schon unzählige Male gemacht hast. Und wenn du dich dann auch noch entscheidest, auf das mentale Chaos zu reagieren, das du in diesen ersten Sekunden verursacht hast, können die Dinge schnell außer Kontrolle geraten. Wenn du an diesem Punkt bleibst, lange nachdem die dreißig bis neunzig Sekunden vergangen sind, ist das eine Entscheidung, aus der sich eine schlechte Gewohnheit entwickeln kann.

Es ist nie eine gute Idee, auf irgendetwas sofort zu reagieren, denn während dieser Anpassungsphase ist man weder geistig noch vom Gehirn her in der Lage, optimal zu reagieren. Wenn du dennoch mal zu schnell reagierst, was durchaus vorkommen kann und wird, versuche, deine toxischen Emotionen nicht länger als neunzig Sekunden aufrechtzuerhalten. Um eine Emotion zu empfinden, müssen wir einen Gedanken denken, in dem die entsprechenden emotionalen Erinnerungen gespeichert sind, wodurch dann ein emotionaler Schaltkreis in unserem Gehirn aktiviert wird. Dies wiederum löst eine physiologische Reaktion in unserem Körper aus. Wenn es sich um eine toxische, stressige oder akute Situation handelt, ist es von unschätzbarem Wert, diese paar Sekunden abzuwarten. Das hilft den zahlreichen neurochemischen und physiologischen Reaktionen, sich so weit zu beruhigen, dass man in der Lage ist, mit mehr Ordnung und weniger Chaos zu denken, zu fühlen und zu entscheiden.

Es ist nie eine gute Idee, auf irgendetwas sofort zu reagieren, denn während dieser Anpassungsphase ist man weder geistig noch vom Gehirn her in der Lage, optimal zu reagieren.

Diese Reuezone zu kennen und sie als »Gedankenfänger« zu nutzen, ermöglicht es dir, deine Reaktionen zu steuern. Wir können uns eine Menge Ärger und Beziehungsprobleme ersparen, wenn wir toxische, impulsive Reaktionen vermeiden, die eine Situation nur weiter verschärfen.

Ziel dieser 30/90-Sekunden-Regel ist, dich in einen hellwachen, klaren und konzentrierten Geisteszustand zu versetzen, der offen für Optionen, Möglichkeiten und Lösungen ist. Hier sind ein paar Dinge, die du in diesen Sekunden tun kannst:

1. Atme tief in den Bauch – mindestens zehn Mal ein und aus.
2. Begib dich in einen anderen Raum und schrei aus voller Kehle oder so laut es eben geht, bis dir die Luft wegbleibt.

3. Mach etwas Körperliches – ein paar Sprints, Hampelmänner, Burpees oder irgendetwas anderes, womit sich der Stress und die intensiven Emotionen kanalisieren lassen.
4. Wenn du nichts davon tun kannst, stell dir vor, wie die Person vor dir auf Ameisengröße schrumpft.

Und denk daran: Auch wenn ein Gedanke oder ein Gefühl drängend erscheint und dir eine Reaktion abverlangt, bist du trotzdem noch der Boss. Du musst nicht auf jedes Gefühl, jedes Wort oder jede Handlung reagieren.

Wie schon gesagt, es handelt sich hierbei um eine Methode der selbstgesteuerten Neuroplastizität, die du anwenden kannst, um ein optimales Energiegleichgewicht im Gehirn herzustellen, das dir beim Durchlaufen der 5 Schritte hilft, Dinge klarer zu durchdenken.

3. Der Quanten-Zeno-Effekt (QZE)

Auch wenn die Bezeichnung ziemlich eigenartig klingt, ist der QZE eine meiner bevorzugten Methoden der selbstgesteuerten Neuroplastizität im Rahmen des Gedankenmanagements. Im Wesentlichen basiert sie auf dem Prinzip, dass gezielte, willentliche, bewusste und wiederholte Anstrengung einen Lerneffekt zur Folge hat. Es ist eine Art geistiges und körperliches Einstudieren, das Veränderungen im Gehirn hervorruft. Wir tun dies den ganzen Tag lang, denn als Reaktion auf alles, was um uns herum geschieht, bauen wir ständig Gedanken in unser neuroplastisches Gehirn ein. Also können wir diesen Prozess auch ebenso gut gleich in die richtige Richtung steuern!

Das, woran du am meisten denkst, wird wachsen. Entweder baust du in deinem Gehirn Chaos auf und verursachst ein mentales Durcheinander, was zu einer Schädigung des Gehirns führen kann, oder du schaffst Ordnung in deinem Gehirn und räumst das mentale Durcheinander auf, wodurch du deine Gehirngesundheit förderst. Das übergreifende Prinzip des QZE ist, dass alles, worauf du deine Aufmerksamkeit richtest, Energie erhält und somit in deinem Geist und deinem Gehirn wächst – so wie man eine Pflanze gießt, damit sie wächst. Es ist also sehr wichtig, dass du dich darauf trainierst, den QZE in die richtige Richtung wirken zu lassen! Progressive Veränderungen beruhen auf positiven, stufenweisen Fortschritten – ein winziges Stück nach dem anderen. Nach ein paar Wochen dieser kleinen Veränderungen wird sich dein Gehirn substanziell verändern, und wenn du dies über Monate hinweg beibehältst, kannst du ein Gehirn aufbauen, das sich tatsächlich an eine bestimmte Funktionsweise gewöhnt hat. Genau das kann der 63-tägige Neurozyklus dir ermöglichen: eine hervorragende Neuroplastizität, die auf selbstregulierten, gesunden Entscheidungen beruht.

Eine einfache und hilfreiche Methode, den QZE anzuwenden, besteht darin, sich *wirklich* auf das Positive im Verhältnis 3:1 zu konzentrieren.[50] Das bedeutet, man setzt jedem negativen Gedanken, der einem in den Sinn kommt und mit entsprechenden Gefühlen verbunden ist, drei positive Gedanken entgegen. Dies trägt dazu bei, die Energiewellen (Quanten) im Gehirn im Gleichgewicht zu halten, sodass du klar denken, Widerstandskraft aufbauen und gesunde Gedankenbäume neu verankern und vernetzen kannst.

Warum gerade ein Verhältnis von 3:1? Forschungen von Dr. Barbara Frederickson haben gezeigt, dass mindestens dieses Verhältnis zwischen Positivität und Negativität erreicht werden muss, um das Gehirn in ausgeglichenem Zustand zu halten.[51] Toxische emotionale Zustände können zu viel High-Beta- und Gamma-Energie verursachen, wodurch wir uns scheußlich fühlen und die Energie im Gehirn wie ein Tsunami heftig umherschwappt, was wir als rote Flecken oder Foci auf den qEEG-Brainmaps sehen (siehe Seite 139 – schwarze Bereiche). Um diese Energie wieder ins Lot zu bringen, bemüht sich die nichtbewusste Ebene unseres Geistes durch emotionale und körperliche Warnsignale um unsere Aufmerksamkeit, um uns zu sagen, dass wir das Problem beheben müssen. Und die Behebung erfordert die Steuerung dessen, worauf wir uns konzentrieren und was wir denken – womit wir wieder beim QZE sind.

Jedes Mal, wenn du einen negativen Gedanken hast, nimm ihn als Aufforderung, an drei positive Dinge in deinem Leben zu denken, zum Beispiel drei Dinge, auf die du stolz bist, drei Dinge, für die du dankbar bist, drei Dinge, die dich zum Lächeln bringen, drei Dinge, die schön sind – was immer für dich funktioniert. Im Grunde benutzt du den negativen Gedanken als Auslöser für eine Gewohnheitsschleife, die dir zu erkennen hilft, was du ändern musst, aber du »polsterst« das Negative mit dem Positiven ab und das ist gesünder für das Gehirn.

Ein wichtiger Unterschied, den du dir merken solltest, ist der, dass ein negativer Gedanke nicht unbedingt ein toxischer Gedanke ist. Manchmal kann es uns helfen, für einen begrenzten Zeitraum an den schlimmstmöglichen Fall zu denken. Das hilft uns nicht nur, auf alles vorbereitet zu sein, damit wir nicht überrumpelt werden, sondern es gibt unserem Geist auch Gelegenheit, kreativ zu sein und sich Lösungen vorzustellen – und realistisch zu sein. Die beiden wichtigsten Punkte, die es zu beachten gilt, damit negative Gedanken nicht zu toxischen Gedanken werden, sind:

1. Lass auf jeden negativen Gedanken drei positive Gedanken folgen. So vermeidest du, dass du in eine gedankliche Negativspirale gerätst.

2. Setze dir ein Zeitlimit dafür, wie lange du dich auf das Negative konzentrierst. Weniger als fünf Minuten ist meine Empfehlung.

4. Der multiperspektivische Vorteil (MPV)

Es gibt bei der selbstgesteuerten Neuroplastizität eine Methode, die auf dem multiperspektivischen Vorteil (MPV) aufbaut, der uns Menschen zueigen ist. Unser MPV hilft uns beim Beruhigen, insbesondere in emotional sehr belastenden und schwierigen Situationen. Wenn du eine toxische Emotion verarbeitest, kann es passieren, dass du dich »mies fühlst« und diese Negativität deine Gedanken beeinflusst. Wir sollten immer daran denken, dass unsere Gedanken durch den Verlust der Freude am *Hier und Jetzt* eine verzerrte Gestalt annehmen können. Negativität oder Toxizität erzeugen diese blockadeartige »Tsunami«-Energie im Gehirn, während Freude sie zu einer gleichmäßigen Wellenbewegung beruhigt.

Der MPV bedeutet, dass man einen Schritt zurücktritt und sein eigenes Denken beobachtet.

Einfach ausgedrückt, bedeutet der MPV, dass man einen Schritt zurücktritt und sein eigenes Denken beobachtet. Als Menschen können wir beobachten, was wir sagen, tun, denken, fühlen und entscheiden, dazu noch unsere Körpersprache und sogar unsere Absichten. Wenn wir dies tun, wird der Frontbereich des Gehirns aktiviert, wodurch im Gehirn ein sehr gesunder Energiefluss in Gang gesetzt wird. Genauer gesagt erhalten wir ein hervorragendes Verhältnis von Theta (Heilung und Einsicht) und Gamma (Kreativität, Weisheit, Lernen, Veränderung).

Um dein Gedankenleben gut im Griff zu behalten, musst du das Quantenprinzip der *Superposition*, das die Grundlage des

MPV ist, aktivieren und kontinuierlich nutzen. Superposition ist die Fähigkeit, sich auf eingehende Informationen zu konzentrieren: auf die äußeren (was andere sagen oder tun; was du liest, hörst oder aufnimmst; Handlungen oder Ereignisse, deren Zeuge du bist usw.) und die inneren (aufkommende Gedanken aus der nichtbewussten Ebenen, deine bestehenden Erinnerungen an alle deine Lebenserfahrungen, was du gelernt hast, deine unbewussten Glaubenssysteme, deine Annahmen usw.). Um das mentale Chaos zu beseitigen, musst du dich darin üben, diese Informationen so objektiv wie möglich zu analysieren, *bevor* du dich festlegst, was du glauben, was du ablehnen und welche Entscheidungen du treffen willst.

Wie sieht eine solche Superposition aus? Stell dir vor, du sitzt auf einem Surfbrett. Eine »magische« Brise weht durch die Netzwerke deines Geistes, während du denkst, fühlst und entscheidest, in welche Richtung du das Surfbrett neigen möchtest: entweder um die Welle zu reiten oder um dich zurückfallen zu lassen und auf die nächste Welle zu warten. Es ist, als wäre die Zeit für einen Moment stehen geblieben. Diese Brise macht dir einige Erinnerungen bewusst, die in Bezug zu der gegenwärtigen Situation und deinen Denkmustern stehen, und bereitet dein Gehirn darauf vor, eine neue Erinnerung aufzubauen. Du erfasst in dieser Superposition deine Gedanken, indem du fragst, antwortest und argumentierst. Es ist fast so, als würdest du dich selbst beobachten, dir bewusst werden, was du denkst und fühlst, und dich so gut wie möglich auf die Einzelheiten des *jetzigen* Moments konzentrieren – auf die Gegenwart.

Nehmen wir beispielsweise an, du erhältst eine Textnachricht von jemandem, der dich wegen einer deiner Überzeugungen in Frage stellt und sagt, du lägest falsch. Während du den Text liest (die eingehenden Informationen), wirst du dir einer Reihe von

Gedanken (inneren Informationen) bewusst, die mit dieser Textnachricht zusammenhängen, wie etwa deine Beziehung zu dieser Person, deine Gefühle von Ärger oder Irritation und deine Überzeugungen. Wenn du es unterlässt, dein Denken zu regulieren, die 30/90-Sekunden-Regel anzuwenden und den MPV zu nutzen, ist die Wahrscheinlichkeit groß, dass du frustriert reagierst und wertvolle mentale Energie vergeudest, was dich noch mehr verärgert. Wenn du jedoch deine Gedanken regulierst und die 30/90-Sekunden-Regel und den MPV anwendest, wirst du dich bremsen können, anstatt sofort zurückzuschreiben. Du kannst dich so weit beruhigen, dass du einen Schritt zurücktreten oder dich selbst auf dem Surfbrett sehen kannst, um deine Gefühle wahrzunehmen und zu entscheiden, wie du deine begrenzte Energie einsetzen willst.

Wenn du dich bewusst mit den Informationen auseinandersetzt, die auf diese Weise in dein Gehirn gelangen, wirst du in der Lage sein, instinktiv etwa 15 bis 35 Prozent von dem, was du liest, hörst und siehst, auszuwählen – also das, was einen echten Bedeutungsgehalt hat –, während du die restlichen 65 bis 85 Prozent loswirst, die ohnehin nur aus überflüssiger Information bestehen. Wenn du deinen MPV einsetzt, kannst du dich mit deinen Sinnen auf die Details des *gegenwärtigen* Moments einlassen – eine bereichernde Erfahrung, die dir helfen wird, dich zufriedener und ausgeglichener zu fühlen. Und während du dich mithilfe deines MPV in die Superposition begibst, kannst du entscheiden, ob du einen Gedanken annehmen oder außer Kraft setzen willst. Vergiss nicht, dass du ein Veto gegen deine Gedanken einlegen kannst, wenn du dich in der Superposition befindest![52]

Achtsamkeit durch Praktiken wie Meditation, Entspannungsübungen und Gebet ermöglicht es dir, ein erhöhtes Bewusstsein für den gegenwärtigen Moment zu entwickeln und die Dinge so zu akzeptieren, wie sie sind, ohne zu urteilen oder emotional zu reagieren. Wenn du unter Nutzung deines MPV und der 5 Schritte in die Superposition wechselst, gehst du *über Achtsamkeit hinaus.* In diesem objektiven Zustand erfasst und rekonzeptualisierst du toxische, chaotische Gedanken und baust gesunde, organisierte Gedanken auf. Dies ist notwendig, um die Aufmerksamkeit zu stabilisieren und Gewohnheiten zu entwickeln, die du in deinem Leben auch wirklich sinnvoll gebrauchen kannst.

Der MPV hilft dir also, deinen Fokus bewusst zu verlagern und die Aktivitäten deines eigenen Geistes zu beobachten, um verschiedene Blickwinkel auf ein Problem zu erhalten. Dadurch kannst du dein eigenes Verhalten bestimmen, anstatt die negativen Erfahrungen in deinem Kopf ständig wiederholen zu müssen. Je mehr du dich darin übst, deinen MPV zu nutzen, desto weniger wirst dich du von den Problemen anderer beherrschen lassen.

5. Vier Visualisierungstechniken: Kisten, Fenster, Rückspulen und Ritterrüstungen

Diese Visualisierungstechniken sind einfache Methoden der selbstgesteuerten Neuroplastizität, die Spaß machen und die du auf vielfältige Weise sowohl im Rahmen des Neurozyklus als auch im Laufe des Tages anwenden kannst. Visualisieren ist wie Tagträumen mit einem bestimmten Ziel oder Zweck.

a. *Die Kisten-Technik.* Wenn Menschen dich wirklich aufregen, toxisch sind oder deine Grenzen nicht respektieren, stell dir vor, dass du sie in eine Kiste steckst. Wenn sie in dieser Kiste sind, kannst du sie weder sehen noch hören, auch wenn du sie vielleicht gerade ansiehst oder neben ihnen sitzt. Das gibt dir den geistigen Freiraum, dich für ein paar Augenblicke von ihrer Toxizität oder ihren emotionalen Ansprüchen zu lösen, während du zu Atem kommst und entscheidest, wie du reagieren willst.

b. *Die Fenster-Technik.* Stell dir ein großes Gebäude mit vielen Fenstern vor, die größtenteils fest verschlossen sind. Platziere den toxischen Gedanken, mit dem du gerade beschäftigt bist, hinter einem der Fenster. Stell dir nun vor, du befindest dich vor diesem Fenster und schaust von außen hinein. Du kannst nicht durch das Fenster hineinklettern, weil es ja verriegelt ist, aber du hast Macht über das, was dort im Fenster zu sehen ist. Du bist dort, wo du stehst, nämlich vor dem Fenster, immer sicher – was auch immer sich hinter dem Fenster befindet, es kann dich nicht verletzen. Du kannst es annehmen, verarbeiten und rekonzeptualisieren, wann immer du dazu bereit bist. Mithilfe der 5 Schritte kannst du visualisieren, wie sich die Szene hinter dem Fenster verändert, während du sie dir aus sicherer Entfernung neu vorstellst.
c. *Die Rückspul-Technik.* Bei dieser Technik stellst du dir vor, dass du dich in einem Film siehst. Du hast die Kontrolle über jede einzelne Szene in diesem Film. Du kannst jede Szene mithilfe der 5 Schritte zurückspulen und bearbeiten. Du drückst die Pausetaste und nimmst dein Problem an; mit Drücken der Rücklauftaste verarbeitest du, was vor sich geht; dann drückst du die Abspieltaste und rekonzeptualisierst das, was du denkst.
d. *Die Ritterrüstung-Technik.* Diese Visualisierungstechnik eignet sich hervorragend, um toxische Worte abzublocken, die von negativen Menschen kommend auf dich einprasseln. Sie hilft, eine geistige Barriere zu errichten, wodurch dein mentaler Raum sicher bleibt. Dazu stellst du dir vor, du würdest eine Ritterrüstung tragen. Wenn die Worte auf dich treffen, prallen sie an dir ab und landen wieder bei der Person, die sie von sich

gab. Du musst das, was gesagt wurde, nicht verarbeiten und akzeptieren. Stattdessen lenkst du das Gesagte von dir weg.

Die Visualisierung hilft dabei, den physischen Gedanken im Gehirn aufzubauen, bevor du das, was du tun oder sagen musst, tatsächlich tust oder sagst. Das bedeutet, wenn es dann tatsächlich darum geht, etwas zu sagen oder zu tun, hast du es vorher bereits geübt und bist somit besser vorbereitet und daher auch belastbarer und effektiver. Wenn du die vorgenannten Visualisierungstechniken anwendest, erzeugst du damit ein imaginäres Szenario, das dir hilft, dich zu beruhigen und die Kontrolle über deine Gefühle wiederzuerlangen.

Jede dieser Techniken zur selbstgesteuerten Neuroplastizität kann in allen fünf Schritten eingesetzt werden, um das Annehmen, Verarbeiten und Rekonzeptualisieren zu erleichtern.

6. Augen schließen und auf das Gesamtbild konzentrieren

Wenn etwas besonders emotionsgeladen ist, hilft es, sich zunächst auf den Kontext oder das Gesamtbild zu konzentrieren, um dem Ganzen ein wenig den Stachel zu nehmen und zugleich die nötige Perspektive und Objektivität zu wahren. Das kann es einfacher machen, den Gedanken zu verarbeiten und seine Wurzel zu finden, um ihn zu rekonzeptualisieren. Nehmen wir zum Beispiel an, du gerätst wegen eines Einkommensverlustes in Panik. Anstatt dich krampfhaft in den Details der finanziellen Auswirkungen zu verlieren, schließe deine Augen und stelle dir vor, was du unternehmen könntest. Sieh dir an, was du bereits erreicht hast, und stelle dir Fragen wie: *Was ist der übergeordnete Zweck dessen, was ich als Nächstes tun möchte? Wie kann ich dies auf angemessene und wirkungsvolle Weise tun? Wie hoch ist meine Leistungsbereitschaft im Hinblick auf dieses Ziel? Was genau soll geschehen?*

Die Augen zu schließen, kann dir helfen, eine neue Perspektive zu gewinnen und deine begrenzte Energie in eine aufbauende Richtung zu lenken. Selbst das Schließen der Augen für nur eine Sekunde kann dich in den MPV-Denkmodus versetzen, der dir hilft, dich zu beruhigen und dir den mentalen Raum gibt, dein Denken selbst zu regulieren und die 30/90-Sekunden-Regel anzuwenden.

Wieso? Weil man sich mit geschlossenen Augen in der Regel zuerst auf das große Ganze konzentriert und weniger auf die Details. Die bewusste Fokussierung auf Details im Umgang mit einem toxischen oder herausfordernden Problem kann erdrückend sein, weil sie mitunter zu übermäßiger Verallgemeinerung und Katastrophisierung führt. Tatsächlich können kognitive Inflexibilität, Grübeln und übermäßiges Denken die Folge sein: Man sieht den Wald vor lauter Bäumen nicht mehr, weil man sich zu sehr in den Details verliert. Wir sehen dies auf dem qEEG als rote Foci auf dem Scheitel über einem Bereich namens Gyrus cingulatus (in der Mitte des Gehirns), der auf geordnete Weise aktiv ist, wenn wir unsere kognitive Flexibilität nutzen, aber überaktiv wird, wenn wir in Panik geraten.

Emotionen lösen starke High-Beta- und Gamma-Energieschübe im Gehirn aus. Außerdem aktivieren sie die Freisetzung von Serotonin, Dopamin und Acetylcholin, was zu einer verstärkten Beanspruchung des Gedächtnisses führt, *wenn* man sich zuerst auf die Details konzentriert. Das ist gut, wenn es sich um einen gesunden Gedanken handelt, aber nicht so gut, wenn es sich um einen toxischen Gedanken handelt. In einer toxischen Situation wird alles chaotisch. In dem Fall, wie bereits erwähnt, kann der Prozess durch Konzentration auf das große Ganze in eine positive Richtung gelenkt werden, indem die Energie im Gehirn sowie die Neurochemie und die Genetik des Gehirns so manipuliert werden, dass sie sich auf den Kontext des Gedankens konzentrieren.

Dies wiederum löst Denkblockaden, fördert die kognitive Flexibilität und bringt Ruhe, Einsicht und Perspektive mit sich.[53] Und je öfter du dies tust, desto einfacher wird es.

Die vier Unbehaglichkeitszonen

Es gibt physische, emotionale und informatorische Warnsignale, die von den physischen, emotionalen und informatorischen Erinnerungen in einem Gedanken ausgehen. Erinnerungen geben Signale ab, weil sie dynamisch und lebendig sind. Sie sind absolut real und erzeugen echte Energie. Emotionale Signale können alles sein, von Angst bis Freude; körperliche Warnsignale können sich beispielsweise als Herzklopfen oder Magen-Darm-Symptome äußern; ein informatorisches Warnsignal ist die eigentliche Information, die dir als Wiedererleben in den Sinn kommt.

Es gibt vier Arten von Unbehaglichkeitszonen:

1. *Die Gewahrwerdungs-Zone*: Hier werden die körperlichen Empfindungen, die Gefühle und die Informationen eines Gedankens als Impulse von der nichtbewussten zur bewussten Ebene geleitet. Dies ist der Punkt, an dem man denkt: *Ich kann es nicht genau benennen, aber irgendetwas beunruhigt mich.*
2. *Die Stressreaktions-Zone*: Unser Körper lässt uns durch physische Warnsignale wissen, dass etwas in unserem Leben in Angriff genommen werden muss. Wenn wir unseren Stress als Sprungbrett zum Handeln nutzen, befinden sich das sympathische und das parasympathische Nervensystem und die HPA-Achse im Gleichgewicht. Wenn wir uns von unserem Stress überwältigt fühlen, sind diese Systeme aus dem Gleichgewicht und können körperliches Unwohlsein verursachen. Dies ist der

Punkt, an dem man feststellt: *Ich spüre einen Adrenalinstoß und mein Herz schlägt viel zu schnell; irgendetwas stimmt hier ganz und gar nicht.*

3. *Die Emotionswahrnehmungs-Zone*: Hier sagen dir die in dem Gedanken eingebetteten Gefühle, dass an einer Situation etwas nicht in Ordnung ist. Dies ist der Punkt, an dem man merkt: *Das Ganze ist mir suspekt und ich fühle mich in die Enge getrieben; mir ist nicht wohl dabei.*
4. *Die Entscheidungsfindungs-Zone*: Du befindest dich in Superposition und hast mehrere Blickwinkel gleichzeitig im Kopf, während du die Informationen in dem Gedanken abwägst. Dies ist der Punkt, an dem man zu dem Schluss kommt: *Okay, diese Situation muss sorgfältig analysiert werden. Ich muss innehalten und mir etwas Zeit nehmen, um darüber nachzudenken. Das ist im Moment die einzige Entscheidung, die ich guten Gewissens treffen kann, und ich werde nicht weitergehen, bis ich mich wohlfühle und Frieden habe.*

Das folgende einfache Flussdiagramm zeigt einige Beispiele für diese emotionalen, körperlichen und informatorischen Warnsignale. Es ist nicht erschöpfend, aber es gibt dir eine Vorstellung davon, wo du anfangen und worauf du dich einstimmen solltest. Die Signale weisen auf den *Gedanken* hin, der wiederum auf das Denken, Fühlen und Entscheiden verweist, die zu dem Problem geführt haben, mit dem du zu tun hast.

Die Warnsignale, die sich über die vier Unbehaglichkeitszonen äußern, dürfen keinesfalls unterdrückt werden, sondern müssen angenommen und verarbeitet werden. Sie sind Boten, und du musst ihre Botschaft entschlüsseln. In der Botschaft liegt die Lösung. Du musst das Unbehagen akzeptieren und dich in winzigen Schritten vorwärtsbewegen, in dem Wissen, dass sich das Gehirn unabhängig davon, was du tust, ohnehin laufend verändert – warum also diese Veränderungen nicht gleich bestmöglich steuern?

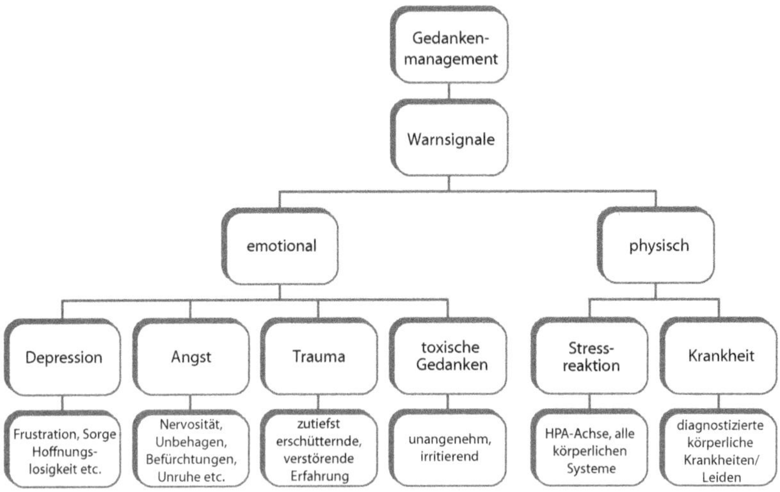

Emotionale Warnsignale

Emotionale Warnsignale sind eine Einladung, nach innen zu schauen. Wenn du dich nicht mit ihnen auseinandersetzen und ihnen zuhören kannst, läufst du Gefahr, dir wertvolle Informationen entgehen zu lassen, die dir bei deiner Heilung helfen könnten.

Nachfolgend findest du einen einfachen, aber *nützlichen Leitfaden mit emotionalen Warnsignalen*, der dir bei der Durchführung der 5-Schritte-Methode abzuschätzen hilft, wo du gerade stehst und wie es dir geht. Er ist kein validiertes Bewertungsinstrument, sondern lediglich eine Orientierungshilfe. So kannst du deine Gefühlslage zu Beginn verstehen und auch nachvollziehen, wie sie sich im Verlauf des 63-Tage-Zyklus verändert.

Ich möchte noch einmal betonen, dass Angst und Depression normale menschliche Reaktionen auf Dinge sind, die in unserem

Leben vor sich gehen. Sie sind wie Worte, die uns sagen, dass wir auf das achten sollen, was gerade passiert. Man darf sie nicht als Störungen oder Erkrankungen des Gehirns ansehen. Sich seiner gegenwärtigen Emotionen bewusst zu werden, gehört zur Entwicklung eines Selbstregulierungsprozesses, der für wirksames Gedankenmanagement als Bestandteil der Lebensführung unverzichtbar ist.

Orientierungshilfe: Was empfindest du?

Heute empfinde ich …

Zuneigung, Wut, Angst, Kummer, Ärger, Unruhe, Apathie, Erregung, Erstaunen, Langeweile, Zuversicht, Verachtung, Zufriedenheit, Mut, Neugier, Depression, Sehnsucht, Verzweiflung, Enttäuschung, Ekel, Misstrauen, Grauen, Ekstase, Verlegenheit, Neid, Euphorie, Spannung, Furcht, Frustration, Dankbarkeit, Trauer, Schuld, Glück, Hass, Hoffnung, Entsetzen, Feindseligkeit, Schmerz, Hysterie, Gleichgültigkeit, Interesse, Eifersucht, Freude, Abscheu, Einsamkeit, Liebe, Lust, Empörung, Panik, Leidenschaft, Mitleid, Vergnügen, Stolz, Zorn, Bedauern, Erleichterung, Reue, Traurigkeit, Zufriedenheit, Selbstvertrauen, Scham, Schock, Schüchternheit, Kummer, Leiden, Überraschung, Schrecken, Vertrauen, Verwunderung, Sorge, Eifer, Begeisterung.

Mach dein Gehirn für Veränderung bereit

Wie schon erwähnt, sollten die 5 Schritte mit einer Vorbereitungsphase beginnen, die Beruhigungs- und Konzentrationsübungen beinhaltet. Das können Atemübungen, Meditation, Klopfübungen, Achtsamkeitsmeditation, Gebet, Techniken zur emotionalen Befreiung, Havening oder eine beliebige Kombination davon sein. Ich beginne immer mit einer Vorbereitungsübung, und sei es nur, dass ich ein paar Mal bis drei zähle und dabei ein- und ausatme, denn das richtet meine Geist-Gehirn-Verbindung aus und erleichtert den optimalen Fluss von Delta, Theta, Alpha, Beta und Gamma in meinem Gehirn, was wiederum die Physiologie und die DNA der Zellen meines Körpers optimiert und mein Gehirn auf den tiefsten Ebenen biochemisch und elektromagnetisch neu einstellt.

Bewertungshilfe: Wie stark sind die emotionalen Warnsignale?

Wenn du an Tag 1 mit Schritt 1 beginnst, kannst du deine Emotionen kurz überprüfen, sie in deinem Journal notieren und sie bei der Durcharbeitung der 5 Schritte jeden Tag verfolgen. Wir alle erleben Emotionen und Gefühle auf unterschiedliche Weise und unter verschiedenen Umständen – sie können sich im Laufe eines Tages oder sogar einer Stunde immer wieder ändern. Denk daran, dass es nicht schlimm ist, wenn du das Gefühl hast, auf der Skala bei einer 7–10 zu sein; du erlebst einfach etwas, das nach deiner Aufmerksamkeit verlangt.

Heute fühle ich mich ...

1–3 ... durchschnittlich. Ich habe normale Höhen und Tiefen, wie man sie als Mensch in einer komplexen Welt hat, wenn man durch das Leben mit all seinen Herausforderungen geht.

4–6 ... nicht ganz so gut. Ich habe ein diffuses oder schwebendes Gefühl der Angst. Ich fühle mich deprimiert, besorgt, frustriert oder empfinde toxischen Stress. Ich habe diese nagende Angst, dass etwas nicht stimmt, aber ich weiß noch nicht genau, was. Ich verstehe aber, dass dieses Gefühl deshalb so hartnäckig ist, weil es oft von Dingen herrührt, die ich knapp unterhalb meiner Bewusstseinsebene unterdrückt gehalten habe.

7–10 ... sehr angespannt. Ich spüre eine zunehmende Unruhe bzw. Niedergeschlagenheit, wie sie entsteht, wenn man sich den Dingen nicht stellt und sie nicht bewältigt. Ich gestehe ein, dass sich diese Gefühle oft in verschiedenen Lebensbereichen entladen.

Jüngste Forschungen haben gezeigt, dass sogar das Atmen an sich, insbesondere das Ausatmen, wirksam zu sein scheint. Wie schon an anderer Stelle erwähnt, ist mein Favorit die Wim-Hof-Methode, weil sie so systematisch und unmittelbar wirkend ist.[54] Der normale Atemkreislauf ist Teil des Mechanismus, der zu bewussten Entscheidungen und freien Willenshandlungen führt. Wenn du also Atemübungen machst, beruhigst du damit nicht nur den Parasympathikus und den Sympathikus, sondern du stärkst auch deine Entscheidungsfähigkeit. Es geht darum, alles zu tun, was dir hilft, deinen Geist auf den Moment zu fokussieren und deine Gehirnwellen auf das bevorstehende Lernen vorzubereiten, welches bei der Durchführung der 5 Schritte stattfinden wird. Diese Vorbereitungsphase steigert den Nutzen des Neurozyklus um ein Vielfaches. Sie aktiviert auch deine Neurotransmitter, richtet die HPA-Achse neu aus und bereitet die Gene auf eine stabilere Reaktion vor, wodurch du einen klareren und belastbareren Verstand entwickelst.

Es ist auch wichtig zu wissen, dass unbemerkt von uns eine Menge großartiger Dinge im Gehirn passieren – auf genetischer, neuroendokrinaler und psychoneuroimmunologischer Ebene (Geist-Gehirn-Immunsystem) und auch im Darmgehirn –, wenn wir unser Gehirn auf tiefes Denken und bewusstes Lernen vorbereiten. Und mit der Zeit schaffen diese wiederholten Übungen Gewohnheiten, sodass wir, wenn wir ausreichend üben, an einen Punkt gelangen werden, an dem wir diese Atmungserinnerungen nach Belieben aktivieren können.

Du kannst jede dieser Vorbereitungsstrategien jederzeit beliebig lange durchführen, aber bei der Vorbereitung auf den Neurozyklus würde ich die Vorbereitung auf dreißig Sekunden bis drei Minuten beschränken. Meine App enthält geführte Vorbereitungsübungen.

Ich habe mehrere Ihrer Bücher gelesen und die fünf Schritte abgeschlossen, wodurch sich mein Leben für immer verändert hat. Ihre Ausführungen sind stärkend, praxisnah, gut umzusetzen und wohltuend – erfrischend für Seele und Geist. Was Sie sagen, gibt mir das Gefühl, eine gewisse Kontrolle über mein Schicksal zu haben, da ich für meine Fähigkeiten zu einem großen Teil selbst verantwortlich bin. Ich danke Ihnen, Dr. Leaf.

VIVIAN

Kapitel 10

Warum es 63 Tage des Neurocyclings braucht, um eine Gewohnheit zu bilden

Überblick

- Die Umwandlung von nützlichen Gedanken in dauerhafte Gewohnheiten und die Entgiftung von toxischen Gedanken und Traumata durch selbstgesteuerte Neuroplastizität, das beides erfordert Zeit und Mühe und muss regelmäßig, als fortlaufender Prozess durchgeführt werden. Wenn du mit der Verarbeitung eines Problems fertig bist, beginnst du mit der Arbeit am nächsten Problem – mentale Entgiftung ist ein Lebensstil.
- Begrenze die Zeit, die du mit der Entgiftung von toxischen Gewohnheiten und Traumata verbringst, auf etwa sieben bis dreißig Minuten pro Tag, da dieser Prozess dich emotional, geistig und körperlich belasten kann.
- Mentale Gesundheit erfordert tägliches Dazulernen.
- Wir müssen uns nicht von unseren Gedanken gefangen halten lassen, sondern wir können unsere Gedanken »gefangen nehmen«!
- Was immer du in deinem Geist erlebst, wird auch in deinem Gehirn und von deinem Körper erfahren. Die toxische Energie aus toxischen Gedanken sammelt sich an, wenn diese unbewältigt bleiben, und wird sich schlussendlich auf vulkanartige und unkontrollierte Weise entladen.
- Bei der Bewältigung unserer toxischen Gedanken und Traumata wird all diese wirbelnde, chaotische, toxische Energie von den negativen Gedanken auf die rekonzeptualisierten, gesunden Gedanken übertragen, um das Gleichgewicht und die Kohärenz des Geistes wiederherzustellen.

Wenn ich von Neuroplastizität spreche, meine ich damit die Art und Weise, wie der Geist das Gehirn in Bezug auf Energie, Raum und Zeit verändert. Wir haben bereits darüber gesprochen, wie der Geist die Gehirnfrequenzen (*Energie*) und auch die Gehirnstruktur (*Raum*) verändert. Der Geist erschafft buchstäblich Materie, oder genauer gesagt, eine neue Gedankenstruktur, die das Gehirn räumlich verändert. Einen Aspekt haben wir noch nicht behandelt: wie der Geist das Gehirn im Laufe der *Zeit* verändert, und wie dies mit der Wissenschaft des Denkens, dem Neurozyklus, dem Aufbau des Gehirns, der Entgiftung von Traumata, dem Abbau schlechter Gewohnheiten und dem Aufbau guter Gewohnheiten zusammenhängt.

Ich will ganz ehrlich zu dir sein: Nützliche Gedanken in dauerhafte Gewohnheiten umzuwandeln und toxische Gedanken und Traumata durch selbstgesteuerte Neuroplastizität zu entgiften, erfordert *Zeit* und Mühe und muss zu einem regelmäßigen Bestandteil unserer Lebensführung werden. Wenn wir echte, nachhaltige und langfristige Veränderungen erreichen wollen, müssen wir *mehr* tun, als etwas nur ein- oder zweimal zu lesen oder zu hören oder uns mit einer Sache nur ein paar Tage lang zu beschäftigen.

Meine Forschungen der letzten drei Jahrzehnte sowie unsere jüngste klinische Studie zeigen, dass mit der gedankengesteuerten Neuroplastizität ein gewisser Zeitrahmen verbunden ist, den wir als Leitschnur und Motivation nutzen können, während wir uns durch die Dinge *hindurcharbeiten* und neue Informationen erhalten. Wie bereits erwähnt, dauert es etwa einundzwanzig Tage, um einen Langzeitgedanken mitsamt den eingebetteten Erinnerungen aufzubauen, und dreiundsechzig Tage, um diesen Gedanken in eine Gewohnheit umzuwandeln. Auf dem Weg dorthin gibt es bestimmte Zeitpunkte (Tag 7, 14, 21, 42 und 63), an denen wir Veränderungen spüren, die uns motivieren und uns helfen, jeden

Gedanken, den wir entgiften oder aufbauen, durch diesen 63-Tage-Zyklus zu bringen. Wenn es um den Geist geht, sind es die kleinen, gezielten und planvollen täglichen Veränderungen, die in der Summe am meisten bewirken.

Es dauert etwa einundzwanzig Tage, um einen Langzeitgedanken mitsamt den eingebetteten Erinnerungen aufzubauen, und dreiundsechzig Tage, um diesen Gedanken in eine Gewohnheit umzuwandeln.

Wenn also ein Trauma entgiftet wird (Kapitel 12) und schlechte Gewohnheiten gebrochen und gute aufgebaut werden (Kapitel 13), sollten die fünf Schritte nacheinander jeden Tag von Tag 1 bis 21 durchgeführt werden. Ab Tag 22 bis 63 wird nur Schritt 5, das aktive Ergreifen, durchgeführt. In den ersten einundzwanzig Tagen leistest du also aktive Arbeit und in den zweiundvierzig Tagen danach übst du die Veränderungen ein, die du vorgenommen hast. Dazu kannst du deinen rekonzeptualisierten Gedanken in die Erinnerungsfunktion deines Handys aufnehmen, ihn auf einen Klebezettel schreiben oder dir etwas anderes als Erinnerungshilfe einfallen lassen. Dann liest du ihn dir einfach laut vor, um die neue Denkweise zu üben, was nur ein paar Sekunden dauert. Es geht darum, dass du dich jeden Tag bewusst und gezielt daran erinnerst. Um wirklich effektiv Veränderungen herbeizuführen, solltest du den Schritt des aktiven Ergreifens mindestens sieben Mal pro Tag bis zu Tag 63 durchführen.

In den ersten einundzwanzig Tagen empfiehlt es sich, insgesamt sieben bis dreißig Minuten pro Tag für alle fünf Schritte einzuplanen, also etwa eineinhalb bis fünf Minuten pro Schritt.

Und so sieht das Ganze dann aus:

Tag 1

Sammeln:	1 ½ bis 5 Minuten
Reflektieren:	1 ½ bis 5 Minuten
Aufschreiben:	1 ½ bis 5 Minuten
Erneut betrachten:	1 ½ bis 5 Minuten
Aktiv ergreifen:	1 ½ bis 5 Minuten

Tag 2 bis 21:

Gleicher Zeitplan wie an Tag 1

Tag 22 bis 63:

Aktiv ergreifen: etwa 3 bis 7 Minuten pro Tag

Manchmal wirst du feststellen, dass du mehrere 63-Tage-Zyklen brauchst – es hängt davon ab, woran du arbeitest, wie groß das Problem ist und was du zu ändern versuchst. Vergiss nicht, dass jeder Gedanke eine Vielzahl von emotionalen, physischen und informatorischen Erinnerungen in sich birgt; Gedanken sind daher sehr komplex, greifen ineinander und sind miteinander verbunden.

Es wird sich so anfühlen, als würdest du gleich an mehreren Gedanken arbeiten, aber in Wirklichkeit arbeitest du an einem einzelnen problematischen Gedanken. In diesem Gedanken stecken zahlreiche Erinnerungen, also werden dir bei der Arbeit an ihm zahlreiche Erinnerungen bewusst werden. Führe dir die Analogie zu dem Baum vor Augen: Es gibt viele Äste, die das, was du sagst, tust und fühlst darstellen und von der Wurzel als Quelle ausgehen. Im Grunde wirst du also in diesen einundzwanzig Tagen den Gedanken mit seinen Erinnerungen und Wurzeln ermitteln und ihn rekonzeptualisieren – ihn einfach zu ersetzen, funktioniert nicht.

Rekonzeptualisieren bedeutet, die Quelle/Wurzel/Ursache des Gedankens zu finden, das Denkmuster dahinter zu identifizieren und dieses so zu ändern, dass die eigene Geschichte in einer verkraftbaren Weise eingeordnet werden kann (wobei der »Stachel« entfernt oder neutralisiert wird). Außerdem findest du heraus, wie du die Situation auf eine neue Weise betrachten kannst, die dir Frieden bringt. Anschließend übst du die neue Denkweise drei bis sieben Minuten pro Tag bewusst ein (so viel Zeit brauchst du in etwa, um dir die sieben Erinnerungshilfen für das aktive Ergreifen durch Lesen ins Bewusstsein zu bringen und sie anzuwenden). So gehst du für die nächsten zweiundvierzig Tage vor – gleichzeitig kannst du einen weiteren 21-Tage-Zyklus mit einem neuen toxischen Gedanken beginnen. Die Entgiftung des Denkens ist kein einmaliges Ereignis, sondern ein Lebensstil.

Hier ein paar hilfreiche Tipps, wie du während der dreiundsechzig Tage motiviert bleiben kannst:

1. Behalte im Sinn, dass es um einen *festen und begrenzten* Zeitrahmen geht: sieben bis maximal dreißig Minuten pro Tag.
2. Finde jemanden, der dich im Prozess begleitet und unterstützt.
3. Geh mit dir selbst mitfühlend und geduldig um. Versuche nicht, zu viel auf einmal zu bewältigen!
4. Es soll auch Spaß machen, deshalb verbinde jeden Tag mit kleinen Belohnungen.
5. Mach dir immer wieder bewusst, welche positiven *körperlichen* Auswirkungen deine geistige Arbeit hat.
6. Sieh dir noch einmal die Auswertung meiner klinischen Studie an und führe dir vor Augen, wie viel Nutzen du aus den 5 Schritten ziehen kannst.
7. Falls du einen Therapeuten hast, könnte dieses Tool auch ein gutes Hilfsmittel für eure Sitzungen sein.

Es ist wichtig, die Zeit, die du mit der Entgiftung von toxischen Gewohnheiten und Traumata verbringst, auf etwa sieben bis dreißig Minuten pro Tag zu begrenzen, da dieser Prozess dich emotional, geistig und körperlich belasten kann. Du willst nicht von deinen Problemen aufgefressen werden, und wenn du zu viel Zeit damit zubringst, über sie nachzudenken, kannst du in deinen toxischen Emotionen wie in einem Sumpf stecken bleiben und wirst für den Rest des Tages nicht mehr richtig funktionieren. Die 5 Schritte sind dazu gedacht, dir strukturierte, fokussierte und *zeitlich begrenzte* Gedanken-/Gehirnübungen an die Hand zu geben, die du täglich durchführen kannst – und dann hörst du für den Rest des Tages auf, über Toxizität nachzudenken, mit Ausnahme der Momente, in denen du Schritt 5, das aktive Ergreifen ausführst, bei dem du durch eine Aussage oder eine einfache Handlung deinem Denken einen positiven Dreh gibst. Das nimmt nur etwa eine Minute deiner Zeit in Anspruch und ist daher supereinfach, aber erstaunlich effektiv. Dieser Schritt des aktiven Ergreifens soll dir helfen, deine Gedanken im Griff zu behalten und das Überschwappen von Emotionen in deinen Alltag hinein zu begrenzen, wie es beim Verarbeiten schwieriger Dinge mitunter auftreten kann.

Beim Brain-Building hingegen, das ich in Kapitel 11 erläutere, bist du nicht auf sieben bis dreißig Minuten pro Tag beschränkt – du kannst dich so lange damit beschäftigen, wie du möchtest! Ich versuche in der Regel, mindestens zwei Stunden pro Tag ins Lernen und in den Aufbau meines Gehirns zu investieren (wie ich das mache, erfährst du, wenn du dir den Plan für tägliches Gedankenmanagement in Kapitel 14 ansiehst). Der Brain-Building-Prozess verläuft ebenfalls in 63-Tage-Zyklen. Da es hierbei jedoch in erster Linie um die Stärkung der mentalen Gesundheit, der allgemeinen Widerstandsfähigkeit und die Förderung der Intelligenz geht, sieht die Vorgehensweise ein wenig anders aus. Die 5 Schritte des Neurozyklus sollten dann täglich mindestens dreißig Minuten lang durchgeführt werden, aber du kannst so lange machen, wie du willst. In diesen dreißig oder mehr Minuten durchläufst du die fünf Schritte mit jedem Informationspaket, das etwa einem Absatz entspricht. Wenn also der zu lernende Abschnitt zehn Absätze umfasst (die du als Erinnerungen in dein Gehirn einfügst), wirst du etwa zehn Neurozyklen durchlaufen, um diese Informationen in deinem Gehirn zu verankern. Wenn du für eine Prüfung lernst, wirst du täglich einen Neurozyklus durchlaufen, um dich auf die Prüfung vorzubereiten. (Die genaue Vorgehensweise habe ich in meinem Buch *Denke, lerne, sei erfolgreich* ausführlich beschrieben[55]).

Beim Brain-Building bist du nicht auf sieben bis dreißig Minuten pro Tag beschränkt – du kannst dich **so lange damit beschäftigen, wie du möchtest**!

Während dieses gesamten Gehirnaufbauprozesses sollte man unbedingt im Auge behalten, dass die Gesundheit unseres Geistes und unseres Gehirns von gesunden, starken Gedanken abhängt. Wenn wir aufhören zu lernen und tiefgründig zu denken, schaden wir der Gesundheit unseres Gehirns, da sich toxische Abfälle darin ansammeln. Somit hilft Brain-Building dir auch beim mentalen Entgiften, wenn es mal etwas schwieriger wird. So wie unterlassenes Zähneputzen deine Zahngesundheit beeinträchtigt, kann unterlassenes Lernen das Gehirn schädigen und eine ganze Reihe von negativen Auswirkungen nach sich ziehen. Im Interesse deiner geistigen Gesundheit solltest du jeden Tag dazulernen.

Es sind die kleinen täglichen Veränderungen, die in der Summe den größten Unterschied ausmachen.

Während du dein Gehirn aufbaust und dein mentales Chaos beseitigst, ist es wichtig, dich ebenso mit anderen Aspekten deiner Lebensführung zu befassen. Ich werde dir zeigen, wie du mithilfe der 5 Schritte des Gedankenmanagements auch die Themen Ernährung,

Bewegung, Identität, Beziehung und Schlaf angehen kannst. Und wenn du diese Schritte dreiundsechzig Tage lang täglich ausführst, wirst du dein Gehirn auf die gewünschte Weise neu vernetzen.

Vergleichstage im 63-Tage-Zyklus

Im Verlauf dieses 63-tägigen Prozesses gibt es bestimmte Vergleichstage, die dir Auskunft über deinen Fortschritt geben und dich bei der Entgiftung oder dem Aufbau eines Gedankens zum Durchhalten motivieren. Konkret handelt es sich um die Tage 7, 14, 21 und 63. Ein wenig Wissen über das Timing dieser Fixpunkte und darüber, welche Veränderungen in deinem Gehirn an diesen Tagen festzustellen sind, kann dir helfen, während der Anwendung der 5 Schritte die schwierigen Phasen zu überstehen und eine echte und dauerhafte Veränderung in deinem Leben zu erreichen – so wie der Unterschied, den du nach einem harten Trainingsprogramm an deinem Körper feststellst, dich zum Weitermachen motivieren kann.

An **Tag 1** wirst du eine Art nervöser Aufregung verspüren, da sich mit zunehmender Selbstregulierung und Achtsamkeit die bewusste Wahrnehmung aufbaut. Zu Beginn, wenn du anfängst, dich zu konzentrieren, hat der präfrontale Cortex (der eine Exekutivfunktion besitzt) kontrollierte High-Beta-Energieschübe und entwickelt mit zunehmendem Bewusstsein ein schönes Low-Beta-Muster. Die Amygdala (zuständig für emotionale Wahrnehmungen) und der Hippocampus (zuständig für die Umwandlung von Gedächtnisinhalten) weisen beim Abruf von Gedanken mitsamt ihren eingebetteten Erinnerungen viel Low-Beta-Energie und kohärente High-Beta-, Theta- und Gamma-Bursts auf – sogar Delta ist hoch, da auch unterdrückte Gedanken aktiviert werden. Dann, wenn die Verarbeitung stattfindet, steigt Gamma an und erreicht seinen Höhepunkt, was bedeutet, dass das Lernen jeden Tag ein bisschen weitergeht (also die neuroplastischen Veränderungen im Gehirn). Du beginnst, die Architektur deines Gehirns positiv zu beeinflussen – du lenkst die strukturellen Veränderungen in deinem Gehirn nun in die von dir gewünschte Richtung.

An **Tag 4** hat das gesteigerte Bewusstsein, das durch die Arbeit an deinen Gedanken entsteht, die gelinde gesagt sehr herausfordernd ist, bereits dein Gefühl der Selbstbestimmung verstärkt. Das allerdings kann auch deinen Stresspegel erhöhen, weil du beginnst, dich mit einigen möglicherweise schwierigen Themen auseinanderzusetzen. Das leuchtet durchaus ein, denn du ziehst die festgefügten Gedanken mit ihren eingebetteten informatorischen und emotionalen Erinnerungen aus der nichtbewussten Ebene buchstäblich heraus und zu dir hin. Das ist harte Arbeit – und sogar ein bisschen beängstigend. Aber sei unbesorgt, der nichtbewusste Teil deines Geistes verfügt über die Weisheit, zu wissen, wie viel du bewältigen kannst. Das ist auch der Grund, weshalb maximal dreißig Minuten Detoxing pro Tag sinnvoll sind. An Tag 4 kommt es zu einem Anstieg der Alpha-, Theta- und Delta-Werte im Gehirn, was darauf zurückzuführen ist, dass du dich ein wenig nervös und vielleicht sogar ängstlich fühlst, denn es ist schwer, sich bestimmten Dingen zu stellen. Aber noch einmal zur Erinnerung: Du verfügst über genügend Weisheit, um zu wissen, was du bewältigen kannst.

An **Tag 7** wirst du ein Gefühl des Verstehens und der Zufriedenheit empfinden und bereits spüren, *dass sich wirklich etwas tut.* Dir wird allmählich bewusst, dass es Hoffnung gibt und dass da tatsächlich ein gewisses Gefühl von Kontrolle zu spüren ist. Du kommst dir gestärkt vor und bist sogar ein wenig aufgeregt. Dies erhöht deine Alpha- und Gamma-Werte. Tief im Inneren deines

Gehirns finden erstaunliche strukturelle Veränderungen statt – an deinen Dendriten wachsen kleine Beulen, wie die kleinen Höcker von Blattknospen an den Ästen eines Baumes. Das bedeutet, deine Erinnerungen werden verarbeitet und rekonzeptualisiert – es findet Veränderung statt! Auf dem folgenden Bild siehst du den Aufbau der Dendriten; schau dir den rechten Ast an, auf dem drei verschiedene Auswölbungen zu sehen sind. Die kleine kreisförmige Beule – das ist es, was sich auf Hunderten, vielleicht sogar Tausenden deiner Dendriten bildet.

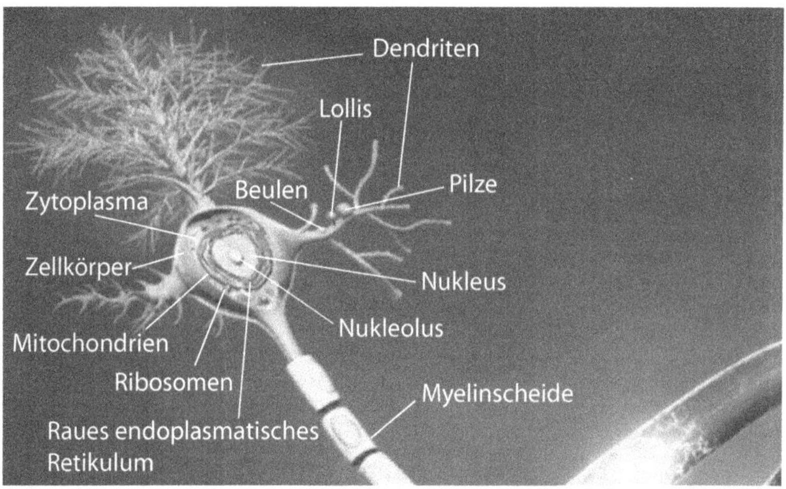

An **Tag 14** wird sich ein eindeutiges Erfolgsgefühl eingestellt haben; du wirst meinen: *Ich hab's im Griff!* Aber aufgepasst – oft hören Leute an diesem Punkt auf, weil sie denken, die Arbeit sei getan, bedingt durch das Gefühl, die Dinge unter Kontrolle zu haben. Aber du darfst an diesem Punkt nicht aufhören! Es ist wichtig, dieses Erfolgserlebnis als Antrieb zu nutzen und sich nicht auf seinen Lorbeeren auszuruhen. Denk immer daran: Selbstzufriedenheit hemmt Wachstum und Fortschritt. Die Beulen auf den Dendriten haben inzwischen ihre Form verändert und sehen nun wie

Lollipops aus, ein Zeichen für die Neuroplastizität des Gehirns. Zudem fließen die Delta-, Theta-, Alpha-, Beta- und Gamma-Wellen in einem schönen, geregelten Muster, was zu diesem Erfolgsgefühl beiträgt. Wirf noch einmal einen Blick auf das Dendritenbild, um dir den Lollipop neben der Beule anzusehen.

An **Tag 21** wirst du bereits mit großer Bestimmtheit, Engagement und Entschlossenheit sagen: *Es ist hart, aber ich kann es schaffen. Ich verstehe jetzt, dass ich vor den toxischen Emotionen keine Angst haben muss, sondern sie tatsächlich als mein Weg in die Freiheit sehen kann. Es ist in Ordnung, wenn ich schlechte Tage habe, denn das ist eine normale menschliche Reaktion auf die Herausforderungen des Lebens. Ich weiß jetzt, wie ich mit diesen Signalen umgehen muss.* Du selbst wirst diese Veränderungen an dir feststellen und auch andere werden sie sehen, und das ist wirklich motivierend. Im Gehirn wird es eine Kombination aus allen Frequenzen geben, mit High-Beta-Bursts, die eine gewisse kontrollierte Anspannung widerspiegeln. Es werden auch Gamma-Spitzen zu sehen sein, die Hinweis auf die neuroplastischen Veränderungen geben, die zu dem rekonzeptualisierten Gedanken geführt haben. Auf den Dendriten nehmen die Lollipops jetzt die Form von Pilzen an, da die Proteine selbsterhaltend werden. Das bedeutet, sie sind stark genug, um die Energie der in den Gedanken eingebetteten Erinnerungen dauerhaft zu speichern. Sieh dir auf der Abbildung nochmal die Pilzform direkt neben dem Lollipop an.

Die **Tage 22 bis 63** bringen ein Gefühl des Friedens mit sich und die reife Erkenntnis, dass Depressionen und Ängste Signale sind, die du zu deinem Vorteil nutzen kannst, um deine Reaktionen zu ergründen und sie zu ändern. Die Theta- und Delta-Aktivität nimmt zu, da die Gewohnheitsbildung einsetzt. An Tag 63, wenn die Automatisierung stattfindet (der Gedanke wandert als Gewohnheit auf die nichtbewusste Ebene und beeinflusst dein

Verhalten), wirst du ein Gefühl der Selbstbestimmtheit und des allgemeinen Wohlbefindens haben, weil du Folgendes erkennst: Du kannst die Ereignisse und Umstände, die zu den depressiven Verstimmungen oder anderen Empfindungen geführt haben, nicht kontrollieren, aber du *kannst* lernen, sie anzunehmen, um deine Reaktionen zu ändern und in den Griff zu bekommen.

Mit jedem 63-Tage-Zyklus werden die 5 Schritte dein Gefühl von Selbstbestimmtheit und Kontrolle verstärken. Dies wiederum führt dazu, dass du dir toxischer Gedanken eher bewusst wirst und besser mit ihnen umzugehen lernst. Dadurch fällt es dir leichter, toxischen Stress in den Griff zu bekommen und deine Sicht auf die Welt zu ändern. Du wirst Herausforderungen und Hindernisse vermehrt als Chancen begreifen, ein stärkeres Gefühl von Kontrolle entwickeln und zufriedener mit deinem Leben sein. Die 5 Schritte des Gedankenmanagements bringen dich im wahrsten Sinne des Wortes Schritt für Schritt in ein gestärktes, selbstbestimmtes Leben.

Wenn du wirklich geistigen Frieden haben willst, musst du dich mit vergangenen Traumata oder toxischen Denkgewohnheiten auseinandersetzen. Du musst strategisch, proaktiv, bewusst und gezielt selbst regulieren, wie du denkst, fühlst und entscheidest, indem du gesunde Gedanken aufbaust und ungesunde entgiftest. Ist ein solches Bestreben nicht lohnenswert, wenn man bedenkt, dass ungesunde Gedanken das Gehirn schädigen?

Die Wissenschaft hinter der Anwendung des Neurozyklus über 63 Tage

Wenn man morgens aufwacht, schaltet sich im selben Moment der bewusste Verstand ein, wie die erhöhte Beta-Aktivität in

Gehirnscans zeigt. Und sobald du in den Prozess der »wachen Neuroplastizität« eintrittst – Denken, Fühlen und die Entscheidung, Gedanken zu bilden –, beginnst du auch sofort, die Struktur deines Gehirns zu verändern. Wenn man bedenkt, dass man ständig denkt (selbst im Schlaf sortiert der Verstand die Gedanken, die er tagsüber gebildet hat) und dass das Gehirn sich ständig verändert, weil es neuroplastisch ist, kann man diesen Prozess genauso gut auch gleich proaktiv und strategisch steuern und die Neuroplastizität in die gewünschte Richtung lenken.

Im Laufe des Lebens verändert sich die Struktur der DNA wie Knetmasse. Das bedeutet, Gene, die vorher verborgen waren, werden freigelegt. Auf diese Weise wird die Genaktivität reguliert, und es werden Proteine gebildet, die sich zu dendritischen Verzweigungen formen, und im Gehirn zu einem Gedankenbaum heranwachsen.[56] Bei einer gesunden Erfahrung kommt es zu einer gesunden Genaktivität; bei einer negativen Erfahrung kommt es zu einer Genmutation und die dendritischen Verzweigungen werden toxisch sein. Das ist das plastische Paradoxon: Das Gehirn und der Körper können sich verändern, dies jedoch sowohl in eine negative als auch in eine positive Richtung. Die gute Nachricht ist, dass man Negatives immer wieder in Positives umwandeln kann.

Vergiss dabei nicht, dass neuroplastische Veränderungen, ob in negativer oder positiver Richtung, einer festen Zeitlinie folgen. Ich kann es nicht oft genug sagen: Es dauert einundzwanzig Tage, um einen Langzeitgedanken aufzubauen, und dann weitere zweiundvierzig Tage, um diesen Gedanken zu automatisieren. Ein automatisierter Gedanke ist ein Gedanke, der sich auf das Verhalten auswirkt, und deshalb können wir sagen, dass er zur Gewohnheit geworden ist. Somit braucht es dreiundsechzig Tage, um eine Gewohnheit zu bilden.

Während du als Reaktion auf die Erfahrungen des Lebens denkst, fühlst und entscheidest (was du den ganzen Tag lang tust – du hörst nie damit auf, nicht einmal für drei Sekunden), wird das Gehirn von Energieaktivität in Form von Quantenwellen durchflutet. Dein aktiver Geist diktiert die Form, Intensität und Auswirkung dieser Wellen (wir können dies mit einem qEEG erfassen), die wiederum die Biochemie des Gehirns und des Körpers beeinflussen.

Neuroplastische Veränderungen, ob negativ oder positiv, folgen ebenfalls einer festen Zeitlinie.

Diese Energiewellen stimulieren die Rechenaktivität in den Zellkörpern der Neuronen (siehe Abbildung unten), wie bei einem Computer. Die Stärke der Verbindungen (Synapsen) zwischen den Neuronen nimmt zu, je konzentrierter und tiefgründiger das Denken, Fühlen und Entscheiden ist, denn dies führt zu wiederholtem Feuern der Synapsen, also zu hochfrequenter Stimulation und lebhafter Aktivität an den Synapsen. Dies wird als Langzeitpotenzierung (LTP) bezeichnet, das heißt, die Kurzzeiterinnerung hat das *Potential*, sich zu einer Langzeiterinnerung zu entwickeln, wenn du dich mindestens einundzwanzig Tage lang wiederholt auf die zu speichernde Information konzentrierst. Geschieht dies nicht, bleibt die Kurzzeitspeicherung nur für etwa vierundzwanzig bis achtundvierzig Stunden erhalten. Angenommen, du liest einen großartigen Artikel über etwas Interessantes; drei Tage oder eine Woche später wirst du dich daran erinnern, dass du den Artikel gelesen hast und im Groben auch noch wissen, worum es ging, aber du wirst feststellen, dass du die meisten Details bereits vergessen hast.

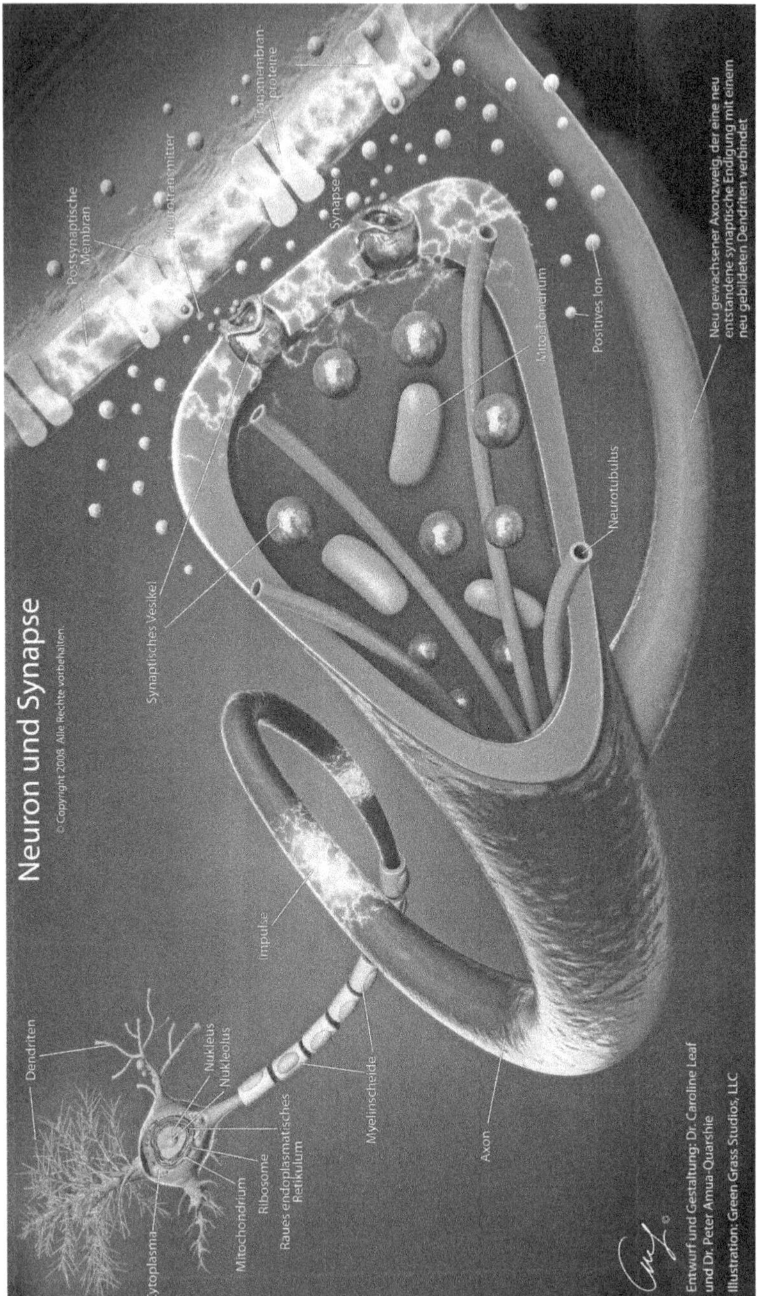

Neuron und Synapse
© Copyright 2008. Alle Rechte vorbehalten.
Postsynaptische Membran
Neurotransmitter
Transmembran-proteine
Synapse
Synaptisches Vesikel
Mitochondrium
Positives Ion
Neurotubulus
Neu gewachsener Axonzweig, der eine neu entstandene synaptische Endigung mit einem neu gebildeten Dendriten verbindet
Impulse
Dendriten
Nukleus
Nukleolus
Myelinscheide
Axon
Cytoplasma
Mitochondrium
Ribosome
Raues endoplasmatisches Retikulum
Entwurf und Gestaltung: Dr. Caroline Leaf und Dr. Peter Amua-Quarshie
Illustration: Green Grass Studios, LLC

Wenn du jedoch mit diesem Gedanken etwas tust, ihn zum Beispiel gründlicher und bewusster weiterdenkst, wirst du die Genaktivität in Gang setzen und hochregeln und dadurch das Wachstum der Dendriten anregen (die oberen Enden der Neuronen, wie auf vorstehender Abbildung zu sehen). Dort entwickeln sich Gedanken schließlich zu Langzeitgedanken mit ihren eingebetteten Erinnerungen, indem sich aufgrund der erhöhten Genaktivität Quantenschwingungen in winzigen Protein-»Quantencomputern«, *Tubulin* genannt, bilden. Mindestens einundzwanzig Tage, bei täglicher Beschäftigung damit, sind nötig, um genügend Energie für die Bildung der Langzeiterinnerung aufzubauen. Je mehr du dich in bewusstem, selbstreguliertem Denken übst, indem du eine Gedankenmanagement-Methode wie die 5 Schritte anwendest, desto mehr Energie führst du dem Gedanken zu – es ist wie das Gießen einer Pflanze. Vergiss nie: Das, woran du am meisten denkst, wird wachsen.

Wenn du während dieser einundzwanzig Tage täglich und regelmäßig auf diese bewusste, tiefe und konzentrierte Weise denkst, führst du den Dendriten Energie zu. Um den siebten Tag herum werden sie anfangen, Beulen, sogenannte Dornen, zu bilden, und das bedeutet, der Gedanke wird stärker.[57] Diese Dornen sehen ein wenig wie die Knoten an einem Ast aus, wenn sich ein neuer Zweig an einem Baum bildet (siehe das Dendritenbild). Bei dieser Art von konzentrierter geistiger Tätigkeit geht es darum, sich seiner mentalen und körperlichen Empfindungen bewusst zu werden, innerlich einen Schritt zurückzutreten und das eigene Denken zu beobachten, dann diese Gedanken festzuhalten und sie zu verarbeiten und zu rekonzeptualisieren.

Diese Beulen auf den Dendriten verändern mit der Zeit ihre Form als Reaktion auf *tägliches, tiefes und bewusstes* Denken. Die Beule bedeutet, dass die Erinnerung noch recht schwach und hochempfindlich ist. Wenn du aber täglich regelmäßig und bewusst an den Gedanken denkst und dich auf ihn konzentrierst, wird die Beule um Tag 14 herum zu einem Lollipop auf dem Dendriten, und das bedeutet, dass der Gedanke stärker wird.

- Wenn du mit der täglichen Gedankenarbeit fortfährst, verändert sich die Lollipopform um Tag 21 herum zu einer Pilzform auf dem Dendriten und wird durch stärkere Proteine und Energie, die dem Gedanken Langlebigkeit verleihen, selbsttragend. Ein langlebiger Gedanke mit seinen eingebetteten Erinnerungen (emotional, informatorisch, physisch) sieht also aus wie eine zunehmende Anzahl von pilzförmigen Fortsätzen auf den Dendriten. Langzeitgedanken, *nicht Gewohnheiten*, bilden sich um die 21-Tage-Marke herum. Die Energie, die durch diesen Prozess erzeugt wird, umfasst Beta- und Thetawellen, wobei die Gamma-Spitzen vierzig Mal pro Sekunde von der Vorderseite des Gehirns zur Rückseite fließen.[58] Wir konnten dies bei den Probanden unserer Forschungsstudie zwischen Tag 7 und 21 beobachten, als die Probanden ihren toxischen Stress annahmen, verarbeiteten und rekonzeptualisierten.
- Zwischen Tag 22 und 63 muss weitere Denkarbeit geleistet werden, um den Langzeitgedanken in eine Gewohnheit umzuwandeln.[59] Gewohnheiten sind im Grunde genommen Gedanken, die zugänglich und nutzbar sind und sich in Form von Veränderungen in deinem Reden und Handeln manifestieren. Ein einfaches Beispiel ist das Autofahren – während du es erlernt, baust du die dafür benötigten Gedanken auf. Schließlich, nachdem du die Grundlagen beherrschst, weißt du, wie man fährt, und dann übst du, dieses Wissen anzuwenden. Eines Tages setzt du dich ins Auto und fährst einfach los, scheinbar ohne nachzudenken. Wie das? Du fährst auf Grundlage der

nützlichen Gedankenbäume über das Autofahren, die du als Gewohnheit in deinem Gehirn aufgebaut hast (eine nützliche und zugängliche Erinnerung). Die Dendriten, die sich in den einundzwanzig Tagen gebildet haben, brauchen weitere Energie, um stärker zu werden, damit sie sich auf dein Verhalten auswirken können – sie müssen mit Energie gefüttert werden (Übung), um zu abrufbaren und nützlichen Gedanken (Gewohnheiten) zu werden. An Tag 21 und an Tag 42 treten zusätzliche Gamma-Spitzen auf, die für die Bildung von Gewohnheiten erforderlich sind – ohne diese zusätzlichen Spitzen können sich keine Gewohnheiten bilden und die Langzeitgedanken mit ihren eingebetteten Erinnerungen wären nicht zugänglich. Das Wissen, das du brauchst, wäre nicht verfügbar, und die Veränderungen, die du anstrebst, wären nicht sichtbar oder erfahrbar. Die nötige Energie, um eine Erinnerung zugänglich und nützlich zu machen, kommt aus deinem Verstand, indem du die neue Art des Denkens übst – exakt so, wie du eine neue Fähigkeit wie das Autofahren übst. Auch hier *baust* du einundzwanzig Tage lang einen neuen Gedanken auf und *übst* dann zweiundvierzig Tage lang, das Aufgebaute *anzuwenden*. Diese Art von nützlichen und zugänglichen Gedanken gibt dir das Rüstzeug, um auf verständige Weise über den Artikel zu sprechen, den du gerade gelesen hast, oder über den Podcast, den du gerade gehört hast, oder um dich während einer Geschäftsbesprechung, einer Diskussion oder einer Prüfung an die erforderlichen Fakten zu erinnern – oder um eben jenes Auto zu fahren!

Und was ist mit dem *Vergessen*? Das Vergessen kann an jedem Punkt des 63-Tage-Zyklus auftreten. Wenn man nicht mehr so intensiv oder regelmäßig über etwas nachdenkt, oder wenn man ganz aufhört, darüber nachzudenken, verliert die entsprechende Synapse an Energie und Kraft. Infolgedessen verschwinden die Proteine um die empfindliche Synapse herum, was zu einer Abnahme der dendritischen Dornen und der Dendriten an sich führt; die winzigen Proteine, in denen die Erinnerungen gespeichert sind, denaturieren (sie sterben ab), und man vergisst die Sache oder die Erfahrung. Deine Gedanken verwandeln sich buchstäblich in heiße Luft!

Und das bedeutet, in deinem Leben wird es keine bleibende Veränderung geben und du wirst dich frustriert fühlen, weil du immer wieder damit beginnst, dich zu verändern, es aber nicht bis zum Ende durchziehst – mindestens dreiundsechzig Tage lang. Es ist außerordentlich wichtig, sich zu merken, dass die Speicherung von Informationen in den Dendriten davon abhängt, *wie bewusst man über etwas nachdenkt*, also wie viel Zeit und Mühe man aufwendet, um darüber nachzudenken.

Und genau das wird dir in diesen fünf Schritten beigebracht. Du kannst dir das Gedankenmanagement durch Neurocycling so vorstellen: Während du denkst, *fütterst* du das Gedächtnis, und diese Nahrung ist entweder Junkfood, das Chaos verursacht, oder gesunde Kost, die nahrhaft ist und zu Klarheit führt. Woran wir uns erinnern, was wir lernen und was wir verändern, liegt in unserer Hand. Das ist ein sehr kraftvoller und zugleich ernüchternder Gedanke.

Das bedeutet auch, wenn du aufhörst, den Gedanken mit seinen eingebetteten Erinnerungen zu füttern, wirst du das meiste davon vergessen. Das ist gut, wenn es ein schlechter Gedanke ist, aber schlecht, wenn es ein guter Gedanke ist. Du musst an Letzterem also so lange dranbleiben, bis er sich automatisiert hat, dann wird sich die Energie stabilisieren und nützlich für dich werden. Wenn du zu irgendeinem Zeitpunkt innerhalb des 63-Tage-Zyklus aufhörst, an etwas zu arbeiten, hast du aufgehört, den Gedanken zu nähren. Keine Nahrung bedeutet keine Energie, was wiederum heißt, dass der Gedanke verschwindet und du wieder am Anfang stehst, dieselben schlechten Gewohnheiten wiederholst und in denselben toxischen Mustern festhängst. Nach demselben Prinzip kannst du einem *toxischen Gedanken* Nahrung zuführen und ihn im Laufe der dreiundsechzig Tage noch toxischer werden lassen – und so eine toxische Gewohnheit aufbauen. Wie schon gesagt, nennt man dies das *Neuroplastizitäts-Paradoxon*, denn jetzt hast du deine Neuroplastizität genutzt, um deine Gedanken noch toxischer zu machen.

Du musst dich selbst anspornen, um auf die höchste Ebene des Denkens zu gelangen, wozu es gehört, dich Widrigkeiten zu stellen *und* sie zu überwinden, und somit deine Energie zu kanalisieren. Diese Art des Denkens baut starke Dendriten mit pilzförmigen Fortsätzen auf, die ein Zeichen für kohärente Langzeiterinnerungen sind, bei denen Theta und Gamma in einem ausgewogenen Verhältnis synchron arbeiten.

○○○○

Zusammenfassend lässt sich sagen, dass eine Erinnerung eine Menge Energie braucht, um *nutzbar* zu sein. Sie erhält viele Energiepakete (*Quanten*), wenn man täglich wiederholt an die Erinnerung denkt, und zwar durch das disziplinierte Durchlaufen aller fünf Schritte des Gedankenmanagements in den ersten einundzwanzig Tagen. Hierdurch werden die erforderlichen neurochemischen und strukturellen Veränderungen im Gehirn herbeigeführt, die diese Erinnerung zu einem brauchbaren und nützlichen Gedanken machen. In den nachfolgenden zweiundvierzig Tagen übt man dann bewusst, den neuen Gedanken anzuwenden, wodurch sich eine nützliche *Gewohnheit* bilden kann. Wenn ein Gedanke zugänglich wird, beeinflusst er deine nächste Entscheidung, zum Beispiel, welche Antwort du auf eine Prüfungsfrage gibst oder was du der Person, die dich verärgert hat, sagen wirst. Wenn du die Erinnerung jedoch nicht automatisierst, wird sie nicht abrufbar sein und dir daher nicht helfen.

Leider geben die meisten Menschen das Lernen oder den Versuch, eine toxische Gewohnheit abzulegen oder ein Trauma aufzulösen, innerhalb der ersten Woche wieder auf. Als Ergebnis müssen sie wieder von vorne anfangen. Das ist nicht nur mühsam und entmutigend, sondern führt auch zu negativen Rückkopplungsschleifen in Gehirn und Körper. Schnelle Lösungen und Gedächtnistricks sind Illusionen – also lass dich davon nicht täuschen. Vertraue hier lieber der Wissenschaft!

OOOO

Zur Erinnerung: Der Neurozyklus ist eine Methode, mit der du dir deine Denkkraft zunutze machst; sie kann für jede Aufgabe, die Denken erfordert, eingesetzt werden, also für alles – denn du denkst immer! In den nächsten Kapiteln werden wir besprechen, wie wir die 5 Schritte für unser Gedankenmanagement nutzen können, unabhängig davon, was wir tun oder was geändert werden soll. Doch bevor wir loslegen, möchte ich kurz erklären, wie der Rest des Buches aufgebaut ist.

Zunächst erfährst du, wie du mithilfe der 5 Schritte dein Gehirn aufbaust und mentale Widerstandskraft und Gehirngesundheit entwickelst. Dies ist eine fortlaufende, tägliche Aufgabe, bei der du dein mentales Chaos beseitigst, ähnlich wie die tägliche Routine, die wir einhalten, um uns und unsere Lebensräume sauber zu halten. Als Nächstes erfährst du, wie du mit dem Neurozyklus

Traumata aus deinem Geist und deinem Gehirn entgiften kannst. Das ist wie eine Grundreinigung – wenn du in deiner Wohnung Möbel wegrückst, um auch in den Ecken zu putzen, oder wenn du in deiner Dusche den Schimmel aus den Fliesenfugen schrubbst.

Danach werden wir darüber sprechen, wie man sich von schlechten Gewohnheiten befreit und gute Lebensgewohnheiten aufbaut. Das ist wie ein Frühjahrsputz, bei dem du Altes loswirst und Neues reinbringst und dein Zuhause – oder in diesem Fall: deinen Geist – auffrischst. Ich habe auch ein paar Lifehacks für den Neurozyklus eingebaut, die dir helfen, grundlegende Alltags-Situationen zu meistern, wie beispielsweise den Umgang mit toxischen Menschen oder mit dem Drang, anderen zu gefallen.

Teil 2 endet mit einem Plan für das tägliche Gedankenmanagement, den ich als ausfallsichere Routine nutze, um meinen Geist geordnet und mein Gehirn sauber zu halten. Damit wird alles zusammengeführt und erleichtert dir so die Anpassung des 5-Schritte-Prozesses an deinen persönlichen Lebensstil.

Dr. Leaf! Für mich ist es so unglaublich spannend, zu entdecken, dass ich meinen »Denker« wiederfinde. Mit Hilfe Ihrer Mentalmanagement-Techniken habe ich daran gearbeitet, »Brücken« über die schwarzen Löcher meines Verstandes zu bauen, wie ich sie nenne (die Stellen, an denen ich sonst buchstäblich ins Leere denken würde. Mein Gehirn-MRT zeigt an mehreren Stellen Defizite bei der weißen Substanz auf … ich nenne diese Bereiche meine »schwarzen Löcher«, weil ich es richtiggehend spüren kann, wenn ich in einem dieser Bereiche in kognitive Verwirrung verfalle.) Ich musste lernen, mit diesen Defiziten klarzukommen und das

Leben trotz kognitiver Behinderungen zu meistern. Aber jetzt bin ich wirklich überzeugt, dass ich das nötige Werkzeug habe, um mein Gehirn und mein Gedächtnis wiederherzustellen, und vielleicht werde ich eines Tages wieder auf meine kognitiven Fähigkeiten vertrauen können.

KELLY

Kapitel 11

Neurocycling zum Aufbau des Gehirns und zur Entwicklung mentaler Stärke

Der Verstand ist wie ein Muskel – je mehr man ihn trainiert, desto stärker wird er und umso mehr kann er sich ausdehnen.

IDOWU KOYENIKAN

Das Gehirn liebt den Geist. Während du denkst, veränderst du mit deinem Geist die mikroskopische Struktur deines Gehirns. Mit jeder Erfahrung verursacht dein Geist in Echtzeit chemische und strukturelle Veränderungen im Gehirn. Der Geist verändert die Materie praktisch augenblicklich. Wie du im Abschnitt über Neuroplastizität gelesen hast, ist das Gehirn kein starrer Klumpen Materie, der genetisch vorprogrammierte Anweisungen an den Körper übermittelt. Es ist vielmehr ein äußerst reaktionsfreudiges und komplexes System von Zellen, das sich ständig verändert, und *wir* stoßen diese Veränderungen an, indem wir unseren Geist benutzen. Das Gehirn ist hungrig nach diesen Veränderungen und *braucht* sie. Tatsächlich ist es dem Gehirn nicht möglich, sich *nicht* zu verändern – und wie wir alle wissen, können die Veränderungen im Gehirn ziemlich schnell schiefgehen, wenn unser Geist, aus welchen Gründen auch immer, aus dem Gleichgewicht gerät. Es gibt jedoch etwas, das wir tun können, damit unser Gehirn gut funktioniert und den Herausforderungen des Lebens gewachsen ist: Wir können unser Gehirn aufbauen, das sogenannte Brain-Building betreiben. Um unser Gehirn zu stärken und aufzubauen, müssen wir unseren Verstand benutzen; wir müssen unser Gehirn regelmäßig »füttern«, so wie wir unserem Körper regelmäßig Nahrung zuführen müssen. Brain-Building ist mit einer gesunden Ernährung vergleichbar. Das Gehirn wird hierbei regelmäßig mit neuen und herausfordernden Informationen (guter Nahrung) »gefüttert«, die gründlich »verdaut«, also tiefgehend verstanden werden müssen.

Der Gehirnaufbauprozess läuft rasant ab. Gene werden innerhalb weniger Minuten aktiviert, und ein einzelnes Neuron kann in kürzester Zeit Tausende neuer dendritischer Verzweigungen bilden.

Brain-Building ist sogar so wichtig, dass es immer eines der ersten Dinge war, die ich meinen Patienten beibrachte, unabhängig von ihren jeweiligen Bedürfnissen. Es ist ein sehr wirkungsvolles Instrument. Schon meine frühen Forschungen haben gezeigt, dass sich die akademischen, kognitiven, sozialen, emotionalen und intellektuellen Funktionen um bis zu 75 Prozent verbessern, wenn Menschen beigebracht wird, wie sie ihr Gehirn aufbauen und tiefgehendes, intellektuelles Denken entwickeln können. Wenn du dein Gehirn aufbaust, baust du damit auch deine Widerstandskraft und deine Intelligenz auf. Dies verändert den Energiefluss im Gehirn und optimiert dessen Arbeitsweise und kognitive Flexibilität. Beim Brain-Building werden auch die Tausende neuer Baby-Nervenzellen genutzt, die jeden Morgen beim Aufwachen geboren werden, was man als *Neurogenese* bezeichnet. Wenn wir diese Baby-Nervenzellen nicht nutzen und kein Brain-Building betreiben, sammeln sich im Gehirn toxische Abfälle an, die unsere Stimmung und unseren Schlaf beeinträchtigen und die Widerstandskraft des Gehirns schwächen, wodurch wir anfälliger für psychische und körperliche Probleme werden.

Ich baue ausnahmslos jeden Tag mein Gehirn auf und entgifte dabei meine Gedanken. Ich nutze den Brain-Building-Prozess auch zur Beruhigung und Refokussierung meines Geistes inmitten einer Panik- oder Angstattacke oder wenn ich mir Sorgen mache. Brain-Building ist meiner Meinung nach eines der wirkungsvollsten Mittel zur Stärkung der geistigen Gesundheit und wird in der Wellness-Branche völlig unterschätzt.

Versteh mich nicht falsch: Toxische Gedanken mit ihren eingebetteten Emotionen zu »reparieren« ist eine gewaltige Aufgabe. Ich werde dir im nächsten Kapitel aber zeigen, wie du sie meistern kannst. Wovon jedoch oft nicht die Rede ist, ist die Tatsache, dass wir starke, optimierte Gehirne und einen klaren, intelligent funktionierenden Verstand brauchen, um diese »Reparaturarbeiten« durchzuführen. Durch Brain-Building lässt sich beides erreichen, und deshalb ist dies ein wichtiger Teil des Gedankenmanagement-Prozesses.

Vielleicht wird dem Brain-Building nicht die notwendige Aufmerksamkeit geschenkt, weil es nicht so »glamourös« ist wie eine Pille oder ein neues, trendiges Workout. Außerdem braucht der Aufbau des Gehirns eine lange Zeit, und die Ergebnisse sind nicht sofort sichtbar. Doch ohne ein starkes Gehirn können wir unsere körperliche und geistige Gesundheit nicht nachhaltig verbessern, so wie ein altes, kaputtes Auto nicht schneller oder besser fährt, nur weil man den besten Kraftstoff tankt.

Brain-Building ist eines der wirkungsvollsten Instrumente überhaupt, um psychische Widerstandskraft aufzubauen.

Brain-Building bedeutet ganz einfach, die fünf Schritte auf organisierte Weise anzuwenden, um neue Informationen zu gewinnen – selbstgesteuerte Neuroplastizität in ihrer besten Form! Dabei kann es sich um Informationen handeln, die dein Interesse wecken oder die du für die Schule oder die Arbeit verinnerlichen musst. Die Informationen müssen mit dem Ziel erlernt werden, sie so gründlich und umfassend zu verstehen, dass man in der Lage wäre, sie einer Schulklasse beizubringen, eine sachkundige Diskussion über das Thema zu führen oder eine Prüfungsarbeit darüber zu schreiben (vorzugsweise alle diese Möglichkeiten). Diese Übung steigert nicht nur deine Gehirnleistung und Intelligenz, sondern aktiviert auch die Widerstandskraft von Geist und Gehirn, wodurch du befähigt wirst, deine Emotionen besser im Griff zu behalten und effektiver und klarer zu denken.

Und als Bonus verschafft es dir in schwierigen Momenten die nötige Zeit, um dich zu beruhigen, wenn du aufgeregt bist. Wie bereits erwähnt, habe ich das mit meinen Patienten immer als Erstes gemacht. Wir begannen also ganz praktisch mit dem Brain-Building, indem wir dazu ihre Schularbeiten erledigten oder einen Artikel studierten, der sie interessierte – und erst wenn sie sich stark genug fühlten, nahmen wir die »Schwergewichte« in Angriff. Es lenkt dich nicht davon ab, dich mit den schwierigen Dingen zu befassen, sondern bringt dich so weit aus deiner Komfortzone heraus, dass Veränderung möglich ist.

Brain-Building hat noch einen weiteren großen Vorteil: Es ist ein auf Neuroplastizität basierendes System, das das Gehirn aufräumt und sauber hält. Es hilft, chaotische und ungeordnete geistige Energie in geordnete geistige Energie umzuwandeln, etwa so, wie wir Schmutz aufsaugen und unser Zuhause aufräumen, um wieder für etwas Ordnung zu sorgen.

Beim Brain-Building schaffst du dir ein gewisses Maß an Kontrolle, das dir hilft, wieder Hoffnung zu haben. Am Anfang ist es vielleicht nur ein kleiner Hoffnungsschimmer, aber er ist da! Die

Kisten stehen jetzt ordentlich gepackt in deinem Schrank; sie sind zwar mit Dingen gefüllt, die noch sortiert und geordnet werden müssen, aber wenigstens liegt nicht alles auf dem Boden verstreut herum! Du hast sie nach Wichtigkeit sortiert und eine Art von Ordnung geschaffen.

Brain-Building ist ein auf Neuroplastizität basierendes System, das das Gehirn aufräumt und sauber hält.

Brain-Building ist auch eine hervorragende Methode, um Schlafprobleme zu verringern. Wenn du mit dem Einschlafen Mühe hast oder wegen quälender Gedanken nicht durchschlafen kannst, befinden sich in deinem Gehirn möglicherweise zu viele »toxische Ablagerungen« aus ungenutzten Neuronen. Indem du dein Gehirn aufbaust, nutzt du diese Neuronen tagsüber auf gesunde Weise, sodass sie nachts nicht mit aller Macht an die Oberfläche drängen und darum betteln, genutzt und gehört zu werden.

Es gibt noch einen weiteren Grund, warum Brain-Building so fantastisch und im Grunde unerlässlich ist: Es kann dir in jedem Lebensbereich helfen, dich aus der Sackgasse zu befreien, sei es im Job, in einer Beziehung oder bei einem Projekt. Wenn du dich festgefahren fühlst, probiere die folgenden Brain-Building-Booster aus:

1. Frage dich, wie einzigartig dein Problem wirklich ist. Vergiss dabei nicht, dass es im Grunde nichts Neues gibt, sondern nur neue Arten und Wege, Dinge zu sagen. Wenn du mehr liest und lernst, wirst du feststellen, dass überall dieselben Botschaften zu finden sind; die Menschen drücken sie nur auf unterschiedliche und individuelle Weise aus.

2. Sei *experimentierfreudig* – erkunde, teste, analysiere die Ergebnisse, orientiere dich neu, wenn es nicht funktioniert, und wiederhole das Ganze.
3. Bleibe immer ein Lernender. Lies Belletristik *und* Sachbücher (Belletristik ist besonders gut geeignet, um Kreativität und Problemlösungsfähigkeiten zu fördern), höre Podcasts, beteilige dich an anspruchsvollen Gesprächen, unternimm Ausflüge oder Reisen.
4. Sei offen für alle Möglichkeiten. *Bleib stets offen für das Ja.* Wenn etwas auch nur im Entferntesten interessant klingt, solltest du es verfolgen.
5. Tappe nicht in die gedankliche Falle, dass du Talent für eine Sache haben musst, um sie auszuprobieren. Nutze die Gelegenheit zum Lernen. Vergiss nicht: Jeder große Sportler war am Anfang nicht großartig und musste erst lernen.
6. Sei bereit, schwierige Gespräche zu führen – du kannst enorm viel daraus lernen. Gewöhne dich an den Gedanken, dass man nicht immer einer Meinung sein muss.

Brain-Building mithilfe des Neurozyklus

Hier folgt ein kurzer Überblick, wie man die 5 Schritte des Neurozyklus für Brain-Building nutzen kann. Wenn du wirklich ins Detail gehen und erfahren willst, wie du Brain-Building auf einem völlig anderen Level nutzen kannst, um deine Noten zu verbessern oder im Berufs- und Alltagsleben gut voranzukommen, empfehle ich dir mein Buch *Denke, lerne, sei erfolgreich*.

1. **Sammeln**. Das Ziel des Schrittes »Sammeln« ist schnell erklärt: Es geht darum, Gehörtes, Gelesenes und Erlebtes zu

verstehen und die entsprechenden Informationen korrekt ins Gehirn zu bekommen. Bei diesem Schritt solltest du immer im Sinn behalten, dass wir denkende Wesen sind; wir denken den ganzen Tag lang.

Wähle die Informationen aus, mit denen du das Brain-Building praktizieren willst. Das kann dieses Buch sein, ein Zeitschriftenartikel, etwas in deinem Newsfeed, ein YouTube-Video, ein Hörbuch oder ein Podcast – alles, was Informationen enthält, die dich herausfordern und interessieren. Lies nun einen Absatz oder einen kleinen Abschnitt von zwei oder drei Sätzen oder höre dir etwa eine Minute lang das Audiomaterial an. Dann stoppst du und gehst zu Schritt 2.

2. **Reflektieren**. Ziel dieses fokussierten Denkschritts ist es, zu lernen, wie man tief und bewusst denkt, um so die phänomenale Fähigkeit zu entwickeln, effektive Langzeiterinnerungen in den Dendriten aufzubauen. Die goldene Regel der 5 Schritte lautet: *Denke*, um die Informationen *zu verstehen*, die du dir merken willst. Das geschieht durch drei Maßnahmen – du stellst dir Fragen, du findest Antworten und du setzt dich mit der Materie auseinander.
   - *Frage* dich, was du gelesen hast – das Wer, Was, Wann, Wo, Warum und Wie.
   - *Beantworte* deine Fragen, indem du dir das soeben Gelesene oder Gehörte noch einmal anschaust, den Abschnitt laut vorliest und etwa 15 bis 35 Prozent des Inhalts als Stichpunkte einkreist, oder indem du dir das Video- oder Audiomaterial noch einmal ansiehst bzw. anhörst und etwa 15 bis 35 Prozent dessen, was du siehst oder hörst, aufschreibst. Unterstreiche oder markiere keine einzelnen Wörter – das sind passive Handlungen, bei denen du nicht denken,

analysieren oder verstehen musst. Die einzelnen Teile einzukreisen und über die enthaltene Information nachzudenken ist aktiver.

- *Setze dich auseinander* mit diesen Informationen, während du dir das Material noch ansiehst. Erkläre es dir selbst immer wieder in deinen eigenen Worten, bis du den Inhalt verstanden hast. Wenn du nicht weißt, was mit einer Sache gemeint ist, frag jemanden oder mach dir eine Notiz, um es später herauszufinden. Befasse dich wirklich intensiv mit dem Material. Um daraus eine Gewohnheit zu entwickeln, stelle dir Fragen zu den Informationen, beantworte dir deine Fragen, indem du das Gelesene oder Gehörte in eigenen Worten wiedergibst, und setze dich argumentativ damit auseinander. Diese Interaktion ermöglicht es den Nervenzellen, das Gen anzuschalten, welches für das Wachstum stabiler Langzeiterinnerungen in den dendritischen Verzweigungen verantwortlich ist.

3. **Aufschreiben**. In diesem Schritt schreibst du die Informationen auf, die du im vorigen Schritt des analytischen Denkens durch Einkreisen ausgewählt hast. Ich empfehle, beim Schreiben das von mir entwickelte Metakog zu nutzen, das einen »gehirnfreundlichen« Aufbau hat (siehe Anhang B). Es ist wirklich wichtig, Stichpunkte aufzuschreiben, während du diesen Prozess aus Fragen/Antworten/Argumentieren durchführst, weil dies ein gesundes Dendritenwachstum fördert und dich wirklich dazu zwingt, über dein Denken nachzudenken. Vergiss nicht, dass das Gehirn wie ein Quantencomputer funktioniert. Wenn du denkst (Schritt 2), erzeugst du Signale in deinem Gehirn; indem du Wörter in einer gehirngerechten Form aufschreibst, verstärkst du diese Quantensignale und

stabilisierst das, was du in den Dendriten gerade hast wachsen lassen. Du beeinflusst buchstäblich deine Genexpression und lässt dein Gehirn wachsen.

4. **Erneutes Betrachten** hilft, nützliche Langzeiterinnerungen in den Dendriten aufzubauen. Das ist ein sehr einfacher, aber äußerst wirkungsvoller Vorgang. Du musst nichts weiter tun, als das, was du entweder in dein Notizbuch oder in dein Metakog geschrieben hast, bewusst und gezielt durchzugehen, um zu sehen, ob es Sinn ergibt und ob alle notwendigen Informationen darin enthalten sind. Es versteht sich von selbst, dass du nicht aus etwas lernen kannst, das für dich keinen Sinn ergibt. Doch der Schritt des erneuten Betrachtens schafft Abhilfe, denn hierbei wird der Inhalt deiner schriftlichen Arbeit einer Gegenprüfung unterzogen.

   Und so führst du diesen Schritt aus:

   1. Vergewissere dich, dass du verstehst, was du aufgeschrieben hast. Ordne die Informationen auf eine für dich nachvollziehbare Weise, und vergleiche sie dann mit dem ursprünglichen Inhalt, um ihre Richtigkeit zu überprüfen.
   2. Stelle sicher, dass du mit den ausgewählten Informationen in Konzeptform zufrieden bist.
   3. Überprüfe, ob du zu viele oder zu wenige Informationen ausgewählt hast, indem du den Richtwert von 15 bis 35 Prozent anwendest.
   4. Frage dich, ob das Metakog Sinn ergibt, und wenn nicht, bearbeite es, bis es plausibel ist.
   5. Kontrolliere, ob du die Informationen logisch geordnet hast.
   6. Achte auf miteinander verknüpfte Informationen.
   7. Prüfe, ob du die Begriffe einprägsamer machen kannst, indem du weitere Bilder, Symbole oder Farben hinzufügst

oder vielleicht sogar einige Wörter oder Bilder wieder streichst.

8. Wiederhole die Schritte 1 bis 4, bis du die Informationen, die du gerade verinnerlichst, vervollständigt hast. Dieser Vorgang kann sich über mehrere Tage erstrecken, bevor du tatsächlich zu Schritt 5 kommst, der dann erfolgt, wenn du einen Abschnitt abgeschlossen hast – also das Video, den Podcast, das Kapitel des Buches, das du gerade liest, und so weiter.

5. **Aktives Ergreifen**. In diesem Schritt spielst du »Lehrer« und vermittelst nacheinander alle Informationen, die in deinem Metakog enthalten sind. Erkläre sie deinem Hund, deiner Katze oder wem auch immer, der bereit ist, dir zuzuhören! Du kannst dich auch vor den Spiegel stellen und dich selbst unterrichten. Erkläre laut, was du gerade lernst. Wenn du alle Sinne einsetzt, wird dein Gehirn intensiver arbeiten und das Langzeitgedächtnis effektiver aufbauen. Stell dich selbst auf die Probe; überlege dir Fragen, von denen du glaubst, dass dein Chef oder dein Lehrer sie stellen könnte. Stell dir selbst Fragen, die dir helfen, das Erlernte auf konkrete und greifbare Weise in deinem Leben anzuwenden.

Die mentale Übung, die in dieser aktiven Phase stattfindet, stärkt bereits vorhandene neue Dendriten und vergrößert die Dornen auf der Außenseite der Dendriten.

So führst du diesen Schritt aus:

- Vermittle die Informationen so, wie du sie gerne erklärt bekommen hättest, oder so, wie du sie in einer Zweitsprache erläutern würdest. Dazu gehört, dass du das Erlernte sorgfältig, auf verschiedene Weise und detailliert erklärst und durch zusätzliche Beispiele vertiefst.

- Stell dir vor, du würdest einen Film sehen über das, was du gerade lernst. Male dir in deinem Kopf ein Bild von den Informationen, wodurch sie lebendig werden. Forschungen haben gezeigt, dass die Nutzung der Vorstellungskraft zu physischen Veränderungen im Gedächtnis führt.
- Suche dir als Trigger bestimmte Wörter, Sätze oder Bilder, die dir ganze Informationsblöcke wieder in den Sinn rufen.
- Frage dich, was dir der Autor sagen will, um den Sinn hinter dem, was du liest, zu verstehen.

Ich möchte mich bei Ihnen dafür bedanken, dass Sie mir geholfen haben, mein Leben, meinen Verstand und mein Gehirn zu verändern, und dass ich jetzt in der Lage bin, anderen Therapeuten in unserer Coaching-Praxis zu helfen!

Amy

Kapitel 12

Trauma-Detoxing mithilfe des Neurozyklus

Die große Mehrheit der menschlichen Gesellschaft ist traumatisiert. Es ist unsere geheime, unerkannte Epidemie. Trauma geht weit über die »großen« Ereignisse hinaus. Im Kern geht es um die Abkopplung vom wahren Selbst. Es äußert sich in Form von Depressionen, tiefer Einsamkeit und Angstzuständen. Wir alle haben Heilungsarbeit zu leisten. Wir alle führen uns gegenseitig nach Hause – zurück zu der geistigen, körperlichen und spirituellen Verbindung, die wir bei unserer Geburt hatten. »Gebrochenheit« ist die durch das Trauma geschaffene Illusion. Ganzheit ist die Wahrheit.

Dr. Nicole LePera

Überblick

- Wenn du merkst, dass du defensiv wirst oder abzulenken versuchst, *dann lass dich auf das ein, was du vielleicht gerade zu vermeiden versuchst*. Es wird unschön und chaotisch sein, aber wenn du es nicht angehst, wird es einfach weiter unschön und chaotisch bleiben.
- Bei einem toxischen Trauma handelt es sich um ein Ereignis, das uns widerfahren ist und über das wir keine Kontrolle hatten. Oft führt es zu einem allgegenwärtigen Gefühl der Bedrohung. Zu solchen Ereignissen gehören negative Erfahrungen in der Kindheit, traumatische Erlebnisse in jedem Alter, Kriegstraumata und alle

Formen von Missbrauch, einschließlich rassistischer Angriffe und soziookonomischer Unterdrückung.

- Traumata verursachen die wahrscheinlich am schwierigsten zu überwindenden Denkmuster. Aus dem Grund arbeiten so viele Therapeuten und Berater über Jahre hinweg mit ihren Klienten an deren Traumabewältigung. Toxisches Trauma erfordert viel Arbeit, Zeit und einen gnädigen und mitfühlenden Umgang mit der eigenen Person, da es darum geht, Dinge anzunehmen, zu verarbeiten und zu rekonzeptualisieren, die im Allgemeinen unglaublich schmerzhaft und verstörend sind.
- Eine akute Situation ist ein unvorhergesehenes und unerbetenes Ereignis, das uns unvorbereitet treffen kann, oft traumatisch ist und unser Gehirn und unseren Körper in den Krisenmodus versetzt.
- Der Neurozyklus ist nicht dazu gedacht, all unser Leid zu beseitigen. Vielmehr hilft er uns, es zu rekonzeptualisieren, also eine Erinnerung aus einer neuen Perspektive zu betrachten, sodass wir keinen Schmerz mehr empfinden, wenn wir an etwas denken, das uns früher emotionalen Kummer bereitete.
- Du kannst deinen Geist *vorbereitend* darauf trainieren, die Panik und die Angst, die akute Situationen mit sich bringen, anzunehmen und damit umzugehen.
- Unter solchen Bedingungen reaktiv zu handeln, macht die Sache oft noch schlimmer und führt zu noch mehr Angst und dem Unterlassen aller Maßnahmen, die zur Bewältigung der eigentlichen Bedrohung tatsächlich geeignet wären.
- Wir haben die Macht, unsere Reaktionen in einem solchen Moment zu kontrollieren, indem wir zur Bewältigung einer Krise auf die Weisheit der nichtbewussten Ebene unseres Geistes zurückgreifen.

In diesem Kapitel geht es um die Entgiftung von Traumata mithilfe des Neurozyklus. Trauma zeigt sich in drei verschiedenen Formen: akutes Trauma, Big-T-Trauma und Small-t-Trauma.

Akutes Trauma

Akute Traumata treten plötzlich auf. Auslöser sind zum Beispiel unvorhergesehene Erkrankungen, Pandemien, Kriege, Todesfälle, finanzielle Krisen, Arbeitsplatzverluste, Autounfälle, extreme Wetterbedingungen, rassistisch motivierte Angriffe oder unerwartete Probleme in der Familie. Akute Situationen versetzen unseren Körper in höchste Alarmbereitschaft, um mit der plötzlichen Veränderung fertig zu werden. Das kann gut für uns sein, weil es den Körper darauf vorbereitet, angesichts von Gefahr zu handeln. Wenn wir die Situation jedoch falsch handhaben, können wir unter toxischen Stress geraten, der negative körperliche und geistige Auswirkungen haben kann. Wenn wir uns beispielsweise in einem toxischen Stresszustand befinden, verengen sich die Blutgefäße um das Herz herum und das Gehirn wird schlechter durchblutet und mit weniger Sauerstoff versorgt, wodurch Gehirn und Herz dem Risiko eines Schlaganfalls bzw. eines kardialen Ereignisses ausgesetzt werden.

Ich selbst habe ein akutes Trauma erlebt, als mein Sohn Jeffrey während eines Auslandsstudiums in Rom brutal angegriffen wurde. Er telefonierte gerade mit mir, als es passierte – ich war bei einer Konferenz in Washington, DC –, und plötzlich brach die Verbindung einfach ab. Selbst zwei Stunden nach dem Vorfall wussten wir nicht, ob er überhaupt noch am Leben war.

Der Schock gab mir in dem Moment das Gefühl, ich müsse sterben. Doch ich hatte jetzt einige schnelle Entscheidungen zu treffen, um meinen Sohn zu beschützen, denn für ihn ging es vielleicht um Leben oder Tod. Ich brauchte jetzt einen starken Verstand, der dazu in der Lage wäre. Ich führte also die 5 Schritte durch, um mein Denken unter Kontrolle zu bringen. Dadurch konnte ich innehalten, durchatmen und meinen Mann und mehrere Freunde in Italien und im übrigen Europa anrufen, von denen ich wusste, dass einer einen Kontakt zur italienischen Polizei hatte.

Ein akutes Trauma ist in der Regel nur von kurzer Dauer, wenngleich die Auswirkungen lange anhalten können. Es versetzt unser Gehirn und unseren Körper in einen Krisenmodus, der, wenn wir ihn mit dem Neurozyklus bewältigen, für uns von Nutzen sein kann, auch wenn er immer noch unglaublich schmerzhaft und traumatisch ist. Bleibt ein akutes Trauma unbehandelt, kann es posttraumatischen Stress beschleunigen und das Risiko für Depressionen und Angstzustände erhöhen – nicht zuletzt kann es dazu führen, dass man zum denkbar ungünstigsten Zeitpunkt schlechte Entscheidungen trifft.

Ein akutes Trauma ist in der Regel kurz und versetzt unseren Körper und unser Gehirn in einen Krisenmodus.

Deshalb müssen wir unseren Geist und unser Gehirn *proaktiv* trainieren, um bereit zu sein, denn wir wissen nie, wann vielleicht eine Krise eintritt. Auch wenn wir die Ereignisse und Umstände, die zu einer akuten Situation führen, nicht kontrollieren können, so ist es doch möglich, die Kontrolle über unsere Reaktionen zu erlangen, um die Situation gut zu bewältigen. In einem solchen Moment sind die 5 Schritte wie eine Versicherung. Ich garantiere dir, dass du im Falle einer Krise froh sein wirst, einen bombensicheren Plan zu haben, der dir nicht nur bei der Bewältigung des stressvollen Ereignisses hilft, sondern auch beim Danach, wenn es gilt, die

Situation zu verarbeiten und die Bildung toxischer Bewältigungsgewohnheiten zu verhindern. Du trainierst dein Gehirn vorbeugend und erhöhst dadurch deine psychische Widerstandskraft.

Als mein Sohn in Rom überfallen wurde, weinte ich, war entsetzt und hatte Angst. Aber ich habe auch sofort angefangen, mich zu sammeln und mir konkret zu überlegen, was ich tun könnte.

1. **Ich habe mich *vorbereitet*.** Ich habe mithilfe der Quadrat-Atmung erst einmal meinen Geist beruhigt. Bei dieser Methode, die auch als Box-Breathing bekannt ist, wird langsam eingeatmet und dabei bis vier gezählt, dann vier Sekunden lang den Atem halten, anschließend ausatmen und dabei wieder bis vier zählen. Das habe ich drei- oder viermal wiederholt.

   Die Erdungstechnik, oder Grounding, ist eine weitere hilfreiche Übung, die du ausprobieren kannst. Sie hilft dir, dich geistig zu erden und wieder ins Lot zu bringen, wenn sich die Dinge erdrückend und stressig anfühlen:
   1. Nimm fünf Dinge, die du um dich herum siehst, bewusst wahr.
   2. Sieh dich nach vier Dingen um, die du bewusst berühren kannst.
   3. Nimm drei Dinge bewusst wahr, die du hören kannst.
   4. Nimm zwei Dinge bewusst wahr, die du riechen kannst.
   5. Nimm eine Sache bewusst wahr, die du schmecken kannst.

2. **Ich begann mit den 5 *Schritten des Neurozyklus*.**
   1. **Sammeln**. Ich wurde mir meiner rasenden Gedanken und körperlichen Stressreaktionen bewusst.
   2. **Reflektieren**. Ich dachte darüber nach, wie ich zunehmend die Kontrolle verlor und negative Dinge zu sagen begann, und wie dies meine Fähigkeit blockierte, über das weitere Vor-

gehen zu entscheiden. Ich dachte über die Tatsache nach, dass ich wie erstarrt auf dem Boden lag und vor Panik schluchzte. Ich schloss die Augen und konzentrierte mich auf das Wesentliche und die Gesamtsituation und sagte mir und meiner Tochter, die bei mir war, dass seine Freunde Hilfe holen würden, dass die Lehrer ihn finden würden oder dass ihm sonst jemand helfen würde. Ich betete für seinen Schutz und nutzte dabei mein Wissen über Quantenphysik und geistliche Dinge.

3. **Aufschreiben**. Ich schnappte mir im Geiste die negativen Gedanken, die mich hatten erstarren lassen. Ich weigerte mich, die Neuroplastizität meines Gehirns in diese Richtung laufen zu lassen, und zwang mich, für jede negative Aussage, die mir in den Sinn kam, drei positive Aussagen zu treffen – und zwar laut.
4. **Erneutes Betrachten**. Ich rekonzeptualisierte den toxischen Gedanken, der mich lähmte, von einem *Ist er tot?* zu einem Merkvers, den ich als Kind gelernt hatte: *Er wird leben und nicht sterben*. Ich wiederholte diesen Satz immer wieder und atmete dabei im 3-Sekunden-Takt gleichmäßig ein und aus, um meine HPA-Achse zu normalisieren.
5. **Aktives Ergreifen**. Ich wandelte meine Panik in konkretes Handeln um und rief meinen Mann Mac an, der sofort einen Freund aus der Security-Branche anrief, der weltweite Verbindungen hat. So wurde eine ganze Kette von Ereignissen in Gang gesetzt, um meinen Sohn zu finden und ihn zu retten. In der Zwischenzeit riefen wir Familienangehörige und enge Freunde an, und bald trug jeder etwas zur Problemlösung bei – vom Aufspüren von Jeffreys Handy über Gebete bis hin zu Anrufen bei Kontakten in Rom, Gesprächen mit der Polizei und der Kontaktaufnahme mit dem Leiter des Auslandsstudienprogramms in Rom.

Ich musste den Neurozyklus immer wieder mit unterschiedlichen Zielsetzungen durchlaufen, während wir in quälender Sorge auf Neuigkeiten warteten. So konnte ich konzentriert und trotz meiner Panik effektiv bleiben.

Dann, zwei Stunden später, rief Jeffrey an. Mit gebrochener Stimme erzählte er uns, dass er es geschafft habe, bis zu einem Café zu kriechen, dass die Angestellten dort die Polizei gerufen hätten und er dann zur Untersuchung in die Notfallambulanz eines Krankenhauses gebracht worden sei, bevor man ihn zurück in seine Schule brachte.

Dann begann der lange Weg der Heilung, als wir uns mit dem unmittelbaren akuten Trauma und den posttraumatischen Auswirkungen befassten. Es handelte sich um ein Big-T-Trauma mit allen Begleiterscheinungen: Albträume, Ängste, Unruhe. Jeffrey sowie meine drei anderen Kinder, mein Mann und ich mussten dieses Trauma in den nächsten Monaten gemeinsam annehmen, verarbeiten und rekonzeptualisieren. Sich dem Schmerz zu stellen und ihn gemeinsam mit Menschen zu überwinden, die wir lieben und denen wir vertrauen, ist der einzig sinnvolle Weg – wir sind nicht dazu bestimmt, es allein zu tun!

Das Gefühl, die Kontrolle verloren zu haben, ist der Pulsschlag eines akuten Traumas und zweifellos extrem verstörend. Es ist ganz natürlich, dass wir uns und unsere Lieben schützen wollen. Aber es scheint alles *zu viel*, und deshalb brauchen wir ein gutes Gedankenmanagement, um nicht völlig zu versinken. Wenn sich alles um uns herum absolut chaotisch und unüberschaubar anfühlt, können die 5 Schritte unsere Rettungsweste sein.

Big-T-Trauma und Small-t-Trauma

Bei einem toxischen Trauma handelt es sich um ein Ereignis, das uns widerfahren ist und über das wir keine Kontrolle hatten. Oft führt es zu einem allgegenwärtigen Gefühl der Bedrohung. Zu solchen Ereignissen gehören negative Erfahrungen in der Kindheit, traumatische Erlebnisse in jedem Alter, Kriegstraumata und alle Formen von Missbrauch, einschließlich rassistischer Angriffe und sozioökonomischer Unterdrückung. Wie ein Trauma erlebt wird, ist bei jedem Menschen anders, und auch der Heilungsprozess verläuft unterschiedlich. Es gibt kein Patentrezept, das allen helfen kann, und es braucht Zeit, Mühe und die Bereitschaft, sich dem Unangenehmen zu stellen, damit echte Heilung stattfinden kann, so schwer das auch sein mag. Glücklicherweise gibt es keine Frist oder Vorgabe, wenn es um die Überwindung eines Traumas geht – man tut es in einer Weise, die für einen selbst am besten funktioniert.

Ein Trauma weist in Geist und Gehirn ein anderes Muster auf als eine toxische Gewohnheit, über die wir im nächsten Kapitel etwas erfahren. Ein Trauma ist etwas, das einer Person ungewollt zugefügt wird und dazu führt, dass sie sich emotional und körperlich ausgeliefert, erschöpft und verängstigt fühlt. Traumata verursachen die wahrscheinlich am schwierigsten zu überwindenden Denkmuster, weshalb so viele Therapeuten und Berater jahrelang mit ihren Klienten an deren Traumabewältigung arbeiten. Toxisches Trauma erfordert viel Arbeit, Zeit und einen gnädigen und mitfühlenden Umgang mit der eigenen Person. Es geht schließlich darum, Dinge anzunehmen, zu verarbeiten und zu rekonzeptualisieren, die im Allgemeinen unglaublich schmerzhaft und verstörend sind.

Jeder Mensch hat in irgendeiner Form ein Trauma zu verarbeiten, sei es ein Big-T-Trauma, durch etwas zutiefst Verstörendes wie

Krieg oder Vergewaltigung, oder etwas Alltäglicheres, aber dennoch sehr Ernstes wie Mobbing oder einen geliebten Menschen durch eine Erkrankung hindurch zu begleiten. Jedes Trauma muss Beachtung finden, unabhängig von dessen Ursache, denn Traumata sind von Natur aus alles durchdringend. Sie zerstören unseren seelischen Frieden und unsere Fähigkeit, uns glücklich zu fühlen, und sie schaden unserem Gehirn und unserem Körper.

Jeder Mensch hat in irgendeiner Form ein Trauma zu verarbeiten.

Ein Trauma ist deshalb so einschneidend, weil es bedeutet, dass wir uns mit den Folgen unerwünschter, ungerechter und schrecklicher Erfahrungen auseinandersetzen müssen, die nur schwer zu verstehen und zu verarbeiten sind. Tatsächlich sind der Schmerz und die Verwirrung oft so überwältigend, dass unser mentaler Schutzinstinkt das Erlebte zu verdrängen versucht, was sich dann aber auf unsere psychische und hirnorganische Gesundheit auswirkt. In vielen Fällen werden wir den wahren Grund für ein solches Ereignis wahrscheinlich nie erfahren. Dementsprechend besteht ein Teil des Heilungsprozesses darin, sich damit abzufinden, keine Antwort auf die Frage nach dem Warum zu bekommen – das lässt den Umgang mit dem Erlebten manchmal so schwierig sein. Anstatt eine Menge Zeit und geistige Energie in die Suche nach dem *Warum* zu investieren, ist es viel hilfreicher und heilsamer, sich auf die 5 Schritte zu konzentrieren, um mit ihrer Hilfe wieder gesund zu werden.

Vergiss nicht: Der Geist bedient sich des Gehirns, und das Gehirn reagiert auf den Geist. Das bedeutet, dass ein unterdrücktes Trauma negative Auswirkungen auf Gehirn und Körper hat. Wir konnten dies in unserer klinischen Studie beobachten: Was auch immer auf der nichtbewussten Ebene abläuft, spiegelt sich im Gehirn wider. Auf bewusster Ebene denken wir vielleicht, dass wir das Trauma tief genug vergraben haben, und machen uns sogar eine Zeit lang vor, es sei verschwunden, aber das ist nicht der Fall. Das Gehirn ist nicht dafür ausgelegt, mit toxischen Strukturen umzugehen, und auf der nichtbewussten Ebene geht es vor allem um den Energieausgleich. Wenn wir uns also nicht mit unserem Trauma auseinandersetzen, kann es in Geist, Körper und Gehirn zu Störungen oder Ausfällen kommen, die aufgrund der Unterdrückung sehr abrupt auftreten und heftig ausfallen können.

Die Traumabearbeitung umfasst auch die sogenannten Small-t-Traumata. Obwohl es sich dabei nicht um ausgeprägte traumatische Ereignisse handelt, sind sie schädlich für unsere Psyche und bedürfen unserer Aufmerksamkeit. Einige Beispiele für diese Art von Traumata sind zwischenmenschliche Konflikte, Untreue, rechtliche Probleme oder sekundäre Traumata, die sich aus einer indirekten Traumaexposition ergeben, indem man aus erster Hand von einem traumatischen Ereignis erfährt oder einem geliebten Menschen hilft, der ein Trauma durchmacht oder Suizidgedanken hegt. Ein sekundäres Trauma führt häufig zu *Mitgefühlsermüdung*. Für Ersthelfer und Mitarbeiter des Gesundheitswesens besteht ein hohes Risiko eines sekundären Traumas, aber auch Familienmitglieder, Eltern und andere können darunter leiden. So könntest du beispielsweise ein sekundäres Trauma erlitten haben, wenn du geholfen hast, ein Geschwisterkind nach einem Suizidversuch ins Krankenhaus zu bringen. Auch wenn du das primäre Trauma nicht erfahren hast, so hast du doch das sekundäre Trauma erlebt – und deine belastenden Erfahrungen sind ebenso von Belang und müssen verarbeitet werden.

Small-t-Traumata werden oft übersehen, weil wir sie als alltäglich oder nicht so ernst oder offenkundig wie »große« Traumata einstufen und uns deshalb nicht mit ihnen befassen. Ich möchte betonen, dass jede Art von Trauma oder negativer Erfahrung etwas ist, das thematisiert werden muss und *nicht* verdrängt werden darf. Lass nicht zu, dass Scham oder Schuldgefühle deinen Heilungsprozess verhindern.

Wenn es um Traumata geht, sind mehrere Faktoren wichtig: die Auswirkungen, die Ursache und die Begleitumstände – denn diese wirken zusammen. Diese Faktoren sind deshalb so wichtig, weil ein unverarbeitetes Trauma (egal, welcher Art) zu dem Filter werden kann, durch den du die Welt siehst und mit anderen interagierst. Die *Auswirkung* ist die Art und Weise, wie sich dieser Filter in deinem Leben bemerkbar macht, wie du also dich selbst und deine Beziehungen wahrnimmst; die *Ursache* und die *Begleitumstände* wirken zusammen und umfassen das Geschehene, deine Reaktion darauf und die Art und Weise, wie du damit umgegangen bist, um zu jenem Zeitpunkt damit klarzukommen. Diese Faktoren haben ein *Denkmuster* aufgebaut und in deinem Gehirn, deinem Geist und deinem Körper Erinnerungen verankert. Indem du dir also im Schritt des *Annehmens* zunächst der Auswirkungen bewusst wirst, kannst du im Schritt des *Verarbeitens* bzw. durch eine mentale Autopsie die Ursache und die Begleitumstände ermitteln und schließlich im Schritt des *Rekonzeptualisierens* die Auswirkungen durch Umgestaltung ändern. All dies geschieht unter Anwendung der 5 Schritte.

Bei der Traumabewältigung empfehle ich dringend die Zusammenarbeit mit einer psychotherapeutischen Fachkraft oder einer vertrauten Person, denn es ist hilfreich, sich nicht allein zu fühlen, wenn man sich durch intensive Gefühle und Gedanken hindurcharbeitet. Wenn du dir eine herkömmliche Therapie nicht leisten kannst oder keine Therapeuten in der Nähe hast, gibt es viele tolle Online-Therapie-Apps, die überall auf der Welt rund um die Uhr funktionieren und zu erschwinglichen Gebühren angeboten werden. Meine Empfehlung bedeutet nicht, dass der Neurozyklus in einem solchen Fall nicht funktioniert. Im Gegenteil, er macht deine Therapie effektiver und gibt dir die nötigen Werkzeuge an die Hand, um zwischen den Sitzungen im Alltag zurechtzukommen.

Und so gehst du vor:

- Führe die 5 Schritte in sieben- bis maximal dreißigminütigen Zeitblöcken durch, jeden Tag, einundzwanzig Tage lang. Dies ist die mentale Autopsie, die dir helfen wird, den Gedanken zu finden und ihn zu rekonzeptualisieren.
- Verbringe dann in den nächsten zweiundvierzig Tagen fünf bis sieben Minuten pro Tag, über den Tag verteilt, mit der *praktischen Umsetzung* deines rekonzeptualisierten Gedankens.
- Arbeite während des gesamten 63-Tage-Zyklus an nur einem Gedanken, damit du fokussiert bleibst. Und denke immer daran: Der Gedanke ist das Gesamtpaket – es besteht aus dem kompletten Baum mit all seinen Ästen, Blättern und Wurzeln. Die Äste und Blätter sind die Erinnerungen (Informationen und Emotionen), aus denen dein Verhalten und deine Kommunikation hervorgehen, also alles, was du bewusst denkst, sagst und tust. Der Baumstamm stellt deine Sichtweise dar, die sich in Form von Signalen wie Zufriedenheit, Freude, Aufregung, Trauer, Depression, Angst usw. bemerkbar macht. Die Wurzeln stehen für die Ursache, oder besser gesagt, für die Erinnerungen aus der Ursprungserfahrung, die sich aus informatorischen, emotionalen und körperlichen Signalen zusammensetzen. Ein einziger Gedanke enthält eine ganze Menge davon, weshalb du dich mit einem Gedanken nach dem anderen auseinandersetzen solltest, damit du nicht überfordert wirst.

- Halte dich an folgenden Ablauf: Betrachte zuerst deine Verhaltensweisen – die Äste und Blätter des Baumes. Schau dir dann die damit verbundene Sichtweise an – den Stamm des Baumes. Verfolge diese nun bis zur Ursprungserfahrung, der Ursache zurück – den Wurzeln. Mit jedem Tag wirst du ein klein wenig mehr Einsicht gewinnen. An Tag 1 siehst du vielleicht nur ein einzelnes bestimmtes Verhalten und eine Emotion und erkennst in etwa die dahinterstehende Sichtweise. An Tag 4 erkennst du vielleicht schon weitere Verhaltensweisen, bekommst ein klareres Bild von deiner Sichtweise und beginnst, den Ursprung zu erahnen. Führe den Neurozyklus einfach über die einundzwanzig Tage fort.
- Während du dich durch all das hindurcharbeitest, werden alle möglichen Erinnerungen auftauchen, aber lass dich nicht von ihnen überwältigen. Fange sie ein, indem du sie während des Neurocyclings kurz aufschreibst. Wenn sie mit dem Gedanken zusammenhängen, an dem du gerade arbeitest, dann schau dir an, welche Erkenntnisse sie mit sich bringen. Falls sich aber herausstellt, dass sie in Wirklichkeit Teil eines anderen Gedankens sind, dann mach dir eine Notiz, um diesen Gedanken in einem späteren 63-Tage-Zyklus zu entgiften. Vergiss nicht, solche Gedanken irgendwo zu notieren, denn sie stammen aus der nichtbewussten Ebene deines Geistes und sind in irgendeiner Weise relevant in Bezug auf dein Trauma.

Damit es dir auf Dauer auch wirklich etwas bringt, musst du das Neurocycling als Lebensgewohnheit betrachten. Du kannst nach der Verarbeitung eines toxischen Traumas also gern eine kurze Pause einlegen, solltest danach aber gleich am nächsten Trauma zu arbeiten beginnen. Manche Traumata sind wirklich gravierend und kompliziert und die Aufarbeitung kann daher deutlich länger dauern, als es bei anderen der Fall ist, die weniger schwerwiegend sind. Wichtig ist, immer daran zu denken, dass ein verdrängtes Trauma auf der nichtbewussten Ebene des Geistes Schäden an Psyche und Gehirn verursachen kann. Vergiss bei alldem aber nicht, dass dank der Macht deines Geistes und der Neuroplastizität deines Gehirns dies alles geheilt werden kann.

Ich empfehle, ein Tagebuch zu führen, in dem du festhältst, woran du wann arbeiten willst. Nur du kannst diese Entscheidungen treffen, denn nur du weißt wirklich, was und wie viel du verkraften kannst. Eventuell brauchst du jemanden, mit dem du darüber reden kannst – ein guter Therapeut, Coach oder Berater wird wissen, wie du diese Dinge für dich selbst herausfinden kannst, und dir den Weg zur Heilung erleichtern. Ich rate außerdem dazu, bei der Aufarbeitung deines Traumas begleitend zu diesem Buch meine App zu nutzen. Jemanden zu hören und vor Augen zu haben, der dich durch den Prozess begleitet, kann sehr hilfreich und stärkend sein.

Das Timing

Wie schon gesagt, braucht die Traumabewältigung Zeit. Meine Empfehlung ist, insgesamt sieben bis dreißig Minuten pro Tag für alle fünf Schritte aufzuwenden, also etwa eineinhalb bis fünf Minuten pro Schritt. Der Versuch, einen traumatischen Gedanken in einer einzigen Sitzung zu lösen, wird nicht funktionieren. Wenn du den Dreh beim Neurocycling erst einmal raushast, kannst du die 5 Schritte zur Traumabewältigung auch als schnelle Erinnerung nutzen, falls du dich mal durch etwas oder jemanden getriggert fühlst.

Die Vorbereitung

Beginne jeden Neurozyklus mit einer Übung zur Beruhigung und Refokussierung. Das können Atemübungen, Meditation,

Klopfübungen, Achtsamkeitsmeditation, Gebet, Havening sein – oder was auch immer für dich am besten funktioniert. Dadurch wird die Geist-Gehirn-Verbindung harmonisiert und der korrekte Fluss von Delta, Theta, Alpha, Beta und Gamma im Gehirn begünstigt, wodurch wiederum die Physiologie und die DNA der Körperzellen optimiert werden. Von uns unbemerkt, passieren als Reaktion darauf eine Menge großartiger Dinge im Gehirn, und zwar, wie schon an anderer Stelle erläutert, auf genetischer, neuroendokrinaler und psychoneuroimmunologischer Ebene (Geist-Gehirn-Immunsystem) und auch im Darmgehirn. Mit der Zeit werden diese wiederholten Übungen neuronale Netzwerke (Gedankenbäume) schaffen, die willentlich aktiviert werden können. Ich verbringe zwischen dreißig Sekunden und fünf bis zehn Minuten mit der Vorbereitung, je nachdem, womit ich es zu tun habe.

Traumabewältigung mithilfe des Neurozyklus

Kommen wir nun zur Anwendung der 5 Schritte auf Traumata. Dazu möchte ich ein weiteres Beispiel aus meinem eigenen Leben anführen.

1. **Sammeln.** Werde dir aller emotionalen und körperlichen Warnsignale bewusst. Nimm dir einundzwanzig Tage lang jeden Tag zwei bis fünf Minuten Zeit für diesen Schritt. Gehe so sachlich und analytisch vor, wie du nur kannst. Um dies bei der Traumaarbeit zu erreichen, wende folgende Übungen für selbstgesteuerte Neuroplastizität an (siehe Kapitel 9):
    - *Selbstregulierung.* Wenn du mit einem Trauma umgehen musst, hast du vielleicht das Gefühl, keine Kontrolle über deine Gedanken zu haben. Doch die hast du – denn du

kannst lernen, deine Gedanken zu kontrollieren, und zwar alle zehn Sekunden, um es präzise zu sagen. Das heißt, du kannst lernen, deine Gedanken die meiste Zeit über im Griff zu haben.

- *Der multiperspektivische Vorteil.* Er wird dir helfen, von dem Schmerz Abstand zu gewinnen, der mit deinen Gefühlen verbunden ist.
- *Die 30/90-Sekunden-Regel.* Es ist nie eine gute Idee, auf einen Trigger sofort zu reagieren. Das gilt insbesondere im Zusammenhang mit Traumata, denn in der dreißig- bis neunzigsekündigen Anpassungszeit – die Zeit, die vergeht, bis man sich bewusst wird, was hinter einer Sache steckt, an der man gerade arbeitet – ist man weder mental noch gehirnphysiologisch in einem optimalen Reaktionszustand.

Etwa drei Wochen, nachdem mein Sohn in Rom überfallen worden war, begann ich mit dem Heilungsprozess. Unmittelbar nach dem Ereignis verbrachte ich viel Zeit und Energie damit, meinem Sohn bei der Bewältigung seines Traumas zu helfen. Jeden Tag wurde ich mir der einzelnen Gefühle und Informationen ein wenig stärker bewusst – nicht alle Erkenntnisse waren gleich schon an Tag 1 vorhanden.

2. **Reflektieren**. Fang den Gedanken ein und betrachte ihn.
Als ich mir zum Beispiel der unterschwellig nagenden Angst bewusst wurde und genauer darüber nachdachte, erkannte ich, dass ich mich gar nicht mit dem eigentlichen Schock über den Angriff auf meinen Sohn befasst hatte, der sich zum Zeitpunkt des Vorfalls in mein Gehirn und meinen Körper eingeprägt hatte und nun in meinem Hinterkopf lauerte. Stell dir vor, wie du den Gedanken mit deinem Verstand ergreifst und

ein Gefühl für die enthaltenen Informationen bekommst. Der MPV hilft dir, die emotionalen, körperlichen und informatorischen Erinnerungen zu separieren und die Wucht der Gefühle, die die Erinnerung an das Trauma hervorruft, zu beherrschen. Die zeitliche Begrenzung auf drei bis fünf Minuten verringert auch die emotionale Belastung durch das Trauma und macht das Ganze besser verdaulich.

3. **Aufschreiben**. Schreib alles auf, was dir durch den Kopf geht, egal wie durcheinander es ist – bring einfach das, was dir durch den Kopf bzw. das Gehirn geht zu Papier, damit du ein klares Bild von dem mentalen Chaos bekommst und herausfindest, wie du es beseitigen kannst. Nimm dir hierfür jeden Tag etwa fünf Minuten Zeit. Ich selbst trug alle meine Gefühle und körperlichen Reaktionen in mein Metakog ein. Als ich damit fertig war, begann ich zu erkennen, dass die Traumata zeitlich voneinander getrennt waren und dass jedes Ereignis seine eigenen Informationen, Gefühle und körperlichen Reaktionen mit sich brachte.

4. **Erneut betrachten**. Dies ist der Schritt der mentalen Autopsie, durch die wir herausfinden, wie wir das Gehirn »reparieren« können, nachdem wir in den vorherigen Schritten unsere mentale »Operation« durchgeführt haben. Auch hierfür benötigen wir einundzwanzig Tage lang täglich zwischen drei und fünf Minuten. Eine Sache, auf die man sich beim erneuten Betrachten wirklich konzentrieren sollte, ist Vergebung. Durch Vergebung durchtrennst du die Verbindung zu der Person oder den Personen, die dich verletzt haben. Wie das? Forschungen zeigen, dass die Einzelheiten eines Unrechts, das gegen uns begangen wurde und das uns eisern festhält, leichter

rekonzeptualisiert und sogar vergessen werden können, wenn wir verzeihen. Wenn du nicht vergibst, bleibt der toxische Gedankenbaum in deinem Gehirn stark und mächtig, und das behindert deine Heilung, weil er sozusagen immer noch mit seiner Quelle verbunden ist. Dies ist auf das Gesetz der Verschränkung in der Quantenphysik zurückzuführen. Die Quantenverschränkung hält alles – ob toxisch oder nicht – in Beziehung zueinander verschränkt und beeinflusst jedes einzelne Element. Wenn wir vergeben, nimmt ein Teil unseres Gehirns, der sogenannte anteriore Sulcus temporalis superior (aSTS), an Größe zu; und je mehr dieser Bereich wächst, desto leichter wird es, den Schmerz des Traumas zu bewältigen.[60]

Ich musste die »Schmerzenergie« des Geschehens in »Genesungsenergie« umwandeln und das tat ich mit meinem Schritt des erneuten Betrachtens. Ich nahm den Ereignissen ihren Stachel – der Gedanke daran ist immer noch emotionsgeladen, aber es ist ein beherrschbares Gefühl. An diesem Punkt begann ich, mich auf meine Realität zu konzentrieren: »Mein Sohn hat überlebt, und er hat keine Hirnschäden erlitten, obwohl er schwer gestürzt ist, weil man wiederholt auf ihn eingeschlagen hat. Allein das ist ein Wunder. Er hat eine tolle Familie und großartige Freunde und Lehrer, die ihn rund um die Uhr unterstützen. Mit unserem Reden und Weinen drücken wir Schmerz aus, aber auch große Freude, denn er konnte sein Auslandsstudium abschließen und hat sein Examen mit Bravour bestanden. Jetzt hilft er anderen mit deren Traumata.« Anstatt panisch zu sein und zu weinen, entwickelte ich ein Bewusstsein für die Möglichkeiten und Chancen, die sich boten. Ich ließ mich dabei vom Kintsugi-Prinzip leiten.

5. **Aktiv ergreifen**. Sprich den rekonzeptualisierten Gedanken laut aus – das zwingt dich, deine Aufmerksamkeit auf diesen Gedanken zu richten und nicht auf das Trauma. Dies dauert nur ein paar Sekunden bis wenige Minuten, wenn man es über den Tag verteilt wiederholt, somit ist es ein wirklich einfach durchzuführender Schritt. Warum ist dieses Vorgehen notwendig? Weil du dem Gedanken Energie entziehen willst, das heißt, du willst den toxischen Gedankenbaum nicht weiter bewässern, damit er »abstirbt«; hierdurch überträgst du die Energie auf den gesunden Gedankenbaum, durch den du ihn ersetzt. Lass also auf keinen Fall zu, dass dein Verstand erneut damit beginnt, das Trauma immer wieder abzuspulen. Dadurch verändern sich die Energiemuster in deinem Gehirn und das Alpha-Gamma-Muster nimmt zu. Dies wiederum stärkt deinen Geist und erhöht die mentale Widerstandskraft. Nimm den Gedanken »gefangen«, wenn er in deinem Kopf auftaucht, und denke daran: Erst wenn du dir einer Sache bewusst bist, kannst du sie auch bezwingen.

   In meinem Fall war es so, dass ich jedes Mal, wenn ich mich bei dem Gedanken an das, was meinem Sohn zugestoßen war, körperlich krank fühlte, diesen Gedanken schnell einfing, ihn bewusst zur Kenntnis nahm und ihn in einem Schritt des aktiven Ergreifens durch Aussagen ersetzte wie: »Jeff lebt und es geht ihm gut! Ich erinnere mich an die erste Umarmung, als ich ihn ein paar Wochen später in Griechenland wiedersah!« Auf diese Weise übertrug ich die Energie, die sonst womöglich eine Negativspirale in Gang gesetzt hätte, auf die Wahrheit der gegenwärtigen Situation, und ich tat dies mit Dankbarkeit. Das hat meine kognitive Widerstandskraft gesteigert und meine Neuroplastizität an den Punkt gesteuert, dass ich dir jetzt von diesem Vorfall erzählen kann und meine Gefühle dabei im

Griff habe – es ist eine erschreckende Geschichte, aber ihre Wirkung auf mich unterliegt meiner Kontrolle.

Vier hilfreiche Techniken zur Verarbeitung von Traumata durch aktives Ergreifen

Während du dich zeitlich durch den Schock des akuten Traumas bewegst – eine Stunde später, einen Tag später und noch weiter –, gibt es vier nützliche Techniken, die du als Schritt des aktiven Ergreifens anwenden kannst:

1. *Entwickle Chancenbewusstsein.* Versuche, die Lage aus verschiedenen Blickwinkeln zu betrachten. Es gibt so viele Möglichkeiten, wie sich eine Situation auflösen kann. Selbst in den schlimmsten Situationen finden sich noch Chancen für eine positive Entwicklung. Inmitten der Krise, in der sich unsere Familie mit meinem Sohn Jeffrey befand, sagten wir alle immer wieder Dinge wie »Vielleicht hat ihm schon jemand geholfen«, »Vielleicht ist die Polizei da«, vielleicht, vielleicht, vielleicht. Wir hielten unsere Hoffnung aufrecht, indem wir uns diese Möglichkeiten ausmalten. Am nächsten Tag sprachen wir mit den Professoren des Programms über die Möglichkeit, die Sicherheitsschulungen und -unterweisungen für Studierende und Lehrkräfte im Ausland zu verbessern. Innerhalb einer Woche wurden neue Schulungsprotokolle eingeführt. Eine der Möglichkeiten, die wir gesehen hatten, wurde in die Tat umgesetzt, und das Programm ist nun sicherer geworden. Es muss immer wieder erwähnt werden, dass wir in akuten Situationen zum Erstarren neigen und dadurch unsere kognitive Flexibilität verlieren, was unweigerlich zu schlechten Entscheidungen führt.

Eine auf Möglichkeiten und Chancen ausgerichtete Denkweise hilft sehr, dieses »Hemmnis« zu überwinden, aber nur, wenn man sie in entspannten Zeiten einübt. Mit positiven Aussagen lässt sich keine schlimme Wunde verpflastern, und genauso nutzlos sind sie in schlimmen Situationen, wenn man nicht wirklich an die Existenz erwähnter Möglichkeiten glaubt. Diesen Glauben zu entwickeln, erfordert jedoch Zeit und Mühe.

2. *Nutze die Möglichkeit der zeitlichen Distanzierung.* Das bedeutet nichts anderes, als sich auf das *Langfristige* zu konzentrieren. Das öffnet dir den Blick und kann als Soforthilfe etwas emotionalen Druck wegnehmen. Stell dir also vor, du wärst eine Stunde, einen Tag, eine Woche oder ein Jahr in der Zukunft. Wie sieht diese Situation dann aus? Was ist anders? Was hast du gelernt? Wie hast du dich verändert? Welchen Rat würdest du in der Nachbetrachtung jemandem geben, der sich in einer ähnlichen Situation befindet? So bin ich vorgegangen, als mein Sohn angegriffen wurde. Ich stellte mir vor, dass wir uns in Griechenland treffen würden, wie wir es in ein paar Wochen vorhatten, und hielt an dieser Vorstellung fest.
3. *Betrachte die Situation im Zusammenhang mit vergangenem Geschehen.* Ordne akuten Stress in den Kontext deiner eigenen Lebensgeschichte ein (*Ich habe diese schreckliche familiäre Situation vor einigen Jahren überstanden; ich kann auch das hier überstehen*) oder in einen größeren gesellschaftlichen Zusammenhang (*Wir haben die Grippe von 1918, SARS und MERS überstanden; wir werden auch COVID-19 überstehen*). Der Gedanke dahinter ist, dir selbst zu sagen, dass schon andere Menschen solche Zeiten durchgestanden haben und dass auch du das wirst. Du wirst es überstehen, vielleicht nicht ganz unbeschadet, aber du kommst durch. Das verschiebt deine Perspektive und gibt dir Hoffnung.

4. *Denke an einen Film oder eine Sendung, die du gesehen hast, oder an ein Buch, das du gelesen hast, wodurch du vielleicht an deine Situation erinnert wirst.* Manchmal kann so etwas Einfaches wie ein Meme oder ein Spruch dir Trost spenden und helfen, mit dem, was du gerade durchmachst, umzugehen.

Ein Neurozyklus-Lifehack, der die Sorgenspirale durchbricht

Ein Trauma, das nicht verarbeitet wird, kann in eine Sorgenspirale führen. Wenn du zum Beispiel etwas so Traumatisches wie einen Autounfall erlebt hast, machst du dir vielleicht jedes Mal Sorgen, sobald du ins Auto steigst, dass so etwas wieder passieren könnte. Schreckliche Ereignisse können die Art und Weise prägen, wie wir die Welt sehen und mit ihr umgehen; das ist Teil des gesamten posttraumatischen Stresskreislaufs. Hier ist ein schneller 5-Schritte-Hack, um akute Sorgengefühle in den Griff zu bekommen, damit du dich auf die Bewältigung des zugrundeliegenden Gedankens konzentrieren kannst, ganz gleich, worum es geht.

1. **Sammeln**. Werde dir bewusst, worüber du dir Sorgen machst. Versetze dich in den MPV-Modus und achte auf die körperlichen, emotionalen und informatorischen Warnsignale deiner Gedanken. Sobald du festgestellt hast, welche emotionalen und körperlichen Gefühle mit der Sorge verbunden sind, akzeptiere sie und beginne, dir bewusst zu machen, wie du dich objektiv fühlst – so, als wären die Emotionen in einer Kiste oder hinter der Fensterscheibe eines Gebäudes (siehe Kapitel 9).
2. **Reflektieren**. Stell dir vor, wie du die emotionalen und informatorischen Erinnerungen an die Sorgen aus deinem Kopf holst und sie in eine Kiste packst. Der Gedanke dahinter ist, dass du die toxische Sorge in eine Kiste oder hinter eine Fensterscheibe legst, damit du sie von außen betrachten kannst. Du kannst die Kiste nicht öffnen und auch nicht durch das Fenster klettern – beides ist absolut unzugänglich –, aber du hast trotzdem Macht über das, was sich in der Kiste oder hinter diesem Fenster befindet.

Finde nun durch Fragen, die du dir selbst stellst und beantwortest, und durch Argumentieren heraus, wie wahrscheinlich es ist, dass deine Sorge berechtigt ist. Beruht diese Sorge auf Tatsachen oder auf Annahmen? Was unterliegt in dieser Situation deiner Kontrolle? Kannst du eine Art Plan machen, um später an dieser Sorge zu arbeiten? Hat es in der Vergangenheit schon einmal geholfen, sich über etwas Sorgen zu machen?

3. **Aufschreiben**. Halte die Antworten auf deine Fragen in einem Journal, auf deinem Smartphone oder auf andere Weise fest. Du kannst die Antworten auf deine Fragen auch laut aussprechen. Indem du mit dir selbst laut sprichst, entsteht im Gehirn eine Kurzzeiterinnerung, die dir ein Gefühl der Kontrolle gibt und dir hilft, deine Gedanken zu ordnen.
4. **Erneutes Betrachten**. Stell dir das Worst-Case-Szenario nur ganz kurz vor und geh dann sofort in den Lösungsmodus über: Wie würdest du damit umgehen, wenn es tatsächlich einträfe? Wie sähe dein Aktionsplan aus?

   Halte dich nicht zu lange damit auf – es genügen ein paar Sekunden. Welche Schritte würdest du unternehmen, um im schlimmsten aller denkbaren Fälle gut zu reagieren? Achte darauf, dass du mehr Zeit auf die Lösung des Problems aufwendest als darauf, dir das schlimmstmögliche Szenario vorzustellen, sonst vergrößerst du deine Besorgnis am Ende noch!

   Nachdem du damit fertig bist, überlege dir, welches Ergebnis du dir wünschst. Ziehe einige Szenarien als Optionen in Betracht und bemühe dich um eine Denkweise, die dich die positiven Möglichkeiten und Chancen sehen lässt.
5. **Aktives Ergreifen**. Wenn möglich, sprich mit jemandem, um eine andere Sichtweise und mehr Klarheit über das zu bekommen, was du im vorigen Schritt erarbeitet hast. Schreib auf, zu welchen möglichen Lösungen du gekommen bist; ob du das auf Papier oder digital tust, bleibt dir überlassen. So kannst du jederzeit darauf zurückgreifen, wenn du spürst, wie die Sorge wieder aufsteigt!

Niemand kann das Trauma eines anderen wirklich begreifen; man kann kein Experte für die Erfahrungen eines anderen sein, egal, wie viele Abschlüsse man hat. Und kein Trauma sollte jemals bewertet oder bagatellisiert werden. Unsere Erfahrungen sollten immer gehört und anerkannt werden. Man sollte sie niemals als Hirnerkrankung brandmarken, denn das entmenschlicht die Erfahrungen einer Person. Weil der Geist durch das Gehirn arbeitet, wird dieses in Mitleidenschaft gezogen. Der Energie- und Blutfluss im Gehirn werden beeinträchtigt und das führt zu einer negativen Rückkopplungsschleife zwischen Geist und Gehirn, es sei denn, die Erinnerungen werden verarbeitet. Mir ist bewusst, dass Verdrängung ein wichtiger Überlebensmechanismus ist, der den Menschen und seinen Verstand für den Moment schützen kann, vielleicht sogar für eine kurze Zeit danach, bis er sich bereit fühlt, mit der Erfahrung umzugehen. Langfristig jedoch richtet die Verdrängung in Geist, Gehirn und Körper verheerende Schäden an. Ich will es nicht beschönigen: Die zu leistende Arbeit ist hart und kann beängstigend sein, und es wird viel Mut erfordern, das Trauma zu verarbeiten und zu rekonzeptualisieren. Aber dein Verstand ist unglaublich – und du bist es auch!

Dr. Leaf, ich bin sicher, Sie erhalten solche Nachrichten ständig. Es würde mich überraschen, wenn Sie es nicht täten. Ich möchte Sie nur für Ihre harte Arbeit würdigen. Mein Denken ändert sich! Ich hatte im Februar dieses Jahres ein ziemlich schwerwiegendes traumatisches Erlebnis und habe mich daraufhin um eine neue Sichtweise bemüht. Mich für Gnade und Vergebung zu entscheiden, hat mir so viel Frieden gebracht. Danke, dass Sie die Menschen durch Ihre Arbeit zu Hoffnung und Freude führen! Alles Liebe und herzlichen Dank!

PETER

Kapitel 13

Neurocycling: Schlechte Gewohnheiten abbauen und gute aufbauen

Nicht der Stress tötet uns,
sondern unsere Reaktion darauf.

HANS SELYE

Überblick

- Wenn du tagsüber ständig gestresst bist und dir nicht die Zeit nimmst, deine Gedanken zu ordnen und dein Gehirn neu zu starten, kann sich dies auf dein nächtliches Schlafverhalten auswirken.
- Was die Ernährung angeht, gibt es nicht *die eine* richtige Art, zu essen. Jeder Mensch ist einzigartig. Bei allen meinen Forschungen habe ich in Bezug auf die Ernährung nur eine einzige übergreifende Regel gefunden: *Iss achtsam und verwende echte Lebensmittel.* Wenn wir die Grundlagen des Essens verstehen, insbesondere die eng verflochtene Beziehung zwischen Denken und Essen sowie zwischen unserer Nahrung und unserer Umwelt, können wir unsere Ernährungsentscheidungen ändern.
- Bewegung kann die kognitiven Funktionen in allen Bereichen verbessern. Dazu gehören auch die seelische Verfassung, das Denken und Lernen sowie die Gedächtnisleistung, insbesondere mit zunehmendem Alter.

In diesem Kapitel geht es darum, durch Neurocycling schlechte Gewohnheiten zu durchbrechen und gute Lebensgewohnheiten aufzubauen. Zu den schlechten Angewohnheiten gehören Dinge wie die Sucht nach Anerkennung, schlechte Schlafgewohnheiten, eine ungesunde Ernährung und Bewegungsmangel. Diese schlechten Gewohnheiten und Denkmuster beeinträchtigen unsere geistige und körperliche Gesundheit.

Toxische Gewohnheiten

Toxische Gewohnheiten sind negative Verhaltensmuster, die wir uns im Laufe der Zeit angewöhnt haben, sei es, dass wir uns im Straßenverkehr ärgern, Leute anschnauzen, die uns eigentlich wichtig sind, oder vor lauter Sorge ständig in ein tiefes Loch fallen, weil wir immer nur das Negative sehen. Mit der Zeit bauen wir toxische Gewohnheiten auf und wiederholen diese so oft, bis sie sich wie ein natürlicher Teil von uns anfühlen. Doch das sind sie nicht, denn unser Geist ist nicht für Toxizität geschaffen. Es sind destruktive Gewohnheiten, die in Gehirn und Körper sowie in unseren Beziehungen und unserem Leben eine Menge toxischen Stress verursachen können. Sie müssen erkannt, entwurzelt und in konstruktive Gewohnheiten umgewandelt werden.

Die Bewältigung von toxischen Gewohnheiten mithilfe des Neurozyklus

Ein verfestigter Gedanke ist ein Gedanke, der den Zyklus durchlaufen hat, bei dem er im Langzeitgedächtnis verankert und mit der Zeit automatisiert wurde, was über einen Zeitraum von etwa dreiundsechzig Tagen geschieht. Meistens sind wir uns nicht einmal bewusst, dass wir toxische Gedanken zu toxischen Gewohnheiten ausbauen – bis wir anfangen, regelmäßig nach ihnen zu handeln, und feststellen müssen, dass sie sich auf unsere geistige und körperliche Gesundheit sowie auf unsere Beziehungen auswirken.

In diesem Abschnitt beziehe ich mich speziell auf jene toxischen Gewohnheiten, die uns und unser Umfeld irritieren oder beunruhigen. Diese müssen seziert und mithilfe der Selbstregulation untersucht werden – aber das kannst du nur, wenn du dich auch wirklich ändern willst. Nur du selbst kannst dich an den Punkt bringen, an dem du dich ändern willst, und du bist auch der einzige Mensch, der die Veränderung umsetzen kann.

Hier sind einige hilfreiche Hinweise, wie du auf toxische Gewohnheiten aufmerksam wirst:

1. Du bekommst immer wieder die gleiche Kritik von den Menschen, die dir am nächsten stehen.
2. Du hast das Gefühl, dich wegen einer bestimmten Sache, die du getan oder gesagt hast, besonders verteidigen zu müssen.
3. Du versuchst, Unsicherheiten, die du selbst verspürst, bei anderen zu beheben, wenn du sie dort bemerkst.
4. Durch den Aufbau deiner Selbstregulierungsfähigkeit mithilfe der 5 Schritte werden dir toxische Verhaltensweisen bewusst, die du entwickelt hast.
5. Du bemerkst ein Muster, nach dem Menschen auf etwas, was du sagst oder tust, negativ reagieren.
6. Dir fallen bestimmte Verhaltensmuster auf, wenn du anfängst, ein Journal oder Gedankentagebuch zu führen.

Niemand sucht bei sich gerne aktiv und gezielt nach schlechten Verhaltensweisen oder Gewohnheiten, weil das gegen den Selbstschutzinstinkt verstößt. Tun wir es aber nicht, verstärken sie sich nur weiter und sorgen dafür, dass wir uns geistig und körperlich immer schlechter fühlen. Wenn du merkst, dass du defensiv wirst oder dich bewusst abzulenken versuchst, dann *lass dich ein auf das, was du vielleicht gerade zu vermeiden versuchst*. Es wird hässlich und chaotisch sein, aber wenn du es nicht angehst, wird es einfach weiter hässlich und chaotisch bleiben.

Es folgt ein Beispiel, wie du die 5 Schritte nutzen kannst, um mit eingefahrenen toxischen Gewohnheiten umzugehen.

Aber zuerst: Timing und Vorbereitung

Wie schon erläutert, braucht es Zeit, toxische Gewohnheiten abzubauen. Du solltest auch immer daran denken, jede 5-Schritte-Übung mit einer *Beruhigungs- und Konzentrationsübung* zu beginnen, deren Dauer du selbst bestimmst.

Die Bauchatmung ist eine einfache und sehr entspannende Übung. Setze sie jederzeit ein, wenn du dich entspannen oder Stress abbauen möchtest.

1. Nimm eine bequeme sitzende Haltung ein oder lege dich flach auf den Rücken.
2. Lege eine Hand auf den Bauch, knapp unter deinem Brustkorb. Die andere Hand legst du auf deine Brust.
3. Atme tief durch die Nase ein. Dein Bauch sollte dabei deine Hand nach außen drücken. Dein Brustkorb sollte sich nicht bewegen.
4. Atme nun mit gespitzten Lippen aus, so als würdest du pfeifen. Spüre, wie deine Hand sich nach innen bewegt; drücke die Hand noch weiter nach innen, um alle Luft herauszupressen.
5. Wiederhole diese Atmung drei- bis zehnmal. Führe jeden Atemzug langsam aus.
6. Achte darauf, wie du dich am Ende der Übung fühlst.

In meiner Neurocycle-App führe ich noch weitere ähnliche Übungen durch. Aber lass uns nun unter Anwendung der 5 Schritte eine toxische Gewohnheit in Angriff nehmen.

1. **Sammeln**. Mach dir bewusst, welche Auswirkungen dein Verhalten im Allgemeinen auf andere hat. Sei schonungslos ehrlich zu dir selbst, denn nur so kannst du deine Gewohnheiten zu ändern beginnen. Vergiss nicht, dass *jedes* toxische Problem das Gehirn schädigen kann – keine toxische Gewohnheit ist harmlos.

   Hast du eine Angewohnheit, die einen geliebten Menschen, einen Familienangehörigen oder einen Arbeitskollegen irritiert, stört oder aufregt? Gibt es etwas, das du immer wieder tust, etwas, das du nicht tun willst und das sich auf deine seelische Gesundheit auswirkt? Ist es etwas, von dem du weißt, dass du es nicht tun solltest, das du aber trotzdem weiter tust? Welche Informationen, Emotionen und körperlichen Warnsignale nimmst du aus der nichtbewussten Ebene wahr, wenn du an diese toxische Angewohnheit denkst oder wenn du dir ihrer bewusst wirst und bemerkst, dass sie andere oder dich selbst verärgert?

   Ich persönlich hatte zum Beispiel jahrelang die wirklich toxische Angewohnheit, zu denken: *Wenn ich es nur so gemacht hätte … Wenn ich nur das gesagt hätte … Das hätte ich noch bedenken sollen …* Ich verschwendete so viel Zeit damit, darüber nachzudenken und mir vorzustellen, wie viel besser die Dinge gelaufen wären, »wenn nur«. Das raubte mir die Freude am Augenblick und wirkte sich auf meine Beziehung zu meiner Familie aus. Eines Tages sagte mein Mann zu mir, dass ich eine 21-tägige Entgiftung von meiner »Wenn-nur«-Gewohnheit machen sollte, weil alle davon genervt wären. Das traf mich zuerst ziemlich, aber dann befolgte ich seinen Rat, meinen eigenen Rat zu befolgen, und zog es durch. Ich führte die 5 Schritte über dreiundsechzig Tage hinweg durch und war ziemlich perplex, wie sehr doch diese toxische Angewohnheit meine Freude und meinen inneren Frieden beeinträchtigt hatte. Wenn man sich das erst einmal bewusst gemacht hat, wird man kaum zu den schlechten Gewohnheiten zurückkehren wollen.

2. **Reflektieren**. Denke über diese Gewohnheit mithilfe der MPV-Methode (multiperspektivischer Vorteil) nach. Tritt einen Schritt zurück und beobachte dich selbst. Indem du zwischen dich und dein Handeln etwas Abstand bringst, verhinderst du, dass du dich in Scham, Selbstverurteilung oder Viktimisierung festfährst. Denn das kann passieren, wenn wir uns mit den toxischen Gewohnheiten auseinandersetzen, die wir im Laufe der Zeit entwickelt haben.

   Denkst du, dass deine toxische Angewohnheit der gemeinsame Nenner ist bei der Frage danach, warum deine Beziehungen nicht funktionieren? Welche Wirkung hat das auf dich? Siehst du die Notwendigkeit, dieses Verhalten zu ändern? Und warum? Gibt es Auslöser? Reizt, stört oder verärgert es andere? Gibt es etwas, das du immer wieder tust, obwohl es deiner Psyche nicht guttut? Etwas, von dem du genau weißt, dass es schädlich ist, womit du aber trotzdem weitermachst?

   Um nochmal an mein »Wenn-nur«-Beispiel anzuknüpfen: Mir war überhaupt nicht bewusst gewesen, wie oft ich das tat und wie sehr es mich quälte und wie viel Zeit es mir stahl. Ich brauchte ganze einundzwanzig Tage, in denen ich die 5 Schritte täglich durchführte, um mir diese Angewohnheit einzugestehen und zu erkennen, was sie anrichtete. Hast du mehr als eine schlechte Gewohnheit? (Für gewöhnlich ist das bei uns allen der Fall.) Dann bringe deine schlechten Gewohnheiten in eine Rangfolge und wähle die dominanteste aus, um dich mit ihr zuerst auseinanderzusetzen.

3. **Aufschreiben**. Schreibe deine Antworten auf die Fragen aus vorstehendem Schritt auf. Es spielt keine Rolle, wie unorganisiert deine Notizen sind; bringe einfach die Informationen aus Geist und Gehirn zu Papier. Wenn dir zum Beispiel mehr als eine toxische Gewohnheit durch den Kopf schießt, kannst du dir irgendwo eine kurze Liste mit Dingen notieren, an denen du später noch arbeiten willst. Hierbei ist das Metakog sehr hilfreich (siehe Anhang B für weitere Informationen über das Metakog).

   In meinem Fall half mir das Aufschreiben, meine Denkmuster zu ergründen und Einblick in meine Gedankenwelt zu gewinnen. Die Verwendung des Metakogs half mir, die Auswirkungen meines »Wenn-nur«-Verhaltens wirklich in Beziehung zu setzen und zu erkennen, was es mir und meiner Familie antat.

4. **Erneutes Betrachten**. Sieh dir an, was du aufgeschrieben hast. Überlege, was du anstelle der toxischen Gewohnheit tun kannst. Dies ist eine mentale Autopsie, also nimm deine toxische Angewohnheit gedanklich auseinander und schau, wie du dein Verhalten ändern kannst. Kannst du sie bis zum Ursprung zurückverfolgen? Was mein »Wenn nur« betrifft, habe ich in den einundzwanzig Tagen erkannt, dass ich den starken Wunsch hatte, mich nie zu irren und immer alles perfekt zu machen, und dass mir das ein falsches Gefühl von Wert und Geltung vermittelte.

Geh nun zur Orientierungshilfe für emotionale Warnsignale auf Seite 249, um die Intensität deiner empfundenen Emotion zu bewerten und zu sehen, wie sehr sie sich vom anfänglichen »Sammeln« bis zum »erneuten Betrachten« verändert hat. Dies sollte nur ein paar Sekunden dauern. Nutze diesen Schritt, um Auslöser, Muster und Gemeinsamkeiten in Bezug auf die Thematik und vielleicht sogar hinsichtlich der Reaktionen zu finden.

5. **Aktives Ergreifen**. Bilde die Basis für diesen Schritt, indem du folgende drei Aussagen vervollständigst:

Mein körperlicher Auslöser ist …
Meine rekonzeptualisierte Information ist …
Meine rekonzeptualisierten Gefühle sind …

Jetzt formuliere die Aussage, die du in diesem Schritt aktiv ergreifen und zur Gewohnheit machen willst. Ergänze hierzu folgenden Satz:

Wenn ich den körperlichen Auslöser des ____________________ *erlebe, sage ich mir* ____________________ *und entscheide mich,* ____________________ *zu fühlen.*

Wenn dir das zu kompliziert ist, könntest du auch etwas wie das sagen:

Wenn ich anfange, mich __________________________ *zu fühlen, werde ich die Bauchatmungstechnik anwenden.*

Erinnere dich in den nächsten dreiundsechzig Tagen immer wieder daran, die neue, gesunde, rekonzeptualisierte Gewohnheit in deinem Gehirn zu verankern. Das kannst du tun, indem du die Erinnerungsfunktion deines Telefons oder die deiner Neurocycle-App nutzt oder es dir auf einen Zettel schreibst und an den Kühlschrank heftest. Mach es so, wie es für dich am besten funktioniert. Und jedes Mal, wenn dein Blick darauf fällt, wirst du bewusst daran erinnert, die neue Denkgewohnheit einzuüben. Bei diesem Vorgang wirst du im Verlauf wahrscheinlich auf weitere toxische Gewohnheiten stoßen. Setze sie einfach auf deine Liste und befasse dich mit ihnen, sobald du dich von der Gewohnheit getrennt hast, die jetzt in Bearbeitung ist.

Um noch einmal auf mein »Wenn-nur«-Beispiel zurückzukommen: Ich erkannte, dass ich mir eine Denkweise aneignen musste, die es mir ermöglicht, den Moment so zu akzeptieren und zu schätzen, wie er ist, und die »Wenn-nur«-Gedanken in Gelegenheiten für die Zukunft umzuwandeln, anstatt sie als gegenwärtiges Versagen zu betrachten. Mein aktives Ergreifen bestand also in Aussagen wie: »Es ist okay, mir genau anzuschauen, was ich in dieser Situation falsch gemacht habe, aber nur, wenn ich eine Lehre daraus ziehe – was also kann ich daraus lernen?« und »Ich werde daran denken, aufkommende ›Wenn-nur‹-Gedanken nicht als negative Erinnerung an Versäumtes zu sehen, sondern als Gelegenheit, künftiges Handeln zu verbessern.« Dies befreite mich von der Angst und dem Verlust meiner Freude, wie ich ihn täglich erlebte. Hier noch ein weiterer Satz, der mir geholfen hat – und es immer noch tut, wenn ich in einen negativen »Wenn-nur«-Moment abzudriften drohe: »Ich kann die Vergangenheit nicht ändern, aber ich kann aus ihr lernen und meine Gegenwart und Zukunft verbessern.«

Ich selbst habe in den ersten einundzwanzig Tagen jeden Tag etwa sieben Minuten damit verbracht, die 5 Schritte durchzuarbeiten. In den folgenden zweiundvierzig Tagen brauchte ich dann etwa sieben Mal am Tag ein paar Sekunden, um den Vorsatz zu lesen, den ich im letzten Schritt des aktiven Ergreifens abschließend aufgeschrieben hatte: »Vergiss nicht, heute gibt es kein ›Wenn nur‹!« Diese zweiundvierzig Tage vergingen sehr schnell, obwohl ich weiter an meiner »Wenn-nur«-Gewohnheit arbeitete, indem ich den Ersatzgedanken in den Vordergrund meines Bewusstseins rückte, um ihn zu üben und ihm genügend Energie zuzuführen, damit er auf der nichtbewussten Ebene meines Geistes einen dauerhaften Platz bekäme und mein Verhalten beeinflussen könnte. Mit jedem kleinen Schritt veränderte ich die neuroplastische Gestalt meines Gehirns, bis hin zu den Quantenschwingungen im Tubulin der Mikrotubuli meiner Dendriten!

Kleine Veränderungen zeigen im Laufe der Zeit große Wirkung und haben einen kumulativen Einfluss auf unser Verhalten. Die tägliche Verwendung der Erinnerungshilfen bis zum Erreichen von Tag 63 kann bisweilen mühsam erscheinen, bedeutet aber, dass du dabei bist, die toxische Gewohnheit zu überwinden und eine neue, rekonzeptualisierte und gesunde Denkweise aufzubauen! Während dieses Prozesses, bei dem du eine neue Langzeiterinnerung aufbaust, wirst du dir in den ersten einundzwanzig Tagen deiner toxischen Gewohnheit sehr bewusst sein, aber danach wird es immer einfacher, daran zu arbeiten.

Das ist etwas, auf das du automatisch zurückgreifen können wirst, wenn du es brauchst. Wenn sich bei mir jetzt zum Beispiel das emotionale Warnsignal der aufsteigenden Angst und das körperliche Warnsignal eines verkrampften Magens einstellen, nachdem etwas passiert ist, dann schenke ich dem Beachtung. Im Laufe des 63-Tage-Zyklus konnte ich mithilfe der 5 Schritte nämlich feststellen, dass diese beiden Warnsignale Hand in Hand mit meinem »Wenn-nur«-Problem gingen, das sich von Zeit zu Zeit wieder einschleicht – was im Übrigen völlig normal ist! Aber jetzt weiß ich, was ich tun kann, um es zu besiegen; es kontrolliert mich nicht mehr. Ich habe alle meine »Wenn nur« unter Kontrolle, einschließlich ihrer hässlichen Cousins »hätte«, »sollte« und »könnte«.

Ein Neurozyklus-Lifehack, um »People-Pleasing« zu überwinden

Hier ist ein weiteres Beispiel dafür, wie man Neurocycling für eine weit verbreitete toxische Gewohnheit nutzen kann: das People-Pleasing. Darunter versteht man das emotionale Bedürfnis, es anderen immer recht zu machen, oft auf Kosten der eigenen Bedürfnisse und Wünsche.

1. **Sammeln**. Rufe dir Momente in Erinnerung, in denen du an dir selbst diesen Drang festgestellt hast, unbedingt gefällig sein zu wollen. Werde dir auch aller Gefühle und körperlichen Empfindungen bewusst, die mit diesen Erinnerungen verbunden sind. Was hast du zu dem Zeitpunkt gedacht und gefühlt? Was denkst und fühlst du jetzt?
2. **Reflektieren**. Stelle dir jetzt Fragen wie:
   Warum habe ich in dem Moment Ja gesagt, obwohl ich Nein sagen wollte?
   Was ist passiert, als ich Ja sagte? Wie habe ich mich gefühlt? War es hilfreich für mich oder hat es mir geschadet?
   Wann neige ich am stärksten dazu, es Menschen unbedingt recht machen zu wollen? In welchem Szenario, in welcher Situation oder in welchem Umfeld?
   Wen versuche ich am meisten zufriedenzustellen? Und wieso?
   Was wäre, wenn ich Nein sagen würde? Warum habe ich Angst davor?
   Versuche ich, eine Unsicherheit zu verbergen?
   Habe ich Angst vor dem Alleinsein?

3. **Aufschreiben**. Halte deine Gedanken und deine Antworten auf die vorstehenden Fragen schriftlich fest. Gibt es Auslöser? Verhaltensmuster? Kannst du einige deiner Fragen und Antworten vertiefen? Wie wirst du diese Gewohnheit rekonzeptualisieren und das, was du tust und sagst, so umgestalten, dass du von dem Drang, es allen immer recht zu machen, wegkommst?
4. **Erneutes Betrachten**. Geh deine Notizen noch einmal durch. Sieh dir die Auslöser und Verhaltensmuster an. Gibt es noch mehr davon? Kannst du einige deiner Fragen und Antworten noch weiter vertiefen? Wie kannst du bei der Rekonzeptualisierung und bei der Umgestaltung deiner Handlungen und Äußerungen konkret vorgehen, damit du dich von diesem Muster des People-Pleasing lösen kannst?
5. **Aktives Ergreifen**. Wenn Menschen diesen starken Drang haben, es anderen unbedingt immer recht zu machen, ist das oft nur eine Bewältigungsstrategie, um mit der eigenen Einsamkeit oder mit mangelndem Selbstvertrauen zurechtzukommen. Wenn du feststellst, dass du ein Problem mit deinem Selbstvertrauen hast, kann der Schritt des aktiven Ergreifens für dich etwas so Einfaches sein, wie mehr Zeit darauf zu verwenden, dein Selbstwertgefühl mithilfe der 5 Schritte zu stärken, beispielsweise durch Identitätsbildung und Brain-Building. Du könntest dir auch eine Erinnerung setzen, um bewusst darauf zu achten, wie oft am Tag du Ja sagst oder für jemanden etwas tust, was du eigentlich nicht tun willst.

Ein Neurozyklus-Lifehack, um die Gewohnheit toxischen Grübelns zu überwinden

Grübeln lässt dich in einem Hamsterrad steckenbleiben, in dem du die ganze Zeit läufst, doch ohne voranzukommen. Das kann deinen Wert und deine Identität in Frage stellen und dazu führen, dass du dich nutzlos fühlst.

1. **Sammeln**. Erinnere dich an Zeiten, in denen du gegrübelt und dich dabei ertappt hast, zu viel nachzudenken. Welche körperlichen und geistigen Warnsignale hast du wahrgenommen? Wie fühlst du dich jetzt geistig und körperlich?

2. **Reflektiere**. Frage dich: *Warum habe ich mich so gefühlt? Was hat dieses übermäßige Nachdenken ausgelöst? Über welchen Inhalt habe ich zu viel nachgedacht? Gründeten bzw. gründen meine Gedanken auf Tatsachen oder auf Annahmen? Wie reagiere ich auf übermäßiges Denken?*
3. **Aufschreiben**. Wenn du Zeit hast, erstelle einen Metakog; andernfalls stelle dir vor, wie du ihn erstellst, dadurch wird er auf genetischer Ebene ins Gehirn geschrieben.
4. **Erneutes Betrachten**. Erkennst du irgendwelche Auslöser oder Muster? Kannst du einigen Fragen und Antworten auf den Grund gehen? Welche Annahmen stellst du fest?
5. **Aktives Ergreifen**. Erinnere dich daran, dass du, wenn du merkst, dass du zu viel nachdenkst, sofort etwas Körperliches tust, wie ein paar Sprints zu laufen oder zu tanzen. Oder informiere dich über den Unterschied zwischen übermäßigem Nachdenken und tiefgründigem Denken.

Der Umgang mit menschlichen Beziehungen

Der Mensch ist für Beziehungen geschaffen. Wir sind nicht dazu bestimmt, das Leben allein zu meistern. Ob wir nun introvertiert oder extrovertiert sind, wir brauchen die Gemeinschaft. Wir funktionieren am besten in Gruppen von Menschen, in denen man sich gegenseitig fördert und nicht bloß miteinander konkurriert. Um Mutter Teresa zu zitieren: »Ich kann Dinge tun, die du nicht tun kannst, und du kannst Dinge tun, die ich nicht tun kann: Gemeinsam können wir Großartiges vollbringen.«[61]

Es gibt unzählige Studien, die zeigen, dass die positive Einbindung in ein soziales Unterstützungsnetzwerk im Sinne von Geben und Nehmen im Zusammenhang mit einer Reihe wünschenswerter Auswirkungen steht. Die Zugehörigkeit zu einer Gemeinschaft hilft uns, das mentale Chaos zu beseitigen, indem die kognitive Belastbarkeit verbessert, chronische Schmerzen verringert, der

Blutdruck gesenkt und die kardiovaskuläre Gesundheit verbessert werden.[62] Wenn wir uns auf andere einlassen, sinkt unser Cortisolspiegel, während die Neurotransmitter Serotonin und Dopamin in unserem Gehirn ein ausgeglichenes Verhältnis annehmen. Wir haben höhere Werte bei allen Gehirnwellen, die die Heilung fördern, und niedrigere Werte bei den mit Ängsten verknüpften High-Beta-Wellen. Wir fühlen uns subjektiv gut, und das schlägt sich in Veränderungen in unseren Zellen nieder. Der Geist wird zu Materie, während unser Gehirn mit freudesteigernden Endorphinen, intimitätsförderndem Oxytocin und dem Glücksmolekül Anandamid durchflutet wird.

Denk nur an das letzte Mal, als du richtig traurig warst und ein Freund oder jemand aus der Familie kam und sich zu dir setzte oder dir die Hand reichte und dir einfach beistand. Das hat die Situation, über die du traurig warst, nicht verschwinden lassen, aber es hat dir geholfen, dich besser zu fühlen, und dir die Kraft gegeben, mit dem Problem umzugehen.

Dank erstaunlicher technologischer Innovationen sind wir heute besser vernetzt, fühlen uns aber gleichzeitig gesellschaftlich stärker voneinander getrennt als je zuvor. Die Technologie wird nicht verschwinden, also müssen wir unsere Energie darauf konzentrieren, sie zu unserem Vorteil zu nutzen – und durch gutes Gedankenmanagement dafür sorgen, dass wir von ihr nicht vereinnahmt werden. Denke immer daran, dass es nicht um die Menge deiner sozialen Kontakte geht, sondern um ihre Beschaffenheit. Hier sind einige einfache und schnelle Möglichkeiten, die Qualität deiner Beziehungen zu verbessern und Einsamkeit zu bekämpfen:

1. Werde Mitglied in einem Fitnessstudio, das Gruppenkurse anbietet.
2. Engagiere dich ehrenamtlich in einer Kirche, einem Gemeindezentrum oder einer örtlichen gemeinnützigen Organisation.
3. Gehe zu einem Therapeuten oder einer anderen Fachkraft für psychische Gesundheit.
4. Investiere in bestehende Beziehungen, indem du die Menschen, die dir nahestehen, wissen lässt, wie sehr du sie schätzt. Interessiere dich für das, was sie interessiert (auch wenn es dir langweilig erscheint!). Schreibe ihnen einen Brief, in dem du ihnen sagst, wie viel sie dir bedeuten. Oder rufe sie an. Und lege dein Smartphone und alle anderen Gerätschaften beiseite, wenn ihr zusammensitzt, und hör zu.
5. Tritt einem Verein bei oder gründe selbst einen Verein.

Akzeptiere, dass Einsamkeit nichts ist, wofür man sich schämen muss oder was man ignorieren sollte, weil es einem albern vorkommt. Hinterfrage zuallererst, woher diese Vorstellungen kommen – ist es eine Form von toxischer Männlichkeit, ist es Stolz oder entspringen sie kulturellen Einflüssen? Zweitens: Wenn du Gefühle unterdrückst, auch scheinbar unbedeutende, werden sie dadurch nur noch schlimmer. Du magst vielleicht stark wirken, wenn du alles »im Alleingang« machst, aber ich kann dir versprechen, dass dieser Ansatz kontraproduktiv ist und deiner geistigen und körperlichen Gesundheit schadet.

Außerdem sollten wir in unserer Denkweise dazu übergehen, andere zu feiern und zu fördern, anstatt mit ihnen zu konkurrieren. Hast du eine Nullsummen-Mentalität, nach der du denkst: Wenn einer gewinnt, muss ein anderer verlieren? Diese Denkweise ist sehr schädlich und wird nicht nur bestehende Beziehungen zerstören, sondern auch dein Heilungsvermögen beeinträchtigen.

Je verbundener und zufriedener du dich fühlst, desto besser kannst du andere unterstützen, auf sie achten und ihnen zuhören. Das hilft nicht nur ihnen, sondern auch dir – Menschen, die anderen helfen, können ihr Heilungsvermögen um bis zu 68 Prozent verbessern![63] Darüber hinaus zeigen Forschungen aus Berkeley, Kalifornien, dass es die eigene Freude und Zufriedenheit steigert, wenn man anderen gerne Gutes tut und sich als Teil einer Gemeinschaft begreift, anstatt sich nur auf sich selbst zu konzentrieren.[64] Eine andere neuere Studie trifft die Feststellung, dass soziale Unterstützung der beste Prädiktor (Vorhersagewert) für Zufriedenheit in Zeiten hoher Stressbelastung ist.[65]

Bessere Beziehungsgewohnheiten mithilfe des Neurozyklus

1. **Sammeln**. Werde dir deiner emotionalen, körperlichen und informatorischen Warnsignale bewusst: Fühlst du dich einsam? Fühlst du dich krank, wenn du allein bist? Ist es um deine psychische Gesundheit immer dann am schlechtesten bestellt, wenn du allein bist – oder wenn du zwar mit anderen zusammen bist, diese sich aber so sehr von dir abwenden oder dich als Person derart geringschätzen, dass du dich dennoch allein fühlst? Nimm auch zur Kenntnis, inwieweit du tatsächlich auf andere in deinem Umfeld zugehst und dich auf sie einlässt.
2. **Reflektieren**. Überlege, warum du dich so fühlst. Warum gehst du auf andere nicht zu, und wenn doch, in welcher Weise? Funktioniert es? Wo sind die Lücken zwischen dir als Einzelperson und dir als Teil der Welt um dich herum? Wenn du dich glücklich fühlen willst, tust du dann in erster Linie Dinge für dich selbst oder für andere? Wann warst du in deinem Leben am glücklichsten? Mit wem warst du in diesen Momenten zusammen? Vermeidest du engere Kontakte, weil du

das Gefühl hast, nicht gut genug zu sein? Hast du das Gefühl, immer »in Bereitschaft« sein zu müssen, wenn du unter Menschen bist? Warum ist das so? Könnte es sein, dass der Drang, es allen recht zu machen, dich von tiefen, bedeutungsvollen Beziehungen abhält?

3. **Aufschreiben**. Halte deine Antworten aus dem vorigen Schritt schriftlich fest. Sei ehrlich zu dir selbst und öffne dich.
4. **Erneutes Betrachten**. Rekonzeptualisiere deine Wahrnehmung, gestalte sie um und verändere sie. Wie kannst du anderen mehr zuhören? Wie kannst du auf andere zugehen und ein Teil deiner Lebensumgebung werden? Könntest du jemandem finanziell, mit Lebensmitteln oder mit der Kinderbetreuung helfen?

   Schau dich in der Welt um und beobachte, wie Gemeinschaften funktionieren. Überleg dir, wie du in deiner Gemeinschaft etwas bewirken kannst. Könntest du tiefgründige Diskussionen mit interessanten Menschen anstoßen, durch die du herausgefordert bist, wirklich über dich selbst hinauszuwachsen? Wie kannst du gemeinschaftliches Engagement zu einem Lebensstil machen? Welche Verhaltensmuster fallen dir auf?
5. **Aktives Ergreifen**. Wähle eine oder auch zwei der Antworten aus, die du im vorigen Schritt aufgeschrieben hast, und setze sie noch am selben Tag um. Mach damit weiter oder tu etwas anderes, um jeden Tag auf sinnvolle Weise mit anderen in Kontakt zu treten, und sei es nur, indem du jemandem eine Nachricht schickst, dass du an ihn denkst! In dreiundsechzig Tagen wird dies zu einer Lebensgewohnheit werden, die dein Wohlbefinden verbessern und dir zu mehr Gelassenheit und Zufriedenheit verhelfen kann. In meiner klinischen Praxis sah jeder Behandlungsplan auch den Aspekt der Hilfe für andere vor; das ist das Prinzip von »Bekomme eine Stunde, gib eine Stunde«.

Hier noch ein paar weitere Maßnahmen, mit denen du dich aktiv in der Gemeinschaft engagieren kannst: Wenn du dich durch deine Arbeit stark belastet fühlst, wenn du emotional herausgefordert bist oder gerade etwas durchmachst, dann versuche, einen Moment innezuhalten und jemandem zu helfen, und sei es nur, indem du ihm zuhörst, ihn in den Arm nimmst oder ihn ermutigst. Schicke der Person eine E-Mail oder eine Textnachricht und lass sie wissen, dass du an sie denkst. Oder lade jemanden zum Mittag- oder Abendessen ein, anstatt allein zu essen. Wenn du dich mit einer fremden Person auf engem Raum befindest, zum Beispiel in einem Aufzug, lächle sie an und grüße freundlich, anstatt auf den Boden oder dein Telefon zu starren. Mein Mann Mac macht es ständig so, und ich bin immer wieder erstaunt, weil er bei Ankunft in unserem Stockwerk bereits die Lebensgeschichte der Person kennt und einen neuen Freund gefunden hat!

Bessere Schlafgewohnheiten

Wir alle wissen, dass Schlaf sehr wichtig ist. Die Forschung zeigt jedoch auch, dass wir uns schaden, wenn wir unser Schlafverhalten pathologisieren. Das heißt, sich um den eigenen Schlaf zu sorgen und sich selbst als schlechten Schläfer zu bezeichnen, kann schlimmer sein, als nicht zu schlafen.

Es gibt unzählige Untersuchungen, die uns die Auswirkungen von Schlafmangel aufzeigen und uns darüber aufklären, dass Schlaf eine Vielzahl von Funktionen erfüllt. Wenn mir jemand sagt: »Du musst schlafen, sonst bist du morgen zu müde, um deinen Alltag zu bewältigen« oder »Geh früh schlafen, damit dein Gehirn keinen Schaden nimmt«, dann schlafe ich schon deshalb nicht, weil ich Panik habe, nicht einschlafen zu können! Es ist auch nicht gerade hilfreich, dass sämtliche Vertreter der Wellness- und Gesundheitsbranche laufend mahnen: »Nur wer schläft, bleibt gesund«. Das ist, als würde man Öl ins Feuer der Panik gießen und dadurch alles nur noch schlimmer machen.

Ich habe das selbst schon oft genug erlebt. Ich habe alles Mögliche probiert, wenn ich nicht schlafen konnte: Schäfchen zählen, tiefes 4-7-8-Atmen, neunzig Minuten vor dem Schlafengehen ein heißes Bad nehmen, mein Handy zwei Stunden vor dem Schlafengehen ausschalten, abends und morgens Sport treiben, den Fernseher aus dem Schlafzimmer entfernen, vor dem Schlafengehen nicht arbeiten, im Bett ein Buch lesen, Melatonin nehmen, Kamillentee trinken … Ich habe sogar versucht, mir einzureden, ich schliefe schon, und lag dann trotzdem wach und bemühte mich, nicht an meine Schlaflosigkeit zu denken!

Als Wissenschaftlerin könnte ich ein ganzes Buch über Schlafmangel schreiben – und würde dich damit vermutlich nur zu einem schlechteren Schläfer machen. Das werde ich nicht tun. Ich möchte dir stattdessen helfen, eine andere Einstellung zum Schlaf zu entwickeln. Manchmal ist schlechter Schlaf unvermeidlich, und das muss keine Katastrophe sein. Wir sind in der Lage, ab und zu schlaflose Nächte zu überstehen, und manche Menschen brauchen genetisch bedingt einfach weniger Schlaf.[66] Anstatt die Schlafstunden in der Nacht im Auge zu behalten, achtet man besser darauf, wie viele Schlafzyklen man pro Woche hat.

Die gute Nachricht ist, dass jede Variante der 5 Schritte für Gedankenmanagement in Teil 2 eine Art Schlafvorbereitung ist. Wenn du also eine dieser Varianten umsetzt, bereitest du Geist, Gehirn und Körper damit schon automatisch auf einen besseren Schlaf vor.

Verwendung des Neurozyklus am Morgen in Vorbereitung auf den Nachtschlaf

1. **Sammeln**. Die Vorbereitung auf den Schlaf beginnt bereits am Morgen, so kontraintuitiv das auch klingen mag. Die Art und Weise, wie du deine Gedanken nach dem Aufwachen steuerst, hat Auswirkungen auf die Biochemie, den zirkadianen Rhythmus und den Energiehaushalt des Gehirns. Ein unorganisierter, unruhiger Geist bedeutet ein unorganisiertes, unruhiges Gehirn, und das wiederum führt zu einem unruhigen Schlaf. Werde dir deiner Gedanken bewusst. Was geht dir durch den Kopf? Bist du wegen irgendetwas angespannt? Wie fühlst du dich körperlich? Fühlst du dich noch müde? Bist du in Panik aufgewacht? Was hast du geträumt? Führe diesen Schritt sofort nach dem Aufwachen durch, noch bevor du dein Handy anschaltest. Ich finde es hilfreich, diesen Schritt des Sammelns als Teil meiner Morgenmeditation durchzuführen.
2. **Reflektieren**. Denke darüber nach, worauf du dich beim Aufwachen konzentrierst. Sind es die Probleme und negativen Aspekte des Tages oder sind es die Erinnerungsfetzen aus deinen Träumen, die Bilder aus dem Fernsehen und die unbewältigten Gedanken, die verworren und chaotisch in deinem Kopf herumschwirren? Was hält deine Aufmerksamkeit gefangen? Bist du angespannt? Worauf freust du dich heute? Wovor graut es dir?
3. **Aufschreiben**. Wenn du deine Gedanken mit ihren verknüpften Emotionen, Informationen und körperlichen Empfindungen nicht einfängst, kann dieser chaotische Aufwachzustand zu einem chaotischen Tag werden, und du wirst das Gefühl haben, den ganzen Tag lang hinterherzulaufen. Also, *denk nach*; sprich deine Gedanken laut aus oder notiere sie kurz in

deinem Journal, das du am besten griffbereit neben deinem Bett liegen hast.

4. **Erneutes Betrachten**. Überprüfe deine Gedanken noch einmal. Atme im Drei-Sekunden-Takt ein und aus, und sprich dann laut das Gegenteil dessen aus, was du dir notiert hast. Zum Beispiel: »Ich versuche zu tun, was ich kann, und wenn ich nicht alles schaffe, ist es auch in Ordnung«, anstatt »Ich habe heute dermaßen viel zu tun!«
5. **Aktives Ergreifen**. Entscheide dich für eine bestimmte Denkweise für diesen Tag. Mehr zum Thema Denkweisen erfährst du in meinem Buch *Denke, lerne, sei erfolgreich*. Hier sind einige weitere hilfreiche morgendliche Gedankenstützen für diesen Schritt des aktiven Ergreifens:
   - Schreibe fünf Dinge auf, auf die du stolz bist – beginne den Tag damit, dich selbst zu feiern!
   - Schreibe fünf Dinge auf, für die du dankbar bist.
   - Frage dich nicht, was du heute *tun* willst oder musst, sondern vielmehr, wer du heute *sein* möchtest und wie du dich fühlen willst.
   - Nutze die Erinnerungsfunktion deines Handys oder schreibe einen Merkzettel, der dich daran erinnert: Heute ist ein großartiger Tag, egal was passiert.
   - Stelle dir folgende drei Fragen: *Was lasse ich los? Worüber bin ich froh? Worauf konzentriere ich mich?*

Verwendung des Neurozyklus tagsüber in Vorbereitung auf den Nachtschlaf

Wenn du tagsüber ständig gestresst bist und dir nicht die Zeit nimmst, deine Gedanken zu ordnen und dein Gehirn neuzustarten, kann sich das auf dein nächtliches Schlafverhalten auswirken. Beim Einschlafen schaltest du in eine Art Aufräummodus – alles wird geordnet und bereinigt; so wirst du auf den neuen Tag vorbereitet. Wenn im Kopf ein großes Chaos herrscht, wird diese Aufräumfunktion dadurch behindert. Das kann deinen Schlaf beeinträchtigen, sogar Albträume verursachen, und sich darauf auswirken, wie du dich am darauffolgenden Tag fühlst.

Bei dem Versuch, einzuschlafen, neigen viele von uns zu nächtlicher Panik, weil das Gehirn von den chaotischen Denkmustern des Tages erschöpft ist. Deshalb ist es so wichtig, den ganzen Tag über »Denkermomente« einzulegen, in denen wir uns von der Außenwelt ab- und der Innenwelt zuwenden und unsere Gedanken einfach schweifen lassen. In diesen Momenten kann sich das Gehirn ausruhen, neustarten und heilen. Das erhöht die gedankliche Klarheit und ordnet die Netzwerke des Gehirns, indem die Alpha- und Beta-Aktivität ins Gleichgewicht gebracht wird. Dadurch verbessern sich Durchblutung und Funktion des Gehirns und zugleich unsere Fähigkeit, mit Herausforderungen und Stress gut umzugehen.

Ohne regelmäßige Denkermomente tritt genau das Gegenteil ein. Wenn man dem Geist keine Ruhepausen gönnt, kann sich die Durchblutung im Frontbereich des Gehirns um bis zu 80 Prozent verringern, wodurch die kognitive Flüssigkeit und das effiziente, assoziative Denken, das in Schule und Beruf erforderlich ist, drastisch beeinträchtigt werden können. In der Summe kann dies zu unverarbeiteten Gedanken und ständigen Albträumen führen, die die allgemeine Schlafqualität und Leistungsfähigkeit beeinträchtigen.

Denkermomente können alles sein, von kurzen zehn Sekunden bis zu einer ganzen Stunde. Ich rate dir dringend dazu, dafür nach draußen zu gehen, wenn möglich. Das durch das Sonnenlicht produzierte Vitamin D und die frische Luft werden deine Stimmung und deine körperliche Gesundheit erheblich verbessern. Für einen solchen Denkermoment schließt du einfach deine Augen und lässt deine Gedanken schweifen. Träume vor dich hin, höre Musik, geh spazieren oder male ein paar Strichzeichnungen. Du wirst überrascht sein, welche Gedanken und Gefühle in diesen Momenten aus der nichtbewussten Ebene auftauchen. Notiere sie und plane dann, wie du sie mithilfe der 5 Schritte angehst. Manchmal bleibe ich einfach stehen und starre ein paar Sekunden lang aus dem Fenster, was ich sehr hilfreich und belebend finde. Die Forschung zeigt, dass Denkermomente tatsächlich unsere Intelligenz und Effizienz steigern und somit helfen, das mentale Chaos in Vorbereitung auf den Schlaf zu beseitigen.

Verwendung des Neurozyklus am Abend in Vorbereitung auf den Nachtschlaf

1. **Sammeln**. Mache dir vor dem Schlafengehen ein Bild von deinem mentalen Raum. Schaut es dort chaotisch aus? Aufgeräumt? Einigermaßen organisiert? Wie fühlst du dich geistig und körperlich? Welche Momente deines Tages sind dir noch besonders gegenwärtig? Wie gut war dein Tag im Allgemeinen? Was hast du heute gelernt? Hat dich etwas an deinem Tag besonders glücklich, traurig oder unruhig gemacht?
2. **Reflektieren**. Denke über die Informationen und Emotionen aus diesen Gedanken nach, während du dich bettfertig machst. Vergiss nicht, du bestimmst, worüber du nachdenken willst; du steuerst deine Neuroplastizität. Was soll in deinem Kopf sein, bevor du ins Bett gehst? Die Gedanken, die du mit ins Bett nimmst, werden die Regenerations- und Vorbereitungsprozesse beeinflussen, die in der Nacht stattfinden.

   Du musst nicht alle Probleme lösen, bevor du ins Bett gehst, aber es ist wichtig, dass du dir eingestehst, was an dir nagt, und dann planst, wie du es lösen wirst – lass die Gedanken nicht einfach in der Luft hängen und verdränge sie auch nicht. Dies führt zu kognitiver Dissonanz, die zu beunruhigenden Träumen führen kann, sodass du dich am nächsten Tag richtig elend fühlst. Entscheidend ist, dass du dir alles ansiehst und dir vornimmst, es zu lösen.

Man muss sich unbedingt klarmachen, dass unkontrollierte Gedanken chaotische, toxische Energie im Gehirn erzeugen, die den Schlaf rauben und zu Gehirnschäden und psychischen Problemen führen kann. Chaotische, toxische Gedanken verursachen ein mentales Durcheinander und müssen erfasst, eingestanden, isoliert und abgegrenzt werden, damit sie auf gesunde Weise verarbeitet und rekonzeptualisiert werden können. Man sollte sie niemals ignorieren oder unterdrücken, wie schon mehrmals erläutert.

Du kannst dies auf proaktive Weise tun, indem du dir eine regelmäßige Detox-Routine für deine Gedanken angewöhnst. Schon sieben bis fünfzehn Minuten pro Tag, in denen du deinen Geist entgiftest, können dein Schlafverhalten verbessern – du beseitigst dein mentales Chaos und bringst deinen Geist vor dem Schlafengehen auf Vordermann. Das hilft deinem Gehirn und deinem Körper, sich in der Nacht zu regenerieren. Wenn dich nachts tief sitzende Probleme wachhalten, kannst du eine 21-tägige Entgiftung durchführen (siehe Kapitel 10) und optional meine Neurocycle-App verwenden, um diese Probleme zu überwinden.

3. **Aufschreiben.** Schreiben ist eine gute Möglichkeit, sich auf den Schlaf vorzubereiten. Es ist, als würde man das Durcheinander im Kopf zusammenfegen: Man weiß, der Schmutz kommt wieder, aber im Moment kann man sich über einen sauberen Boden freuen. Das Schreiben hilft dir, deine

Gedanken ins Bewusstsein zu holen und auf Papier zu bringen, wodurch du dann beginnen kannst, sie sinnvoll zu ordnen.

Schreibe deine Überlegungen aus Schritt 2 auf und stelle dir dabei einen kleinen Staubsauger vor, der dein Gehirn reinigt und dafür sorgt, dass die notwendigen neurochemischen Stoffe so fließen können, wie sie es zur Vorbereitung auf den Schlaf tun sollten. Dann kann der nichtbewusste Verstandesteil die Gedanken im Tiefschlaf konsolidieren (festigen) und integrieren und dich beim Aufwachen in die richtige Richtung lenken. »Darüber schlafen« ist wirklich sehr wissenschaftlich.

4. **Erneutes Betrachten**. Sieh dir das, was du geschrieben hast, noch einmal genau an und ergänze es durch eine kurze, einfache Aussage wie beispielsweise: »Ich weiß, dass dieses Problem ziemlich groß ist, aber ich weiß auch, dass ich eine Lösung finden werde. Ich muss sie nicht jetzt gleich finden, und mich jetzt zu sorgen, macht alles nur schlimmer.« Lies nun einfach noch einmal durch, was du geschrieben hast. Erkennst du ein Muster in deinem Denken, das im Laufe des Tages mehrmals aufgetaucht ist? Wie hat sich dieses Denken auf deine Arbeit oder deinen Umgang mit anderen ausgewirkt? Hast du dir genügend Denkermomente gegönnt? Falls du dich mit jemandem gestritten hast oder einen stressigen Moment erlebt haben solltest: was waren die Auslöser?
5. **Aktives Ergreifen**. Dieser Schritt könnte am Abend darin bestehen, eine Liste mit Dingen zu erstellen, die du im Laufe des Tages *getan* bzw. *nicht getan* hast. Dies ist eine ausgezeichnete Methode, um dein Nervensystem zu beruhigen und dir beim Einschlafen zu helfen. Das könnte zum Beispiel so aussehen: »Ich habe heute meine Zeit optimal genutzt«, »Ich habe beschlossen, mich heute auszuruhen und nichts zu tun, und das hat meinem Gehirn gutgetan«, »Ich habe etwas Sport

getrieben, und morgen werde ich noch fünf Minuten dranhängen«, »Ich habe heute gut gegessen – richtig gutes, echtes Essen« oder »Ich habe Zeit mit meiner Familie verbracht«.

Wenn du nicht schlafen kannst, solltest du nicht im Bett liegen bleiben und wegen deiner Schlaflosigkeit in Panik geraten. Freu dich stattdessen und begrüße die Tatsache, dass du wach bist. Sage dir: Das wird eine schöne, ruhige Zeit, in der ich nicht von SMS, E-Mails oder Leuten, die etwas brauchen, genervt werde. Ich kann endlich diese wichtige Recherche machen, das tolle Buch lesen, diese interessante Sendung auf dem Discovery Channel anschauen, den Schrank aufräumen oder ungestört an meinem Projekt arbeiten!

Diese Vorfreude senkt deinen Cortisolspiegel, bringt die HPA-Achse (die »Stressachse«) ins Gleichgewicht und sorgt dafür, dass der Stress zu deinem Vorteil und nicht zu deinem Nachteil wirkt, indem er deine Widerstandskraft anregt und deine Gene auf positive Weise verändert. Wenn du also nicht schlafen kannst, entwickle die positive Erwartungshaltung, dass dies eine besondere Zeit nur für dich ist, die du weise nutzen wirst. Das wird dir helfen, deine Panik in den Griff zu bekommen, und dein Wohlbefinden verbessern. Eine negative Erwartungshaltung hingegen, bei der du dir ausmalst, was alles schiefgehen kann, wenn du nicht schläfst, schadet deinem Gehirn und führt dazu, dass du dich noch schlechter fühlst – das ist es nicht wert!

Ein weiterer guter Tipp für diesen Schritt ist, das Adrenalin nicht weiter pumpen zu lassen. Wenn du abends ins Bett gehst, einschläfst und dann mit einem »Adrenalinschwall« aufwachst, solltest du dieser potentiell schädlichen Energie nicht regungslos ausgesetzt bleiben. Setze dich stattdessen sofort auf, öffne die Augen, atme tief durch (vier Sekunden einatmen, sieben Sekunden halten und acht Sekunden ausatmen) und beginne, deine Energie in die richtige Richtung zu lenken. Nutze die vom Adrenalin kommende Energie; sie hat dein Gehirn und deinen Körper darauf eingestellt, wach und nicht schläfrig zu sein, und wenn du jetzt dagegen ankämpfst, sendest du widersprüchliche Botschaften an dein Gehirn, wodurch deine Wiedereinschlafversuche nur umso vergeblicher werden.

Rekonzeptualisiere die Situation – wandle sie in etwas Positives um und tue etwas Konstruktives, denn nur dazuliegen und sich in den Schlaf zu wünschen ist nicht hilfreich. Schreib auf, was dir durch den Kopf geht – lass es einfach raus. Wenn es sich um einen Haufen Sorgen handelt, nimm dir vor, dich während deiner täglichen Detox-Routine mit ihnen zu befassen. Wenn es eine Liste von Dingen ist, die zu erledigen sind, schreibe sie auf und überlege dir, wann du sie erledigen wirst, wie lange es dauern wird und wer dir dabei helfen soll. Wenn du magst, bete oder meditiere darüber. Sage dir, dass du dich morgen darum kümmern wirst. Entscheide dich, Vorfreude zu empfinden und voller Erwartung zu sein, dass sich Lösungen finden werden und dass du ungeachtet dessen, wie sie aussehen, Frieden haben wirst! Dies erzeugt einen Strom gesunder, heilender Energie, der durch dein Gehirn fließt und dir beim Einschlafen hilft.

Bessere Ernährungsgewohnheiten

Was die Ernährung angeht, gibt es nicht *die eine* richtige Art, zu essen. Jeder Mensch ist einzigartig. Bei allen meinen Forschungen habe ich in Bezug auf die Ernährung nur eine einzige übergreifende Regel gefunden: *Iss achtsam und verwende echte Lebensmittel.*

Wenn wir die Grundlagen des Essens verstehen, insbesondere die eng verflochtene Beziehung zwischen Denken und Essen sowie zwischen unserer Nahrung und unserer Umwelt, können wir unsere Ernährungsentscheidungen ändern. Ich weiß, dass es – wie beim Sport – derart viele Ratschläge dazu gibt, was man essen sollte und was nicht, dass es für einen extrem verwirrend werden kann. Eine allgemeingültige Regel zu haben, kann es uns viel leichter machen, unsere Ernährung umzustellen und nährstoffreiche Essgewohnheiten bestmöglich zu etablieren.

Was meine ich damit, wenn ich »echte Lebensmittel« sage? Was sonst sollten wir essen? Leider hat uns die moderne Lebensmittelindustrie genau in diesem Punkt getäuscht. Trotz des scheinbar vielfältigen Nahrungsangebots in unseren Lebensmittelgeschäften, Restaurants und Haushalten sind viele der heute erhältlichen Produkte industriell hergestellte »lebensmittelähnliche Produkte«.[67] Sie enthalten unbekannte Substanzen, die die Haltbarkeit verlängern und den Geschmack intensivieren, und werden oft aus nur drei stark verarbeiteten Rohstoffen gewonnen: Mais, Soja und Weizen. Echte Lebensmittel hingegen sind frisch und nährstoffreich, überwiegend aus der Region, saisonal, aus Weidehaltung, möglichst naturbelassen, frei von synthetischen chemischen Stoffen, nicht oder nur minimal verarbeitet und ökologisch vielfältig. Wenn wir darauf achten, wie unsere Lebensmittel erzeugt werden, und uns darum kümmern, was die Tiere, die wir essen, zu fressen bekommen, dann konsumieren wir Lebensmittel, die uns optimal ernähren.[68]

Wie alles im Leben können wir unsere Essgewohnheiten erst dann ändern, wenn wir verstehen, was geändert werden muss. Dein Geist steuert das effektive Funktionieren deines Verdauungssystems; wenn beim Essen Chaos in deinem Geist herrscht, wird auch dein Bauch, dein Magen-Darm-Trakt chaotisch reagieren!

Wenn du isst, ohne das mentale Chaos zu beseitigen, wird sich dein Denken auf dein Verdauungssystem auswirken und andersherum. Ich habe meinen Patienten immer gesagt: Wenn Sie richtig denken, werden Sie richtig essen, und wenn Sie richtig essen, werden Sie richtig denken. Es gibt zahlreiche Forschungsergebnisse über den Zusammenhang zwischen psychischem Stress und metabolischem Stress. Daher ist es wichtig, an diesen beiden Faktoren parallel und nicht einzeln zu arbeiten, da sie oft ineinander greifen.[69] (Weitere Informationen zum Thema Essen und wie man echte Lebensmittel für alle zugänglich macht, findest du in meinem Buch *Think and Eat Yourself Smart*, in dem ich mich ausführlich mit dem bewussten Verzehr echter Lebensmittel befasse).

Sei bei der Anwendung der folgenden 5 Schritte gnädig mit dir selbst, denn die Umstellung der eigenen Ernährungsgewohnheiten kann schwierig sein, aber sobald du es verstanden hast, wird es viel einfacher.

Ernährungsgewohnheiten mithilfe des Neurozyklus verbessern

1. **Sammeln**. Mach dir bewusst, was du heute isst und was du im Laufe einer Woche generell so zu dir nimmst. Wie fühlst du dich geistig und körperlich, während du isst oder Lebensmittel einkaufst?
2. **Reflektieren**. Denk über die Lebensmittel, Speisen und Zutaten in deinem Kühlschrank, in deiner Speisekammer und auf deiner Einkaufsliste nach – nimmst du *echtes Essen* zu dir? Isst du, wenn du gestresst, wütend oder verärgert bist? Wie fühlst du dich dann? Möchtest du gerne vollwertige Kost essen? Aus welchen Gründen wählst du die Lebensmittel, die du isst? Wie könntest du nach und nach mehr echte Nahrungsmittel auf deinen Speiseplan setzen?

Du kannst dir auch Fragen wie diese hier stellen:

- *Wie ist mein Verhältnis zum Essen? Ist es gesund?*
- *Wie fühle ich mich nach dem Essen?*
- *Warum habe ich das Bedürfnis, Kalorien zu zählen?*
- *Warum lösen bestimmte Lebensmittel oder Speisen Heißhunger bei mir aus?*
- *Widme ich dem Thema Essen und Ernährung genügend Aufmerksamkeit? Oder achte ich sogar zu sehr darauf?*

3. **Aufschreiben**. Halte deine Ernährungsgewohnheiten schriftlich fest, dazu noch die Antworten auf deine Fragen aus Schritt 2. Es kann hilfreich sein, ein Ernährungstagebuch zu führen, in dem du nicht nur notierst, was du wann und wie gegessen hast, sondern auch, wie du dich vor und nach dem Essen geistig und körperlich gefühlt hast.
4. **Erneut betrachten**. Erkennst du irgendwelche Muster? Häufige Motive oder Auslöser? Kannst du bestimmte Fragen und Antworten aus Schritt 2 noch vertiefen? Stell dir Fragen zu dem, was du aufgeschrieben hast. Gute Fragen wie: *Was esse ich und warum? Wo kaufe ich meine Lebensmittel ein? Esse ich, wenn ich gestresst, wütend oder verärgert bin? Wie ist meine »Esslaune«? »Schummle« ich manchmal? Wie definiere ich »Schummeln«? Welche Lebensmittel sollte ich meiden? Von welchen Lebensmitteln esse ich besonders viel? Wie koche ich mein Essen? Was bringe ich meinen Kindern über Lebensmittel und Ernährung bei?*
5. **Aktiv ergreifen**. Leg gleich los, aber fange klein an: Wie kannst du heute eine Mahlzeit so verändern, dass sie achtsames Essen und echte Lebensmittel beinhaltet? Alternativ könntest du deine Speisekammer bzw. deinen Kühlschrank durchforsten und ein oder mehrere »lebensmittelähnliche« Produkte aussortieren. Überlege dir, wie du anfangen kannst,

kleine Veränderungen in deinem Denken und deiner Ernährung vorzunehmen.

Wiederhole die Schritte 1 bis 5, während du deinen Ernährungsplan in den nächsten dreiundsechzig Tagen entwickelst und ausbaust. Ehe du dich versiehst, wirst du auf dem besten Weg sein, dich bewusst und vollwertig zu ernähren und dich besser zu fühlen! Schreibe dir diese fünf grundlegenden Schritte auf, damit du sie immer wieder vor Augen hast. Denke daran: Du bestimmst, was du isst und was nicht.

Bessere Fitness- und Bewegungsgewohnheiten

Bewegung kann die kognitiven Funktionen in allen Bereichen verbessern. Dazu gehören auch das Denken und Lernen sowie die Gedächtnisleistung, insbesondere mit zunehmendem Alter. Die meisten Erklärungen dazu, warum Bewegung uns glücklich macht, greifen zu kurz – es kommt nicht nur vom Endorphinschub. Jede Art von Bewegung beeinflusst die gesamte Biochemie und den Energiehaushalt des Gehirns, gibt uns Hoffnung und Tatkraft, hilft, Kummer zu lindern und fördert sogar die Bindungsfähigkeit. Sie reduziert Entzündungen im Gehirn, was langfristig vor Depressionen, Ängsten und Einsamkeit schützen kann. Während der körperlichen Aktivität schütten die Muskeln Hormone in unseren Blutkreislauf aus, die von Wissenschaftlern als »Hoffnungsmoleküle« bezeichnet werden.[70]

Bei Kindern ist Bewegung für die Gedächtnisentwicklung extrem wichtig. Und je älter man wird, desto mehr sollte man sich täglich bewegen, und sei es nur in kurzen Schüben oder indem man beispielsweise die Treppe hochläuft, anstatt den Aufzug zu benutzen. Tatsächlich wird durch Bewegung die allgemeine

Denkleistung und das Auffassungsvermögen verbessert, und zwar unabhängig von unserem Alter. Körperliche Aktivität erhöht die Durchblutung des anterioren cingulären Kortex (tief in der Mitte des Gehirns), der aktiviert wird, wenn wir flexibel zwischen verschiedenen Gedanken wechseln.

Wenn wir uns bewegen, sind wir nicht nur besser in der Lage, Erinnerungen zu bilden, sondern wir verbessern auch die Kommunikation zwischen diesen Erinnerungen, was zu einem tiefen und sinnvollen Verständnis führt. Zusätzlich zu diesen Vorteilen tragen bestimmte Hormone, die bei körperlicher Betätigung ansteigen, zur Verbesserung von Gedächtnis und Denken bei. Diese Hormone wirken als Wachstumsfaktoren und umfassen den vom Gehirn stammenden neurotrophen Faktor (Brain-Derived Neurotrophic Factor od. BDNF), den vaskulären endothelialen Wachstumsfaktor (Vascular Endothelial Growth Factor od. VEGF) und den insulinähnlichen Wachstumsfaktor 1 (Insulin-like Growth Factor 1 od. IGF-1).[71] Tatsächlich verbessern Menschen, die sich häufig intensiv bewegen, ihre Gedächtnisleistung und weisen eine stärkere Durchblutung des Hippocampus auf, der Schlüsselregion des Gehirns, die sich mit der Umwandlung von Kurzzeit- in Langzeiterinnerungen befasst und von der Alzheimer-Krankheit besonders betroffen ist.[72] Kurz gesagt: Dein Gehirn liebt körperliche Aktivität!

Körperliche Aktivität verändert auch unsere DNA zum Positiven. Das epigenetische Muster der für die Fettspeicherung im Körper verantwortlichen Gene ändert sich tatsächlich mit der Bewegung – je mehr wir uns bewegen, desto besser kann unser Körper mit der Fettverwertung und -speicherung umgehen. Die Methylgruppen in den Genen können durch Bewegung, Ernährung und den Lebensstil auf vielfältige Weise beeinflusst werden, und zwar in einem Prozess, der als *DNA-Methylierung* bezeichnet wird.

Forscher haben herausgefunden, dass bei körperlicher Betätigung epigenetische Veränderungen in siebentausend der zwanzig- bis fünfundzwanzigtausend Gene auftreten, wobei positive Veränderungen in Genen auftreten, die mit Typ-2-Diabetes und Fettleibigkeit in Verbindung stehen![73]

Andere Studien haben gezeigt, dass unser Körper bei sportlicher Betätigung fast sofort eine Aktivierung von Genen erfährt, die die Erzeugung von fettabbauenden Proteinen erhöht.[74] Daher sind eine gute Denkweise, eine gesunde Ernährung und körperliche Betätigung notwendig, um ein gesundes Körpergewicht und eine förderliche Lebensweise aufrechtzuerhalten. Fitnesstrends kommen und gehen; sich einfach so viel wie möglich zu bewegen, ist das Wichtigste und das, woran man denken muss! Finde heraus, was für deinen Körpertyp am besten geeignet ist und führe eine Routine ein, die zu deinem Zeitplan und deinen Fähigkeiten passt.

Die vielen Vorteile von körperlicher Bewegung beschränken sich nicht auf die physische Gesundheit. Untersuchungen haben gezeigt, dass Menschen, die körperlich etwas aktiver sind, glücklicher sind, ein sinnvolleres Leben führen, bessere Beziehungen haben, positivere Emotionen erleben, besser mit Depressionen und Ängsten umgehen können und mehr Hoffnung haben – all diese Faktoren erhöhen die Lebenserwartung.[75] Jedes Mal, wenn wir unseren Körper bewegen, verabreichen wir uns eine Dosis Lebensfreude und Gesundheit und investieren somit auch in unsere psychische Gesundheit. Bewegung ist eine der besten Möglichkeiten, die Stimmung zu heben; sie setzt körpereigene Antidepressiva und Anxiolytika (Angstlöser) frei, und zwar ohne Nebenwirkungen, und sie vermittelt ein tiefes Gefühl von innerer Ruhe und Zufriedenheit.

Die 5 Schritte bieten dir eine hervorragende Möglichkeit, mithilfe von Gedankenmanagement deine Bewegungsroutine zu gestalten, insbesondere, wenn es dir schwerfällt, körperliche Aktivität zu einer täglichen Gewohnheit zu machen. Es gibt so viele Möglichkeiten, mit Spaß und Freude Bewegung in den Alltag einzubauen. Jede Bewegung ist gute Bewegung!

Fitness- und Bewegungsgewohnheiten mithilfe des Neurozyklus steuern

1. **Sammeln**. Mache dir ein Bild von deinen Bewegungsgewohnheiten: Wie sehen deine körperlichen Aktivitäten und dein Bewegungsverhalten aus? Welche Art von Bewegung meidest du? Wie fühlst du dich mental und körperlich, bevor und nachdem du dich körperlich angestrengt hast? Zu welcher Tageszeit tust du dich am leichtesten bzw. am schwersten mit sportlichen Übungen? Wie bist du allgemein gegenüber Bewegung und Sport eingestellt?
2. **Reflektieren**. Stelle dir Fragen wie:
   - *Warum meide ich körperliche Anstrengung?*
   - *Nutze ich Sport als Ablenkung oder als Mittel, um mein Leben in den Griff zu bekommen?*
   - *Warum fühle ich mich vor oder nach einer Trainingseinheit so, wie ich mich dann jeweils fühle?*
   - *Was könnte ich tun, um Bewegung zu einer beständigeren Gewohnheit in meinem Leben zu machen?*
   - *Welche Informationen über körperliche Bewegung und Fitness könnte ich als Motivation nutzen?*

   Verwende deine Antworten, um eine Liste mit Aussagen über den Nutzen von Bewegung zu erstellen. Überlege dir, welche Art von körperlicher Aktivität du magst, und finde heraus, wie du sie in deinen Tag einbauen kannst. Welche einfache Bewegungsübung könntest du jetzt gerade durchführen?

Eines solltest du dabei nicht vergessen: Körperliche Aktivität ist einfach nur Bewegung. Lass dich nicht von der Vorstellung leiten, du müsstest eine Stunde lang auf einem Laufband laufen, um genügend »Fitnesspunkte« zu sammeln. Auch ein Spaziergang oder ein Hausputz ist eine gute Form der Bewegung! Ich persönlich liebe es, lange Spaziergänge zu machen und dabei aufschlussreiche und interessante Podcasts zu hören, wodurch nicht nur mein Gehirn trainiert, sondern auch mein Körper gestärkt wird.

3. **Aufschreiben**. Halte dies alles in einem Fitnesstagebuch fest. Vermerke dort die Art der Übung und die Übungszeiten, damit du herausfinden kannst, was für dich am besten funktioniert. Das bewusste Notieren von Informationen wie diesen wird dir helfen, einen überschaubaren und angenehmen Aktionsplan zu erstellen, der auf langfristigen Erfolg ausgelegt ist und zu nachhaltiger Veränderung führt. Einfach durchs Leben zu gehen, ohne Gedanken, Gefühle, Aktionen und Reaktionen bewusst zu notieren, wird dir nicht helfen, wenn du versuchst, eine Gewohnheit zu durchbrechen oder aufzubauen.
4. **Erneut betrachten**. Sieh dir noch einmal alles an, um festzustellen, was du einem bereits bestehenden Fitnessplan hinzufügen kannst oder womit du beginnen könntest, falls du noch keinen Plan hast. Was motiviert dich, dir körperliche Bewegung zu verschaffen? Gibt es Raum für Verbesserungen? Wie fühlst du dich, wenn du dich sportlich betätigst? Wie kannst du deinen Schwung beibehalten? Welche Muster stellst du fest?

   Überprüfe deine Gedanken, während du dich bewegst, denn toxische Gedanken können die antidepressive und angstlösende Wirkung von Bewegung verringern. Also stürze dich mit einer guten Einstellung ins Training und sieh, wie sich deine Stimmung verbessert.

5. **Aktiv ergreifen**. Und jetzt beweg dich! Handle heute – verschiebe es nicht auf morgen oder nächste Woche oder nächsten Monat. Es wird nie etwas geschehen, wenn du nicht dort anfängst, wo du gerade stehst. Und lass das Gefühl, das du hinterher hast, die Belohnung für deine Anstrengung sein. (Belohne dich nicht mit Junk-Food!).

   Hier sind noch ein paar Anregungen für diesen Schritt:

   - Geh mit Gedanken wie diesen an die Übung heran: *Das ist gut für mich und wird mir helfen, mich zu entspannen und mich geistig und körperlich besser zu fühlen. Ich kann es als weiteres Mittel nutzen, um mein mentales Chaos zu beseitigen.*
   - Plane das Was, Wann und Wie deines heutigen Fitnessprogramms. Ein kurzer zehn- bis fünfzehnminütiger Spaziergang? Vielleicht ein fünfminütiges Workout-Video auf YouTube? Fünf Sprints im Stadtpark oder in deiner Einfahrt? Etwas Zumba tanzen und dann mit dem Hund spazieren gehen?
   - Probiere in den nächsten einundzwanzig Tagen verschiedene Trainingsprogramme oder Kurse aus, um herauszufinden, was dir gefällt und was nicht.
   - Unternimm in den nächsten einundzwanzig Tagen jeden Tag einen Spaziergang.
   - Lege während des Tages kurze, zwei- bis fünfminütige Pausen ein, um dich sportlich zu betätigen. Ich mache gern ein paar Bauchmuskelübungen, und manchmal laufe ich auch einfach nur die Treppe hoch und runter!

Ich habe die 5 Schritte abgeschlossen. Am Anfang war es ziemlich aufwühlend, aber am Ende war es fantastisch, die toxischen Gedanken rekonzeptualisiert zu haben. Die Angst … wird mich nicht länger zurückhalten. Vielen, vielen Dank; dies ist der Beginn einer neuen Lebensweise, die sich dauerhaft zum Guten verändert. Den nächsten Zyklus möchte ich mit einer Freundin machen. Noch einmal herzlichen Dank!

TRACEY

Kapitel 14

Neurocycling: Tägliche Gedankenmanagement-Routine zur Beseitigung des mentalen Chaos

Seelenfrieden erlangt man nicht durch das Ignorieren von Problemen, sondern durch deren Lösung.

Raymond Hull

Überblick

- Wenn wir morgens aufwachen, sollte es unsere oberste Priorität sein, unseren Geist in die richtige Haltung für den Tag zu bringen. Und zwar noch bevor wir uns in den sozialen Medien auf den neuesten Stand bringen oder nachschauen, was die Nachrichten Neues zu melden haben. Wie wir die ersten Minuten des Tages verbringen, ist sehr wichtig, denn es kann tonangebend für den Rest des Tages sein.
- Brain-Building ist eine großartige Möglichkeit, um sich zu beruhigen, vor allem wenn man gerade eine heftige Auseinandersetzung hatte oder sich in einer toxischen Situation befindet. Es stabilisiert die Energie und den Fluss von Botenstoffen im Gehirn. Denn wenn wir uns streiten oder wenn uns toxische Dinge widerfahren, fühlt es sich oft so an, als hätte man unser Gehirn in einen Mixer gesteckt.
- Wie du deinen Verstand einsetzt, um deine Gedanken zu steuern, ist von immenser Bedeutung. Es bildet die Grundlage für ein glückliches und gesundes Leben, denn es hilft dir, die Entscheidungen zu treffen, die zu einem glücklichen und gesunden Leben führen.

Das hört sich alles toll an, aber … wie funktionieren all diese Tipps und Methoden im wirklichen Leben? Wie könnte Gedankenmanagement in *deinem* Leben aussehen?

In diesem letzten Kapitel zeige ich dir, wie meine tägliche Routine zur Beseitigung des »mentalen Chaos« aussieht und wie ich sie zu einem Lebensstil weiterentwickelt habe, in dem Gedankenmanagement einen festen, prominenten Platz einnimmt. Ich habe meine tägliche Routine so gestaltet, dass sie die Funktion von Geist, Körper und Gehirn optimiert und all die wunderbaren Vorteile ermöglicht, von denen ich dir in diesem Buch erzählt habe. Ich hoffe, dass meine Beispiele dir helfen werden, zu deiner eigenen täglichen Gedankenmanagement-Routine zu finden und sie so weiterzuentwickeln, wie sie für dich am besten funktioniert. Wenn du magst, kannst du die Informationen aus diesem und den vorangegangenen Kapiteln nehmen und sie an deinen Lebensstil anpassen.

Dieser tägliche Prozess besteht aus acht Teilen:

1. Ich mache meinen Geist startklar für den Tag (dreißig Sekunden bis zwei Minuten).
2. Ich mache Brain-Building (fünfzehn bis sechzig Minuten – mehr, wenn ich Zeit habe, denn je länger ich intensiv nachdenke, desto besser).
3. Ich führe mithilfe des Neurozyklus die Trauma- und Gewohnheitsentgiftung durch (sieben bis fünfzehn Minuten). Dabei wechsle ich alle dreiundsechzig Tage zwischen einer Traumaentgiftung und einer Gewohnheitsentgiftung ab.
4. Ich lege Denkermomente ein (fünf Sekunden bis ein paar Minuten jede Stunde, wenn ich müde bin, plus zehn Minuten am frühen Morgen oder mittags, und das möglichst in der Sonne bzw. an der frischen Luft).

5. Ich wiederhole den Schritt des aktiven Ergreifens sieben Mal über den Tag verteilt (eine bis drei Minuten). Ich verwende dazu die Erinnerungsfunktion meiner App.
6. Ich höre auf meinen Körper und esse achtsam eine Kost, die aus echten Lebensmitteln besteht. Dazu kommen noch drei bis fünf Intervallfasten-Workouts pro Woche.
7. Ich bewege meinen Körper (täglich fünfundvierzig bis sechzig Minuten intensive Bewegung und sechzig bis neunzig Minuten passives Tiefenwärme-Training in einer Infrarotsauna).
8. Ich nutze morgens, tagsüber und abends Neurocycling als Vorbereitung auf meinen Nachtschlaf.

1. Den Geist startklar machen

Sobald ich aufwache, bereite ich meinen Geist auf den Tag vor. Das dauert etwa dreißig Sekunden bis zwei Minuten. Mein Ziel ist es, meiner Biochemie und den Energieströmen in meinem Gehirn die Chance zu geben, sich einzupendeln, damit ich den ganzen Tag über mein Gehirn optimal nutzen kann.

Wenn wir morgens aufwachen, sollte es unsere oberste Priorität sein, unseren Geist in die richtige Haltung für den Tag zu bringen. Und zwar noch bevor wir uns in den sozialen Medien auf den neuesten Stand bringen oder nachschauen, was die Nachrichten Neues zu melden haben. Wie wir die ersten Minuten des Tages verbringen, ist sehr wichtig, denn es kann tonangebend für den Rest des Tages sein. Und warum? Wenn wir aufwachen, ist unser Geist voller Energie und unsere Aufmerksamkeit zerstreut und dysfunktional. In diesem Zustand kann es allzu schnell passieren, dass wir uns auf unsere Probleme konzentrieren, auf die negativen Aspekte des bevorstehenden Tages, auf ungelöste Probleme von gestern, auf Bruchstücke unserer Träume oder auf das, was in der Welt geschieht – all die Dinge, die in unserem Geist chaotisch herumschwirren. Sobald wir morgens die Augen öffnen, fängt unser Verstand an, all dies zu reorganisieren und alles für den Tag vorzubereiten. Das versetzt uns in einen sehr vulnerablen Zustand und wir können leicht in eine Negativspirale geraten, wenn wir unser Denken nicht bewusst steuern. Der Rhythmus der Alpha- und Beta-Wellen, die uns eigentlich in Gang bringen sollen, gerät dann durcheinander, was uns stattdessen depressiv, ängstlich und frustriert werden lassen kann.

Also beginne jeden Tag, indem du dein Denken selbst regulierst. So mache ich es:

1. Ich fange jeden Gedanken ein, der mir beim Aufwachen durch den Kopf geht, indem ich die 30/90-Sekunden-Regel anwende.
2. Ich lenke meine Gedanken in die Richtung, in die sie gehen sollen. Ich konzentriere mich auf meine Denkweise (mehr dazu findest du in meinem Buch *Denke, lerne, sei erfolgreich*) und darauf, worauf während des Tages mein Fokus liegen soll. Dies sind einige Denkweisen, die ich in meinem eigenen Leben, in meiner Forschung und in meiner klinischen Praxis als nützlich empfunden habe:
   - Ich bin fest entschlossen, mein Denken, Fühlen und Entscheiden den ganzen Tag über selbst zu regulieren. Das wird zur Steigerung meiner Intelligenz beitragen, dem kognitiven Verfall vorbeugen und den Energiehaushalt meines Gehirns wieder ankurbeln.
   - Ich werde heute keinen einzigen Gedanken einfach chaotisch durch meinen Kopf ziehen lassen. Ich werde bei der Erfassung meiner Gedanken sehr analytisch vorgehen.

- Ich werde auf die Worte achten, die ich ausspreche, und mir bewusst sein, dass sie die Aktivitäten meines Geistes widerspiegeln.
- Ich bin der Schöpfer meiner eigenen Emotionen, also kann ich meine Emotionen auch selbst beherrschen. Ich bin nicht für die Ursache der Emotion verantwortlich, aber ich bin dafür verantwortlich, wie sich die Emotion ausdrückt.
- Ich werde aufhören, wütend auf die Person zu sein, die mich verletzt hat, und daran arbeiten, ihr zu vergeben, denn Unversöhnlichkeit und Bitterkeit können meinem Gehirn und meiner seelischen Gesundheit schaden.
- Ich werde daran denken, dass Zufriedenheit nicht das Endziel ist, sondern Bestandteil des gesamten Lebens. Oft kommt Zufriedenheit dadurch zustande, dass ich die schwierigen, beängstigenden und harten Dinge, die das Leben für mich bereithält, annehme. Das bringt Frieden, der tief aus dem Inneren meines Geistes kommt. Zufriedenheit ist eine Entscheidung.
- Ich werde mich immer wieder daran erinnern, dass alles, was sich lohnt, Zeit braucht.
- Ich werde immer versuchen, in jeder Situation für mehrere Möglichkeiten offen zu sein. Selbst wenn die Dinge nicht so laufen, wie ich es mir vorstelle, wird es mir gut gehen. Viele Versuche führen zu vielen Misserfolgen, die wiederum zu vielen Erfolgen führen.
- Ich will bewusst in einem Zustand der Dankbarkeit leben und mich nicht einfach nur auf das konzentrieren, was in meinem Leben schiefläuft.
- Ich bin für Weiterentwicklung und nicht für Wettstreit geschaffen. Wenn ich das Bedürfnis verspüre, mit jemandem zu konkurrieren oder mich mit anderen zu vergleichen,

werde ich mich daran erinnern, dass wir einander brauchen und dass wir unsere Unterschiede feiern müssen.

- Ich werde mich heute bemühen, jemandem die Hand zu reichen und zu helfen, denn ich weiß, dass dies auch mir helfen wird. Andere zu unterstützen, vor allem wenn ich eine schwierige Zeit durchmache, kann mir helfen, meinen eigenen mentalen Raum aufzuräumen.
- Heute werde ich meinen Stress zu meinen Gunsten nutzen und nicht gegen mich arbeiten lassen. Ich weiß, dass die Stressreaktion mir helfen wird, mich zu konzentrieren und mit Klarheit und Flexibilität zu denken.
- Ich werde auf meine Erwartungen achten. Erwartungen beeinflussen meine Neurophysiologie in eine positive oder negative Richtung.
- Ich weiß, dass ich die Fähigkeit besitze, Entscheidungen zu treffen. Mir ist auch bewusst, dass diese Entscheidungen meine Gehirnstruktur bis auf die genetische Ebene hinunter verändern. Deshalb werde ich heute Entscheidungen treffen, die sicherstellen, dass diese Veränderung eine gesunde Entwicklung nimmt, denn ich bin diejenige, die diesen Prozess steuert.

Versuche, deinen Tag drei Wochen lang am Stück mit solchen Denkweisen zu beginnen. Das wird dir helfen, gut in den Tag zu starten. Du kannst dich dadurch besser auf die nichtbewusste Ebene deines Geistes einstimmen und aktivierst außerdem die Alphabrücke, die sich mit der Theta- und Delta-Aktivität auf der nichtbewussten Ebene verbindet. Dies wiederum hilft dir, emotionale und körperliche Warnsignale (wie Angst, Depression, Herzklopfen und Stimmungsschwankungen) viel schneller zu erkennen und sie durch geordnetes Denken zu bewältigen. Wie wir in unseren klinischen Studien beobachtet haben, hilft diese Art der Bewusstseinssteuerung, sich während des Tages gelassener zu fühlen, und vermittelt ein Gefühl der Zufriedenheit und Selbstbestimmtheit.

2. Brain-Building mithilfe des Neurozyklus

Wie schon gesagt, ist Brain-Building eine großartige Übung, die die Widerstandsfähigkeit stärkt, die Intelligenz fördert, das geistige Chaos beseitigt und die Emotionen stabilisiert. Es kann sehr spirituell und bereichernd sein und ist mit einer Vielzahl von Inhalten durchführbar: ob mit aktuellen Nachrichten, geistigen Schriften oder Informationen, die dein berufliches oder schulisches Wissen vertiefen – im Grunde geht alles, was dich interessiert. Plane mindestens fünfzehn bis sechzig Minuten ein, die du über den Tag verteilt damit verbringen solltest.

Mit der Nutzung der 5 Schritte fürs Brain-Building bietet sich eine großartige Möglichkeit, die Gesundheit von Geist und Gehirn zu stärken. Ich mache das jeden Tag mindestens eine Stunde lang, und wenn möglich zweimal am Tag. Eigentlich nutze ich jede Gelegenheit, um mein Gehirn zu trainieren – es ist für mich eine wirklich gute Methode, einen mentalen Hausputz zu machen und Giftmüll loszuwerden, der sich sonst auf meinen Schlaf und mein geistiges Wohlbefinden auswirken würde.

Brain-Building ist auch eine großartige Möglichkeit, um sich zu beruhigen, vor allem wenn man gerade eine heftige Auseinandersetzung hatte oder sich in einer toxischen Situation befindet. Es stabilisiert die Energie und den Fluss von Botenstoffen im Gehirn. Denn wenn wir uns streiten oder wenn uns toxische Dinge widerfahren, fühlt es sich oft so an, als hätte man unser Gehirn in einen Mixer gesteckt.

Normalerweise nutze ich das Brain-Building bei meinen Recherchen, aber ich setze es auch ein, wenn ich mich auf Podcast-Interviews vorbereite, neue Bücher lese, Lehrvideos anschaue oder mich über aktuelle Nachrichten informiere. Der Prozess erfordert bewusstes und zielgerichtetes Denken, das uns in den Lernmodus versetzt, der für unsere geistige und mentale Gesundheit äußerst wichtig ist. Es wirkt wirklich wie ein Energieschub – man fühlt sich danach einfach richtig gut. Wenn ich tatsächlich mal niedergeschlagen bin, mache ich eine kurze Brain-Building-Sitzung, um meine Theta- und Gamma-Amplituden zu erhöhen und mein Serotonin und Anandamid (Glückshormone) zum Fließen zu bringen, wodurch ich mich gleich sehr viel zufriedener und ruhiger fühle.

Brain-Building ist darüber hinaus ein ausgezeichnetes Mittel, um interessantere Gespräche mit anderen Menschen zu führen, vor allem mit Menschen, die andere Ansichten vertreten. Dadurch wirst du herausgefordert, deine Komfortzone zu verlassen, was deine geistige »Bandbreite« und mentale Belastbarkeit erheblich verbessern kann.

3. Trauma- und Gewohnheitsentgiftung mithilfe des Neurozyklus

Ich führe meine täglichen Entgiftungsübungen immer morgens durch, wenn ich mich für den Tag fertig mache, also beim Duschen, Haare frisieren und Schminken. Für mich ist das ideal, weil ich diesen Schritt gerne erledige, bevor ich mich in den Tag stürze.

Detoxing durch Anwendung der 5 Schritte nimmt nur sieben bis fünfzehn Minuten pro Tag in Anspruch, ist aber im Grunde ein Lebensstil. Ich bin immer dabei, in meinem Kopf etwas in Ordnung zu bringen. Wir werden nie den perfekten mentalen Zustand erreichen. Wir sollten niemals selbstzufrieden werden oder uns auf unseren Lorbeeren ausruhen, denn im Leben geht es nur um Wachstum. Wir sollten immer danach streben, unseren Verstand zu verbessern, und die Entgiftung spielt dabei eine große Rolle, denn toxische Gedanken sind wie ein Virus – sie durchdringen alles und erobern unseren mentalen Raum. Wenn du dabei Unterstützung willst, kannst du auch meine App einsetzen.

4. Denkermomente

Ich nehme mir den Tag über jede Stunde Zeit für meine Denkermomente. Das können fünf Sekunden oder, wenn ich müde bin, auch ein paar Minuten sein. Manchmal auch zehn Minuten um die Mittagszeit, wenn möglich in der Sonne bzw. an der frischen Luft. Ich lasse keinen Tag aus, denn ohne diese Momente komme ich nicht gut zurecht. Wenn wir unserem Gehirn eine Pause gönnen, indem wir unsere Gedanken schweifen lassen und tagträumen, bringen wir es wieder in Schwung und schärfen zudem unsere Wahrnehmung, wodurch wir leichter mit dem tieferen, nichtbewussten, fast schon spirituellen Teil von uns in Kontakt kommen.

Denkermomente sind ganz einfach durchzuführen, aber in der heutigen hektischen Welt müssen wir sie uns erst antrainieren. Man muss dafür nichts weiter tun, als die Augen zu schließen, sich zurückzulehnen (oder hinzulegen) und zu entspannen. Schon ein paar Sekunden genügen, aber ein zehn- bis fünfzehnminütiger Block in der Sonne ist am besten. Du kannst auch eine Meditationsübung in deine Denkermomente einbauen, wenn du möchtest, oder dir drei- bis fünfmal am Tag ein paar Minuten Zeit zum Spielen und Lachen nehmen.

5. Aktives Ergreifen

Dieser Schritt, siebenmal am Tag für jeweils eine bis drei Minuten durchgeführt, ist schnell und einfach zu erledigen. Er ist der Teil des Neurozyklus, bei dem wir aktiv werden und Erlerntes umsetzen. Das kann in etwas so Einfachem bestehen wie dem Lesen eines Satzes, den du als Erinnerung für dich festgelegt hast. Durch diese Aktion bleibt das, was du zu einem neuen Gedanken umgestalten willst, im Bewusstsein und erhält jeden Tag eine kräftige Dosis Energie. Dies trägt dazu bei, dass dieser Gedanke sich weiter verändert und verfestigt.

Denk daran, dass ohne diese täglichen Dosen dein neuer, gesunder Gedanke nicht zur Gewohnheit wird und dein Verhalten nicht ändern wird. Dieser Prozess dauert mindestens dreiundsechzig Tage.

6. Echte Lebensmittel achtsam gegessen

Wie schon im vorigen Kapitel erwähnt, ist meine einzige Regel, wenn es ums Essen geht, der achtsame Verzehr echter Lebensmittel. Das bedeutet nicht nur, bewusst darauf zu achten, was wir essen, sondern auch, wie wir essen und warum wir essen. Wie wir essen, beeinflusst unser Denken, und was noch wichtiger ist: Wie wir denken, beeinflusst, wie wir essen. Unser Innenmilieu wird von unserem Geist beeinflusst, und das gilt auch für unser Verdauungssystem. Die Psyche beeinflusst zum Beispiel, wie effektiv Neuropeptide in der Bauchspeicheldrüse für die Aufnahme und Verdauung von Nahrung freigesetzt werden. Wenn du dich also in einem toxischen, chaotischen mentalen Zustand befindest, kann dies die Bioverfügbarkeit der Nährstoffe und die allgemeine

Funktionsfähigkeit deines Verdauungssystems beeinträchtigen, was sich wiederum auf dein geistiges und körperliches Befinden auswirken kann.

Es spielt keine Rolle, wie unsere Mahlzeiten aussehen, solange wir bemüht sind, achtsam zu essen, und zwar eine Kost, die aus echten, vollwertigen und nachhaltig erzeugten Lebensmitteln besteht. Es gibt viele großartige Bücher, Rezepte und Ernährungspläne, die sich um echte Vollwertkost drehen, also schau sie dir einfach mal an.

7. Bewegung und passives Tiefenwärme-Training

Wir alle kennen den großartigen Nutzen von Bewegung. Ich verbringe jeden Tag etwa fünfundvierzig bis sechzig Minuten mit Fitnessübungen und sechzig bis neunzig Minuten in meiner Infrarotsauna mit passivem Tiefenwärme-Training. Danach nehme ich eine kalte Dusche.

Wie bei der Ernährung gibt es natürlich auch bei der Bewegung nicht den einen richtigen Weg, und jeder Mensch hat seine eigenen Bedürfnisse und Fähigkeiten. Wichtig ist nur, dass du deinen Geist mit einbeziehst, wenn es um Bewegung geht. Wie beim Essen müssen wir auch bei Fitnessaktivitäten bewusst vorgehen, um den vollen Nutzen daraus zu ziehen. Tatsächlich ist es sehr schwer, ein Trainingsprogramm zu finden und durchzuhalten, ohne gleichzeitig auch ernsthaft am Geist zu arbeiten.

Ich baue generell gerne möglichst viel Bewegung in meinen Tag ein. Ich versuche, möglichst immer schnell die Treppen hochzulaufen, und ich mache kleine Fitnessübungen zwischen meinen Aufgaben, vor allem, wenn ich merke, dass Gehirnnebel einsetzt. Ich mache dann einen kurzen Powerwalk, ein paar Sekunden Plank oder ein paar Hampelmänner. *Wenn es um Bewegung geht, ist jede Bewegung gut!*

8. Schlafroutine

Die Vorbereitung auf den Nachtschlaf beginnt am Morgen, wenn du deine Augen öffnest, und setzt sich den ganzen Tag über fort. Die Neurocycling-Schlafroutinen, die ich im vorigen Kapitel erwähnt habe, helfen mir allesamt, besser zu schlafen, weil sie mich beim Ordnen meiner Gedanken unterstützen.

Und wenn ich nicht schlafen kann, mache ich mir deswegen keine Sorgen. Ich nutze die Zeit, um das zu tun, was ich tagsüber nicht geschafft habe, oder um ein Buch zu lesen und dabei meinen Geist zu entspannen. Sich zu sorgen, weil man nicht schlafen kann, ist mit das Schlimmste, was man tun kann. Dein Körper wird den Schlafmangel schon verkraften, und du wirst auch den nächsten Tag überstehen. Wir beklagen uns ständig, dass der Tag nicht genügend Stunden hat. Betrachte also die Zeit, in der du nicht schlafen kannst, als zusätzlich nutzbare Stunden, um zu tun, was du gern tun möchtest.

OOOO

Wie du im Verlauf dieses Buches gesehen hast, ist Gedankenmanagement der Schlüssel zur Beseitigung des mentalen Chaos. Dies war und ist die vordringliche Botschaft und das Ziel meiner gesamten bisherigen Arbeit und Forschung. Heute bin ich noch leidenschaftlicher von der Macht des Geistes überzeugt, als ich es in meinen Anfangszeiten schon war!

Wie du deinen Verstand einsetzt, um deine Gedanken zu steuern, ist von immenser Bedeutung. Es bildet die Grundlage für ein glückliches und gesundes Leben, denn es hilft dir, die Entscheidungen zu treffen, die zu einem glücklichen und gesunden Leben führen. Das bedeutet nicht, dass du keine Probleme haben wirst oder niemals Schmerzen, Unbehagen, Angst oder Traurigkeit erleben wirst. Es bedeutet jedoch, dass du alles bewusst spüren und erleben kannst, was das Leben dir zu bieten hat, und alles durchstehen kannst, was das Leben dir aufnötigt. Es bedeutet, dass du akuten Ereignissen, Alltagsstressoren und toxischen Menschen mit Widerstandskraft entgegentreten kannst, weil du jetzt die Fähigkeit hast, dein mentales Chaos zu beseitigen. Gedankenmanagement ist meiner Meinung nach eines der wichtigsten Werkzeuge in deinem mentalen Werkzeugkasten – wenn nicht sogar das wichtigste –, denn es wird dir helfen, ein längeres, gesünderes und glücklicheres Leben zu führen.

Und deshalb: Leg los mit dem Neurocycling!

Ich danke Ihnen! Ich bin mit großer Begeisterung dabei! Es ist Tag 19 meines ersten Zyklus, und es ist bislang das Beste, was ich je in mich selbst investiert habe. Ich war mein Leben lang ängstlich und unruhig und fange nun an, diese Gewohnheit zu durchbrechen. Ich kann es kaum erwarten zu sehen, welche Veränderungen noch kommen.

Jane

Anhang A

Die Theorie der geodätischen Informationsverarbeitung

Ich habe dreißig Jahre lang die Verbindung zwischen Geist und Gehirn und die Wissenschaft des Denkens erforscht und dabei das entwickelt, was ich die »Theorie der geodätischen Informationsverarbeitung« nenne (siehe nachfolgende Abbildung). Diese Theorie basiert auf den neurophysiologischen Aspekten des Lernprozesses und es hat sich gezeigt, dass sie bei Anwendung die akademischen Leistungen nachweislich – und nach zurückhaltender Bewertung – um 35 bis 75 Prozent verbessert.

Die Theorie der geodätischen Informationsverarbeitung stellt im Wesentlichen die Wissenschaft des Denkens dar und stellt fest, dass es drei Ebenen gibt: (1) die nichtbewusste metakognitive Ebene, (2) die bewusste kognitive Ebene und (3) die Symbolhandlungsebene. Die nichtbewusste metakognitive Ebene, auf der 90 bis 99 Prozent der Denkvorgänge ablaufen, arbeitet mit vierhundert Milliarden Vorgängen pro Sekunde, vierundzwanzig Stunden am Tag, und steuert die bewusste kognitive Ebene. Die bewusste kognitive Ebene, auf der bis zu 10 Prozent der Verstandesaktivitäten stattfinden, arbeitet mit zweitausend Aktionen pro Sekunde und steuert, wenn wir wach sind, die Symbolhandlungsebene. Die Symbolhandlungsebene schließlich umfasst die fünf Sinne, mit denen wir Informationen aus der Außenwelt aufnehmen und durch die wir uns ausdrücken, zum Beispiel durch Sprechen oder Schreiben. Alle Gedanken durchlaufen diese drei Ebenen: von der nichtbewussten metakognitiven zur bewussten kognitiven Ebene, von dort zur Symbolhandlungsebene und umgekehrt. Während die Gedanken diese drei Ebenen durchlaufen, verändern sie sich – und sie verändern dabei auch die Gedanken, die mit ihnen in einer dynamischen Wechselbeziehung stehen.

Die Theorie der geodätischen Informationsverarbeitung wird in meinem von anderen Fachleuten geprüften Zeitschriftenartikel »The Development of a Model for Geodesic Learning« (University of Pretoria 1997) ausführlicher erläutert. Weitere Informationen finden sich in meinen Büchern *Schalte dein Gehirn an* (Kapitel 8) und *Denke, lerne, sei erfolgreich* (Kapitel 22).

DAS SCHEMA DER GEODÄTISCHEN INFORMATIONSVERARBEITUNG

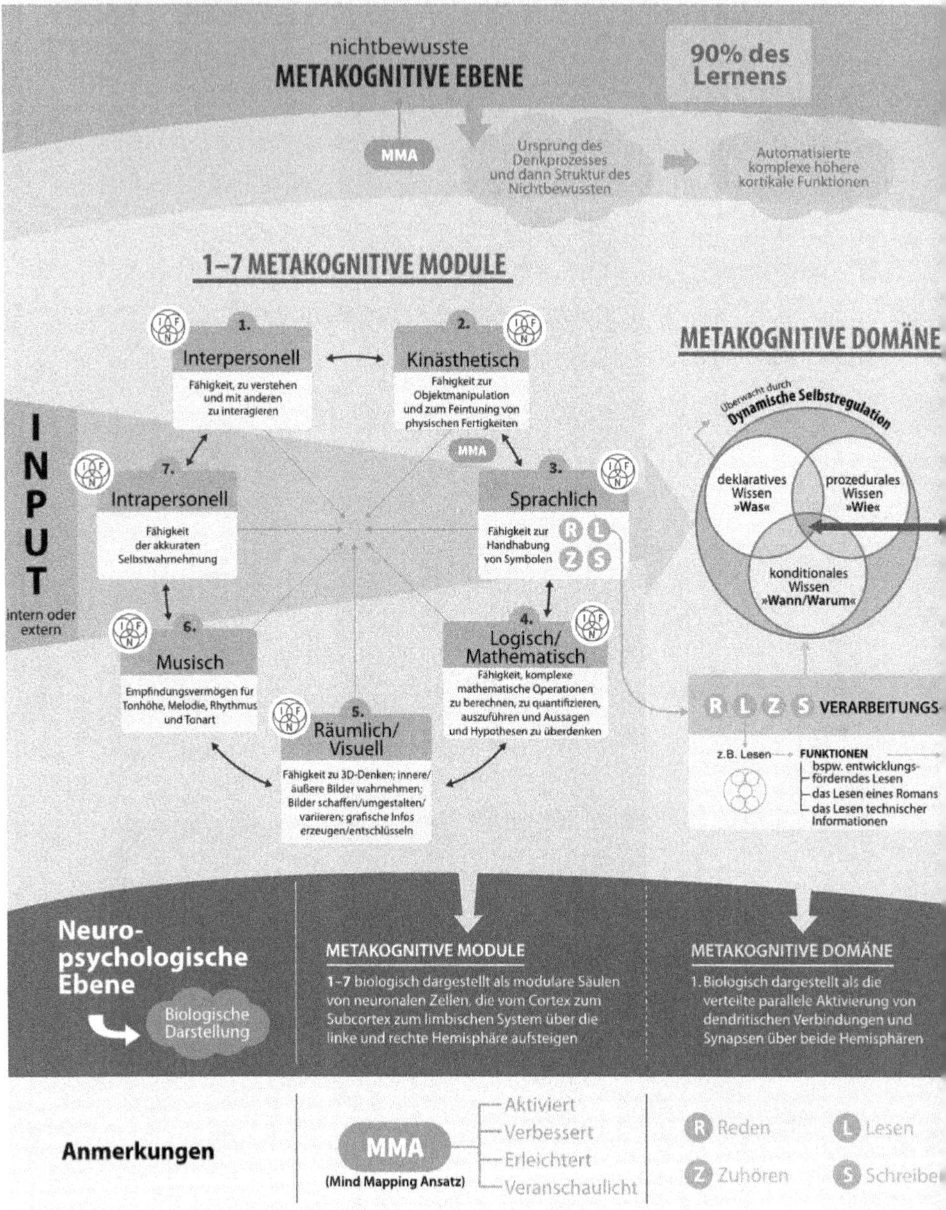

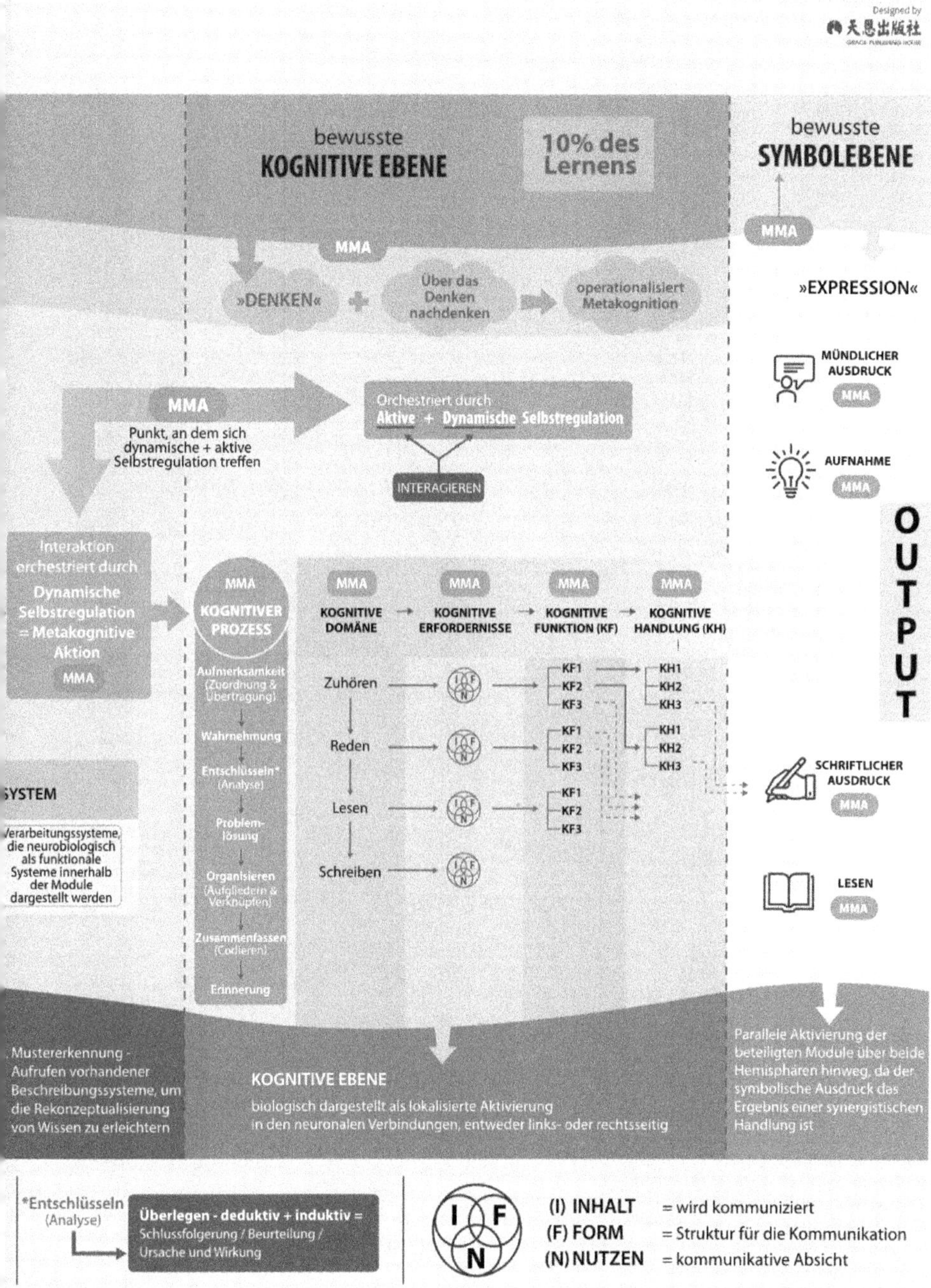

Designed by
天恩出版社
bewusste
KOGNITIVE EBENE
10% des Lernens
bewusste
SYMBOLEBENE
MMA
MMA
»DENKEN«
Über das Denken nachdenken
operationalisiert Metakognition
»EXPRESSION«
MMA
Punkt, an dem sich dynamische + aktive Selbstregulation treffen
Orchestriert durch
Aktive + Dynamische Selbstregulation
INTERAGIEREN
MÜNDLICHER AUSDRUCK
MMA
AUFNAHME
MMA
OUTPUT
Interaktion orchestriert durch
Dynamische Selbstregulation = Metakognitive Aktion
MMA
MMA
KOGNITIVER PROZESS
Aufmerksamkeit (Zuordnung & Übertragung)
Wahrnehmung
Entschlüsseln* (Analyse)
Problem-lösung
Organisieren (Aufgliedern & Verknüpfen)
Zusammenfassen (Codieren)
Erinnerung
MMA
KOGNITIVE DOMÄNE
MMA
KOGNITIVE ERFORDERNISSE
MMA
KOGNITIVE FUNKTION (KF)
MMA
KOGNITIVE HANDLUNG (KH)
Zuhören
Reden
Lesen
Schreiben
KF1
KF2
KF3
KH1
KH2
KH3
SYSTEM
Verarbeitungssysteme, die neurobiologisch als funktionale Systeme innerhalb der Module dargestellt werden
SCHRIFTLICHER AUSDRUCK
MMA
LESEN
MMA
Mustererkennung - Aufrufen vorhandener Beschreibungssysteme, um die Rekonzeptualisierung von Wissen zu erleichtern
KOGNITIVE EBENE
biologisch dargestellt als lokalisierte Aktivierung in den neuronalen Verbindungen, entweder links- oder rechtsseitig
Parallele Aktivierung der beteiligten Module über beide Hemisphären hinweg, da der symbolische Ausdruck das Ergebnis einer synergistischen Handlung ist
*Entschlüsseln (Analyse)
Überlegen - deduktiv + induktiv = Schlussfolgerung / Beurteilung / Ursache und Wirkung
I F N
(I) INHALT = wird kommuniziert
(F) FORM = Struktur für die Kommunikation
(N) NUTZEN = kommunikative Absicht

Anhang B

Das Metakog

Das Metakog ist eine spezielle Methode, um Dinge zu Papier zu bringen. Die baumartige Struktur gleicht im Aufbau der eines Gedankens. Durch diese besondere Art des Schreibens werden die beiden Gehirnhälften, und somit auch die nichtbewusste Ebene, zur Zusammenarbeit angeregt, indem von Detail zu Gesamtbild und Gesamtbild zu Detail hin und her gewechselt wird. Die Verwendung eines Metakogs ist eine großartige Methode, emotionale, informatorische und physische Informationen aus der nichtbewussten Ebene des Geistes zu erhalten. Nachfolgend findest du eine Kurzanleitung für die Erstellung eines solchen Metakogs; ich schlage vor, dass du dir die dazugehörende Abbildung ansiehst, während du die einzelnen Punkte durchliest, denn das macht es einfacher für dich.

- Sei kreativ und spontan – es muss kein perfektes Kunstwerk sein. Ohnehin wird jedes Metakog zwar denselben Grundprinzipien folgen, aber bei jedem anders aussehen.
- Beginne, indem du den Gedanken benennst, mit dem du dich gerade befasst. Setze ihn in die Mitte einer leeren Seite in deinem Tagebuch oder auf ein loses Blatt Papier und male eine Art Blase darum.
- Setze nun den ersten Unterpunkt auf einen Abzweig, der von der Blase in der Mitte ausgeht. Liste jetzt einfach die Erinnerungen auf, die mit diesem Unterpunkt des Gedankens verbunden sind.

- Achte darauf, dass jedes Wort in einer eigenen Zeile steht, und versuche, nur etwa 30 Prozent eines Satzes aufzuschreiben – schreibe nicht in ganzen Sätzen. So kommst du schneller zum Kern des Problems. Notiere also beispielsweise anstatt »Ich bin traurig, weil ich mich mit X gestritten habe« lieber »Traurig? = gestritten mit X«.
- Bleibe nach Möglichkeit bei einem Wort pro Zeile bzw. Abzweig – schau dir das nachstehende Beispiel an. Du bildest im Grunde einen Satz auf verzweigten Zeilen, ein Wort pro Zeile. Wenn das keinen Sinn für dich ergibt, kannst du eine Sprechblase zeichnen und so viele Wörter wie nötig hineinschreiben.
- Die Informationen, die von den Unterpunkten ausgehen, bewegen sich vom Allgemeinen hin zu Konkreterem. Das bedeutet, du lässt von den Unterpunkten Zweige nach außen »wachsen«.
- Schreibe nicht neben oder unterhalb der Linie, sondern auf der Linie bzw. in eine Sprechblase direkt neben der Linie.

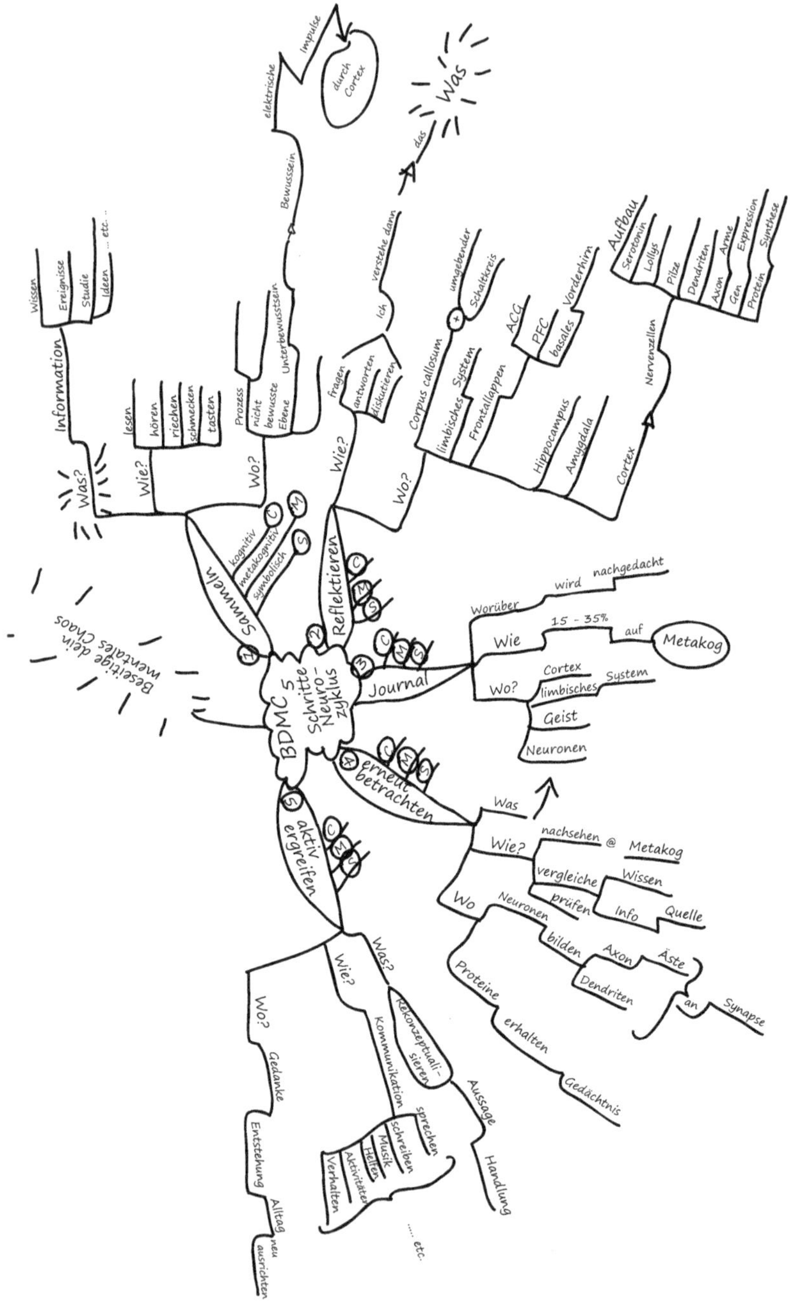
BDMC 5 Schritte Neuro-zyklus
Beseitige dein mentales Chaos
1 Sammeln
kognitiv C
metakognitiv M
symbolisch S
Was?
Information
Wissen
Ereignisse
Studie
Ideen
... etc.
Wie?
lesen
hören
riechen
schmecken
tasten
Wo?
Prozess
nicht bewusste Ebene
Unterbewusstsein
Bewusstsein
elektrische Impulse
durch Cortex
2 Reflektieren
C M S
Wie?
fragen
antworten
diskutieren
Ich verstehe dann das Was
Wo?
Corpus callosum
umgebender Schaltkreis
limbisches System
Frontallappen
ACG
PFC
basales Vorderhirn
Hippocampus
Amygdala
Cortex
Nervenzellen
Aufbau
Serotonin
Lollys
Pilze
Dendriten
Axon
Arme
Gen
Expression
Protein
Synthese
3 Journal
C M S
Worüber wird nachgedacht
Wie
15 - 35%
auf
Metakog
Wo?
Cortex
limbisches System
Geist
Neuronen
4 erneut betrachten
C M S
Was
Wie?
nachsehen @ Metakog
vergleiche
Wissen
prüfen
Info
Quelle
Wo
Neuronen
bilden
Axon
Äste
Dendriten
an
Synapse
Proteine
erhalten
Gedächtnis
5 aktiv ergreifen
C M S
Was?
Rekonzeptuali-sieren
Aussage
Handlung
Wie?
Kommunikation
sprechen
schreiben
Musik
Helfen
Aktivitäten
Verhalten
.... etc.
Wo?
Gedanke
Entstehung
Alltag
neu ausrichten

Die Form der Äste, die du auf deinem Metakog wachsen lässt, entspricht in gewisser Weise dem Geäst, das du in deinem Gehirn auf den Dendriten wachsen lässt. Der Dendritenstrang in deinem Gehirn spiegelt sich als verzweigtes Metakog auf dem Papier wider. Ohne dass du dir dessen bewusst bist, diktiert dein neuronales Netzwerk die Form der Äste in deinem Metakog. Deshalb sage ich gerne, dass ein Metakog das »zu Papier gebrachte Gehirn« ist. Es ist, als hätte beim Zeichnen des Metakog dein Gehirn bereits das gleiche Muster in Form einer Erinnerung geschaffen.

Verwende Farben, kleine Bilder, Pfeile – was auch immer –, vor allem im Schritt des erneuten Betrachtens. Das hilft dir bei der Rekonzeptualisierung.

Denke immer daran: Ein Metakog zu bilden, bedeutet, eine Erinnerung in den Dendriten aufzubauen.

Anmerkungen

1. Stephen M. Rappaport, »Genetic Factors Are Not the Major Causes of Chronic Diseases«, *PLoS ONE* 11, no. 4 (April 2016): e0154387, https://doi.org/10.1371/journal.pone.0154387; World Health Organization, »Genes and Human Diseases«, https://www.who.int/genomics/public/geneticdiseases/en/index2.html; Bruce H. Lipton, *The Biology of Belief: Unleashing the Power of Consciousness, Matter & Miracles* (Carlsbad, CA: Hay House, 2010); Deepak Chopra and Rudolph E. Tanzi, *The Healing Self: A Revolutionary New Plan to Supercharge Your Immunity and Stay Well for Life* (New York: Harmony, 2020).
2. Colin D. Mathers and Dejan Loncar, »Projections of Global Mortality and Burden of Disease from 2002 to 2030«, *PloS Med* 3, no. 11 (November 2006): e442, https://doi.org/10.1371/journal.pmed.0030442.
3. Atul Guwande, »Why Americans Are Dying from Despair«, *New Yorker*, March 23, 2020, https://www.newyorker.com/magazine/2020/03/23/why-americans-are-dying-from-despair; Olga Khazan, »Middle-Aged White Americans Are Dying of Despair«, *Atlantic*, November 4, 2015, https://www.theatlantic.com/health/archive/2015/11/boomers-deaths-pnas/413971/?gclid=CjoKCQjw6PD3BRDPARIsAN8pHuFA_qzt_odTW66Bat6l3cCLEX6w2v6j3TOnHS8–J7TsejFfRzxZRS4aAm5cEALw_wcB.
4. Colin D. Mathers and Dejan Loncar, »Updated Projections of Global Mortality and Burden of Disease, 2002–2030: Data Sources, Methods and Results«, (Geneva: World Health Organization, 2005); Steven H. Woolf and Laudan Y. Aron, »The US Health Disadvantage Relative to Other High-Income Countries: Findings from a National Research Council/Institute of Medicine Report«, *JAMA* 309, no. 8 (February 2013): 771–72, doi:10.1001/jama.2013.91.
5. Sibile Marcellus, »Certain American Men Are Dying ›Deaths of Despair‹«, *Yahoo Finance*, October 22, 2019, https://finance.yahoo.com/news/deaths-of-despair-why-this-group-of-americans-has-higher-mortality-rates-130633528.html; Carol Graham and Sergio Pinto, »The Geography of Desperation in America: Labor Force Participation, Mobility Trends, Place, and WellBeing«, Brookings, October 15, 2019, https://www.brookings.edu/research/the-geography-of-desperation-in-america-labor-force-participation-mobility-trends-place-and-well-being/?utm_campaign=Brookings%20Brief&utm_source=hs_email&utm_medium=email&utm_content=78166038.
6. Graham and Pinto, »Geography of Desperation in America«.
7. Woolf and Aron, »US Health Disadvantage«.
8. Quishi Chen et al., »Prevention of Prescription Opioid Misuse and Projected Overdose Deaths in the United States«, *JAMA Network Open* 2, no. 2 (2019): e187621–e187621.

9. Chen, »Prevention of Prescription Opioid Misuse«.
10. Anne Case and Angus Deaton, »The Epidemic of Despair: Will America's Mortality Crisis Spread to the Rest of the World?« *Foreign Affairs* 99 (2020): 92; Anne Case and Angus Deaton, »Deaths of Despair Redux: a Response to Christopher Ruhm«, Princeton, January 8, 2018, http://www.princeton.edu/~deaton/downloads/Case_and_Deaton_Comment_on_CJRuhm_Jan_2018.pdf.
11. Stephen Castle, »Shortchanged: Why British Life Expectancy Has Stalled«, *New York Times*, August 30, 2019, https://www.nytimes.com/2019/08/30/world/europe/uk-life-expectancy.html.
12. Kristen L. Syme and Edward H. Hagen, »Mental Health Is Biological Health: Why Tackling ›Diseases of the Mind‹ Is an Imperative for Biological Anthropology in the 21st Century«, *Yearbook of Physical Anthropology* 171, no. S70 (April 2020): 87–117, https://doi.org/10.1002/ajpa.23965.
13. Syme and Hagen, »Mental Health Is Biological Health«.
14. Tom C.Russ et al., »Association between Psychological Distress and Mortality: Individual Participant Pooled Analysis of 10 Prospective Cohort Studies«, *BMJ* 345 (2012): e4933; Alexander Michael Ponizovsky, Ziona Haklai, and Nehama Goldberger, »Association between Psychological Distress and Mortality: The Case of Israel«, *J Epidemiol Community Health* 72, no. 8 (2018): 726–32.
15. Syme and Hagen, »Mental Health Is Biological Health«.
16. United Nations, »Statement by Dainius Puras, Special Rapporteur on the Right of Everyone to the Enjoyment of the Highest Attainable Standard of Physical and Mental health«, United Nations Office of the High Commissioner, October 29, 2019, https://www.ohchr.org/EN/NewsEvents/Pages/DisplayNews.aspx?NewsID=25203&LangID=E.
17. Awais Aftab, »Psychiatry and the Human Condition: Joanna Moncrieff«,*Psychiatric Times*, April 10, 2020, https://www.psychiatrictimes.com/qas/psychiatry-and-human-condition-joanna-moncrieff-md.
18. Aftab, »Psychiatry and the Human Condition«.
19. Molly C. Kalmoe et al., »Physician Suicide: A Call to Action«, *Mo Med* 116, no. 3 (2019): 211–16, https://www.ncbi.nlm.nih.gov/pmc/articles/PMC6690303/.
20. »Keith Ward - The New Atheists (Part 1)«, YouTube video, 37:32, posted by ObjectiveBob, August 29, 2012, https://www.youtube.com/watch?v=fkJshx-7l5w&t=3s.
21. Um mehr über die Wim-Hof-Methode zu erfahren, besuche https://www.wimhofmethod.com.
22. »Neurofeedback«, *Psychology Today*, accessed August 21, 2020, https://www.psychologytoday.com/us/therapy-types/neurofeedback.
23. Marc R. Nuwer and Pedro Coutin-Churchman, »Topographic Mapping, Frequency Analysis, and Other Quantitative Techniques in Electroencephalography«, in *Aminoff's Electrodiagnosis in Clinical Neurology*, 6th ed. (2012), 187–206, https://www.sciencedirect.com/topics/medicine-and-dentistry/quantitative-electroencephalography.
24. »Suicide Facts«, Suicide Awareness Voices of Education, accessed August 20, 2020, https://save.org/about-suicide/suicide-facts/.

25. Erfahre mehr und lade dir meine Neurocycle-App herunter unter neurocycle.app.

26. Ryan McVay, »Think It Takes 21 Days to Make a Resolution a Habit? Triple That«, *NBC News*, January 2, 2014, https://www.nbcnews.com/health/body-odd/think-it-takes-21-days-make-resolution-habit-triple-n2881.

27. Phillippa Lally et al., »How Are Habits Formed: Modelling Habit Formation in the Real World«, *European Journal of Social Psychology* 40, no. 6 (2010): 998–1009.

28. Chun Siong Soon et al., »Unconscious Determinants of Free Decisions in the Human Brain«, *Nature Neuroscience* 11, no. 5 (2008): 543–45; Stuart Hameroff and Roger Penrose, »Consciousness in the Universe: A Review of the Orch OR Theory«, *Physics of Life Reviews* 1 (2014): 39–78; Stuart Hameroff et al., »Conduction Pathways in Microtubules, Biological Quantum Computation, and Consciousness«, *Biosystems* 64, no.1 (2002): 149–68.

29. Elizabeth Blackburn and Elissa Epel, *The Telomere Effect: A Revolutionary Approach to Living Younger, Healthier, Longer* (New York: Hachette, 2017); Elissa Epel, »How ›Reversible‹ Is Telomeric Aging?« *Cancer Prevention Research* 5, no. 10 (2012): 1163–68; Nicola S. Schutte and John M. Malouff, »The Relationship between Perceived Stress and Telomere Length: A Meta-Analysis«, *Stress and Health* 32, no. 4 (2016): 313–19; Elissa S. Epel et al., »Wandering Minds and Aging Cells«, *Clinical Psychological Science* 1, no. 1 (2013): 75–83; Elissa S. Epel, »Psychological and Metabolic Stress: A Recipe for Accelerated Cellular Aging?« *Hormones* 8, no. 1 (2009): 7–22; Elissa S. Epel et al., »Cell Aging in Relation to Stress Arousal and Cardiovascular Disease Risk Factors«, *Psychoneuroendocrinology* 31, no. 3 (2006): 277–87; Naomi M. Simon et al., »Telomere Shortening and Mood Disorders: Preliminary Support for a Chronic Stress Model of Accelerated Aging«, *Biological Psychiatry* 60, no. 5 (2006): 432–35; Christine G. Parks et al., »Telomere Length, Current Perceived Stress, and Urinary Stress Hormones in Women«, *Cancer Epidemiology and Prevention Biomarkers* 18, no. 2 (2009): 551–60.

30. Caroline Leaf, »Cleaning Up Your Mental Mess: Clinical Pilot Study on the Impact of Mind-Management to Deal with Depression, Anxiety and Toxic Thoughts«, under review, NYP; Caroline Leaf, »Psychometric Testing of a Knowledge, Attitudes, and Skills Instrument Related to Individual Self-Regulation for Depression and Anxiety: The NeuroCycle Questionnaire«, under review, NYP.

31. Johann Hari, *Lost Connections: Uncovering the Real Causes of Depression—and the Unexpected Solutions* (London: Bloomsbury, 2019); Alaina J. Brown et al., „Feeling Powerless: Locus of Control as a Potential Target for Supportive Care Interventions to Increase Quality of Life and Decrease Anxiety in Ovarian Cancer Patients«, *Gynecologic Oncology* 138, no. 2 (2015): 388–93; S. L. Slabaugh, M. Shah, and M. Zack, „Leveraging Health-Related Quality of Life in Population Health Management: The Case for Healthy Days«, *Popul Health Manag* 20, no. 1 (2017): 13–22; Michael H. Antoni et al., »How Stress Management Improves Quality of Life after Treatment for Breast Cancer«, *Journal of Consulting and Clinical Psychology* 74, no. 6 (2006): 1143; Johann Hari, »Is Everything You Think You Know about Depression Wrong?« *Guardian*, January 7, 2018, https://www.theguardian.com/society/2018/jan/07/is-everything-you-think-you-know-about-depression-wrong-johann-hari-lost-connections.

32. Mohd Razali Salleh, »Life Event, Stress and Illness«, *The Malaysian Journal of Medical Sciences* 15, no. 4 (2008): 9; Pratibha P. Kane, »Stress Causing Psychosomatic Illness among Nurses«, *Indian Journal of Occupational and Environmental Medicine* 13, no. 1 (2009): 28; Philip W. Gold, »The Organization of the Stress System and Its Dysregulation in Depressive Illness«, *Molecular Psychiatry* 20, no. 1 (2015): 32–47; Ronald Glaser et al., »Stress-Induced Immunomodulation: Implications for Infectious Diseases?« *JAMA* 281, no. 24 (1999): 2268–70; Viviana Cavalca et al., »Oxidative Stress and Homocysteine in Coronary Artery Disease«, *Clinical Chemistry* 47, no. 5 (2001): 887–92; Ahmed Tawakol et al., »Relation between Resting Amygdalar Activity and Cardiovascular Events: A Longitudinal and Cohort Study«, *Lancet* 389, no. 10071 (2017): 834–45; Ahmed Tawakol et al., »Stress-Associated Neurobiological Pathway Linking Socioeconomic Disparities to Cardiovascular Disease«, *Journal of the American College of Cardiology* 73, no. 25 (2019): 3243–55.

33. Abiola Keller et al., »Does the Perception That Stress Affects Health Matter? The Association with Health and Mortality«, *Health Psychology* 31, no. 5 (2012): 677; Jeremy P. Jamieson, Matthew K. Nock, and Wendy Berry Mendes, »Mind over Matter: Reappraising Arousal Improves Cardiovascular and Cognitive Responses to Stress«, *Journal of Experimental Psychology: General* 141, no. 3 (2012): 417.

34. Eva Bianconi et al., »An Estimation of the Number of Cells in the Human Body«, *Annals of Human Biology* 40, no. 6 (2013): 463–71; Ron Sender, Shai Fuchs, and Ron Milo, »Revised Estimates for the Number of Human and Bacteria Cells in the Body«, *PLoS Biology* 14, no. 8 (2016): e1002533.

35. Leaf, »Cleaning Up Your Mental Mess: Clinical Pilot Study«.

36. Stuart Hameroff and Roger Penrose, »Consciousness in the Universe: A Review of the Orch OR Theory«, *Physics of Life Reviews* 1 (2014): 39–78; Stuart Hameroff et al., »Conduction Pathways in Microtubules, Biological Quantum Computation, and Consciousness«, *Biosystems* 64, no. 1 (2002): 149–68; Stuart Hameroff, »Consciousness, Microtubules, and ›Orch OR‹: A Space-Time Odyssey«, *Journal of Consciousness Studies* 21, nos. 3–4 (2014): 126–53; Stuart Hameroff, »How Quantum Brain Biology Can Rescue Conscious Free Will«, *Frontiers in Integrative Neuroscience* 6 (2012); Stuart R. Hameroff, Alfred W. Kaszniak, and Alwyn Scott, eds., *Towards a Science of Consciousness II: The Second Tucson Discussions and Debates* (Cambridge: MIT Press, 1998); Hameroff and Penrose, »Consciousness in the Universe«.

37. Hameroff and Penrose, »Consciousness in the Universe«.

38. Hameroff et al., »Conduction Pathways in Microtubules«.

39. Stuart Hameroff, »Quantum Computation in Brain Microtubules? The Penrose-Hameroff ›Orch OR‹ Model of Consciousness«, *Philosophical Transactions of the Royal Society of London. Series A: Mathematical, Physical and Engineering Sciences* 356, no. 1743 (1998): 1869–96; Laura K. McKemmish et al., »Penrose-Hameroff Orchestrated Objective-Reduction Proposal for Human Consciousness Is Not Biologically Feasible«, *Physical Review* E80, no. 2 (2009): 021912.

40. Eva Bianconi et al., »An Estimation of the Number of Cells in the Human Body«, *Annals of Human Biology* 40, no. 6 (2013): 463–71, https://www.tandfonline.com/doi/abs/10.310

9/03014460.2013.807878; https://www.smithsonianmag.com/smart-news/there-are-372-trillion-cells-in-your-body-4941473/.

41. Leaf, »Cleaning Up Your Mental Mess: Clinical Pilot Study«.

42. Elissa S. Epel, »Wandering Minds and Aging Cells«, *Clinical Psychological Science* 1, no. 1 (2013): 75–83; Elissa S. Epel, »Psychological and Metabolic Stress: A Recipe for Accelerated Cellular Aging?« *Hormones* 8, no. 1 (2009): 7–22; Naomi M. Simon et al., »Telomere Shortening and Mood Disorders: Preliminary Support for a Chronic Stress Model of Accelerated Aging«, *Biological Psychiatry* 60, no. 5 (2006): 432–35; Elissa S. Epel et al., »Accelerated Telomere Shortening in Response to Life Stress«, *Proceedings of the National Academy of Sciences* 101, no. 49 (2004): 17312–15.

43. Ebenda.

44. Benjamin Libet, »Do We Have Free Will?« *Journal of Consciousness Studies* 6, nos. 8–9 (1999): 47–57; Benjamin Libet, *Mind Time: The Temporal Factor in Consciousness* (Cambridge: Harvard University Press, 2004).

45. Chun Siong Soon et al., »Unconscious Determinants of Free Decisions in the Human Brain«, *Nature Neuroscience* 11, no. 5 (2008): 543–45; Benjamin Libet et al., »Time of Conscious Intention to Act in Relation to Onset of Cerebral Activity (Readiness-Potential)«, in *Neurophysiology of Consciousness* (Boston: Birkhäuser, 1993), 249–68; Patrick Haggard, »Human Volition: Towards a Neuroscience of Will«, *Nature Reviews Neuroscience* 9, no. 12 (2008): 934–46.

46. »Kintsugi,« Wikipedia, accessed August 20, 2020, https://en.wikipedia.org/wiki/Kintsugi.

47. Caroline Leaf, »The Mind Mapping Approach: A Model and Framework for Geodesic Learning«, unpublished DPhil dissertation (Pretoria, South Africa: University of Pretoria, 1997).

48. Susan Biali Haas, »Journaling about Trauma and Stress Can Heal Your Body«, *Psychology Today*, December 7, 2019, https://www.psychologytoday.com/us/blog/prescriptions-life/201912/journaling-about-trauma-and-stress-can-heal-your-body.

49. Jill Bolte Taylor, *My Stroke of Insight: A Brain Scientist's Personal Journey* (New York: Penguin Random House, 2009); Jill Bolte Taylor, »My Stroke of Insight«, TED Talk, Februar 2008, https://www.ted.com/talks/jill_bolte_taylor_my_stroke_of_insight/up-next; James J. Gross and Lisa Feldman Barrett, »Emotion Generation and Emotion Regulation: One or Two Depends on Your Point of View«, *Emotion Review* 3, no. 1 (2011): 8–16; Barbara L. Fredrickson, »What Good Are Positive Emotions?« *Review of General Psychology* 2, no. 3 (1998): 300–19.

50. Barbara Fredrickson, *Positivity: Top-Notch Research Reveals the 3-to-1 Ratio That Will Change Your Life* (New York: Harmony, 2009); Michael A. Cohn et al., »Happiness Unpacked: Positive Emotions Increase Life Satisfaction by Building Resilience«, *Emotion* 9, no. 3 (2009): 361; Barbara Fredrickson et al., »Open Hearts Build Lives: Positive Emotions, Induced through Loving-Kindness Meditation, Build Consequential Personal Resources«, *Journal of Personality and Social Psychology* 95, no. 5 (2008): 1045.

51. Fredrickson, *Positivity.*

52. Benjamin Libet, »The Timing of Mental Events: Libet's Experimental Findings and Their Implications«, *Consciousness and Cognition* 11, no. 2 (Juni 2002): 291–99.

53. Florin Dolcos et al., »The Impact of Focused Attention on Subsequent Emotional Recollection: A Functional MRI Investigation«, *Neuropsychologia* 138 (17. Februar 2020), https://doi.org/10.1016/j.neuropsychologia.2020.107338.

54. »The Science behind the Wim Hof Method«, accessed 20. August 2020, https://www.wimhofmethod.com/science.

55. Infos unter: www.gracetoday.de/leaf

56. Deepak Chopra and Rudolph E. Tanzi, *Super Genes* (New York: Random House, 2015); Deepak Chopra and Rudolph E. Tanzi, *The Healing Self: A Revolutionary New Plan to Supercharge Your Immunity and Stay Well for Life* (New York: Harmony, 2020).

57. Mark R. Rosenzweig, Edward L. Bennett, and Marian Cleeves Diamond, »Brain Changes in Response to Experience«, *Scientific American* 226, no. 2 (1972): 22–29; A. M. Clare Kelly and Hugh Garavan, »Human Functional Neuroimaging of Brain Changes Associated with Practice«, *Cerebral Cortex* 15, no. 8 (2004): 1089–102; M. C. Diamond, »The Significance of Enrichment«, in *Enriching Heredity* (New York: Free Press, 1988); M. C. Diamond, »The Brain . . . Use it or Lose It«, *Mindshift Connection* 1, no. 1 (1996): 1; Marion Diamond and Janet Hopson, *Magic Trees of the Mind: How to Nurture Your Child's Intelligence, Creativity, and Healthy Emotions from Birth through Adolescence* (New York: Penguin, 1999); Qiang Zhou, Koichi J. Homma, and Mu-ming Poo, »Shrinkage of Dendritic Spines Associated with Long-term Depression of Hippocampal Synapses«, *Neuron* 44, no 5 (2004): 749–57.

58. Rodolfo R. Llinás, »Intrinsic Electrical Properties of Mammalian Neurons and CNS Function: A Historical Perspective«, *Frontiers in Cellular Neuroscience* 8 (2014): 320.

59. Mark E. J. Sheffield and Daniel A. Dombeck, »Calcium Transient Prevalence across the Dendritic Arbour Predicts Place Field Properties«, *Nature* 517, no. 7533 (2015): 200–04; Panayiota Poirazi and Bartlett W. Mel, »Impact of Active Dendrites and Structural Plasticity on the Memory Capacity of Neural Tissue«, *Neuron* 29, no. 3 (2001): 779–96; Maya Frankfurt and Victoria Luine, »The Evolving Role of Dendritic Spines and Memory: Interaction(s) with Estradiol«, *Hormones and Behavior* 74 (2015): 28–36; Phillippa Lally et al., »How Are Habits Formed: Modelling Habit Formation in the Real World«, *European Journal of Social Psychology* 40, no. 6 (2010): 998–1009; David T. Neal et al., »The Pull of the Past: When Do Habits Persist Despite Conflict with Motives?« *Personality and Social Psychology Bulletin* 37, no. 11 (2011): 1428–37; Benjamin Gardner, »A Review and Analysis of the Use of ›Habit‹ in Understanding, Predicting and Influencing Health-Related Behaviour«, *Health Psychology Review* 9, no. 3 (2015): 277–95; David T. Neal, Wendy Wood, and Aimee Drolet, »How Do People Adhere to Goals When Willpower Is Low? The Profits (and Pitfalls) of Strong Habits«, *Journal of Personality and Social Psychology* 104, no. 6 (2013): 959.

60. 1. Indrajeet Patil et al., »Neuroanatomical Correlates of Forgiving Unintentional Harms«, *Scientific Reports* 7, no. 1 (2017): 1–10.

61. Wie zitiert in Hooseo B. Park, *The Eight Answers for Happiness* (Bloomington, IN: Xlibris, 2014).

62. Glenn Hutchinson, »Mental Health 101: How to Improve Your Mental Health without Going to Therapy«, Glenn Hutchinson, Ph.D., Zugriff 21. August 2020, http://glennhutchinson.net/How-To-Improve-Your-Mental-Health.html.

63. Michael J. Poulin et al., »Giving to Others and the Association between Stress and Mortality«, *American Journal of Public Health* 103, no. 9 (2013): 1649–55, https://pubmed.ncbi.nlm.nih.gov/23327269/.

64. Brett Q. Ford et al., »Culture Shapes whether the Pursuit of Happiness Predicts Higher or Lower Well-Being«, *Journal of Experimental Psychology: General* 144, no. 6 (2015): 1053, https://www.apa.org/pubs/journals/features/xge-0000108.pdf.

65. Frank J. Infurna and Suniya S. Luther, »Resilience to Major Life Stressors Is Not as Common as Thought«, *Perspectives on Psychological Science* 11, no. 2 (2016): 175–94.

66. Cell Press, »Gene Linked to Needing Less Sleep Identified«, *ScienceDaily*, 28. August 2019, https://www.sciencedaily.com/releases/2019/08/190828111247.htm; Karen Weintraub, »Why Do Some People Need Less Sleep? It's in Their DNA«, *Scientific American*, 16. Oktober 2019, https://www.scientificamerican.com/article/why-do-some-people-need-less-sleep-its-in-their-dna/.

67. Michael Pollan, *In Defense of Food: An Eater's Manifesto* (New York: Penguin, 2008), 1–27.

68. Michael Pollan, *The Omnivore's Dilemma: A Natural History of Four Meals* (New York: Penguin, 2006), 84.

69. Elissa S. Epel, »Psychological and Metabolic Stress: A Recipe for Accelerated Cellular Aging?« *Hormones* 8, no. 1 (2009): 7–22; »Brain-to-Gut Connections Traced«, University of Pittsburgh, *ScienceDaily*, 18. Mai 2020, www.sciencedaily.com/releases/2020/05/200518154939.htm.

70. John J. Ratey, *Spark: The Revolutionary New Science of Exercise and the Brain* (New York: Little, Brown, 2008); Kelly McGonigal, *The Joy of Movement: How Exercise Helps Us Find Happiness, Hope, Connection, and Courage* (New York: Penguin, 2019).

71. Christiane D. Wrann et al., »Exercise Induces Hippocampal BDNF through a PGC-1α/FNDC5 Pathway«, Cell Metabolism 18, no. 5 (November 2013): 649–59, https://doi.org/10.1016/j.cmet.2013.09.008.

72. Kirk I. Erickson et al., »Exercise Training Increases Size of Hippocampus and Improves Memory«, *Proceedings of the National Academy of Sciences* 108, no. 7 (2011).

73. Tina Ronn et al., »A Six Months Exercise Intervention Influences the Genome-Wide DNA Methylation Pattern in Human Adipose Tissue«, *PLoS Genetics* 9, no. 6 (2013): doi:1371/journal.pgen.1003572.

74. Thais Russomano, »Gravity: Learning about Life on Earth by Going into Space—An Interview with Joan Vernikos«, *Aviation in Focus-Journal of Aeronautical Sciences* 4, no. 2 (2013): 509; Carl W. Cotman and Berchtold C. Nicole, »Exercise: A Behavioral Intervention to Enhance Brain Health and Plasticity«, *Trends in Neurosciences* 25, no. 6 (2002): 295–301.

75. McGonigal, *Joy of Movement*.

Über die Autorin

Dr. Caroline Leaf ist Kommunikationspathologin und Neurowissenschaftlerin und hat es sich zur Aufgabe gemacht, Menschen zu vermitteln, wie sie mit der Macht des Geistes ihr Gehirn verändern können, um chaotisches Denken in den Griff zu bekommen und zu geistigem Frieden zu finden. Sie ist die Autorin von »Schalte dein Gehirn an«, »Denke, lerne, sei erfolgreich« und vielen anderen Büchern und Verfasserin zahlreicher Zeitschriftenartikel. Mit ihren Videos, ihrem hochgelobten Podcast »Cleaning Up the Mental Mess« und ihren Fernsehsendungen erreicht sie weltweit Millionen von Menschen. Derzeit betreibt sie umfangreiche Forschungen und lehrt auf verschiedenen akademischen, medizinischen, unternehmerischen und neurowissenschaftlichen Konferenzen sowie in religiösen Einrichtungen auf der ganzen Welt. Dr. Leaf und ihr Mann Mac haben vier Kinder und leben in Dallas.

Zusätzliche Ressourcen

Dir hat das Buch gefallen und jetzt möchtest du dir die Abbildungen im Buch gerne in Farbe ansehen? Du willst über neue Bücher von Dr. Caroline Leaf auf dem Laufenden bleiben?

Dann melde dich kostenlos zum Themen-Newsletter an unter **www.gracetoday.de/leaf**

Deine Vorteile:

- Du erhältst per Download-Link **Zugang zu den Farbabbildungen** im Buch.
- Du erfährst automatisch, wenn es **Neuigkeiten zum Thema** gibt.
- Als Dankeschön für deine Anmeldung **schenken wir dir das Arbeitsbuch** zu *Beseitige dein mentales Chaos* als PDF – so kannst du noch tiefer in die Materie einsteigen und wendest dabei gleich die im Buch vorgestellten Techniken an.

Also leg am besten sofort los!

Ja, ich möchte den Newsletter abonnieren und die Bilder und das Arbeitsbuch erhalten!
www.gracetoday.de/leaf

Übrigens, falls du die im Buch vorgestellte Neurocycle-App (früher SWITCH-App) nutzen möchtest, findest du sie im Google Play Store und im Apple App Store.

Schalte dein Gehirn an

Wir sind keine Opfer unserer Biologie!
Das, worüber wir nachdenken, hat erheblichen Einfluss auf uns, sowohl physisch als auch emotional. Unsere Kultur durchlebt heute eine Epidemie toxischer Gedanken, die in unkontrolliertem Zustand ideale Bedingungen für Krankheiten schaffen. Gestützt durch Ergebnisse der aktuellen wissenschaftlichen und medizinischen Forschung zeigt Dr. Caroline Leaf den »Schalter« an unserem Gehirn, der ein zufriedeneres, gesünderes und freudigeres Leben ermöglicht. Ein solches Leben lässt uns Ziele erreichen, unser Gedankenleben unter Kontrolle bringen und sogar die eigene Intelligenz erhöhen. Der 21-tägige Gehirn-Detox-Plan im Praxisteil führt Schritt für Schritt durch den Prozess, bei dem toxische Gedanken durch gesunde ersetzt werden.

Bereit, die Vorzüge eines entgifteten Gedankenlebens zu genießen und Gottes Gnade aus ganz neuer Perspektive kennenzulernen? Dieses Buch zeigt dir, wie das geht.

Schalte dein Gehirn an – Arbeitsbuch

Nur wer sein Denken ändert, kann auch sein Leben verändern.

Wir alle wollen zufriedener, glücklicher und gesünder sein, wissen aber oft nicht, wie wir das erreichen können. Nichts von dem, was wir versuchen, scheint echte Veränderung zu bringen. In diesem Arbeitsbuch zu ihrem Bestseller hilft Dr. Caroline Leaf dem Leser, die Wissenschaft und Weisheit von *Schalte dein Gehirn an* aufs tägliche Leben anzuwenden, um so das Denken zu entgiften und mehr Zufriedenheit und bessere Gesundheit zu erfahren.

Schalte dein Gehirn an: Das Arbeitsbuch verknüpft Wissenschaft mit der Bibel und stellt zu jedem aufgeführten Kernpunkt tiefgreifende, persönliche Fragen, die dem Leser dabei helfen, die Auswirkungen des eigenen Denkens auf Gehirn, Körper und persönliche Lebensführung zu verstehen. Im Anschluss folgt jeweils ein themenvertiefender Abschnitt, der wichtige Verbindungen zwischen wissenschaftlichen Erkenntnissen und der Bibel offenlegt.

Bist du bereit, ein Maximum an Zufriedenheit und Gesundheit zu erfahren? Dann schalte dein Gehirn an!

112 Seiten, Paperback, ISBN 978-3-95933-162-3. Auch als E-Book erhältlich.

Schalte dein Gehirn an – jeden Tag

Ein glücklicheres, gesünderes und erfüllteres Leben – und zwar von heute an!

Das, worüber wir nachdenken, hat sowohl physische als auch emotionale Auswirkungen auf uns. Nach Ansicht der Forscher sind die meisten Krankheiten, die uns heute plagen, das direkte Ergebnis eines toxischen Gedankenlebens.

In ihrem Bestseller *Schalte dein Gehirn an* stellte Dr. Caroline Leaf ein Konzept vor, das zeigt, wie man durch korrekte Denkmuster zu besserer Gesundheit und Wohlbefinden gelangt. Hier nun lernen die Leser, wie sie Übungen in ihren Alltag integrieren, deren Ziel ein gesundes, glückliches Leben ist. Ermutigende Texte bieten die richtigen Strategien, um die Vorteile eines entgifteten Gedankenlebens zu nutzen – und das jeden Tag!

Bist du bereit, ein Maximum an Zufriedenheit, Denkfähigkeit und Gesundheit zu erfahren? Dann schalte dein Gehirn an!

379 Seiten, gebunden, ISBN 978-3-95933-164-7
Auch als E-Book erhältlich.

101 Wege zu weniger Stress

Weniger Stress. Mehr Freude.

Eines ist klar: Die Welt wird nicht weniger stressig. Arbeit, Familie, persönliche Verpflichtungen, globale Probleme – unser Leben ist vollgestopft mit Dingen, die unsere psychische Gesundheit strapazieren. So wie unser Körper durch Bewegung und gute Ernährung fit wird, können wir auch die psychische Gesundheit verbessern, indem wir bestimmte Gewohnheiten und Reaktionsweisen etablieren.

Mentale Selbstfürsorge hilft uns, geistige Zähigkeit und Widerstandkraft zu entwickeln, die uns schwierige Zeiten überstehen und alle Lebensbereiche gut meistern lässt.

144 Seiten, Taschenbuch, ISBN 978-3-95933-189-0
Auch als E-Book erhältlich.